Kohlhammer
Urban

W9-CEY-899

Band 476

Dieter Berg

Die Anjou-Plantagenets

Die englischen Könige im Europa
des Mittelalters (1100–1400)

Verlag W. Kohlhammer

Umschlagmotiv:
Gottfried von Anjou, Stammvater der Anjou-Plantagenets
(Oxforder Miniatur, um 1150–60)

Umschlag: Data Images GmbH
Gesamtherstellung:
W. Kohlhammer Druckerei GmbH + Co. Stuttgart
Printed in Germany

ISBN 3-17-014488-X

Inhalt

Vorwort

Die Geschichte der *Anjou-Plantagenets* stand oftmals im Mittelpunkt des historischen Interesses, da diese Dynastie das politische Geschehen im Inselreich im gesamten Hohen und Späten Mittelalter nachhaltig prägte. Doch bereits die Verwendung des Geschlechtsnamens bedarf der Erläuterung, da hierüber in der Literatur vielfach Verwirrung besteht: So fand der Begriff *Anjous* oftmals nur für Heinrich II. und seine königlichen Söhne, *Plantagenets* dagegen auch für die englischen Herrscher seit Heinrich III. bis zum Ende der Dynastie oder gar für alle englischen Monarchen von Heinrich II. bis Richard II. bzw. Richard III. Verwendung. Im folgenden werden die Begriffe *Angevine* und *Plantagenet* synonym gebraucht und zur Bezeichnung der Herrscher der gesamten Dynastie bis Richard II. benutzt, wobei der Beiname *Plantagenet* wahrscheinlich von einer Gewohnheit des Grafen Gottfried V. von Anjou abgeleitet wurde, entweder einen Ginsterbusch (*planta genista*) als Helmzier zu tragen oder Ginsterbüsche in seinen Ländereien zum Sichtschutz bei der Jagd zu pflanzen. Offiziell fand der Beiname „*Plantaginet*" als Bezeichnung der Dynastie erst 1460 durch Herzog Richard von York Verwendung. Auch der Terminus „*Dynastie der Angevinen*" bedarf der Präzisierung, da drei aufeinander folgende angevinische Häuser existierten, von denen das erste vom *vicecomes* Fulco dem Roten ca. 898 auf dem Gebiet der heutigen Anjou gegründet wurde. Die Dynastie musste zwar den Verlust der Grafschaft an die französische Krone 1214 unter König Johann bzw. 1259 unter Heinrich III. im Vertrag von Paris hinnehmen, dennoch blieben die Plantagenets mindestens bis zur Absetzung Richards II. 1399 englische Monarchen. In der Folgezeit bekämpften sich Vertreter von Seitenlinien als Angehörige der Häuser Lancaster und York bis zur Niederlage Richards III. 1485 gegen Heinrich VII., der spätestens 1499 nach der Hinrichtung des letzten männlichen Plantagenets einer Nebenlinie, des Earls Eduard von Warwick, die neue Dynastie der Tudors etablieren konnte. Während die Geschichte dieses ersten angevinischen Hauses bis zum Aussterben der Hauptlinie bzw. zum Ausbruch der Rosenkriege Gegenstand der folgenden Darstellung ist, können die beiden übrigen dynastischen Linien der Angevinen hier nur erwähnt werden, wobei die zweite Dynastie 1246 durch Karl I. von

Anjou nach der Übernahme der Grafschaft durch die französische Krone als Appanage gegründet wurde und ihr Ende 1328 bzw. 1351 unter dem Valois Philipp VI. mit der erneuten Besitznahme Anjous durch die Krone fand. Die dritte Dynastie wurde 1351 nach der Übereignung der Grafschaft durch König Johann II. von Frankreich an seinen Sohn Ludwig geschaffen, der 1360 zum Herzog aufstieg und dessen Nachfahren bis 1480, d. h. bis zum Tode Renés I., herrschten, worauf Anjou endgültig an die Krone zurückfiel und der Titel eines *Duc d'Anjou* später von nachgeborenen königlichen Prinzen geführt wurde. Unberücksichtigt bleiben im Folgenden ebenfalls die Zweige des angevinischen Hauses in Ungarn und in Jerusalem.

Die Entwicklung des ersten Hauses der angevinischen Dynastien hat wegen ihrer Bedeutung für die mittelalterliche Geschichte Englands bislang in der historischen Forschung große Beachtung in vielen Handbuchdarstellungen bis hin zu zahllosen Einzeluntersuchungen gefunden, zuletzt in den vorzüglichen Arbeiten von *R. Mortimer* und *R. Bartlett*. Während die letztgenannten Studien einen eher systematisch-thematischen Ansatz für ihre Untersuchung wählten, behandelte die Mehrzahl der übrigen – zumeist englischsprachigen – Darstellungen die Geschichte der Angevinen und ihres Reiches, sofern sich die Autoren nicht Detailproblemen widmeten, oftmals unverändert unter „nationalgeschichtlichen" Gesichtspunkten, d. h. isoliert und mit weitgehender Konzentration auf die Historie des Inselreiches. Für die folgenden Ausführungen wird hingegen ein völlig anderer Zugang gewählt, indem nunmehr die Geschichte Englands von ca. 1100 bis 1400 stärker im gesamteuropäischen Rahmen betrachtet und besonders die Stellung des Inselreiches in Europa untersucht werden soll. Insofern erfolgt einerseits eine kursorische Darstellung der wichtigsten „innenpolitischen" Entwicklungen u. a. mit Hinweisen auf Prinzipien und Formen politischer Herrschaft in England, auf das Spannungsverhältnis von Königtum und Adel sowie die Ausbildung des Parlaments, auf die Grundzüge der Entwicklung des Finanz-, Verwaltungs- und Rechtswesens in ihrer Bedeutung für die politische Herrschaftsausübung, auf das Verhältnis von Krone und Kirche bzw. Papsttum und auf die Grundzüge der wichtigsten sozialen und wirtschaftlichen Entwicklungen sowie des Bildungs- und Studienwesens im Inselreich. Andererseits erfahren die „auswärtigen Beziehungen" der englischen Monarchen, die seit dem Ende des *Angevin Empire* Anfang des 13. Jahrhunderts unter größten Anstrengungen jahrhundertelang um die Rückgewinnung ihrer verlorenen Festlandsbesitzungen gerungen haben, in der folgenden Darstellung größere Aufmerksamkeit. In diesem Zusammenhang ist nicht erneut auf die obsolet gewordene Diskussion um einen angeblichen „Primat der Innenpolitik" oder der „Außenpolitik" einzugehen, da nur vom ‚Primat der Interessen der jeweils dominierenden gesellschaftlichen Gruppen' auszugehen ist, die die sozialen, wirtschaftlichen und politischen Entwicklungen im jeweiligen regnum mit innen- wie außenpolitischer Relevanz maßgeblich beeinflussten. Löst man sich von den gängigen Vorstellungen, dass „Außenpolitik" nur im Zusammenhang mit der Existenz souveräner Staaten möglich ist, und versteht man die hochmittelalterlichen Reiche als gesellschaftliche Einheiten mit einem identifizierbaren Gebiet und mit einer identifizierbaren Bevölkerung und mit einem kontinuierlich und dauerhaft existierenden Apparat zur Aufrechterhaltung einer mindestens partiell ‚gestifteten' Ordnung, so wird man jede politische Aktion eines Herrschers, die über die Grenzen des eigenen Machtbereiches hinausweist und höchst unterschiedliche Ziele unter Verwendung eines geeigneten Instrumentariums politischer Kommunikation verfolgte, als Akt außenpolitischen Handelns bezeichnen können. Auf der Basis dieser methodischen Grundlagen soll also in der folgenden Darstellung eine stärker „europa-zentrierte" Betrachtungsweise gewählt werden, wobei das Inselreich weniger als isoliert, sondern mehr als Teil der Gemeinschaft christlicher Reiche im Abendland zu würdigen ist. Eine solch europa-bezogene Betrachtungsweise ermöglicht es in besonderem Maße, nicht nur die – zumindest temporäre – Hegemonialstellung Englands, sondern – unter Berücksichtigung der wesentlichen sozio-ökonomischen und verfassungsrechtlichen Entwicklungen im Inselreich – auch die besondere Bedeutung „auswärtiger Politik" für die Geschichte Englands bis ins Spätmittelalter zu verdeutlichen. Ergänzend hierzu wird – dem Schwerpunkt dieser Publikationsreihe entsprechend – eine Akzentuierung „dynastischer" Gesichtspunkte in vorliegender Untersuchung erfolgen, wobei auch eher „traditionelle" Fragestellungen – etwa nach der Existenz einer „*Angevin Tradition of Family Hostility*" – Berücksichtigung erfahren.

Abschließend ist vom Autor zahlreichen Personen und Institutionen zu danken, die einen maßgeblichen Beitrag zum Entstehen des vorliegenden Werkes geleistet haben: So ermöglichten die *Mitarbeiterinnen und Mitarbeiter der British Library (London) und der Niedersächsischen Landesbibliothek (Hannover)* über lange Jahre umsichtig die Beschaffung großer Mengen an Spezialliteratur, insbesondere „abgelegener" Werke. Auch die *Mitarbeiter am Lehrstuhl in Hannover,* insbesondere die *Herren Arne Borstelmann und Thomas Czerner*, besorgten eine große Zahl an Quellen bzw. Literatur und halfen bei der Erstellung des Literaturverzeichnisses; *Herr Borstelmann* fertigte auch das Personenregister. Ihnen soll ebenso wie *Frau Prof. Dr. R. Averkorn (Universität Hannover)*, die das Manuskript gründlich überprüfte, herzlich gedankt werden. Schließlich ist der Verfasser *Herrn Dr. A. Schweickert (Kohlhammer Verlag)* für seine verständnisvolle Betreuung zu großem Dank verpflichtet.

Hannover, Neujahr 2003   *Dieter Berg*

1. Vorgeschichte: Die Anglonormannen und die Angevinen bis zur Thronbesteigung König Heinrichs II. von England (1100–1154)

Die historische Landschaft Anjou mit ihrer alten Hauptstadt *Andegavum* (Angers) am Zusammenfluss von Loire und Mayenne – umgeben von Maine, Bretagne, Poitou und Touraine – befindet sich heute im Département Maine-et-Loire sowie in Teilen von Indre-et-Loire, Mayenne und Sarthe; sie geriet nach dem Ende der Römerzeit im 5. Jahrhundert in Besitz der Franken und gehörte seit dem frühen 7. Jahrhundert zu Neustrien. Wahrscheinlich schon in der Merowingerzeit Grafschaft, wurde diese um 770 Teil der Bretonischen Mark unter der Gesamtherrschaft der Widonen. Nachdem bereits Karl der Große und Ludwig der Fromme vergeblich die Unterwerfung der Bretagne betrieben hatten und sich Nominoë nach dem Sieg über Karl den Kahlen 845 bei Ballon zum bretonischen König salben ließ, konnte sein Sohn und Nachfolger Erispoë 851 außer der Bretonischen Mark die westlichen Teile der Grafschaft Anjou bis zur Mayenne übernehmen, während die östlichen Grafschaftsteile mit der Touraine als neue Mark Robert dem Tapferen zur Verteidigung übertragen wurden. Odo, Sohn Roberts des Tapferen, übertrug nach der Wahl zum König im Westfrankenreich (888) seinem Bruder Robert die Herrschaft über die Grafschaft Paris sowie Hoheitsrechte in Neustrien und an der Loire, wodurch dieser dauerhaft die robertinische Herrschaft über die angevinische Grafschaft sicherte. Robert sah sich veranlaßt, zur besseren Herrschaftsorganisation in verschiedenen Grafschaften *vicecomites* einzusetzen, so auch in Angers, wo Fulco der Rote – Sohn eines gewissen Ingelger (Enjuger) – um 898 als *vicecomes* nachweisbar ist.[1]

Der *Vicomte*, der als Gründer der ersten Dynastie der angevinischen Grafen gilt, bemühte sich erfolgreich um eine Stabilisierung seiner Herrschaft, etwa durch die Eheschließung mit Roscilla, die ihm als Mitgift den Besitz von Loches und damit einen wichtigen Stützpunkt in der Touraine einbrachte. Weiteren Machtzuwachs erlangte Fulco im Jahre 907, als er nach dem Tode von Alan dem Großen Graf von Nantes wurde und nach temporärer Vertreibung durch Normannen (919) sogar seit 929 – möglicherweise usurpatorisch – den Titel eines Grafen von Angers führte. Damit begann in Anjou – wie in anderen Vizegrafschaften – ein allmählicher Prozess fortschreitender Feudalisierung, bei dem die *vicecomites* nach weitge-

hender Selbständigkeit und Unabhängigkeit von Eingriffen ihrer jeweiligen Lehnsherren strebten. Gleichzeitig erfolgte – wie auf
Reichsebene – auch in den Territorien eine immer größere Zersplitterung, so dass die jeweiligen Grafen oder Herzöge nur noch
einen Teil ihrer Territorien unmittelbar beherrschen konnten. Auch
in Aquitanien, wo nach dem Untergang des Unterkönigreiches
(877) und der Intensivierung der Normanneneinfälle die königliche
Zentralgewalt faktisch keine Rolle mehr spielte, verlief die Entwicklung ähnlich, so dass dort die Grafengeschlechter von Toulouse
und Poitiers dominierten und über Jahrzehnte um die Vormachtstellung rivalisierten. Als weiterer politischer Machtfaktor im Westfrankenreich erwiesen sich die „Normannen von Rouen" unter
Rollo, der 924 vom König die Überlassung des Landes bis nach
Bayeux erzwang, gefolgt von der Abtretung weiterer Territorien in
Basse-Normandie unter seinem Sohn Wilhelm Langschwert, der
sich seinerseits Angriffen von Bretonen und „Loire-Normannen"
erwehren musste. Die Krise im Reich trug seit den 40er Jahren zur
Entwicklung der sog. „jüngeren Fürstentümer" bei, in denen die
principes in Vertretung des Monarchen königliche Gewalt wahrnah-
men, so etwa das Haus Blois in Rennes und das Haus Anjou in
Nantes. Diese Fürsten betrieben ihre Herrschaftsexpansion seit dem
Tode Alans II. besonderes in der Bretagne, indem sie territoriale
Gewinne zu erzielen suchten und dynastische Verbindungen
anstrebten. Da der Angevine auch gute Beziehungen zum Hause
Blois-Chartres bzw. zu Tedbald I. (*le Tricheur*) pflegte, indem er
Gerberga von Maine heiratete, konnte er seinen Herrschaftsausbau
fortsetzen, der unter Gottfried (*Grisegonelle*) durch den Gewinn von
Teilen der Touraine sowie von Loudun intensiviert wurde.

In der Folgezeit erlangten die Angevinen noch größere Bedeutung, da der Graf Ende Mai 987 u. a. mit den Herzögen von Aquitanien und Burgund Hugo Capet zum König wählte und für die kapetingische Herrschaftsstabilisierung eintrat. Auch Fulco III. Nerra
von Anjou erwies sich gegenüber seinen kapetingischen und poitevinischen Lehnsherren als loyal, wurde jedoch bald in Machtkämpfe
mit dem Grafen Odo I. von Blois-Champagne und dessen Gefolgsmann, Graf Conan von Rennes, verwickelt. Trotz seines Sieges
über den Bretonen in der Schlacht bei Conquéreuil am 27. Juni 992
verlor Fulco später die Oberherrschaft über Nantes, hingegen
konnte er die Grafschaft Mauges und zeitweise Tours (996/997)
einnehmen. Da auch Odo II. von Blois-Champagne die Expansionspolitik fortsetzte, kam es zu Hegemonialkämpfen mit dem
Angevinen, der Odo am 6. Juli 1016 bei Pontlevoy schlagen sowie

1026 die Burg Saumur entreißen konnte; zudem vermochte er den Grafen von Maine, Herbert Éveille-Chien, in seine Vasallität zu zwingen. Trotz verschiedener Konflikte u.a. um den Besitz der Grafschaft Tours sowie wegen der Heirat Roberts II. mit Bertha von Blois blieb Fulco ein zuverlässiger Vasall des Kapetingers, dem er 1032 bei der Eroberung von Sens beistand. Nach dessen Tod auf der Rückreise vom Heiligen Land 1040 setzte Gottfried II. *Martel* sowohl den Burgenbau und Verwaltungsreformen mit der Einführung von *prévôts* etc. als auch die Expansionsmaßnahmen durch Ausbau der angevinischen Herrschaft über die Touraine sowie Einflussnahme auf Maine und – mithilfe seiner Frau Agnes – auf Aquitanien fort, gefolgt von Aktivitäten in Lothringen, der Provence und in Italien. Bald geriet Graf Gottfried aber in Konkurrenz zum normannischen Herrscher Wilhelm, der zeitweise die Unterstützung des kapetingischen Königs Heinrich I. erlangen und dem Angevinen Domfront sowie Alençon entreißen konnte. Nachdem dieser dem Normannenherzog erneut – im Februar 1054 bei Mortemer – unterlegen war, versuchte Gottfried eine neue anti-normannische Koalition mit dem französischen König sowie den Herren von Aquitanien und Bretagne zu konstituieren. Diese erwies sich aber wieder als uneffizient, da der Angevine nochmals von Wilhelm – nun im August 1058 bei Varaville – geschlagen wurde. So waren beim Tode des erbenlosen Grafen († 14. November 1060) deutliche Territorialeinbußen – u.a. mit Verlust des Vendômois – zu konstatieren, die seine Neffen – Gottfried III. (*le Barbu*) in Anjou, Gâtinais und Touraine sowie Fulco IV. (*le Réchin*) in der Saintonge – als Nachfolger nicht rückgängig machen konnten, zumal sie bald in gegenseitige Machtkämpfe gerieten, in deren Verlauf Gottfried III. vom Kontrahenten 1067 mit päpstlicher Unterstützung abgesetzt, 1068 besiegt und die folgenden Jahrzehnte in Chinon inhaftiert wurde.

Zwischenzeitlich hatte der normannische Herzog Wilhelm nach der Schlacht bei Hastings erfolgreich die Unterwerfung des Inselreiches durchgeführt, doch schon bald sah er sich wachsenden Pressionen auf seine Festlandsbesitzungen durch den seit 1067 mündigen französischen König Philipp I. ausgesetzt. Der Kapetinger erhielt dabei Unterstützung von Fulco IV., mit dem ihn seit 1068 eine *conventio* verband, und durch die Fürsten von Maine, Flandern und der Bretagne, die eine weitere normannische Herrschaftsexpansion als solch große Bedrohung empfanden, dass der Angevine 1072 in Maine intervenierte. Gefährlicher wurde die Lage des Eroberers, der seit 1075 mit erneuten Rebellionen auf der Insel konfrontiert war, 1076 nach seiner Niederlage bei Dol gegen eine anti-normannische Koalition u.a. mit Graf Fulco sowie nach dessen Angriffen auf La Flêche, worauf Wilhelm I. mit Philipp I. Frieden schließen und seinen Sohn Robert (*Kurzhose*) zuerst als Graf von Maine und danach als Herzog der Normandie einsetzen konnte. Infolge der anhaltenden Auseinandersetzungen im normannischen Herrscherhaus, insbesondere zwischen Wilhelm I. und Sohn Robert, sowie eskalierender Konflikte mit dem Papsttum drohte seit ca. 1080 eine gefährliche Destabilisierung des anglonormannischen Reiches, das durch gleichzeitige Angriffe des schottischen Königs Malcolm III. bedrängt wurde. Da auch die Attacken auf La Flêche sowie auf normannische Grenzräume durch Fulco und den französischen König fortgesetzt wurden und Knut von Dänemark sowie Robert von Flandern 1085 sogar eine Invasion Englands vorbereiteten, sah Wilhelm den Bestand seines Reiches am Lebensende gefährdet.

Entgegen seinen früheren Bemühungen um Sicherung der Einheit des Reiches nahm Wilhelm I. kurz vor dem Tode († 9. September 1087) eine Teilung des *regnum* vor, indem er seinem faktisch exilierten Sohn Robert die Herrschaft über die Normandie überließ, während Wilhelm II. (*Rufus*) zum König von England designiert wurde und der jüngste Sohn Heinrich keinen Landbesitz, sondern nur die einmalige Zahlung von 5.000 Pfund Silber erhielt. Insofern wurde eine Erbregelung getroffen, in der kompromisshaft normannische Erbrechtstraditionen sowie persönliche Wünsche des Monarchen berücksichtigt wurden und ein Machtkampf zwischen Robert und Wilhelm (II.) unvermeidlich schien, der nach Revolten von Großen im Inselreich gegen Rufus auch bald begann. Hierbei spielten zeitweise die Angevinen und Maine eine Rolle, da Robert weder Unruhen in Maine noch später in der Normandie selbst unterdrücken konnte und hierfür jeweils seine Oberlehnsherrn, d.h. Graf Fulco und König Philipp, zu Hilfe rufen musste, die aber keine dauerhafte Befriedung der jeweiligen Regionen herbeiführen konnten oder wollten. Statt dessen forcierte Wilhelm den Machtkampf seit Frühjahr 1091, indem er militärisch in den Herrschaftsbereich Roberts eingriff, ihn zu territorialen Konzessionen zwang und gleichzeitig Hilfe bei der Wiedererlangung verlorener Territorien, insbesondere von Maine, zur Wiederherstellung des *regnum Norm-Anglorum* zusagte. Gleichzeitig gingen Wilhelm und Robert gegen ihren Bruder Heinrich vor, der im März 1091 besiegt wurde und in gegenseitigen Erbregelungen der Brüder als Konkurrent ausgeschaltet werden sollte. Nachdem Wilhelm seit dem Herbst 1091 in Schottland interveniert und nach dem Tod Malcolms bei Alnwick im November 1093 Einfluss auf die Besetzung des schottischen Thrones genommen hatte, betrieb er den Machtkampf intensiv durch den massiven Einsatz von Geld als politischem Instrument – etwa durch die Gewinnung auswärtiger Verbündeter wie Graf Robert I. von Flandern und durch Bestechung normannischer Großer sowie die Anwerbung seines Bruders Heinrich als Verbündeten. So kam es seit dem Frühjahr 1094 zu militärischen Konfrontationen mit Robert Kurzhose und mit König Philipp, die für Rufus aber ebenso mit Rückschlägen verbunden waren wie Revolten in Wales und im Norden und Westen des Inselreiches.

Gravierender waren die Konflikte von Wilhelm II. mit dem neuen englischen Primas, Anselm von Canterbury, der eine Reform des kirchlichen Lebens im Inselreich forderte und sogar die Gültigkeit englischer *consuetudines* für die Kirche in Frage stellte. Zwar blieb Rufus durch Verhandlungen mit der Kurie um eine Deeskalation der kirchenpolitischen Konflikte bemüht, doch hinderten sie ihn an seinen Plänen zur Wiederherstellung der Einheit des *regnum Norm-Anglorum.* Diese Bestrebungen wurden erst durch die Entscheidung Roberts gefördert, am Kreuzzug teilzunehmen und zu dessen Finanzierung das normannische Herzogtum an Wilhelm für 10.000 Mark Silber zu verpfänden, der es nach der Abreise von Kurzhose mit dem Ziel der Herrschaftsstabilisierung und -expansion in Besitz nahm. In der Folgezeit engagierte sich Wilhelm temporär stärker im französischen *regnum* und besonders in Maine, dessen Graf Elias von La Flêche er unter Druck setzte. Wilhelm zeigte jedoch keine Konsequenz in seinem Handeln, weil er wegen einer seltsamen Sprunghaftigkeit schon im Frühjahr 1097 den Kontinent wieder verließ, um sich nach kurzen Interventionen in Schottland und Wales verstärkt dem Kampf gegen Anselm zu widmen, den er nach dessen Bemühungen um eine Neuordnung der Beziehungen zwischen weltlicher und geistlicher Gewalt im Sinne der Kirchenreform im Oktober 1097 ins Exil trieb. Danach wandte sich Rufus in bekannter Unbeständigkeit wieder dem Kontinent und nunmehr der Rückgewinnung des Vexin zu. Da Erfolge ausblieben, widmete sich Wilhelm erneut Maine, wo er mit Robert von Bellême gegen Graf Elias vorging und hierdurch in Gegensatz zu Fulco IV. von Anjou geriet, der unter Wahrung der angevinischen Oberlehnsherrschaft im Sommer 1098 mit Wilhelm Frieden schloß. Abgesehen von neuerlichen Gefechten um das Vexin sind Bemühungen Wilhelms II. im Jahre 1100 aufschlussreich, u. a. durch Verhandlungen mit Herzog Wilhelm IX. von Aquitanien und Graf Bertrand von Toulouse über Verpfändungen ihrer Besitzungen an den englischen Monarchen für diesen völlig neue Herrschaftsräume mit einer beachtlichen Vergrößerung seiner wirtschaftlichen Ressourcen zu erschließen.

Der Unfalltod Wilhelms II. bei der Jagd im New Forest am 2. August 1100 in Anwesenheit seines Bruders Heinrich machte derartige Expansionspläne aber gegenstandslos, so dass resümierend für seine Herrschaftszeit zu konstatieren ist, dass die fragwürdige Erbregelung des Eroberers jahrelange Machtkämpfe seiner Söhne und intensive Bemühungen um die Wiederherstellung der Einheit des Reiches zur Folge hatte. Dies gelang Rufus eher zufällig, indem er temporär eine Expansionspolitik gegen das Vexin und Maine führte, erfolgreich in Wales agierte und sich in Schottland innovativ von der Strategie seines Vaters mit einem „government by punitive expedition"[2] abwandte. Statt dessen nahm er Einfluss auf die schottische Thronfolge und strebte durch intensive Siedlungsmaßnahmen eine dauerhafte Sicherung der nördlichen Grenzregionen an. Zugleich förderte er Reformen im Finanz- und Verwaltungssystem des Reiches, ohne hierbei Mitglieder der „alten" anglonormannischen Familien für den Königsdienst gewinnen zu können. Als schwierigstes zu lösendes Problem erwies sich hingegen für seinen königlichen Nachfolger der schwelende Konflikt mit Anselm und dem Reformpapsttum.

Der neue König Heinrich I. (Beauclerc), der durch den Unfalltod Wilhelms die letzte Chance zur Abwehr einer erneuten Koalition der Brüder gegen seine Person und zugleich zur Herrschaftsübernahme in England erhielt, sah sich aufgrund der Anfechtbarkeit seiner Thronansprüche vorrangig zu Maßnahmen der Herrschaftsstabilisierung gezwungen. So erließ er noch vor der Königskrönung am 5. August 1100 durch Bischof Mauritius von London eine Carta de libertatibus, in der er den wichtigsten gesellschaftlichen Gruppen rechtliche Konzessionen gewährte und unter Hinweis auf die Bindung des Monarchen an das Recht die Abschaffung „schlechter Rechtsgewohnheiten" sowie die Rückkehr zum Recht der Zeit Eduards des Bekenners bzw. Wilhelms des Eroberers zusagte.[3] Zudem bemühte sich Heinrich um die Vergrößerung seiner Anhängerschaft, wobei er wie sein Bruder nur partiell Angehörige der „alten" Familien, hingegen besonders new men gewinnen konnte, die durch königliche Patronage ein neues „Klientelsystem" in der Hoffnung auf sozialen Aufstieg im Herrscherdienst konstituierten. Schließlich suchte der Monarch den Ausgleich mit Erzbischof Anselm, den er bereits am 23. September 1100 zur Rückkehr auf die Insel und zu Maßnahmen der Herrschaftssicherung bewegen konnte, da der Primas durch seinen Einfluss führende Große zur Unterstützung des neuen Königs veranlasste. Dennoch begann Anselm auch gegenüber Heinrich sofort mit seiner bewährten Konfliktstrategie, den Monarchen in politischen Krisensituationen mit gravierenden kirchenpolitischen Forderungen zu konfrontieren. So musste Beauclerc bereits im Herbst 1100 nach Vereinbarung eines Moratoriums den Papst um eine Klärung der strittigen Rechtsprobleme bitten. Zusätzlich bemühte er sich um die Gewinnung auswärtiger Verbündeter – etwa durch seine Heirat mit der schottischen Königstochter Edith-Mathilde, die angelsächsische Vorfahren besaß. Zudem suchte Heinrich I. die Unterstützung des kapetingischen Hofes und wichtiger französischer Fürsten wie der Grafen Robert II. von Flandern und Fulco von Anjou bzw. Elias von La Flèche. So gelang es Beauclerc, die Invasion seines Bruders Robert im Juli 1101 durch eine Vereinbarung bei Alton unter Verzicht auf seine normannischen Besitzungen – ausgenommen Domfront – und eine Entschädigungszahlung zu bewältigen und ihn zur Rückkehr in die Normandie zu veranlassen. Anschließend setzte Heinrich offensiv die Politik Wilhelms II. zur Restauration des *regnum Norm-Anglorum* fort und finanzierte eine baroniale Opposition im Herzogtum gegen Kurzhose. Nach diesem herrschaftsstabilisierenden Erfolg begann Heinrich mit der Ausschaltung jeglicher baronialer Opposition auf der Insel und erreichte einen Ausgleich mit den wichtigsten walisischen Herrschern wie Iorwerth ap Bleddyn.

Daher konnte sich Beauclerc seit dem Herbst 1101 dem Konflikt mit Erzbischof Anselm widmen, der sich im Sommer 1103 erneut ins französische Exil begeben musste, während der König Verhandlungen um die Durchsetzung kirchenreformerischer Forderungen in England mit Paschalis II. führte. Dieser war in gleichzeitige schwere Konflikte mit Kaiser Heinrich IV. verwickelt und daher an guten Beziehungen zum englischen Hof interessiert. So kam es zu einer gefährlichen Interdependenz zwischen den Bemühungen Heinrichs um Stabilisierung und Ausweitung seiner Herrschaft im englischen *regnum* bzw. auf dem Kontinent und der Entwicklung des Kirchenstreites, den Anselm jeweils in politischen Krisenlagen des Königs systematisch verschärfte. Während Beauclerc seine Expansionspläne durch Vereinbarungen mit den Herren von Anjou, Maine und der Bretagne sowie dem französischen Herrscherhaus erfolgreich absicherte, konfrontierte ihn Anselm seit dem Sommer 1104 beim Fortgang der militärischen Aktionen gegen Robert ständig mit kirchenrechtlichen Sanktionen, so dass sich Heinrich schließlich zur Realisierung seiner Expansionspläne in Verhandlungen mit dem Primas in L'Aigle im Juli 1105 zu gravierenden kirchenpolitischen Konzessionen bereit finden musste. Anselm nutzte also politische Krisensituationen Beauclercs, der seinen Bruder in einer Entscheidungsschlacht bei Tinchebrai am 27./28. September 1106 besiegen und inhaftieren konnte, um den König durch kirchenrechtliche Pressionen zu Reformzusagen zu zwingen, die im Konkordat von London im August 1107 fixiert wurden.[4] Hierbei verzichtete der Monarch bei der Besetzung von Bischofs- und Abtsstühlen auf die Investitur mit Ring und Stab, während die lehnsrechtliche Bindung der Elekten an den König durch das *hominium* gewahrt wurde, so dass erstmals in Europa der vertragsmäßige Verzicht eines Monarchen auf die Verwendung geistlicher Symbole bei der Investitur erfolgte, während die Entsakralisierung des Königtums hierdurch weiter fortschritt, verbunden mit einem „Reformschub" im kirchlichen Leben Englands.

Spätestens nach dem Tode Anselms († 21. April 1109) konnte König Heinrich mit der Stabilisierung der wiedergewonnenen Einheit des *regnum Norm-Anglorum* beginnen, wobei als Hauptgegner außer rebellischen normannischen Baronen der neue französische Monarch Ludwig VI. und – nach dem Tode Fulcos IV. († 14. April 1109) – der neue Graf von Anjou, Fulco V., auftraten. Der Angevine, der als Schöpfer von *Le Grand Anjou* gilt und die Kronen von Anjou, Maine und Touraine beanspruchte, sah sich mit einer schwierigen innenpolitischen Situation konfrontiert, da es unter seinem Vorgänger, dessen Gattin Bertrada von Montfort geflohen und sich ehebrecherisch mit Philipp I. verbunden hatte, zu einer kontinuierlichen Schwächung der gräflichen Gewalt durch renitente Große und zu territorialen Einbußen gekommen war – etwa durch die Annexion des Gâtinais durch den Kapetinger, die Übernahme der Saintonge sowie der Touraine durch die Grafen von Poitiers und Blois und die Einflussnahme der Normannen in Maine. Der neue angevinische Herrscher, verheiratet mit Eremburg von Maine, zeigte sich konfliktfreudiger als sein Vorgänger, so dass es – unterstützt durch Ludwig VI. – seit 1111 kontinuierlich zu Kämpfen mit Beauclerc insbesondere um Maine kam, wobei sich Fulco 1113 zum Frieden mit Heinrich und einem Ehebündnis für seine Tochter Mathilde mit dem einzigen Sohn Beauclercs, Wilhelm Aetheling, bereit finden musste. Gleichzeitig bemühten sich Heinrich und Ludwig um die Gewinnung auswärtiger Verbündeter, wobei der Anglonormanne u. a. die Herren der Bretagne, von Blois und Boulogne, der Kapetinger hingegen die Grafen von Anjou und Flandern sowie rebellische normannische Barone für sich gewinnen konnten.

König Heinrich versuchte, ein komplexes Netz außenpolitischer Bündnispartner zu schaffen und den französischen Monarchen bündnisstrategisch einzukreisen, wobei dem deutschen König Heinrich V. große Bedeutung zukam, der im Juli 1110 die englische Prinzessin Mathilde heiratete. Die Ehe, die dem Salier eine Mitgift von 10.000 Mark Silber einbrachte, war von englischer Seite Teil des erwähnten Bündnissystems gegen den Kapetinger, während Heinrich V. keine außenpolitischen Ziele im Sinne einer aktiven „Westpolitik" verfolgte, sondern stärker in Auseinandersetzungen an der Ostgrenze seines Reiches involviert war und die Mitgift für die Finanzierung seines Italienzuges benötigte. So spielte der Salier in den folgenden Kämpfen zwischen Heinrich und Ludwig keine Rolle, der seit 1114 verstärkt die Unterstützung durch die Grafen von Anjou bzw. Flandern erhielt und den Anglonormannen zu ständigen Aufenthalten auf dem Kontinent zwang. Die Lage Heinrichs, der sich nur temporär seit 1108 der Niederschlagung neuer walisischer Unruhen widmen konnte, wurde durch das Auftreten Wilhelm Clitos, eines Sohnes des inhaftierten normannischen Herzogs, weiter verschlechtert, da die Kapetinger nun mithilfe des Herzogssprosses die Legitimität der Herrschaft Heinrichs zumindest in der Normandie, wenn nicht sogar in England in Frage zu stellen vermochten. Clito gewann für die Kämpfe seit Frühjahr 1116 an Bedeutung, wobei Beauclerc durch konzertierte Aktionen Ludwigs und rebellischer normannischer Barone in Bedrängnis geriet. Doch gelang es Heinrich, nach dem Tode Balduins VII. von Flandern († 17. Juni 1119) und dem Entschluss Fulcos von Anjou, am Kreuzzug teilzunehmen, die gegnerische Koalition zu zerschlagen und mit dem Angevinen im Juni 1119 nicht nur Frieden zu schließen, sondern auch die Heirat seines Sohnes Wilhelm mit der Grafentochter Mathilde zu vereinbaren. Da die Prinzessin als Mitgift die Grafschaft Maine sowie im Falle des Todes Fulcos die Anwartschaft auf die Grafschaft Anjou erhalten sollte und der Kapetinger zwischenzeitlich schwere militärische Rückschläge – u.a. bei Brémule – hinnehmen musste, konnte Heinrich seinen Gegner nach einem Treffen mit Papst Calixt II. bei Gisors zu Beginn des Jahres 1120 zu einem Friedensschluss veranlassen, durch den weitgehend der Status Quo festgeschrieben und die Einheit des anglonormannischen *regnum* gesichert wurde. Die Friedensbemühungen Beauclercs erhielten jedoch im November 1120 einen schweren Rückschlag, als der Thronfolger möglicherweise einem Anschlag zum Opfer fiel und beim Untergang des „Weißen Schiffes" vor Barfleur ertrank, so dass der König seinen einzigen legitimen Sohn verlor und hierdurch

Clito als alleiniger legitimer männlicher Nachfahre des Eroberers Ansprüche auf die Herrschaft in der Normandie und in England erheben konnte. Zwar versuchte Heinrich bereits im Januar 1121, durch seine Ehe mit Adelheid, der Tochter des Herzogs von Niederlothringen, den erhofften Thronfolger zu gewinnen, doch zerschlugen sich diese Hoffnungen, so dass seine Lage erneut kritisch wurde, zumal sich Fulco V. nach der Rückkehr vom Kreuzzug erneut dem Lager Ludwigs angeschlossen und seine Tochter Sibylle, die Maine als Mitgift erhielt, mit Clito verheiratet hatte. Zwar gelang es Heinrich durch massive Bestechung, die Ehe durch den Papst annullieren zu lassen, doch blieb der Herzogssohn weiterhin eine große Gefahr für Beauclerc; hieran änderte auch die vergebliche Invasion Heinrichs V. nach Frankreich im Sommer 1124 wenig, da der Salier das Unternehmen – möglicherweise aus Rache für französische Demütigungen während des Investiturstreits – noch vor Überschreiten der französischen Grenze wegen des starken Widerstandes Ludwigs und der mächtigsten französischen Fürsten abbrechen musste. Da die kaiserliche Aktion offensichtlich ohne strategische Absprache mit Beauclerc erfolgte, blieb sie militärisch bedeutungslos, während der Ansehensverlust des Saliers erheblich war, der von kapetingischen Historiographen als Schismatiker und Aggressor dargestellt wurde, der benachbarte *regna* grundlos überfiel.

Da Kaiser Heinrich V. überraschend am 23. Mai 1125 einem Krebsleiden erlag, eröffneten sich für Beauclerc neue politische Perspektiven. So zwang er seine Tochter Mathilde umgehend zur Rückkehr an den englischen Hof, um die Kaiserwitwe auf dem Weihnachtshoftag 1126 als künftige Thronerbin zu präsentieren und die englischen Großen im Januar 1127 zur eidlichen Anerkennung als *domina* im Reich zu veranlassen. Im Gegenzug betrieb König Ludwig die Heirat Clitos mit der Halbschwester seiner Gattin, Johanna von Montferrat, und belehnte den Herzogssohn mit dem französischen Vexin; nach der Ermordung des kinderlosen Grafen Karl von Flandern ernannte er Clito im März/April 1127 zum flämischen Grafen. Damit hatte der gefährlichste Feind Heinrichs eine reiche Grafschaft, die erhebliche Bedeutung für die englischen Wollexporte besaß, als Basis für seinen Kampf gegen den englischen König erhalten, der daraufhin in Flandern den Widerstand des Bürgertums und der Kaufmannschaft gegen den neuen Grafen schürte. Clito beging jedoch selbst den entscheidenden Fehler, die wirtschaftlichen und politischen Freiheiten der flämischen Städte einzuschränken, so dass es bald zu Revolten kam. Während Beauclerc in

Territorien des französischen Königs einfiel, starb der Graf Ende Juli 1128 bei der Belagerung von Aalst, woraufhin der Bürgerkrieg ein Ende fand und der englandfreundliche Dietrich von Elsaß die Herrschaft übernahm. Mit dem Tode Clitos begann eine neue Phase politischen Handelns für Heinrich, der einen Ausgleich mit einem anderen Verbündeten Ludwigs – Fulco von Anjou – anstrebte und mit diesem die Heirat Mathildes mit dem Sohn des Angevinen, Gottfried, vereinbarte, da der Graf durch die angestrebte Ehe mit der Erbtochter des Königs von Jerusalem, Melisende, Thronansprüche im dortigen Königreich zu verfolgen beabsichtigte. Fulco bestieg nach dem Tode Balduins II. 1131 den Thron des *regnum* von Jerusalem, wo er nach turbulenter Herrschaft 1143 starb, ohne je wieder in die Entwicklungen in Anjou einzugreifen. So kam es in seiner Abwesenheit am 17. Juni 1128 zur Hochzeit Gottfrieds, genannt *Plantagenet*, mit der über zehn Jahre älteren Kaiserwitwe.

Damit eröffneten sich völlig neue Perspektiven für die Schaffung eines anglonormannisch-angevinischen Reiches, wodurch die bisherigen Gegensätze zwischen Angevinen und Anglonormannen aufgehoben schienen. Bezeichnenderweise hatte Heinrich das Ehebündnis ohne Konsultation der englischen Barone geschlossen, die unverändert große Vorbehalte gegenüber dem Angevinen Gottfried hegten; dieser schien ebenfalls in der Ehe mit der stolzen Kaiserwitwe wenig glücklich zu sein, so dass er Mathilde verstieß und 1131 an den englischen Hof zurückschickte. Heinrich versöhnte hingegen das Paar, so dass Mathilde bereits am 5. März 1133 dem Sohn Heinrich das Leben schenkte, gefolgt von Gottfried 1134 und Wilhelm 1136. Damit schien die Thronfolge in dem künftigen Großreich gesichert, zumal der normannische Herzog Robert am 10. Februar 1134 in der Haft in Cardiff gestorben war. Während sich Beauclerc in den 30er Jahren auf die Sicherung der Einheit des Reiches sowie die Unterdrückung sporadischer Unruhen in Wales beschränkte und auch auf ein Engagement im Papstschisma seit 1130 verzichtete, erwuchs ihm überraschend ein neuer Gegner in seinem Schwiegersohn, der die gräfliche Gewalt in Anjou zu stärken suchte, erfolgreich gegen regionale Große – wie die Herren von Amboise und Sablé – kämpfte und seit 1134 mit Ungeduld eine Herrschaftsbeteiligung durch Einweisung in die Mitgift seiner Gattin forderte. Da dies Beauclerc verweigerte und – wie früher Wilhelm I. gegenüber Kurzhose – ein eigenes Herrschaftskonzept bezüglich einer Wahrung der Reichseinheit und Unteilbarkeit der königlichen Herrschaftsausübung vertrat, griff Gottfried im Sommer 1135 zu den Waffen und stachelte – unterstützt von Mathilde – in bewährter Manier Barone in der Normandie zur Rebellion gegen den Schwiegervater auf. So musste sich Heinrich in zahlreichen Kämpfen gegen die renitenten angevinischen Grafen bis zum Lebensende zur Wehr setzen, das überraschend am 1. Dezember 1135 in Gisors infolge exzessiven Genusses von Lampreten (ein Fisch aus der Gattung „Neunaugen") eintrat. Zwar hatte der König auf dem Sterbebett Mathilde als alleinige Erbin seiner Besitzungen beiderseits des Kanals unter Ausschluss ihres Gatten bestimmt, doch konnte erst die Haltung der angevinischen und anglonormannischen Barone zu dieser Verfügung Beauclercs deren Realisierbarkeit erweisen. Die Erbregelung des Eroberers war damit für über zwei Jahrzehnte in der Regierungszeit zweier Monarchen zur Belastung geworden, die erst durch Heinrich gewaltsam beseitigt wurde und durch seine geschickte Politik nicht nur zur Wiederherstellung des *regnum Norm-Anglorum* führte, sondern auch durch die dynastische Verbindung mit einem der wichtigsten Gegner der Normannen, den Angevinen, Perspektiven zur Konstituierung eines neuen angevinisch-anglonormannischen Großreiches eröffnete. Durch kluge Anwendung militärischer und diplomatischer Mittel und tiefgreifende Reformen im Inselreich hatte der König nicht nur innenpolitisch eine beachtliche Herrschaftsstabilisierung bewirkt und eine kompromisshafte Beendigung des Investiturstreits in England herbeigeführt, sondern seinem Reich und seinem Königtum außenpolitisch im gesamten Abendland großes Ansehen verschafft. Dennoch blieb die Thronfolge der Kaiserwitwe das schwierigste Problem, dessen Bewältigung weitgehend in den Händen der englischen und angevinischen Großen liegen sollte.

Auch wegen Bedenken gegen eine weibliche Erbfolge in England widersetzten sich diese gesellschaftlichen Gruppen dem Willen des verstorbenen Monarchen, zumal dessen Neffe, Stephan von Blois, überraschend eigene Thronansprüche anmeldete und als einer der größten Landbesitzer auf der Insel rasch die Unterstützung einflussreicher Großer und insbesondere des hohen Klerus erhielt. Während Mathilde tatenlos auf dem Kontinent verharrte, begab sich Stephan mit wenigen Getreuen umgehend nach London, wo er gegen Zusicherung der Wiederherstellung der *libertas ecclesiae* zu Zeiten des Eroberers am 22. Dezember 1135 von Erzbischof Wilhelm von Corbeil in Westminster gekrönt wurde. Unmittelbar darauf begann der neue König mit der Stabilisierung seiner Herrschaft, indem er nicht nur nach dem Vorbild Beauclercs eine *Carta* mit Bestätigung der *Leges Henrici* sowie der *consuetudines* Eduards erließ, sondern sich auch die Approbation seines Königtums durch Innocenz II. verschaffte – selbstverständlich gegen Gewährung weiterer Konzessionen wie Verzicht auf Regalien- und Spolienrecht, Sicherung geistlicher Gerichtsbarkeit u. ä. auf einem Hoftag in Oxford im April 1136.[5] Nachdem Stephan binnen weniger Wochen die Unterstützung aller wichtiger geistlicher und weltlicher Großer im Inselreich erlangt hatte, konnte er sich auf die Herrschaftsübernahme in der Normandie konzentrieren. Diese verlief erfolgreich, obwohl Gottfried von Anjou seit Dezember 1135 bemüht blieb, die Thronansprüche seiner Gattin durchzusetzen, hierbei aber infolge der ablehnenden Haltung der einheimischen Barone ebenso wenig Erfolge verzeichnen konnte wie mit einer Appellation an den Papst wegen der eidlich bestätigten Thronrechte Mathildes. Zwar unternahm der Angevine in den folgenden Jahren, zeitweise unterstützt durch Herzog Wilhelm X. von Aquitanien, zahlreiche militärische Interventionen in der Normandie, doch gelang ihm kein entscheidender Erfolg, obwohl sich Machtkämpfe zwischen rivalisierenden Großen im Herzogtum entwickelten, so dass er im Juli 1137 einem zweijährigen Waffenstillstand mit Stephan zustimmen musste.

Diesem gelang im Mai 1137 ein Ausgleich mit Ludwig VI., der den ältesten Sohn des englischen Monarchen, Eustachius (IV.), mit dem normannischen Herzogtum belehnte und von ihm – nach dem Vorbild Heinrichs I. und seines Sohnes – die Huldigung für alle festländischen Lehen erhielt. Zusätzlich geschwächt wurde die Position des Angevinen durch den Entschluss Herzog Wilhelms, nicht nur eine Bußwallfahrt nach Santiago de Compostela durchzuführen, sondern auch im Juli 1137 der Heirat seiner Erbtochter Eleonore mit dem kapetingischen Thronfolger zuzustimmen. Dieser bestieg am 1. August 1137 nach dem überraschenden Tode seines Vaters als Ludwig VII. den französischen Thron und konnte nach dem baldigen Tode seines Schwiegervaters auf der Pilgerfahrt auch über die beachtliche territoriale Mitgift seiner Gattin verfügen. Als problematisch erwiesen sich hingegen die Beziehungen Stephans zum schottischen König, der unter Hinweis auf dessen Eidbruch und nominell zur Unterstützung Mathildes mehrfach in den englischen Grenzregionen einfiel. Da König David I. trotz zwischenzeitlichen Friedensschlusses im Januar 1138 neue Attacken auf die Grenzprovinzen ausführte, reagierte Stephan mit Vergeltungsangriffen, in deren Verlauf er dem Schotten am 22. August 1138 in der sog. „Standarten-Schlacht" bei Northallerton eine schwere Niederlage beibrachte und ihn im zweiten Vertrag von Durham am 9. April 1139 zur Anerkennung des Status Quo sowie zum Treueschwur zwang.[6] Noch während der englisch-schottischen Auseinandersetzungen begannen sich seit Frühjahr 1138 die politischen Kräfteverhältnisse im anglonormannischen *regnum* zu verändern, nachdem der Halbbruder Mathildes, Robert von Gloucester, seit Mai mit den Angevinen eine erfolgreiche Offensive in der Normandie eröffnet und sich gleichzeitig eine angevinische Partei in Südwestengland sowie in den Midlands gebildet hatte. So sah sich der König seit Sommer 1138 sowohl mit einer mächtigen Fürstenopposition, die er über lange Jahre bekämpfen musste, als auch mit wachsendem Widerstand von Seiten der hohen Geistlichkeit konfrontiert, nachdem er sich gegen eigenmächtigen Burgenbau etwa durch Bischof Roger von Salisbury gewandt hatte, dessen einflussreiche Familienangehörigen wichtige Ämter wie *chancery* bzw. *treasury* besaßen und großen Rückhalt vom englischen Klerus erhielten. Zudem wandten sich zahlreiche Prälaten wegen der Repressionsmaßnahmen Stephans gegen die Bischöfe von Lincoln und Salisbury von diesem ab.

Im September 1139 begann nach der Invasion der Kaiserwitwe mit ihrem Halbbruder Robert von Gloucester und Balduin de Redvers in Portsmouth eine neue Phase der „Anarchie". Da keine der Parteien in der Lage war, rasch einen entscheidenden militärischen Sieg zu erringen oder den Gegner dauerhaft zu schwächen, hielten die Kämpfe mit wechselndem Kriegsglück für die Kombattanten an, wobei Stephan sogar am 2. Februar 1141 in Gefangenschaft geriet und Mathilde ihre zeitweise Anerkennung als *Anglorum domina* erzwingen konnte. Ihr hochmütiges Auftreten, das im Sommer 1141 zur Vertreibung der Kaiserin aus London führte, und die überraschende Gefangennahme wichtiger Gefolgsleute Mathildes – wie Davids von Schottland und Roberts von Gloucester – hatten einen neuerlichen Umschwung und die Vereinbarung eines Waffenstillstands zur Folge. Gleichzeitig kam es in der Normandie zu einer gravierenden Veränderung der politischen Kräfteverhältnisse, da Graf Gottfried seine Anerkennung als Herzog durchzusetzen vermochte, aber noch bis 1145 mit der endgültigen Unterwerfung des Herzogtums beschäftigt war. So konnte er im Oktober 1142 Robert von Gloucester zwar nur ca. 300 Ritter zur Unterstützung Mathildes in England zur Verfügung stellen, doch war seine Entscheidung wichtiger, seinen neunjährigen Sohn – den späteren Heinrich II. – in die Kämpfe einzubeziehen und diese propagandistisch nicht mehr für die Rechte Mathildes, sondern als Einsatz für den „*rectus heres Anglie et Normanni(e)*" darzustellen.[7] Da das Eingreifen des Prinzen keine Entscheidung brachte und Heinrich statt dessen in der Folgezeit zur Erziehung auf der Insel blieb, begann eine weitere Phase der Kämpfe mit dem *castle war* und der Zunahme von regionalen Verwüstungszügen zahlreicher Barone in England. So zerfiel das Reich in den 40er und frühen 50er Jahren des 12. Jahrhunderts in drei Herrschaftsbereiche, wobei der Norden – insbesondere Northumberland und Cumberland – unter dem Einfluss des Schottenkönigs David lag, während westliche Regionen – wie Somerset, Gloucestershire, Herefordshire, Worcestershire – und Teile von East-Anglia unter der Herrschaft von Mathilde bzw. ihrer Gefolgsleute standen; eine Sonderrolle kam dem Earl von Chester und seinen riesigen Besitzungen im Nordwesten bzw. Norden des Landes zu. Der König selbst blieb schließlich auf östliche Regionen – wie Hampshire, Sussex, Surrey, Kent, Bereiche des Themse-Tales – und insbesondere auf London beschränkt. Die folgenden Monate wurden durch eine Vielzahl an kleineren Feldzügen bestimmt, gefolgt von einer erneuten Landung des Angevinen Heinrich in England. Doch auch er konnte keine größeren Erfolge verzeichnen und geriet vielmehr in militärische Bedrängung, aus der ihn Stephan in bemerkenswerter Ritterlichkeit durch finanzielle Zuwendungen befreite, so dass der Prätendent auf den Kontinent zurückkehren konnte.

Obwohl sich auch die Kaiserin im Februar 1148 in die Normandie begab, ohne je wieder ins Inselreich zurückzukehren, und zahlreiche englische Große dem Aufruf zum Zweiten Kreuzzug entsprachen, folgte keine Friedenszeit in England, sondern eine Periode der *private wars* zahlreicher Ritter mit regionalen Schwerpunkten zur Förderung eigener Herrschaftsinteressen. Hierdurch wurde die Stellung Stephans weiter geschwächt, der zudem seit Ende 1147 in Konflikte mit dem englischen Klerus wegen dessen Teilnahme an päpstlichen Konzilien in Frankreich sowie wegen der Neubesetzung des Yorker Erzbistums verwickelt wurde und sich im November 1148 zu einem Kompromiss mit Papst Eugen III. bzw. Theobald von Canterbury bereit finden musste. Hierauf begann eine neue Phase des Bürgerkrieges, indem zunehmend eine jüngere Generation in beiden Lagern um Eustachius IV. und Heinrich von Anjou das Geschehen bestimmte, da zwischenzeitlich auch Stephan – wie zuvor Mathilde – nicht mehr nur um den Erhalt der eigenen Macht, sondern um die Thronrechte seines ältesten Sohnes kämpfte und diesen zum Mitherrscher krönen lassen wollte. Daher kam es im Frühjahr 1149 zum dritten Aufenthalt des Angevinen auf der Insel, der vorrangig die Unterstützung Davids von Schottland und dessen Ritterschlag erhalten wollte. Dieser wurde ihm feierlich in Carlisle gewährt, jedoch nur gegen politische Konzessionen, wie die Überlassung von Gebieten bis zum Tyne an David, sofern Heinrich König von England werden sollte. Da die anschließenden gemeinsamen Militäraktionen gegen Stephan und Eustachius fehlschlugen, musste sich der Angevine nach Gloucestershire bzw. Wiltshire zurückziehen. Im Januar 1150 reiste Heinrich in die Normandie zurück, ohne nennenswerte Erfolge errungen zu haben. Seine Lage verbesserte sich hingegen bald in der Normandie, da ihm sein Vater die dortige Herrschaft übertragen hatte, während König Ludwig VII. und Eustachius diese Entwicklung durch Angriffe auf normannische Territorien zu bekämpfen suchten. Obwohl der Prinz eine offene Feldschlacht gegen seinen Lehnsherrn vermied und sich auf Defensivmaßnahmen beschränkte, konnte der Kapetinger keine entscheidenden militärischen Siege erringen, so dass er Heinrich schließlich widerwillig als Herrn der Normandie anerkennen musste.

Nachdem der Herzog nach dem Tode seines Vaters († 7. September 1151) gegen die Ansprüche des jüngeren Bruders Gottfried noch die Herrschaft über Maine erlangt hatte und bald darauf im „Wettbewerb" französischer Fürsten um die geschiedene Gattin König Ludwigs, Eleonore, siegreich geblieben war und die Erbin des Herzogtums Aquitanien am 18. Mai 1152 heiraten durfte, konnte Heinrich innerhalb kürzester Zeit einen beträchtlichen Machtzuwachs verzeichnen. Hieran vermochte die rasch von Ludwig konstituierte Koalition von Gegnern des Angevinen wenig zu ändern, zu der u. a. Gottfried von Anjou, Eustachius IV. von Boulogne, Tedbald IV. von Blois und die Grafen Heinrich von Champagne sowie Robert von Perche gehörten. Trotz der beachtlichen Stärke der Gegner Heinrichs, die in der Normandie bis nach Neuf-Marché vordringen konnten, gelang es dem Angevinen schnell, die Angreifer zurückzuschlagen und – nach Vereinbarung eines Waffenstillstandes mit Ludwig – sogar seinen Bruder Gottfried zur Unterwerfung zu zwingen. Daher konnte der Herzog im Januar 1153 die vierte Intervention auf der Insel unternehmen, wobei es im September am Avon zu einer Konfrontation der Heere Heinrichs und Stephans kam, in deren Verlauf die Barone einen Kampf verweigerten und den Abschluss eines Waffenstillstandes veranlassten. Nachdem Eustachius überraschend auf einem Verwüstungszug gegen Bury St. Edmunds am 17. August 1153 gestorben war, wuchs selbst bei Stephan die Bereitschaft zu einer Friedenslösung, die am 6. November in Winchester vereinbart wurde. Hiernach blieb Stephan zwar bis zum Lebensende König, musste Heinrich aber adoptieren, ihn als Erben anerkennen und an der königlichen Herrschaft teilhaben lassen, während der Sohn Stephans, Wilhelm, dem Angevinen den Lehnseid schwören und von diesem alle Lehen, die Stephan in England, der Normandie und anderswo vor der Thronbesteigung besessen hatte, erhalten sollte; ferner hatte eine Aussöhnung der Gegner sowie Besitzrestitution, Zerstörung seit 1135 entstandener Burgen und Rückgabe entfremdeter Hoheitsrechte zu erfolgen. Die Vereinbarung wurde zu Weihnachten in urkundlicher Form in London veröffentlicht;[8] danach begannen die gegnerischen Parteien mit der Realisierung des Abkommens. Heinrich reiste aus Sorge vor Anschlägen und zur Konfliktvermeidung zu Ostern in die Normandie zurück, wo er letztlich nur noch auf den Tod des Monarchen wartete. Dieser besuchte in den folgenden Monaten verschiedene Regionen der Insel und starb nach einem Treffen mit dem Grafen Dietrich von Flandern in Dover am 25. Oktober 1154. Später wurde er in dem von ihm gegründeten Kloster Faversham neben seiner Gattin Mathilde und dem Sohn Eustachius beigesetzt.

Das Bild der Herrschaft Stephans blieb lange Zeit von den propagandistischen Darstellungen der angevinischen Historiographie geprägt, die seine Regentschaft im Vergleich zu Heinrich I. und besonders Heinrich II. als „Anarchie" darstellte, da Stephan angeblich in verantwortungsloser Weise seine Pflichten als König vernachlässigte und die englischen Magnaten in beispielloser Manier ihre Machtgelüste befriedigten. Bei kritischer Würdigung dieser Ausführungen ist jedoch zu konstatieren, dass hierbei ausschließlich nach dem Gesichtspunkt der Stärke königlicher Zentralgewalt als Maßstab „staatlichen Lebens" geurteilt wurde, während faktisch nur eine Dezentralisierung von Herrschaft unter stärkerer Beteiligung der Barone erfolgte, die nicht prinzipiell an einer radikalen Schwächung der Zentralgewalt interessiert waren. Auch mächtige Barone blieben darum bemüht, infolge ihres größeren politischen Handlungsspielraums konsequent ihre Macht- und Besitzinteressen zu schützen und in den eigenen Territorien durch den Aufbau rudimentärer Verwaltungseinrichtungen die Effizienz der Herrschaftsausübung zu steigern, ohne deshalb eine systematische Destabilisierung der Zentralgewalt anzustreben. Daher wird man – abgesehen von Extrembeispielen baronialer Gewaltanwendung wie durch Gottfried von Mandeville – bei einer Beurteilung der Geschehnisse sowohl eine genaue Differenzierung der Aussagen nach Raum und Zeit der jeweiligen Geschehnisse vornehmen als auch konstatieren müssen, dass seit der Zeit Stephans Herrschaft verstärkt in anderen Formen und von anderen Trägern mit unterschiedlicher Intensität wahrgenommen wurde, wobei den Magnaten – ähnlich wie schon früher

in den *regna* auf dem Kontinent – eine wachsende Bedeutung zukam. Sie sicherten eine Herrschaftskontinuität, die für den späteren
König Heinrich II. von großer Bedeutung war, während Stephan
für die drängenden „verfassungsrechtlichen" Probleme im Verhältnis von Königtum und Adel zumindest ansatzweise konstruktive
rechtliche Lösungsversuche unternahm und durch die Konzentration der königlichen Herrschaftsmaßnahmen auf die Insel und nicht
mehr auf die kontinentalen Besitzungen des anglonormannischen
Reiches einen tiefgreifenden Strukturwandel in der Herrschaftsorganisation im englischen *regnum* vorbereitete. Zudem trugen Monarch wie Barone in der Zeit Stephans zu einer beispiellosen Blüte
des monastischen Lebens mit der Gründung einer Vielzahl neuer
Ordensniederlassungen und der Errichtung zahlreicher geistlicher
Bauwerke bei, die das – vor allem von den Angevinen entworfene –
Bild von einem in „Anarchie" und in baronialer Willkür versinken-
den Land als zumindest einseitig erscheinen lassen.

2. Der Aufbau des Angevin Empire und seine Bedeutung in Europa (1154–1189)

Nach dem Tode Stephans konnte der designierte königliche Nachfolger, der normannische Herzog Heinrich, als erster Prätendent nach Wilhelm I. den englischen Thron ohne Auseinandersetzung mit einem rivalisierenden Bewerber beanspruchen, obwohl er aus dem angevinischen Grafenhaus stammte, das über Jahrzehnte zu den erbittertsten Konkurrenten der anglonormannischen Könige gezählt hatte und nun in England sogar eine neue Herrscherdynastie konstituierte. Die Prägung durch das angevinische Haus blieb für Heinrich auch als Monarch bestehen, der bereits vor der Königskrönung über beträchtlichen Landbesitz auf dem Kontinent verfügte – nämlich von Seiten des Vaters über Anjou, Maine und Touraine, von Seiten der Mutter über die Normandie und durch die Heirat mit der geschiedenen Gattin Ludwigs VII., Eleonore, die Verfügungsgewalt über das Herzogtum Aquitanien mit Poitou und Guyenne erlangt hatte. Die Sicherung dieser Besitzungen blieb für Heinrich, der seit 1154 über 21 Jahre auf dem Festland und insbesondere in der Normandie verbrachte, während seiner gesamten Königsherrschaft ein Hauptanliegen. So konzentrierte sich der Plantagenet nach der Krönung durch den Erzbischof von Canterbury am 19. Dezember 1154 und nach dem Erlaß einer Krönungscarta[9] auf die Realisierung von zwei politischen Hauptzielen, nämlich Befriedung des Reiches und Wiederherstellung der königlichen Macht mit Wiedergewinnung verlorener Herrschaftsrechte. Hierbei suchte er einen Ausgleich mit oppositionellen baronialen Gruppierungen und war zudem bestrebt, durch geschickte Personalentscheidungen für Kontinuität im Bereich der Verwaltung sowie für die Einbeziehung wichtiger Großer in den Prozeß der Herrschaftsausübung zu sorgen.

Um den Tendenzen politischer Desintegration infolge der „Anarchie" entgegen zu wirken, begann der Plantagenet mit umfassenden Reformen in den Bereichen Wehr- und Rechtswesen sowie Finanzverwaltung. So unternahm der Monarch nach systematischer Zerstörung vom König nicht approbierten baronialen Burgen zuerst eine Bestandsaufnahme der Feudaldienste der Kronvasallen in Relation zu ihren Lehnsgütern, um nach einem *inquest* und baronialen Erklärungen (*Cartae Baronum*) 1166 eine Erhöhung der Feudalleistungen sowie die kontinuierliche Erhebung des *scutagium* zu veranlassen. In der *Assize of Arms* reformierte der König 1181 zur weiteren Fiskalisierung die Wehrverfassung,[10] indem alle Freien des Landes – in Anknüpfung an angelsächsische Traditionen – zum Wehrdienst und gemäß Vermögensstand zur Beschaffung militärischer Ausrüstung verpflichtet wurden, so dass „*the feudal knight service quotas were incorporated into a standarized national system of military assessment*"[11]; im 13. Jahrhundert erfolgte dann im Zusammenhang mit Veränderungen in Taktik und Technik der Kriegführung die Einbeziehung sogar von Unfreien in die Wehrverfassung durch *commissions of array*. Auch im Finanzwesen betrieb der Monarch eine Herrschaftsintensivierung durch zunehmende Verschriftlichung der Verwaltungsprozesse mithilfe von Fachpersonal und durch Registrierung des Schriftverkehrs, der von der *chancery* in Abschriften zumindest wichtiger Schreiben archiviert wurde. Vorrangig blieb für Heinrich die Steigerung seiner Einkünfte, die zumeist aus Besitzungen der Krone und ihren Feudal- und Gerichtsrechten stammten und von den *sheriffs* erhoben sowie anschließend vom *exchequer* (*scaccarium*) eingezogen sowie abrechnungstechnisch überprüft wurden – möglicherweise nach normannisch-sizilischem Vorbild. Während der untere *exchequer* die Gelder von den *sheriffs* an zwei jährlichen Abrechnungsterminen einnahm, prüften in enger Verbindung zur *curia regis* die Beamten des oberen *exchequer* – im 14. Jahrhundert zum *court of exchequer* entwickelt – die Richtigkeit der Rechnungslegung, die in einem Buchungssystem verarbeitet und verwaltungstechnisch u. a. in den *Pipe Rolls* verzeichnet und seit 1156 fortlaufend (bis 1832) geführt wurde, gefolgt von zahlreichen weiteren archivalischen Serien. Richard von Ely verdeutlichte ca. 1178 die Struktur und Wirkungsweise des *exchequer* im berühmten *Dialogus de Scaccario*.[12] Zudem entwickelten sich weitere zentrale Finanzinstitutionen wie die *treasury,* später mit dem *exchequer* vereinigt, zur Verwahrung eingegangener Gelder und königlichen Vermögens, ferner die *chamber* als Mittelpunkt königlicher Hofhaltung mit der Verwaltung des persönlichen Vermögens des Monarchen sowie seiner Ausgaben, und schließlich die *wardrobe*, die seit dem 13. Jahrhundert außer für den königlichen Haushalt vor allem für die Finanzierung von Heerzügen unter Söldnereinsatz zuständig war. Damit legte Heinrich II. die Grundlagen für ein überaus effizientes Finanzsystem, das der Krone kontinuierlich wachsende Einkünfte sicherte und in solch großem Umfang rationale Planungen herrscherlicher Maßnahmen in England gewährleistete, wie es zu dieser Zeit in keinem anderen Land in West- und Mitteleuropa möglich war.

Noch umfangreicher waren die Reformmaßnahmen Heinrichs im Rechtswesen, da er erstmals versuchte, dem Reich ein *common law* zu verleihen, das einheitliche Rechtsnormen konstituierte und regionale bzw. lokale *consuetudines* zurückdrängen sollte; ob diese Absicht des Monarchen auch für die baronialen Gerichte bestand, ist zwar fraglich, faktisch verloren diese jedoch gegenüber dem königlichen Gericht an Bedeutung. Nach den Wirren der „Anarchie" bemühte sich Heinrich vorrangig um Durchsetzung seines Friedensbannes sowie um Klärung strittiger Besitzverhältnisse, wobei er in den *Assizes of Clarendon* (1166) und *Northampton* (1176) die Hochgerichtsbarkeit für die Krone beanspruchte und Geschworenen-*juries* mit Sachkundigen aus Städten und *hundreds* zur Aburteilung Krimineller einsetzen ließ.[13] In den 70er Jahren veranlasste der König eine allgemeine Überprüfung der Rechtspraxis von *sheriffs* sowie der baronialen Lehnsverhältnisse, indem er das Reich in sechs Bezirke mit je drei Reiserichtern (*justices in eyre*) einteilen ließ, die umfassende Kompetenzen auch gegenüber der lokalen Justiz besaßen und jeden zivil- und strafrechtlichen Fall vor ihr Gericht ziehen konnten. So dehnte der Monarch seine Rechtsprechung in die *shire courts* aus, wobei mitunter lokale *sheriffs* durch Ritter mit *exchequer*-Praxis ersetzt wurden. Zudem unternahm er durch häufige Wiederholung der *circuits of eyre* sowie die Durchführung von *general eyres* Versuche zur Sicherung einer korrekten Rechtspraxis. Noch deutlicher wurde das Bestreben des Königs, allen Freien durch Erwerb eines königlichen *writ* unabhängig vom baronialen Verfahren den Weg zum königlichen Gericht zu eröffnen, in seinen Regelungen über die zahlreichen Besitzstreitigkeiten nach den Störungen der Eigentumsverhältnisse während der „Anarchie". Ohne Untersuchungen in der Sache anzustellen, suchte der König die traditionelle Anwendung von Gewalt im Sinne von Selbsthilfe zur Durchsetzung eigenen Rechtes zugunsten einer Klärung des Streites auf dem Rechtswege zurückzudrängen, indem er z.B. 1166 in der *Assize of Novel Disseisin* Klagen über jüngsten Besitzentzug nach Ausstellung eines *writ* durch *jury*-Schlichtungsverfahren entscheiden ließ; ähnlich wurde bei Streitigkeiten zwischen Erben (*Mort d'Ancestor*) und Auseinandersetzungen um Patronatsrechte (*Darrein Presentment*) verfahren.[14] Einen Höhepunkt erreichten die Reformmaßnahmen Heinrichs in der *Grand Assize* 1179, in welcher in Abkehr von Ordalen auch in der Streitsache selbst eine Klärung durch eine „rationale" *jury*-Entscheidung vorgesehen wurde, so dass dieses *trial by jury* aufgrund seiner „Modernität" und „Rationalität" für die Konfliktpartner höhere Attraktivität als die traditionellen Prozessverfahren an den baronialen Gerichten besaß. Durch die Zurückdrängung der baronialen Gewalten, die keine Geschworenengerichte besaßen, konnten besonders die baronialen *tenants* den königlichen Rechtsweg beschreiten, der für alle Freien im Lande durch die Wahrung einheitlicher Rechtsnormen des *common law* geprägt schien. Eine stärker praxisorientierte Darstellung des neuen Rechtes gab Ranulf de Glanville ca. 1190 im *Tractatus de legibus et consuetudinibus regni Angliae*.[15] Auch für den Monarchen besaßen die Veränderungen im Rechtswesen, die später zur Ausbildung weiterer Gerichte wie *Court of Westminster* oder *Court of the King's Bench* führten, entscheidende Vorteile, da der König beachtliche Einkünfte durch den Verkauf der *writs* verzeichnen konnte und mithilfe der Assisen, die alle nach Konsultation der Großen erlassen worden waren, die Barone in das neue Rechtssystem einbezog und durch Anwendung eines vereinheitlichten Rechtes sein Land unter die „Herrschaft des Gesetzes" stellte.

Zusätzlich realisierte Heinrich konsequent seit 1155 sein Restaurationsprogramm, nachdem er temporäre baroniale Opposition unterdrückt und in den bretonischen Erbfolgestreitigkeiten mithilfe seines Bruders Gottfried angevinische Oberlehnsherrschaftsansprüche reklamiert hatte. Ähnliche Forderungen erhob der Monarch gegenüber dem erst zwölfjährigen König Malcolm IV. von Schottland, der mit dem Widerstand einiger Clanführer im Norden und Westen des Landes konfrontiert war und sich bei einem Besuch am Hof in Chester im Sommer 1157 nicht nur zum Verzicht auf alle, von König David gewonnenen Territorien südlich von Tweed und Esk, sondern auch zur Leistung des *homagium* veranlaßt sah; umstritten ist, ob sich dieses auf das schottische *regnum* oder nur auf die englischen Besitzungen bzw. auf das Earldom von Huntingdon bezog, das Heinrich dem jungen Schotten überlassen hatte. Während Malcolm durch die enge Bindung an den englischen Monarchen und durch die kontinuierliche Ansiedlung von Rittern aus dem angevinischen Reich in Schottland sowie deren Einsatz in der königlichen Verwaltung seine herrscherliche Stellung innenpolitisch zu stärken suchte, war Heinrich bestrebt, die lehnsrechtliche Bindung des schottischen Monarchen an den englischen König zu intensivieren und dieser verstärkt vasallitische Formen zu verleihen. Vergleichbare Ziele verfolgte Heinrich bei seinen folgenden Aktionen in Wales, wo er seit Sommer 1157 den Status, wie er gegen Ende der Herrschaft Heinrichs I. bestanden hatte, wiederherzustellen gedachte und daher vor allem Owain Gwynedd (ap Gruffydd ap Cynan) seiner Herrschaft zu unterwerfen suchte. Mit kombinierten

See- und Landoperationen ging Heinrich gegen den Fürsten vor, der wie seine Vorgänger offene Schlachten mit den gepanzerten englischen Rittern vermied und diese statt dessen in unzugänglichem Gelände überfallähnlich angriff. So scheiterte der König mit seinen Truppen in den Wäldern bei Hawarden ebenso wie sein Flottenunternehmen in Anglesey, so dass der Plantagenet den Heerzug abbrechen musste, während sich Owain zur Leistung des *homagium* bereit erklärte, ohne dass hierdurch eine dauerhafte Befriedung zumindest von Nordwales erreicht wurde.

Ungeachtet dieses Rückschlags eröffnete der König im Sommer 1158 die letzte Phase seines Rekuperations- und Expansionsprogramms, nun bezüglich Toulouse und normannischem Vexin, das von seinem Vater dem französischen Monarchen übereignet worden war und jetzt auf friedlichem Wege zurückgewonnen werden sollte. Nachdem Heinrich bereits im Januar 1156 mit König Ludwig an der normannischen Grenze zusammengetroffen war, schloß der Plantagenet im Sommer 1158 bei Gisors nach Vorarbeit des Kanzlers Becket mit dem Kapetinger ein Heiratsbündnis für den 1155 geborenen Prinzen Heinrich und die 1157 geborene Tochter des Kapetingers, Margarethe, die als Mitgift das Vexin mit den wichtigen Burgen Gisors, Vaudreuil und Neauphle zum Zeitpunkt ihrer Eheschließung erhalten sollte; bis zur Heirat, die wegen des Säuglingsalters der Brautleute in ferner Zukunft zu liegen schien, wurden die dortigen Burgen Templern zur Verwaltung übergeben. Nach kurzer Intervention in der Bretagne gegen Conan IV., der den englischen König als Oberlehnsherrn anerkannte und später einem Heiratsbündnis seiner Tochter mit einem Sohn Heinrichs zustimmte, wandte sich dieser der Grafschaft Toulouse zu, deren Besitz er im Namen seiner Gattin nach Erbrecht unter Berufung auf Eleonores Vorfahren, Graf Wilhelm IV. von Toulouse, reklamierte. Flankierend zu den militärischen Vorbereitungen beendete der König erfolgreich in Blaye an der Gironde Verhandlungen mit dem Grafen Raimund Berengar IV. von Barcelona, der aufgrund eines Ehevertrages mit der Erbin Königin Petronilla *princeps* von Aragón war und seit 1144 in der Provence die Regentschaft für seinen unmündigen Neffen, Raimund Berengar II., führte. So gelang es Heinrich, einen Beistandspakt mit dem Grafen zu schließen, bestärkt durch die Verlobung der Tochter Raimunds mit Prinz Richard, der von seinem Vater das Herzogtum Aquitanien erhalten sollte. Bei der folgenden militärischen Intervention in der toulousanischen Grafschaft kam es jedoch zu einer überraschenden Konfrontation mit Ludwig, der zwischenzeitlich die macht- und geopolitische Bedeutung der Aktion Heinrichs erkannt hatte und dem Hilferuf des Gatten seiner Schwester Konstanze gefolgt war, indem er sich persönlich an der Verteidigung von Toulouse beteiligte. Um einen Präzedenzfall für Revolten eigener Lehnsleute zu vermeiden, verzichtete der Plantagenet auf einen Kampf gegen den Suzerän und brach im September 1159 die Belagerung ab. Anschließende Plünderungszüge durch Territorien Graf Raimunds V. konnten ebenso wenig wie Angriffe auf Gebiete Ludwigs am Misserfolg des gesamten Unternehmens etwas ändern, so dass Heinrich Frieden schließen musste, indem er gegen Konzessionen im Vexin die Sicherung der neu gewonnenen Besitzungen im Süden erreichte.

In der Folgezeit erweiterte sich der außenpolitische Aktionsraum des Plantagenets, wobei Kaiser Friedrich I. (*Barbarossa*) und seiner Politik gegenüber Papst Alexander III. wachsende Bedeutung zukam. Insbesondere im Kampf zwischen den universalen Gewalten nach Ausbruch des Papstschismas 1159 und infolge des Versuchs von Barbarossa, Macht über das universale Papsttum auszuüben und dieses dem kaiserlichen Willen zu unterwerfen, konnte bei Heinrich und den übrigen christlichen Monarchen der Eindruck entstehen, der Kaiser wäre möglicherweise bestrebt, hierdurch – zumindest indirekt – in die kirchlichen Angelegenheiten der verschiedenen abendländischen *regna* einzugreifen. Notwendigerweise mussten die Könige dieses kaiserliche Vorgehen als potentiellen Versuch einer Beeinträchtigung ihrer politischen Unabhängigkeit und der sich entwickelnden politischen „Souveränität" ihrer „Staaten" betrachten, den sie keinesfalls hinnehmen konnten. Daher erlangte das Schisma in den 60er Jahren zunehmende Bedeutung für die Beziehungen zwischen den west- und mitteleuropäischen Monarchen, zumal das gesamte politische Handeln Barbarossas von 1159 bis zum Frieden von Konstanz 1183 weitgehend vom Kampf gegen das universale Papsttum und seine Verbündeten bestimmt wurde. Obwohl sich Heinrich II. bereits 1160 grundsätzlich für die Partei Alexanders entschieden hatte, blieb er dennoch bemüht, in der Folgezeit seine offizielle Stellungnahme im Schisma politisch zu nutzen, indem er am 2. November 1160 die Kardinallegaten Alexanders veranlasste, die sofortige Heirat des knapp fünf Jahre alten Prinzen Heinrich mit der dreijährigen kapetingischen Königstochter Margarethe durchzuführen und hierdurch eine zentrale Bestimmung der Ehevereinbarung mit Ludwig VII. zu erfüllen. Somit waren zum Erstaunen des französischen Königs, der sich von Heinrich wie Papst Alexander gleichermaßen übervorteilt fühlte, die Voraussetzungen für die

Übergabe der Mitgift der Braut gegeben, nämlich die Übereignung des normannischen Vexin an den Plantagenet.

Auch weiterhin blieb die Haltung zu Alexander III., der 1162 vor Barbarossa ins französische *regnum* geflohen war, ein wesentlicher Faktor in den eskalierenden Auseinandersetzungen zwischen dem englischen und französischen Monarchen, deren Konflikt sich seit den 60er Jahren mit dem Kampf zwischen Friedrich I. und Alexander III. verband. Zusätzlich kompliziert wurde die Lage für Heinrich durch die wachsenden Spannungen zum früheren Kanzler Thomas Becket, dessen Wahl zum Erzbischof von Canterbury der König im Mai 1162 in Erwartung bleibender Loyalität und in der Hoffnung auf Wiederherstellung königlicher Rechte gegenüber der englischen Kirche zugestimmt hatte. Becket enttäuschte jedoch diese Erwartungen, indem er infolge einer spirituellen *conversio* nach der Weihe mit derselben Entschlossenheit, mit der er als Kanzler für die Rechte der Krone eingetreten war, nun aufgrund seines veränderten Selbstverständnisses für die *libertas ecclesiae* und die materiellen Rechte des Erzbistums Canterbury kämpfte. Nach ersten Streitigkeiten um Finanzfragen im Oktober 1163 kam es im Januar 1164 auf dem Hoftag in Clarendon zur Konfrontation, weil Heinrich im Streben nach Wiedergewinnung angeblich durch die Kirche usurpierter königlicher Rechte dem englischen Klerus 16 *constitutiones* aufzwingen wollte, von denen besonders die dritte Konstitution zur Frage der Existenz eines *privilegium fori* in England umstritten war.[16] Zwar erklärte sich Becket nach massivem Druck durch den König und die übrigen Bischöfe zu einer vorläufigen Anerkennung der Konstitutionen bereit, dennoch entwickelte sich in der Folgezeit ein Grundsatzkonflikt um das Verhältnis der weltlichen und geistlichen Gewalt, wobei der Plantagenet am „Landeskirchentum" in England festhielt und sich damit gegen die – von Becket unterstützten – Zentralisierungsbestrebungen des Nachfolgers Petri wandte. Wie früher Anselm von Canterbury musste auch Becket im November 1164 nach Frankreich fliehen, wo er zuerst in der Zisterzienserabtei Pontigny und danach in Sens Aufnahme fand, während Heinrich schon bald bei Ludwig VII. und Alexander III. wegen einer Auslieferung des Primas intervenierte. Nun verband sich der Becket-Konflikt sowohl mit den Auseinandersetzungen Heinrichs II. mit Ludwig VII. als auch mit dem Papstschisma, wobei Heinrich durch geschicktes Taktieren vor allem seine kirchenpolitischen Interessen durchzusetzen versuchte. In diesem Rahmen sind die Verhandlungen mit Rainald von Dassel um ein doppeltes Ehebündnis zwischen den Töchtern des englischen Monarchen, Eleonore und Mathilde, mit dem Kaisersohn Friedrich und Herzog Heinrich dem Löwen und auch die Teilnahme englischer Gesandter am Reichstag zu Würzburg zu sehen, der mit einer Stellungnahme Heinrichs II. gegen Alexander III. verbunden zu sein schien. Dennoch ist anzunehmen, dass der Plantagenet nicht ernsthaft einen Wechsel in das Lager des kaisertreuen Papstes beabsichtigte und vielmehr seine Parteinahme im Schisma weiterhin als Druckmittel gegen Becket bzw. Alexander III. einzusetzen suchte, während er gleichzeitig Barbarossa in sein im Aufbau befindliches, gesamteuropäisches Bündnissystem einbeziehen wollte.

Während der Primas im Exil versuchte, durch kirchenrechtliche Sanktionen gegen Berater Heinrichs Druck auszuüben, musste sich dieser seit 1167 verstärkt Konflikten mit dem französischen König widmen, die in der Bretagne und später um die Grafschaft Toulouse und die Auvergne geführt wurden, 1168 gefolgt von Unruhen in Aquitanien und in Poitou. Der Plantagenet reagierte sowohl militärisch als auch diplomatisch, indem er Ehebündnisse mit den Königen von Navarra und Aragón anstrebte, zumal Alfons II. von Aragón nach Übernahme der Herrschaft in der Provence für den unmündigen Raimund Berengar IV. für Heinrich II. im Kampf gegen Raimund V. von Toulouse ein wichtiger Bündnispartner sein musste. 1170 kam es hingegen zur Eheschließung von Heinrichs Tochter Eleonore mit Alfons VIII. von Kastilien, der ihr u. a. noch zu erobernde Territorien in Navarra übereignete, während die Braut als Mitgift u. a. die Gascogne erhielt, deren Besitzübertragung jedoch erst nach dem Tode der gegenwärtigen Herrin, der Königin und Herzogin Eleonore von Aquitanien, erfolgen sollte und daher für den Plantagenet keinen unmittelbaren substantiellen Territorialverlust zur Folge hatte.[17] Diese Ehe war diplomatisch gegen León und Navarra gerichtet, während sie gleichzeitig Kastilien in das englische Bündnisgefüge einbezog; das hiermit verbundene Migiftversprechen, das vorrangig dem Kampf um Toulouse diente, sollte aber spätestens seit dem Herrschaftsantritt Richards I. die englisch-kastilischen Beziehungen auf Dauer belasten. Eine weitere Konsequenz der Ehe Eleonores bestand in der allmählichen Abwendung Heinrichs, dessen Tochter Mathilde am 1. Februar 1168 Heinrich den Löwen geheiratet hatte, vom staufischen Lager, intensiviert durch Kontakte des Plantagenets zu kaiserfeindlichen Städten Oberitaliens, die er mit Geldzahlungen unterstützte, und durch Eheverhandlungen mit Wilhelm II. von Neapel-Sizilien. Hieraus imperiale Ambitionen Heinrichs abzuleiten, ist ebenso wenig überzeugend wie ein Hinweis Stephans von Rouen im *Draco Normannicus*, wonach der

Staufer dem Plantagenet für die Anerkennung des kaisertreuen Papstes ein militärisches Bündnis gegen Ludwig VII. angeboten habe mit dem Ziel, diesem die Herrschaft zu entreißen und die französische Krone – unter Hinweis auf Thronansprüche des Staufers als Nachfolger Karls des Großen – an den ältesten Sohn Heinrichs II. von England als kaiserliches Lehen zu übergeben.[18] Als politischer Pragmatiker wird Heinrich keine imperialen Zielsetzungen verfolgen, sondern temporär sich bietende außenpolitische Aktionsmöglichkeiten und vor allem das Schisma für seine Zwecke genutzt haben, wobei er schnell bereit war, etwa sein Engagement in Oberitalien oder Sizilien bei einer Veränderung der politischen Kräfteverhältnisse wieder aufzugeben.

Nachdem der Plantagenet im Sommer 1165 zur Unterdrückung von „Revolten" einen weiteren Heerzug nach Wales unternommen hatte, der erneut wegen strategischer und taktischer Fehler des englischen Ritterheeres im Kampf gegen die vereinten Truppenkontingente u. a. aus Gwynedd, Powys und Deheubarth scheiterte und Owain Ludwig VII. sogar ein militärisches Hilfsangebot unterbreiten konnte, konzentrierte sich Heinrich auf einen Ausgleich mit dem Kapetinger, so dass es am 6. Januar 1169 in Montmirail an der Grenze zu Maine zu einem Treffen Heinrichs mit seinem Oberlehnsherrn kam. Hierbei huldigten der Plantagenet ebenso wie seine Söhne, Heinrich der Jüngere und Richard, der mit Alice, der Tochter des Kapetingers, verlobt wurde; wie üblich, übergab man die kleine Alice ihrem künftigen Schwiegervater, der an seinem Hofe – wie schon für Margarethe, die Schwester Alices – für die Erziehung Sorge zu tragen hatte. Dem jungen Heinrich sagte man die Nachfolge in England, der Normandie und Anjou zu, während Richard Aquitanien behalten sollte. Mit der Vereinbarung war zwar ein temporärer Ausgleich zwischen den beiden Monarchen gefunden worden, gleichzeitig hatte Heinrich durch die Erbfolgeregelung aber ein gravierendes machtpolitisches Problem geschaffen, da seine Söhne in Anbetracht ihres notorischen Herrschafts- und Machtwillens entschlossen waren, einen nominellen Herrschaftstitel so schnell wie möglich mit konkreter Macht zu verbinden. Wieso der Plantagenet einer derartig verfrühten und überaus gefährlichen Erbfolgeregelung, die mittelfristig den Bestand seiner eigenen Herrschaft sowie des gesamten angevinischen Reiches bedrohen konnte, ohne Gegenleistung des französischen Königs zustimmte, bleibt ein Rätsel.

Auch die Spannungen zu Becket blieben weiter bestehen, der sich jedoch zur Rückkehr nach England bereit erklärte, wo er am

1. Dezember 1170 in Sandwich landete und umgehend mit Repressionen gegen oppositionelle Geistliche im Inselreich begann. Nachdem der Plantagenet in der Normandie zahlreiche Beschwerden über das Verhalten des Primas erhalten hatte, klagte Heinrich offenbar in einem Wutanfall unbedacht bei Hof, wieso niemand von seinen Gefolgsleuten gegen diesen Priester, der den König seiner Würde zu berauben versuchte, vorgehen wollte. Daraufhin begaben sich vier Ritter des königlichen Haushalts, die diese Äußerung des Monarchen offenbar als Auftrag zur Tötung des Widersachers verstanden hatten, umgehend nach England. Bereits am 28. Dezember landeten Reginald Fitz Urse, Wilhelm de Tracy, Hugo de Morville und Richard Brito bei Saltwood Castle, um nach Canterbury zu reiten, wo sie am folgenden Tag in die Gemächer des Primas eindrangen, diesen bei einem anschließenden Kampf in der Kathedrale erschlugen und nach Plünderung des erzbischöflichen Palastes flohen. Der Monarch, dessen gefährlichsten Gegner seine Ritter durch Mord beseitigt zu haben glaubten, war von der Nachricht vom Tode Beckets zutiefst erschüttert und leistete im Bewusstsein seiner zumindest indirekten Mitschuld tagelang freiwillig Buße. Obwohl es völlig unwahrscheinlich ist, dass der Plantagenet aufgrund seiner großen politischen Erfahrung ein derartiges Verbrechen veranlaßt hatte, entstand dennoch in ganz Europa der Eindruck, Heinrich habe den Mord in Auftrag gegeben – eine Beschuldigung, der der König zwar durch gegenteilige Erklärungen zu begegnen versuchte, die ihn jedoch moralisch dauerhaft diskreditierte. Während Erzbischof Wilhelm von Sens Ende Januar 1171 das Interdikt verkündigte, hielt sich der Papst mit sofortigen Sanktionen bemerkenswert zurück, so dass Heinrich im Frühjahr in der Normandie und Bretagne militärisch intervenieren konnte, um die Herrschaftsansprüche des Prinzen Gottfried durchzusetzen. Erst als im Sommer päpstliche Legaten mit dem Auftrag einer genauen Untersuchung des Mordes nahten, entzog sich der König dem drohenden Verfahren, indem er eine Reise nach Irland antrat.

Auf der „Grünen Insel" waren seit den 50er Jahren des 12. Jahrhunderts gravierende macht- und kirchenpolitische Veränderungen erfolgt, die auch Bedeutung für das angevinische Reich besitzen mussten, insbesondere durch die anhaltende Konkurrenz zwischen den Königen Turlough O'Connor bzw. seinem Sohn Rory O'Connor von Connacht und König Dermot McMurrough von Leinster. Da dieser nach seiner Vertreibung durch Hochkönig Rory ein Hilfeersuchen an den englischen König gerichtet hatte, erhielten die Machtkämpfe der Herrscher auf der Insel eine neue Qualität.

Bereits 1155 hatte Heinrich II. vergeblich Vorbereitungen für eine Intervention in Irland getroffen, wobei er sich der Unterstützung durch das Papsttum sicher sein konnte, da Hadrian IV. – ungeachtet der Erneuerungsbemühungen des Konzils von Kells 1152 – in der Hoffnung auf tiefgreifende Reformen der irischen Kirche und unter Berufung auf die Konstantinische Schenkung dem Plantagenet die Eroberung der „Grünen Insel" gestattet hatte. Gleichzeitig versuchte Hadrian, wie früher Alexander II. gegenüber Wilhelm I., durch die Übergabe eines als Herrschaftssymbol zu verstehenden Rings mögliche lehnsherrschaftliche Ansprüche des Papstes gegenüber dem künftigen angevinischen Herrn Irlands deutlich zu machen. Wie der Eroberer wies Heinrich die Annahme des lehnsherrschaftlich interpretierbaren Ringsymbols zurück, gestattete hingegen McMurrough gegen Leistung des *homagium* die Anwerbung von Rittern im angevinischen Reich, wobei besonders Richard Fitz Gilbert de Clare (*Strongbow*), Earl von Pembroke, Interesse an einer Intervention in Irland zeigte – jedoch nur gegen Zusicherung der Heirat mit der Königstochter Aoife (Eva) und gegen Zusage der Thronfolge im Reich von Leinster. Während der Earl noch zögerte, rief McMurrough nach erneuter Niederlage gegen den König von Connacht im Mai 1169 walisische Ritter unter Führung der Halbbrüder Robert Fitz Stephen und Maurice Fitz Gerald zu Hilfe, denen Strongbow im August 1170 folgte, um nach der Eroberung wichtiger Küstenstädte Aoife zu heiraten und im Frühjahr 1171 nach dem Tode des Schwiegervaters seine Ansprüche auf den Thron von Leinster durchzusetzen. Heinrich II. verfolgte die Ausbildung eines neuen, weitgehend unabhängigen Herrschaftsgebildes unter der Führung des englischen Großen in Irland mit wachsender Sorge, so dass er – auch um sich weiteren Untersuchungen wegen des Becket-Mordes zu entziehen – am 1. August nach Portsmouth reiste und nach einem Ausgleich mit Rhys ap Gruffydd sein Eingreifen in Irland vorbereitete. Hieran konnte ihn auch Earl Richard nicht hindern, der sich dem König am 8. September unterwarf und ihn am 17. Oktober 1171 auf der Überfahrt nach Crook begleiten musste. Allein die Nachricht von der Landung der großen englischen Armee veranlasste die irischen Großen, sich der Übermacht des Plantagenets widerstandslos zu unterwerfen und seine Lehnsoberherrschaft anzuerkennen; nur Rory beharrte auf seinem Hochkönigtum, ohne aber eine militärische Auseinandersetzung mit Heinrich zu wagen. Dieser blieb den gesamten Winter auf der Insel, um seine Herrschaft weiter zu festigen und sich erfolgreich die Unterstützung des irischen Episkopates – unter Zurückweisung des

Suprematsanspruches von Canterbury – zu sichern, so dass sich schließlich große Teile Ost- und Südirlands unter anglonormannisch-angevinischer Herrschaft befanden. Zudem gelang es dem König, eine Neuregelung der Machtverhältnisse unter den anglonormannischen Großen auf der Insel herbeizuführen, indem er die Herrschaft Earl Richards weiter beschränkte und diesem lediglich den Besitz von Teilen Leinsters übertrug, während als Gegengewicht zu Strongbow Hugo de Lacy nicht nur Meath anvertraut, sondern dieser auch zum *justiciar* Irlands ernannt wurde. Zugleich schuf Heinrich die Voraussetzungen, um die bestehenden Herrschaftsstrukturen tiefgreifend zu verändern und eine kontinuierliche feudale Durchdringung des Inselreiches durch die Anglonormannen mit einer Verdrängung der irischen Fürsten sowie ihrer Herrschaftssysteme zu schaffen – Vorgänge, die in der Forschung vielfach als historische Zäsur und Beginn einer „Invasion" der *Angli*, mitunter aber auch als *„auxiliary force"* von Verbündeten für irische Herrscher verstanden wurden.[19]

Nach Beendigung seines Aufenthaltes in Irland reiste der König von Wexford über Pembrokeshire Anfang Mai 1172 nach Barfleur, um möglichst rasch einen Ausgleich mit dem Papsttum zu erreichen. Nach kurzen Verhandlungen gelang dies Heinrich am 21. Mai 1172 in Avranches, indem er nicht nur eidlich seine Unschuld am Tode Beckets bekräftigte, sondern auch wichtige kirchenpolitische Konzessionen gewähren musste – wie Abschaffung „schlechter Gebräuche" gegenüber der Kirche, Besitzrestitutionen für das Erzbistum Canterbury und Zulassung von Appellationen an den Papst; hinzu kamen finanzielle Zusagen für die Anwerbung von 200 Rittern zur Verteidigung Jerusalems. Während somit der Kampf Beckets für die *libertas ecclesiae* und gegen die Konstitutionen von Clarendon nur ansatzweise Erfolg hatte, war die Verpflichtung Heinrichs gravierender, Alexander III. und seine päpstlichen Nachfolger zu unterstützen, wodurch dem Plantagenet sein wichtiges Repressionsinstrument im Papstschisma genommen wurde, nämlich die Kurie und den französischen König durch die Androhung eines Wechsels ins kaiserliche Lager beliebig unter Druck setzen zu können. Da sogar der Thronfolger eidlich auf die Zusagen seines Vaters verpflichtet wurde, war die Entscheidung des englischen Königs im Schisma endgültig gefallen, womit zwangsläufig Konsequenzen für seine Beziehungen zu Barbarossa verbunden sein mussten.

In der Folgezeit erstrebte der Plantagenet auch einen Ausgleich mit den unzufriedenen Söhnen, die auf eine Beteiligung an der Machtausübung drängten, woraufhin Heinrich zuerst für Richard im Juni 1172 in Poitiers dessen Inthronisation als Herzog von Aquitanien und bald darauf nach Intervention Ludwigs VII. am 27. August die erneute Krönung des Thronfolgers mit seiner Gattin Margarethe in Winchester durch Erzbischof Rotrou von Rouen veranlasste, wobei der Plantagenet bewusst den englischen Episkopat überging. Dennoch erwiesen sich diese Pazifizierungsmaßnahmen des Königs als kontraproduktiv, da die jungen Herrscher nunmehr offiziell inthronisiert worden waren und jetzt erst recht selbständig zu agieren gedachten, während sie ihr Vater unverändert von einer Beteiligung an der Herrschaftsausübung ausschloss. In ihrer Unzufriedenheit wurden die Königssöhne sowohl von angevinischen Großen und ihrer Mutter Eleonore als auch von Ludwig VII. bestärkt, der an einer Intensivierung der Spannungen innerhalb des angevinischen Herrscherhauses interessiert war. Der Kapetinger zögerte nicht, den jungen Heinrich bei dessen Besuch am französischen Königshof wahrscheinlich im Dezember 1172 zu drängen, die Übertragung von Herrschaftsrechten in England oder in der Normandie durch seinen Vater zu erbitten; bei einer Weigerung des Königs stellte er dem jungen Heinrich sogar Hilfeleistungen als Oberlehnsherr in Aussicht. Zum offenen Konflikt kam es im Zusammenhang mit außenpolitischen Bündnisaktivitäten des Plantagenets zur Stabilisierung seiner Herrschaft in Südfrankreich, insbesondere durch Kontakte zu Graf Humbert III. von Maurienne, später auch zu Graf Raimund V. von Toulouse und König Alfons II. von Aragón. Im Februar 1173 gelang Heinrich der Abschluss eines Ehebündnisses für seinen Sohn Johann und die Tochter Humberts, Alice, die als Erbtochter die gesamten Besitzungen ihres Vaters erhalten und – für den später eingetretenen Fall der Geburt eines Sohnes für Humbert – wichtige Territorien diesseits und jenseits der Alpen erlangen sollte. Die großen Ländereien des Grafen, die Savoyen sowie Piemont umfassten und vom Rhonetal bis nach Turin reichten, sicherten nicht nur die Verfügung über bedeutende Alpenpässe wie Mont Cenis und Großen bzw. Kleinen St. Bernhard, sondern sie waren auch von Wichtigkeit für eine mögliche Forcierung politischer Pressionen auf die Provence über die Grafschaft Grenoble. Einen weiteren außenpolitischen Erfolg erreichte Heinrich am 25. Februar 1173 in Limoges, da Raimund V. Toulouse vom englischen König sowie seinem gleichnamigen Sohn und Herzog Richard, vorbehaltlich der Verpflichtungen gegenüber dem französischen König, zu Lehen nahm. Gleichzeitig gelang es dem Plantagenet, Frieden zwischen dem Grafen von Toulouse und König Alfons II. von Aragón zu stiften, so dass aufgrund der Bündnisse Heinrichs mit den wichtigsten iberischen Herrschern sowie der Unterwerfung des Grafen von Toulouse unter die Lehnsoberhoheit des englischen Monarchen jahrzehntelang angestrebte außenpolitische Ziele erreicht waren und der Plantagenet auf dem Gipfel seiner Macht zu stehen schien. Der Abschluss des erwähnten Ehebündnisses scheiterte jedoch überraschend im Zusammenhang mit Dotationsauseinandersetzungen, da der junge Heinrich die geplante Ausstattung Johanns mit den Burgen von Chinon, Loudun und Mirebeau in Anjou als Beeinträchtigung seiner Rechte betrachtete und dagegen protestierte. Obwohl weitere Verhandlungen mit Humbert fehlschlugen, verharrte der junge Monarch im Konflikt mit seinem Vater und floh auf der gemeinsamen Rückreise in die Normandie in der Nacht vom 5. zum 6. März in Chinon heimlich aus dem väterlichen Lager, um sich zu Ludwig VII. zu begeben. Dies konnte der ältere Heinrich trotz einer wilden Verfolgung des Sohnes nicht verhindern, der von dem Kapetinger am 8. März an seinem Hof in Chartres aufgenommen wurde.

Der Plantagenet reagierte auf die Kampfansage des Sohnes zuerst defensiv, indem er eine Verstärkung der Festungsanlagen in der Normandie sowie im Inselreich veranlasste und sich durch kirchenpolitische Konzessionen – wie Wiederbesetzung zahlreicher vakanter Bistümer sowie die Wahl Richards von Dover zum Erzbischof von Canterbury – die dauerhafte Loyalität des anglonormannischen Episkopates sicherte. Ludwig VII. reagierte hingegen offensiv, indem er den Vater-Sohn-Konflikt zum Anlass für eine Destabilisierung des gesamten angevinischen Reiches nahm und den Königssohn militärisch gegen den alten Monarchen unterstützte. Eine zusätzliche Stärkung erhielt der junge Heinrich durch seine Brüder Richard und Gottfried, die sich wahrscheinlich auf Betreiben der Königin der Revolte anschlossen und ihren älteren Bruder aufsuchten. Eleonore selbst, die Heinrich möglicherweise aus persönlichen Gründen – u. a. wegen dessen Affäre mit Rosamund Clifford – bekämpfte, scheiterte hingegen bei dem Versuch, zu ihrem ersten Gatten zu fliehen, da sie trotz Verkleidung von Soldaten ihres zweiten Ehemanns erkannt und gefangen genommen wurde. So entwickelte sich der Kapetinger zunehmend zum Haupt der Revolte gegen den Plantagenet, wobei Ludwig VII. für den bevorstehenden Kampf auch um außenpolitische Absicherung bemüht war und sich stärker dem kaiserlichen Lager annäherte. Dem jungen Heinrich gelang es im Mai 1173 nach einer Reichsversammlung in Paris, auf der Ludwig seinem Schützling Beistand schwor, die Unterstützung wichtiger Fürsten – wie Graf Philipp von Flandern, Matthaeus von Boulogne, Tedbald von Blois, Stephan von Sancerre und Robert von Dreux – zu erlangen, denen weit reichende territoriale Konzessionen in Aussicht gestellt wurden. Die militärischen Auseinandersetzungen, die im Mai 1173 mit Angriffen auf Pacy und Gournay begonnen hatten, erhielten für Heinrich in der Folgezeit besondere Gefährlichkeit durch die Tatsache, dass beinahe gleichzeitig Unruhen im Inselreich und in allen wichtigen angevinischen Festlandsterritorien ausbrachen, wobei die Rebellen oftmals Unzufriedenheit mit den schweren finanziellen Lasten und mit der harten angevinischen Herrschaftspraxis, verbunden mit fortschreitender Einschränkung von angeblich überkommenen Rechten der Großen zugunsten der vordringenden Rechtsprechung und Verwaltung des Königs, zu ihrem Vorgehen veranlasste. Seit Juni 1173 erhöhte sich der militärische Druck auf Heinrich durch konzertierte Angriffe des jungen Heinrichs und seiner Verbündeten auf Aumale, Driencourt und Verneuil, während sich Philipp von Flandern nach der tödlichen Verletzung seines Bruders Matthaeus bald aus dem Kampfgeschehen zurückzog, so dass die Hauptkampflast auf Ludwig und dem Thronfolger lag. Der ältere Plantagenet blieb trotz der vielfältigen Bedrohungen bemerkenswert gelassen und wandte sich nach kurzem Aufenthalt in England zur Beschaffung von Geldmitteln für die Anwerbung von Söldnern der Bretagne zu, um dort mithilfe von Brabanzonen einzugreifen und den Aufstand zumindest temporär niederzuschlagen.

Nachdem Friedensverhandlungen im September 1173 in Gisors an der erneuten Weigerung Heinrichs, seinen Söhnen Herrschaftspartizipation einzuräumen, gescheitert waren, kam es im Inselreich zu einer Intensivierung der Kämpfe, wo u. a. die Earls von Chester, Derby, Leicester und Norfolk sowie König Wilhelm von Schottland mit seinem Bruder David gegen den Plantagenet kämpften, während sich u. a. die Earls von Cornwall, Essex, Northampton, Salisbury und Warwick als königstreu erwiesen. Diese Königsanhänger hatten in England die Hauptlast der Kämpfe gegen Einfälle des schottischen Monarchen nach Lothian und gegen oppositionelle Große zu tragen, die zeitweise durch flämische Invasionstruppen unter Leicester und Norfolk unterstützt wurden und East-Anglia verwüsteten; dennoch schienen die stärksten Rebellen im Inselreich Ende des Jahres 1173 zumindest zeitweise ausgeschaltet zu sein. Seit Frühjahr 1174 eskalierten für den Plantagenet die Konflikte auf dem Kontinent bedrohlich, da nach kurzem Waffenstillstand mit Ludwig VII. Herzog Richard den Widerstand gegen den Vater in Aquitanien entfachte und Graf Philipp von Flandern eidlich erklärte, für den jungen Heinrich England erobern zu wollen, während andere französische Große versprachen, den älteren Plantagenet gleichzeitig in der Normandie anzugreifen, so dass der englische Herrscher einen Krieg an mindestens zwei Fronten zu gewärtigen hatte. Diese Gefahr wuchs seit Mai 1174 infolge von militärischen Aktivitäten flämischer Söldner und englischer Oppositioneller, die marodierend durch die Midlands zogen, in London Unruhen anzettelten und Verwüstungen anrichteten, so dass sich Heinrich ungeachtet der Konflikte auf dem Kontinent gezwungen sah, am 7. Juli von Barfleur aus mit seinem Haushalt sowie den wichtigsten Gefangenen nach Southampton zu reisen. Die Nachricht von seiner Landung veranlasste den flämischen Grafen, die geplante England-Invasion zu verschieben und statt dessen einen gemeinsamen Angriff mit dem Kapetinger auf Rouen vorzubereiten, so dass sich der Plantagenet ganz auf den Krieg auf der Insel konzentrieren konnte. Hier begann er nicht sofort mit dem Kampf gegen die Rebellen, sondern begab sich zuerst nach Canterbury an den Schrein Beckets, der schon am 21. Februar 1173 von Alexander III. kanonisiert worden war, um danach nicht nur durch Bischof Gilbert von London erneut seine Unschuld an dem Mord zu erklären, sondern auch die Vergebung durch die anwesenden Geistlichen zu erbitten und sich einem Bußritual zu unterwerfen. Anschließend zog er nach London bzw. Huntingdon, um nach der Gefangennahme Wilhelms von Schottland bei Kämpfen um Alnwick und dem Zusammenbruch des Widerstandes in Nordengland selbst die Oppositionellen um Graf Hugo von Norfolk in East-Anglia niederzuwerfen – Vorgänge, die Heinrich und viele Zeitgenossen dem Wirken des offenbar versöhnten Heiligen von Canterbury zuschrieben.

Nach der Unterwerfung aller wichtiger Gegner, die der König mit Milde behandelte und zumeist mit Geldbußen belegte, begab sich der Monarch in Begleitung des gefangenen schottischen Herrschers am 8. August auf die Rückkreise nach Barfleur, um in die Kämpfe um Rouen einzugreifen und nach Gesprächen mit Ludwig VII. am 8. September mit diesem einen Waffenstillstand zu vereinbaren, an den sich Herzog Richard jedoch nicht hielt und selbständig im Poitou Burgen seines Vaters angriff. Ohne Mühe ließ der ältere Heinrich diese Revolte niederwerfen, so dass der Prinz seine aussichtslose Lage erkennen und sich tränenreich dem Vater unterwerfen musste, der nach dem Ende der Kämpfe am 29. September in Montlouis mit seinen Söhnen zu Friedensverhandlungen zusammentraf. Abgesehen vom König von Schottland sowie einigen notorischen Feinden Heinrichs zeigte dieser erneut Milde gegenüber seinen Gegnern durch Anordnung gerichtlicher Strafverfahren, während die Prinzen wieder in das alte Treueverhältnis zu ihrem königlichen Herrn aufgenommen wurden. Zwar regelte Heinrich die Stellung der Söhne in materieller Hinsicht neu, indem diese – erstmals auch Johann – mit Burgen sowie reichen Einkünften gegen die Verpflichtung, niemals weitergehende Forderungen an den König zu stellen und immer für dessen Dienst zur Verfügung zu stehen, ausgestattet wurden. Dennoch weigerte sich der Monarch angesichts seines vollkommenen Sieges unverändert, das Hauptmotiv für den Aufstand der Söhne in dem Frieden zu berücksichtigen – nämlich einen freiwilligen Machtverzicht vorzunehmen und den Prinzen nicht nur Titularwürden, sondern wirklichen Anteil an der königlichen Herrschaft zu gewähren. Offensichtlich glaubte Heinrich, die Prinzen durch bloße Gewaltanwendung von ihren Forderungen abbringen und die bestehende Herrschaftsstruktur trotz der zwischenzeitlich erfolgten Inthronisationen der jungen Fürsten in den verschiedenen Teilen des angevinischen Reiches unbeschadet bewahren zu können – eine Vorstellung, die illusionär war und in keiner Weise der spezifischen Mentalität der jüngeren Mitglieder des angevinischen Herrscherhauses und ihres ausgeprägten Herrschaftswillens gerecht wurde. Letztlich war es nur eine Frage der Zeit, wann die Söhne aufgrund der eklatanten Fehleinschätzungen des Vaters einen neuen Versuch unternehmen würden, wieder gewaltsam den alten König zur Gewährung ihrer – wie sie meinten – legitimen Herrschaftsrechte zu zwingen, wobei sie auf die stete Unterstützung ihrer rebellischen Aktivitäten durch den französischen König zählen konnten. Doch ist das Scheitern einer derartig großen Koalition von Königsgegnern erstaunlich, die offensichtlich kein strategisches Konzept besaßen und ihre Aktionen ohne jegliche gemeinsame Planung sowie Integration vornahmen. Zudem waren weder Ludwig VII. noch die Königssöhne in der Lage, klare strategische Planungen zu entwickeln sowie konzertierte Militäraktionen zu konzipieren und realisieren, da jeder Beteiligte offensichtlich ausschließlich eigene Herrschaftsinteressen in Einzelunternehmungen zu verfolgen suchte. Infolge dieser Konzeptionslosigkeit, gepaart mit Führungslosigkeit, konnten die Rebellen ihren entscheidenden strategischen Vorteil – die Kriegführung auf zahlreichen und weit voneinander entfernt liegenden Schauplätzen – gegenüber Heinrich II. nicht nutzen, der mit bemerkenswerter Kaltblütigkeit sowie klarem strategischem Konzept seine Verteidigungsmaßnahmen traf und mithilfe loyaler Gefolgsleute vor allem in England realisierte.

Schon bald nach dem Friedensschluss begann der Plantagenet im Inselreich mit Maßnahmen zur Wiederherstellung und Stabilisierung der durch den Bürgerkrieg beeinträchtigten königlichen Macht. Hierzu gehörte eine endgültige Klärung der Beziehungen zum gefangenen schottischen Herrscher, der Anfang Dezember 1174 in Falaise zur Annahme eines Vertrages veranlaßt wurde, in dem er sich für das schottische *regnum* und seine übrigen Besitzungen zum Lehnsmann des englischen Königs erklärte. Auch alle geistlichen und weltlichen Großen in Schottland mussten Heinrich II. als ihren Lehnsherren anerkennen und sich zudem die schottische Kirche der englischen unterstellen; ferner hatte Wilhelm seinen Bruder David und andere Große als Geiseln zu stellen und wichtige Burgen auszuliefern.[20] Ähnlich hart ging der König nach seiner Rückkehr auf die Insel im Mai 1175, begleitet vom widerspenstigen Thronfolger und dessen Gattin Margarethe, gegen Opponenten vor, indem er rastlos im Reich umherreiste und um Durchsetzung der königlichen Verfügungen sowie die Bestrafung von rebellischen Baronen bemüht war. Hinzu kamen umfangreiche Reformen im Rechtswesen unter Einsatz der berühmten *new men* Heinrichs zumeist niederer Herkunft, die er „aus dem Staub" erhoben hatte und die eine wesentliche Stütze seiner Herrschaft bildeten.

Der Herrschaftsstabilisierung dienten auch flankierende außenpolitische Aktionen, die Heinrich II. seit Mitte der 70er Jahre betrieb und die zuerst das schottische *regnum* betrafen, indem dessen Monarch am 10. August in der Kathedrale zu York zur Wiederholung seiner Unterwerfung und zur öffentlichen Huldigung für Heinrich II. sowie den Thronfolger gezwungen wurde; zudem mussten die anwesenden schottischen Großen und die Vertreter der hohen Geistlichkeit einen Treueid leisten. Während das Verhältnis der englischen und schottischen Kirche umstritten blieb, wurde in York die vasallitische Abhängigkeit Wilhelms von dem Plantagenet auf Dauer gesichert, so dass sich der schottische König erst nach dem Tode Heinrichs II. in der Lage sah, von Richard I. seine Entlassung aus der Vasallität zu erbitten. Auch bezüglich der walisischen Fürstentümer traf der englische Monarch weit reichende Entscheidungen, da er die Fehlerhaftigkeit seiner bisherigen Handlungsstrategie erkannte und einen radikalen Kurswechsel anbahnte, nachdem er schon 1171 Rhys ap Gruffydd gegen die Interessen anglonormannischer Adelshäuser im Besitz aller zwischenzeitlich erworbenen Länder – u.a. Ceredigion, die Cantrefs Bychan und Mawr sowie weiterer Territorien – gegen Tributzahlung anerkannt und zu

Ostern 1172 in Talacharn zum *justice* für Südwales ernannt hatte. Dieser wurde damit in die Herrschaftsstrukturen des angevinischen Reiches eingebunden und zugleich in einer Art *client status* mit der schwierigen Aufgabe betraut, eine vom englischen Monarchen akzeptierte Oberherrschaft über die übrigen walisischen Fürsten auszuüben und diese – auch in ihren außenpolitischen Kontakten zu Großen in England und Irland – unter Kontrolle zu halten, wobei die herrschaftlichen Binnenstrukturen in den walischen Fürstentümern bewahrt blieben. Diese Reformmaßnahmen erwiesen sich als tragfähig, so dass Heinrich im Mai 1177 in Oxford auch Dafydd ap Owain von Gwynedd in das angevinische Herrschaftssystem einbeziehen und ihm ähnliche Funktionen wie Rhys in Nord-Wales übertragen konnte; hierfür mussten beide walisische Fürsten eine ligische *homagium*–Leistung erbringen. Der englische König seinerseits zögerte nicht, als Oberlehnsherr unmittelbar in dortige Besitzverhältnisse einzugreifen und den „Königen" von Nord- und Südwales verschiedene Territorien zu übertragen. Somit akzeptierten die walisischen Fürsten ihren Vasallenstatus ebenso wie Heinrich II. seine Suzeränität betonte, wobei er auf erneute Versuche einer Unterwerfung der walisischen Fürstentümer verzichtete, deren Existenzberechtigung der Plantagenet bei Beachtung seines Oberlehnsherrschaftsanspruches anerkannte.

Ähnlich erfolgreich war der Monarch bei den Bemühungen, in Irland seinen Suzeränitätsanspruch durchzusetzen, da Rory O'Connor im September 1175 den Plantagenet als Oberlehnsherrn anerkannte und sich zu Tributzahlungen verpflichtete, während Heinrich diesen seinerseits als Hochkönig akzeptierte und ihm sein Königreich als Lehen übereignete, verbunden mit der Befugnis, jedes andere Land auf der Insel zu beherrschen und hierfür Tribut zu zahlen;[21] da aber anglonormannische Siedlungsgebiete der Kontrolle Rorys entzogen blieben, beschränkten sich dessen Herrschaftsbefugnisse ausschließlich auf irische Territorien. Die Schwäche des Hochkönigs zeigte sich rasch, da anglonormannische Große unverändert ihre Expansionsbestrebungen auf der Insel fortsetzten und Heinrich II. selbst auf einem *concilium* in Oxford im Mai 1177 den ca. neunjährigen Prinzen Johann mit päpstlicher Billigung zum *dominus Hiberniae* bestimmte, dessen Vertretung Hugo de Lacy übernehmen sollte. Damit strebte der Plantagenet mittelfristig einerseits eine stärkere Einbeziehung Irlands in den Verband des angevinischen Reiches an, andererseits versuchte er durch die Dotierung Johanns, der erst 1185 die Insel besuchte, die drohenden Machtkämpfe zwischen seinen Söhnen zu verhindern. Gleichzeitig war der

König bemüht, eine Kräfteballance zwischen den anglonormannischen Siedlern auf der „Grünen Insel" herzustellen und die Ausbildung allzu großer, geschlossener Herrschaftsräume in den Händen
einzelner Barone zu verhindern.

Welch hohes Ansehen Heinrich seit den 70er Jahren im gesamten Abendland erlangt hatte, verdeutlichen nicht nur die zahlreichen gesandtschaftlichen Kontakte zu auswärtigen Monarchen wie
etwa Kaiser Manuel Komnenos von Byzanz, sondern auch das Angebot eines Ehebündnisses, das ihm König Wilhelm II. von Sizilien
unterbreitete, so dass es am 13. Februar 1177 zur Heirat des Normannen mit der jüngsten englischen Königstochter, Johanna, kam.
Einen besonderen Prestigeerfolg erlangte Heinrich schließlich als
Richter in den langjährigen Konflikten zwischen Sancho VI. von
Navarra und Alfons VIII. von Kastilien, wobei es um strittige Terri-
torialansprüche in Bureba, der Rioja, Vizcaya und Álava ging. Nach
ausführlicher Prüfung und Konsultation der englischen Großen ließ
Heinrich II. – auch Schwiegervater des Kastiliers – am 16. März
1177 in London durch den Erzbischof von Canterbury seinen
Urteilsspruch verkünden. Obwohl der Schiedsspruch keine ab-
schließende Lösung der strittigen Territorialprobleme erbrachte, da
Sancho bald erneut kriegerisch aktiv wurde und Alfons VIII. im
August in Cuenca mit Alfons II. von Aragón einen Beistandsvertrag
schloß, hatte Heinrich II. zumindest seine hervorragende Bedeutung unter den abendländischen Monarchen dokumentiert. Nicht
Kaiser Friedrich I., der in den Frieden von Venedig (1177) und
Konstanz (1183) das völlige Scheitern seiner Imperialpolitik in Italien und gegenüber dem Papsttum sowie eine schwere Schädigung
seines Ansehens hinnehmen musste, sondern der englische König
wurde von den iberischen Monarchen als schiedsrichterliche Auto-
rität angerufen, der in Europa ein besonders hohes Ansehen genoß
und hinsichtlich seiner Machtfülle dem römisch-deutschen Kaiser
zumindest ebenbürtig, wenn nicht sogar überlegen war.

Der englische Herrscher schien seit Mitte der 70er Jahre auf dem
Gipfel der Macht zu stehen, wobei er sich verstärkt einem Ausgleich
mit dem französischen Monarchen widmete, der seit Mai 1176 mit
päpstlicher Unterstützung eine Initiative zur Vermählung seiner
Tochter Alice mit Richard betrieb. Aufgrund dieser Pressionen,
aber auch zur Unterstützung seiner Söhne Richard und Gottfried in
ihren Kämpfen gegen rebellische Barone, sah sich Heinrich veranlaßt, im August 1177 in Begleitung Gottfrieds auf den Kontinent zu
reisen, wo er am 21. September bei Ivry in Anwesenheit eines Legaten sowie zahlreicher Bischöfe und weltlicher Großer mit Ludwig

zusammentraf. In den Verhandlungen stimmte der Plantagenet einer Heirat des jungen Paares bei Klärung der Mitgiftfrage, jedoch ohne konkrete Terminsetzung zu und thematisierte zudem das Projekt eines gemeinsamen Kreuzzuges, woraufhin Ludwig einen am 25. September 1177 in Nonancourt vereinbarten Freundschaftsvertrag mit gegenseitiger Beistandszusage ebenso akzeptierte wie das Kreuzzugsprojekt, das jedoch zu Lebzeiten der Vertragspartner nicht mehr realisiert wurde. Zudem erklärten sich beide Seiten bereit, ihre strittigen Ansprüche auf die Auvergne und das Berry durch eine paritätisch besetzte Schiedskommission klären zu lassen. Schon im Oktober schuf Heinrich jedoch Tatsachen, indem er selbst im Berry einmarschierte, Châteauroux eroberte und nach La Châtre vorrückte, um sich die Verfügung über die Besitzungen von Châteauroux zu sichern. Hieran konnte ihn der alternde französische König ebenso wenig hindern wie am Kauf der Grafschaft von La Marche; vielmehr versprach er dem Plantagenet im Frühjahr 1178, bei Aufenthalten auf der Insel dessen kontinentalen Besitzungen in seinen Schutz zu nehmen und zu verteidigen. Nur geringe Auswirkungen auf die Stellung Heinrichs auf dem Festland hatten die Bemühungen Barbarossas, nach dem Frieden von Konstanz seine außenpolitische Isolation aufzubrechen und die kaiserliche Macht am 30. Juli 1178 durch die Krönung zum König von Burgund zu demonstrieren. Vielmehr blieb die Stärke des aragonesisch-katalanischen Einflusses im Midi bewahrt, zumal Alfons II. bereits 1176 Raimund V. von Toulouse zum Verzicht auf seine Rechte in der Grafschaft Provence zugunsten Aragóns zu zwingen und später zumindest zeitweise den Grafen Wilhelm II. von Forcalquier zur Unterwerfung zu veranlassen vermochte. Auch als im Dezember 1178 die Grafschaft Provence neu aufgetragen wurde, konnte Alfons ungeachtet einer möglichen *homagium*-Leistung an den römischen Kaiser seinen Oberherrschaftsanspruch bewahren – eine Entwicklung, die notwendigerweise Bedeutung für die Interessen des Plantagenets und insbesondere für seine Lehnsherrschaft über den Grafen von Toulouse haben musste.

Überraschend bahnten sich im Herbst 1179 tiefgreifende Veränderungen im politischen Leben des französischen *regnum* an, nachdem sich Ludwig in Anbetracht seines vergleichbar hohen Lebensalters und der schlechten Gesundheit entschlossen hatte, seinen vierzehnjährigen Sohn Philipp ohne Wahl und lediglich nach Akklamation durch die Fürsten zum König zu machen. Daraufhin wurde Philipp am 1. November 1179 in der Kathedrale zu Reims vom dortigen Erzbischof Wilhelm gesalbt und gekrönt. Als sich der

Gesundheitszustand Ludwigs infolge eines Schlaganfalls rasch verschlechterte und der Monarch politisch weitgehend handlungsunfähig wurde, versuchte der junge König, bereits vor dem Tode des Vaters königliche Herrschaft auszuüben. Nach dem Ableben Ludwigs am 18. September 1180 beanspruchte jedoch die Königinwitwe Adela aus dem Hause Blois-Champagne wegen der Minderjährigkeit Philipps die Regentschaft, unterstützt von weiteren Mitgliedern ihrer Familie – wie Wilhelm, dem Erzbischof von Reims, Tedbald, Graf von Blois-Chartres, Heinrich, Graf von Champagne, und Stephan, Graf von Sancerre. Dieser mächtigen Gruppe am französischen Königshof trat Graf Philipp von Flandern entgegen, der in einem besonderen Vertrauensverhältnis zum jungen Monarchen stand und bestrebt war, den Einfluss der mütterlichen Familie auf Philipp zu seinen Gunsten einzuschränken. Hierbei war der Graf erfolgreich, indem er Philipp veranlasste, der Mutter ihre Ländereien zu entziehen und gegen Adelas Willen am 28. April 1180 Elisabeth von Hennegau zu heiraten, die als Mitgift Aire, Arras, Hesdin und St. Omer erhalten sollte. Da sich der Erzbischof von Reims weigerte, die Krönung vorzunehmen, bat Philipp den Erzbischof von Sens, die Herrscherin am 29. Mai 1180 in der Kirche der Abtei von St. Denis zu krönen. Infolge der wachsenden Spannungen zwischen den konkurrierenden Adelsgruppen am französischen Königshof kam es seit April 1180 zu einer bemerkenswerten Intervention des englischen Königs, der von seinem Sohn Heinrich über die Entwicklungen in Frankreich informiert wurde und umgehend in die Normandie reiste, wo er u.a. von Königin Adela sowie Graf Tedbald empfangen und um Hilfeleistung gebeten wurde. Statt militärisch zu agieren, führte Heinrich Ende Juni 1180 mit Philipp Gespräche in Gisors, die am 28. Juni mit einer Bestätigung des Vertrages von Ivry (1177) sowie einem Freundschaftsbündnis mit Beistandszusicherung endeten, wobei die strittigen Besitzfragen um die Auvergne und das Berry weiterhin ungeklärt blieben; hinzu kam eine zumindest temporäre Versöhnung Philipps mit seiner Mutter und dem Grafen von Blois. Damit war eine drohende Kriegsgefahr kurzfristig beseitigt, die für den jungen französischen Monarchen und das kapetingische Königtum generell eine existentielle Gefährdung bedeutet hätte und durch das Entgegenkommen des englischen Königs abgewendet wurde. Insofern ist davon auszugehen, dass der Plantagenet zumindest gegenüber Philipp II. weder im Jahre 1180 noch später das Ziel verfolgte, das kapetingische Königtum zu vernichten und den französischen Thron etwa für sein Herrscherhaus zu beanspruchen. Auch in der Folgezeit machte der alte Monarch trotz temporärer Spannungen zu Philipp deutlich, dass er eine Ausschaltung der Kapetinger durch oppositionelle Kräfte im französischen Reich nicht hinzunehmen beabsichtigte. Zum anderen vermied es der englische König wie bei den Auseinandersetzungen mit Ludwig VII., Krieg gegen seinen Oberlehnsherrn zu führen, der zudem noch minderjährig war, um seinen eigenen Vasallen kein Negativvorbild für neuerliche Unruhen im angevinischen Reich zu liefern. Schließlich mögen außenpolitische Überlegungen Heinrichs eine Rolle gespielt haben, der im Blick auf die Konflikte um seinen welfischen Schwiegersohn möglicherweise den französischen König dem Kaiser als Bündnispartner entziehen wollte. Nach Durchführung von land- und lehnsrechtlichen Prozessen war Heinrich der Löwe im Januar 1180 in Würzburg verurteilt worden, woraufhin eine Neuverteilung seiner Reichslehen erfolgte und sich der Welfe im November 1181 zur Unterwerfung sowie zum Exil im Herrschaftsbereich seines Schwiegervaters gezwungen sah. Trotz vieler gesandtschaftlicher Kontakte zum welfischen Hof seit 1179 besitzen chronikalische Nachrichten keine Glaubwürdigkeit, wonach der Plantagenet sowohl den Löwen zu „landesverräterischen" Beziehungen zu Reichsfeinden in ganz Europa veranlaßt als auch die Schaffung einer großen Koalition zumindest von Frankreich und Flandern gegen den Staufer zu dessen Sturz angestrebt habe. In kluger Einschätzung der politischen Kräfteverhältnisse in Europa verzichtete Heinrich auf eine militärische Intervention zugunsten des Löwen und konzentrierte sich nach dessen Exilierung auf Gesandtschaften an den Kaiserhof, während er dem Welfen gegenüber sein Bedauern zum Ausdruck bringen ließ, infolge der großen räumlichen Distanzen keine weitergehende Hilfe im Reich leisten zu können;[22] der welfische Schwiegersohn reiste daher im Juli 1182 mit seiner Familie in die Normandie ins Exil.

Auch nach der Vereinbarung von Gisors blieb der Plantagenet in die Konflikte im französischen *regnum* involviert, zumal sich zahlreiche Große – wie die Grafen Tedbald von Blois, Stephan von Sancerre, Heinrich von Bar und Herzog Hugo von Burgund – um den Flamen sammelten und eine oppositionelle Fürstenkoalition entstand, die die gesamte Krondomäne einzuschließen drohte. Wieder war es der englische König, der nach einem Angriff des flämischen Grafen auf Radulf von Coucy im Juni 1181 auf Bitten des Kapetingers intervenierte und im Juli ein Friedenstreffen in Gisors veranlasste, ohne jedoch – wegen seiner Rückreise auf die Insel – die Eröffnung des Krieges durch Graf Stephan von Sancerre sowie im

November 1181 den Einfall des flämischen Grafen in die Picardie verhindern zu können. In den folgenden, stark regional begrenzten Kämpfen geriet der junge Monarch trotz einiger militärischer Teilerfolge zunehmend in Schwierigkeiten, aus denen der Kapetinger nur durch das Eingreifen der englischen Prinzen und den Rückzug des Herzogs von Burgund sowie der Gräfin von Champagne befreit wurde. Nachdem Versuche des Flamen, Barbarossa zum Eingreifen zu veranlassen, fehlgeschlagen waren, gelang es Heinrich II., der am 3. März 1182 in Barfleur gelandet war, am 11. April in La Grange Saint-Arnoul einen Friedensschluss mit Besitzrestitutionen und Gefangenenaustausch herbeizuführen.

In der Folgezeit war Heinrich II. genötigt, sich verstärkt um Pazifikationsmaßnahmen in seinen eigenen Festlandsbesitzungen zu bemühen, da insbesondere Richard in Aquitanien trotz militärischer Erfolge nicht in der Lage war, eine politische Lösung zur Befriedung des Herzogtums zu finden und zumindest einen Teil der aquitanischen Großen für sich zu gewinnen. Die Schwierigkeiten Richards wurden durch die Konkurrenz zu seinem älteren Bruder verstärkt, den die Barone aufgrund seiner ritterlichen Lebensformen für den geeigneteren Herzog hielten und dies durch Troubadoure wie Bertran de Born auch verkünden ließen. So war die Bereitschaft des jungen Heinrichs zur Unterstützung Richards sehr begrenzt, da der Fürst unverändert einen eigenen Herrschaftsbereich von seinem Vater zur Verwaltung übertragen bekommen wollte und diesbezüglich im Sommer 1182 mit dem alten König in Streit geraten war. Nachdem der junge Monarch daraufhin empört den angevinischen Hof verlassen und sich zu seinem kapetingischen Oberlehnsherrn begeben hatte, gelang es Heinrich II. erst durch großzügige finanzielle Zuwendungen für den hoch verschuldeten Sohn, diesen vor dem Weihnachtsfest 1182 zu einem Ausgleich zu zwingen und den Frieden in der Familie – außer mit der Königin Eleonore – wiederherzustellen. Zudem nötigte der alte Monarch nach Klärung von Besitzstreitigkeiten um Clairvaux die Söhne Heinrich, Richard und Gottfried zur Konstituierung einer innerfamiliären Friedensordnung, indem alle Prinzen die Wahrung von dauerhaftem Frieden und die Anerkennung der von ihrem Vater getroffenen Besitzregelungen im angevinischen Reich beschwören mussten; ferner hatten die beiden jüngeren Söhne dem Thronfolger das *homagium* als dem künftigen Oberherrn des gesamten Reiches zu leisten. Damit wurde eine klare Rangfolge unter den bislang prinzipiell gleichberechtigten drei Söhnen des alten Königs geschaffen, wobei der junge Heinrich erstmals als Gesamtherrscher des Reiches vorgesehen wurde. Verständlicherweise verweigerte Richard die Leistung des *homagium* u. a. mit dem Hinweis, dass alle Söhne gleich geboren seien und – sofern ein Erstgeborenenrecht Heinrichs für die Besitzungen des Vaters bestünde – er (Richard) als Erbe der Mutter Anspruch auf deren Territorialbesitz, d. h. Aquitanien, besäße. Erneut hatte der ältere Heinrich durch die verfrühten und kontroversen Regelungen über sein Erbe und eine mögliche Aufteilung des angevinischen Reiches nicht den Familienfrieden wiederhergestellt, sondern im Gegenteil einen Machtkampf unter den Söhnen entfesselt, die sich mit völlig neuen Erbregelungen konfrontiert und – wie Richard – zu Recht teilweise entmachtet sahen. Bislang hatte es keinen Versuch des alten Monarchen gegeben, den Gesamtbestand des angevinischen Reiches in der Hand eines seiner Söhne zu sichern. Vielmehr hatten die Prinzen noch im Jahre 1169 einzeln und direkt dem kapetingischen Oberlehnsherren gehuldigt – der junge Heinrich für Anjou, Maine, Normandie, Bretagne und Richard für Aquitanien. Bestand bisher eine dezentrale Organisationsstruktur mit weitgehender Unabhängigkeit der Königssöhne und ihrer Besitzungen voneinander, wurde nun eine zentrale, auf die Person des jungen Heinrichs ausgerichtete Struktur des künftigen angevinischen Reiches vorgesehen, dessen Gesamtbestand in einer Hand bewahrt werden sollte, wobei die jüngeren Brüder dem ältesten als Vasallen untergeordnet wurden. Damit war ein neuer, rangmäßig niedrigerer Status für die jüngeren Brüder vorgesehen, die ihren unmittelbaren lehnsrechtlichen Bezug zum kapetingischen Oberlehnsherrn verloren, während sich der französische König seinerseits nur mehr einem einzigen Gesamtherrscher des angevinischen Reiches gegenüber gesehen hätte. Erstmals zeigte Heinrich II. ein Interesse, eine zentralistische Gesamtstruktur hinsichtlich des Erbes des angevinischen Reiches zu schaffen und hierdurch das eher zufällige Zustandekommen des umfangreichen Territorialbestandes auf Dauer zu sichern. Das Herzogtum Aquitanien wurde hierbei seines bisherigen Sonderstatus im Reichsverbund beraubt und nunmehr direkt dem künftigen Herrn des angevinischen Reiches unterstellt.

Deshalb suchte Richard den Konflikt mit Heinrich II. und begab sich im Zorn in sein Herzogtum, wo er die Festungsanlagen in Erwartung eines militärischen Konfliktes mit dem Vater verstärken ließ. Der Plantagenet zeigte sich von der Reaktion seines Sohnes überrascht und forderte daraufhin den Thronfolger auf, seinerseits einen Ausgleich mit Richard herbeizuführen und bei der Unterwerfung der aquitanischen Barone mitzuwirken; der junge König hingegen verfolgte eigene Herrschaftsinteressen und verbündete sich daher mit den rebellischen Großen. Bereits im Februar 1183 kam es zum offenen kriegerischen Konflikt zwischen den angevinischen Familienmitgliedern, wobei sich der junge Heinrich um Zuzug von Truppen aus Anjou, Aquitanien sowie Maine bemühte und sowohl den französischen König, der Truppen schickte, als auch seinen Bruder Gottfried für sich gewinnen konnte. Während der alte Heinrich, um eine Wiederholung des Mehrfrontenkrieges aus dem Jahre 1173 zu vermeiden, umgehend in England alle, an der früheren Revolte beteiligten Großen inhaftieren ließ, verwüstete der junge König u. a. Angoulême; im Mai 1183 erhielt er Verstärkung durch Graf Raimund von Toulouse und Herzog Hugo von Burgund, während sich König Alfons II. von Aragón für eine Unterstützung des alten Monarchen entschied. Der Konflikt fand ein jähes Ende, als der Thronfolger an Ruhr erkrankte und am 11. Juni nach einem Versöhnungsversuch mit seinem Vater in Martel starb. Mit dem Hinscheiden des jungen Heinrich verloren die Rebellen ihren Führer, so dass die Revolte schnell zusammenbrach und sich der Graf von Toulouse sowie der Herzog von Burgund in ihre Besitzungen zurückzogen. Der Plantagenet überließ es Richard, den Aufstand endgültig niederzuschlagen, wobei der Herzog Hilfe durch den aragonesischen König erhielt. Am 3. Juli unterwarf sich in Angers auch Gottfried dem Vater, der ihn mit dem Einzug aller Burgen in der Bretagne bestrafte und zum Frieden mit Richard zwang, so dass die Erhebung im Sommer 1183 ihr Ende fand.

Der Tod des Thronfolgers stellte den alten König vor mindestens zwei neue Probleme – die Regelung der Nachfolge in den verschiedenen Teilen des angevinischen Reiches und die Frage der Mitgift der jungen Königinwitwe. Unmittelbar nach der Beisetzung versuchte der Monarch die Nachfolgefrage zu klären, indem er seinen Sohn Johann durch den *justiciar* Ranulf de Glanville in die Normandie bringen und gleichzeitig Richard an den königlichen Hof zitieren ließ. Hier verlangte der König zu Michaelis 1183 von Richard, seinem Bruder Johann Aquitanien zu übergeben und von diesem hierfür das *homagium* zu erhalten. Verständlicherweise war der Herzog von dieser neuen Forderung seines Vaters überrascht, zumal keine Regelungen für die übrigen Territorien des angevinischen Reiches getroffen wurden. Nur zu vermuten ist, dass Heinrich nach dem Tode des Thronfolgers beabsichtigte, Richard als Nachfolger seines verstorbenen Bruders bezüglich der übrigen Besitzungen vorzusehen und zur Ausstattung des jüngsten Sohnes, der seit 1177 nur den Titel eines *dominus Hiberniae* führte und über keinerlei Landbesitz verfügte (*Johann Ohneland*), diesem die bisherige Position Richards zu übertragen. Da die Planungen des Königs mit den betroffenen Prinzen nicht besprochen wurden, sah sich Richard nur mit der Forderung nach dem Entzug Aquitaniens ohne entsprechende Kompensation konfrontiert, so dass bei ihm der Eindruck einer bevorstehenden Enterbung entstehen musste. Nach der Rückkehr des Fürsten in sein Herzogtum ließ er daher Heinrich die Ablehnung der neuen Erbfolgeregelung sowie die Entschlossenheit verdeutlichen, unter keinen Umständen auf das ihm zustehende und von der Mutter erlangte Herzogtum zu verzichten. Anschließende Versuche des alten Königs, den Sohn umzustimmen und zur Übergabe Aquitaniens zu veranlassen, scheiterten vollständig, so dass Heinrich schließlich nach dem Weihnachtsfest 1183 in Le Mans im Zorn Johann beauftragte, sich mit militärischer Gewalt in den Besitz des Herzogtums zu setzen und hierdurch erneute innerfamiliäre Konflikte zu entfesseln.

Wesentlich geschickter agierte der Plantagenet gegenüber dem französischen König, der bald nach dem Tode des jungen Heinrichs die Forderung nach Rückgabe der Mitgift seiner Schwester erhob, während der englische König eine Entscheidung durch langwierige Verhandlungen hinzuziehen versuchte. Schließlich trafen sich beide Monarchen am 6. Dezember 1183 in Gisors, wobei Heinrich überraschenderweise und ohne konkreten Anlass dem Kapetinger erstmalig für alle Festlandsbesitzungen huldigte, d.h. nicht nur für die Normandie, Anjou, Maine und die Bretagne, sondern auch für das aquitanische Herzogtum, über das der Plantagenet jedoch nur aufgrund seiner Ehe mit Eleonore Verfügungsgewalt besaß. Zudem regelten die Könige die Mitgiftfrage für Margarethe u.a. durch großzügige Zahlungen Heinrichs an den Kapetinger und trafen die Vereinbarung, dass Gisors künftig Mitgift der Prinzessin Alice sein sollte, die – obwohl seit Jahren mit Richard verlobt und in Winchester bewacht – gemäß der Wahl Heinrichs II. einem seiner Söhne zur Braut gegeben werden sollte. Damit schienen die guten Beziehungen zwischen den Herrschern – trotz der Hilfeleistung Philipps II. für den revoltierenden jungen Heinrich – wiederhergestellt. Die Vermittlerdienste Heinrichs waren schon im Frühjahr 1184 erneut gefragt, als sich die Konflikte um die Grafschaft Vermandois zwischen dem Kapetinger und dem flämischen Grafen zuspitzten, der den römischen Kaiser um Hilfe ersuchte, jedoch einem von Heinrich II. vermittelten Waffenstillstand im Mai 1184 in Compiègne zustimmte. Nachdem der Plantagenet seinerseits um eine Verbesserung der Beziehungen zum Kaiserhof u.a. durch ein geplantes Ehebündnis zwischen Herzog Richard und einer Kaiser-tochter – wahrscheinlich Agnes – bemüht war, kam es dennoch zu-erst im Hennegau zu neuen Konflikten, später im Vermandois und in Flandern. Im Frieden von Boves Ende Juli 1185 musste der Fla-me die Grafschaft Amiens sowie große Teil von Vermandois und 65 Burgen abtreten, während die übrigen Kriegsparteien – wie Bra-bant und Hennegau – vor allem gegenseitige Gebietsrestituierungen vereinbarten. Spätere Versuche des flämischen Grafen, mit Unter-stützung König Heinrichs (VI.) diese Regelungen gewaltsam zu re-vidieren, scheiterten am Widerstand des Kaisers, so dass es Mitte März 1186 in Amiens nach Konsultation des Plantagenets zu einem endgültigen Frieden zwischen dem Kapetinger und Graf Philipp mit weitgehender Bestätigung der Vereinbarungen von Boves kam. So-mit hatte Heinrich II. zweifellos einen großen Anteil an der Stabili-sierung der Herrschaft des jungen französischen Königs, der seiner-seits zu dieser Zeit nicht an Konflikten mit dem Plantagenet interessiert war.

Der anhaltende Streit zwischen den Söhnen machte es dem Plantagenet kaum möglich, bei einem kurzen Aufenthalt im Insel-reich seit Juni 1184 tiefgreifende innenpolitische Reformen durch-zuführen; zudem sah er sich gehindert, einem Angebot König Bal-duins IV. von Jerusalem zu entsprechen, der dem Monarchen durch den Patriarchen Heraclius die Krone des Königreiches anbieten ließ. Sicherlich empfand Heinrich die Offerte als ehrenvoll, den-noch waren Jerusalem und die hiermit verbundene Verteidigung des Heiligen Landes sicherlich nicht das Aktionsfeld, auf dem der Plan-tagenet in Anbetracht der inneren und äußeren Gefährdung des an-gevinischen Reiches tätig werden wollte. Diese Einschätzung teil-ten die englischen Barone, die am 18. März 1185 auf einem Hoftag in Clerkenwell übereinstimmend einen Vorrang der Angelegenhei-ten ihres Reiches gegenüber der Verteidigung des Heiligen Landes betonten. Da sich der König auch weigerte, einem seiner Söhne die Krone Jerusalems antragen zu lassen, und statt dessen dem Patriar-chen Geld zur Verteidigung des Heiligen Landes anbot, verließ Heraclius im Zorn den englischen Hof. Trotz der Absage Heinrichs trug das Angebot der Krone Jerusalems zweifellos zum weiteren Prestigegewinn des Monarchen in der gesamten Christenheit bei.

Vorrangig blieb für Heinrich hingegen die Erbregelung in sei-nem Reich, wobei er den Lieblingssohn Johann gegen die älteren Brüder stärkte und diesen nach dem Ritterschlag am 31. März be-auftragte, die königliche Macht in Irland gegenüber den anglonor-mannischen Siedlern und den irischen Königen stärker zur Geltung zu bringen, woraufhin Johann mit einer Armee am 24. April von Milford Haven auf die „Grüne Insel" reiste. Das beleidigende Verhalten des Prinzen gegenüber den in Waterford erschienenen irischen Großen führte zum Zusammenschluss der bislang verfeindeten irischen Könige Rory O'Connor von Connacht, Dermot McCarthaig von Desmond und Domnal O'Brien von Thomond. Nachdem Johann sogar den mächtigen Hugo de Lacy insultiert hatte, der dem Prinzen daraufhin die Unterstützung verweigerte, verschlechterte sich die Situation Johanns rapide, zumal er damit begann, anglonormannischen Siedlern Ländereien zu entziehen und wahllos Plünderungen vornehmen zu lassen. So erlitt Johann beim folgenden Kampf gegen irische Truppen unter Führung O'Briens in Nord Munster am 24. Juni eine empfindliche Niederlage und musste sich in küstennahe Festungen zurückziehen. Im Dezember 1185 machte der englische König dem fragwürdigen Unternehmen ein Ende, indem er den *dominus Hiberniae* nach England zurückrief und Johann de Courcy mit der Wahrung der königlichen Interessen auf der Insel beauftragte, so dass die erste größere eigenständige militärische Unternehmung des Prinzen mit einem völligen Fehlschlag endete.

Dennoch blieb Heinrich in der Folgezeit bemüht, die Erbfolgeregelung in seinem Sinne durchzusetzen und den Herzog von Aquitanien, der trotz väterlichen Verbotes aus Rache in die Besitzungen seines Bruders Gottfried eingefallen war, dem königlichen Willen zu unterwerfen. Um dieses Zieles willen zögerte der Plantagenet nicht, Königin Eleonore aus ihrer Haft zeitweise zu befreien und in Begleitung Heinrichs des Löwen in die Normandie bringen zu lassen, wo er von Richard, der am Hof erscheinen musste, die sofortige Übergabe des Poitou mit allen Besitzrechten an die rechtmäßige Herzogin von Aquitanien verlangte. Da der Prinz die Territorien zumindest theoretisch für die Herrscherin verwaltet hatte und zudem in einer besonders vertrauensvollen Beziehung zu seiner Mutter stand, erfüllte der Königssohn den Befehl des Vaters, der selbstverständlich nicht daran dachte, die Gattin nach all den Jahren des Konfliktes bzw. der Inhaftierung wieder in ihre alten Rechte einzusetzen. Richard selbst blieb entschlossen, seine Rechte zu verteidigen, worin ihn der Vater schon bald indirekt bestärken sollte, da Heinrich den Herzog mit dem Abwehrkampf gegen Graf Raimund von Toulouse beauftragte, der in das Quercy eingefallen war. Richard folgte dem Befehl des Vaters nur zu gerne und griff den Grafen an, wobei er nicht nur das umstrittene Quercy, sondern auch andere, bislang nicht vom angevinischen Oberherrn besessene Gebiete erobern konnte. In bester Familientradition fühlte sich daraufhin Graf Gottfried vom Vater zurückgesetzt, so dass er sich Philipp II. zuwandte und diesem für die Bretagne huldigte, wodurch eine klare Verletzung der Rechte des angevinischen Herrschers erfolgte und der Kapetinger die Gelegenheit zum Ausbau seiner lehnsherrschaftlichen Ansprüche gegenüber Heinrich II. erhielt. Diese Entwicklung wurde jedoch jäh durch den Tod Gottfrieds unterbrochen, der in Paris bei einem Turnier schwer verletzt wurde und am 19. August 1186 starb; sein Grab fand der Graf auf Weisung Philipps vor dem Hochaltar von Notre-Dame in Paris.

Der Tod des zweiten Königssohnes verschärfte die Schwierigkeiten des Plantagenets bezüglich der geplanten Erbfolgeregelung, da nunmehr lediglich Richard und Johann als Nachfolger im angevinischen Reich zur Verfügung standen und der aquitanische Herzog noch intensiver auf einer Klärung seiner Thronansprüche bestehen konnte. Hinzu kam, dass der französische König nach dem Tode Gottfrieds gegenüber Heinrich nicht mehr nur auf der Heirat Alices mit Richard und den Entschädigungszahlungen an Margarethe bestand, sondern auch die Vormundschaft für die unmündigen Kinder des verstorbenen bretonischen Fürsten – Eleonore und später Arthur – und die Verwaltung der Bretagne für sich beanspruchte. Zugleich forderte der Kapetinger die Mannschaftsleistung Richards für Aquitanien und die Einstellung der Kriegshandlungen des Herzogs gegen den Grafen von Toulouse, wobei Philipp im Weigerungsfalle Angriffe auf die Normandie androhte. Da umgehende Verhandlungsangebote Heinrichs scheiterten, eskalierte die Spannung, zumal dem Kapetinger im Mai 1187 mit Barbarossa der Abschluss eines Bündnisses gelang, dessen Wortlaut zwar nicht überliefert ist, jedoch nach chronikalischen Hinweisen wahrscheinlich keine Beistandsverpflichtungen, sondern nur ein gemeinsames Vorgehen gegen den Kölner Erzbischof und den umstrittenen Folmar von Trier vorsah. Während das Abkommen für den Kaiser vor allem innenpolitische Bedeutung – besonders im Kampf gegen Heinrich den Löwen – besaß, konnte Philipp zumindest den Anschluss des Staufers an das angevinische Lager verhindern und Friedrich als Bündnispartner gewinnen, so dass 1187 in Toul eine Bündniskonstellation entstand, die auch in der Folgezeit Stabilität besitzen und als Gegengewicht zur angevinisch-welfischen Verbindung von entscheidender Bedeutung für das außenpolitische Bündnisgefüge im Abendland sein sollte.

Dies zeigte sich bereits bei den folgenden militärischen Konflikten, nachdem Philipp im Mai 1187 ins Berry eingefallen war und vier Armeen Heinrichs in Abwehrkämpfe um Châteauroux verwickelte. Der Krieg wurde nur kurz durch einen Waffenstillstand und Verhandlungen der Monarchen in Gisors unterbrochen, wobei die Könige am 22. Januar 1188 auf Intervention des Erzbischofs von Tyrus mit zahlreichen Fürsten das Kreuz nahmen. Nachdem Prinz Richard bereits im November 1187 den Kreuzzug gelobt hatte, vereinbarten nun die beiden Herrscher, zu Ostern 1189 gemeinsam den Kreuzzug anzutreten, den sie mit einem Zehnten zu finanzieren gedachten. Trotz der Kreuzzugspläne kam es im Laufe des Jahres 1188 in Abwesenheit Heinrichs, der Ende Januar auf die Insel gereist war und dort bis zum 10. Juli blieb, erneut zu Auseinandersetzungen im Poitou und in der Grafschaft Toulouse, woraufhin zuerst König Philipp und später Heinrich II. intervenierten. Hierbei verschlechterte der Plantagenet seine Position erheblich, nachdem Nachrichten über angebliche oder wirkliche Pläne des Königs verbreitet wurden, wonach Johann mit der langjährigen Verlobten Richards, Alice, verheiratet werden und alle Festlandsbesitzungen außer der Normandie übertragen bekommen sollte und somit faktisch eine Enterbung Richards angestrebt wurde. Diese Gerüchte veranlassten den Herzog zur Annäherung an Philipp und zur Forderung nach einer endgültigen Klärung der Erbfolgefrage. So verlangte der Kapetinger auf Betreibung des Herzogs bei einem Treffen der beiden Monarchen am 18. November 1188 in Bonsmoulins von Heinrich, dass dieser die Großen Englands sowie der Kontinentalbesitzungen veranlassen sollte, Richard als Erben den Lehnseid zu schwören. Nach Ausflüchten des englischen Königs versuchte der aquitanische Herzog selbst, eine Entscheidung zu erzwingen, indem er den Vater zu einer verbindlichen Anerkennung als Erben aufforderte, die Heinrich verweigerte. Damit war für Richard die Bestätigung der Gerüchte über seine geplante Enterbung gegeben, so dass Richard dem französischen König auf der Stelle für alle angevinischen Kontinentalbesitzungen vorbehaltlich der Treue gegenüber seinem Vater huldigte, woraufhin Philipp seinem Lehnsmann die Übergabe zahlreicher Burgen im Berry in Aussicht stellte. Heinrich war von diesem Vorgehen seines Sohnes völlig überrascht und erbat lediglich einen bis zum 14. Januar 1189 befristeten Waffenstillstand, um sich danach in die angevinische Grafschaft zurückzuziehen.

Damit war der Endkampf im englischen Herrscherhaus eröffnet, wobei sich immer mehr Große des angevinischen Reiches in realistischer Einschätzung der Lage für den Thronfolger und gegen den alten König entschieden. Schon bald griffen Philipp und Richard gemeinsam Ländereien Heinrichs an, der im Winter schwer erkrankt und nur mehr eingeschränkt aktionsfähig war. Nach Ostern 1189 bemühte sich der Kardinallegat Johann von Anagni zur Förderung des Kreuzzugsunternehmens um eine Beilegung des Konfliktes von Seiten Geistlicher beider Parteien durch einen Schiedsspruch, der zwar zu Pfingsten in La Ferté-Bernard bei Le Mans gefällt, jedoch von Heinrich abgelehnt wurde. Dieser zog sich daraufhin nach Le Mans zurück, während Philipp und Richard in Maine eindrangen und zahlreiche Burgen einnahmen. Schließlich rückten die Verbündeten am 11. Juni auf Le Mans vor, woraufhin Heinrich – verfolgt von Richard – nach Süden floh, um sich in Chinon zu verteidigen. Die Koalitionäre folgten dem Plantagenet nach der Eroberung von Le Mans und begannen mit der Belagerung von Tours, während sie gleichzeitig den erkrankten König zu Verhandlungen aufforderten. Nachdem Philipp am 3. Juli Tours eingenommen hatte und zahlreiche Große aus beiden Lagern Heinrich zu Gesprächen drängten, erkannte auch der englische König die Aussichtslosigkeit seiner Lage und erklärte sich zu Verhandlungen bereit. Diese erfolgten am 4. Juli in Ballan südlich von Tours mit Richard und Philipp, der Heinrich die Bedingungen für einen Friedensschluss verkünden ließ. Hiernach musste sich der Plantagenet nicht nur Philipps Urteil *ad misericordiam* unterwerfen, das *homagium* für seine gesamten Festlandsbesitzungen leisten und Alice fünf Vertrauenspersonen überstellen, die deren Heirat mit Richard nach dessen Rückkehr vom Kreuzzug sichern sollten, sondern auch alle Untertanen im gesamten angevinischen Reich zur Eidesleistung für Richard als Gesamterben veranlassen. Hinzu kamen Entschädigungszahlungen in Höhe von 20.000 Mark an Philipp für Kriegsunkosten sowie die Übertragung diverser Städte und Burgen wie Le Mans und Tours an den Kapetinger, die dieser zwischenzeitlich eingenommen hatte. Dem englischen König blieb keine andere Wahl, als seine bedingungslose Unterwerfung zu akzeptieren und sämtliche Forderungen des Kapetingers zu erfüllen. Nachdem Heinrich als letzte Demütigung sogar Richard den Friedenskuss geben musste, ließ sich der schwerkranke Monarch nach Chinon zurückbringen, wo er zu seiner Erschütterung erfuhr, dass sich sogar der Lieblingssohn Johann, um dessen willen er Richard in seinen Rechten beeinträchtigen wollte, dem Lager Philipps bzw. Richards angeschlossen und somit den Vater verraten hatte. Gedemütigt und verzweifelt starb Heinrich am 6. Juli 1189 in Chinon; seine Leiche wurde – wie im Falle Wilhelms I. – von den Bediensteten ausgeraubt. Allein der natürliche Sohn Heinrichs, Gottfried, sorgte dafür, dass der Monarch nach Fontevrault überführt und – lediglich von Nonnen der dortigen

Abtei sowie Gottfried und wenigen Gefährten begleitet – beigesetzt wurde.

Das Bild Heinrichs in der englischen Geschichtsschreibung trägt seiner politischen Leistung bei der Schaffung des *Angevin Empire* nur ansatzweise Rechnung, da besonders die zeitgenössischen geistlichen Autoren ihrer Ansicht nach kritikwürdige Verhaltensweisen des Königs bemängelten. Erst nach seinem Tode kam es zu einer ausgewogeneren Beurteilung durch die Historiographen, die im Blick auf zeitgenössische Entwicklungen die „Friedenszeit" unter Heinrich lobten. Auffällig ist die Kritik monastischer Autoren am „angevinischen Despotismus" und an der Regierungspraxis des Monarchen, der zwar sein Reich unter die Herrschaft des Rechtes stellte, sich selbst hingegen als König nicht an diese Rechtsnormen gebunden sah, *per voluntatem* entschied und nur Gott verantwortlich war. Die selbstherrliche Regierungsweise stieß schon zu Lebzeiten Heinrichs auf Kritik, obwohl er den Ausbruch größerer baronialer Revolten unterdrücken konnte, die erst unter seinen königlichen Nachfolgern erfolgten. Das disparate Bild des Königs in der Historiographie ist daher einerseits von zahlreichen Elogien von Seiten Kurialer geprägt, die Heinrich u. a. als „neuen Moses" bzw. „neuen Karl den Großen" feierten, während andererseits Kritiker persönliche Schwächen des Monarchen, wie Tücke und Besitzgier, und politisches Fehlverhalten monierten – insbesondere wegen der angeblichen Involvierung in die Ermordung Beckets, der Erhebung extrem hoher Steuern, der Patronage für Vertraute aus niederen sozialen Schichten und der Missachtung ständischer Rechte der etablierten baronialen Elite. Unbestritten blieb hingegen, dass der König, dessen persönliche Erscheinung durch die hochgewachsene Gestalt, robuste Statur und große körperliche Kraft geprägt wurde, literarisch gebildet, sprachkundig und an den Wissenschaften interessiert war, zumal viele Gelehrte am königlichen Hof verkehrten und intensiven Umgang mit dem Herrscher pflegten. Obwohl persönlich bescheiden, unprätentiös und desinteressiert an standesgemäßer Bekleidung, machte Heinrich – anfangs in Kooperation mit Königin Eleonore – seinen Hof zu einem wichtigen Zentrum sowohl für innovative Baukunst im geistlichen wie weltlichen Bereich als auch für zeitgenössische höfische Bildung und Dichtung, wobei sich wahrscheinlich die Autoren zumeist selbst in Erwartung königlichen Mäzenatentums an den Plantagenet wandten und zahlreiche ihrer Werke dem König bzw. der Herrscherin widmeten, ohne dass aber in jedem Fall die konkrete Erteilung eines diesbezüglichen Werkauftrages von Seiten Heinrichs nachweisbar ist. Infolge der anglo-angevinischen Prägung des Herrscherhofes kam es weniger zu einer Förderung englisch-sprachiger Literatur, etwa der höfischen Epik, sondern verstärkt zur Patronage lateinisch- und französisch-sprachiger Werke mit besonderer Konzentration auf den Artus-Stoff sowie die Grals- und die Tristan-Sage. Während das Interesse für *Chansons de geste* gering war, fand das höfische Publikum eher Geschmack an Romanzen, den *Lais* und *Fabliaux*. Eine besondere, sicherlich nicht uneigennützige Vorliebe besaß der Monarch für die Historiographie in lateinischer und französischer Sprache, da sich Heinrich offensichtlich der Bedeutung von Geschichtsschreibung für das Bild seines Königtums bei den Zeitgenossen und in der Nachwelt bewusst war. So förderte er intensiv „offiziöse" Historiographen wie Roger von Howden und Ralph Diceto, unterstützte Gerald von Wales und Walter Map, der im Werk *De Nugis Curialium* eine satirische Darstellung des Lebens und der Mentalität der angevinischen Höflinge gab, und beauftragte zuerst Wace und später Benedikt von Sainte-Maure mit der Darstellung der Geschichte der normannischen Herzöge in einer Reimchronik (*Roman de Rou*). Zudem ließ der Plantagenet sowohl die innenpolitischen Erfolge – wie bei der Rebellion von 1173–74 – als auch seine expansiven Heerzüge nach Irland, Schottland und Wales literarisch feiern. Die intensive Reisetätigkeit des Monarchen trug auch zu einem Kulturaustausch zwischen den verschiedenen Reichsteilen bei, zusätzlich gefördert durch Bestrebungen Heinrichs, das Interesse der politischen Elite an Bildung und Wissenschaft zu wecken – mit nachhaltigem Erfolg, wie u. a. zahlreiche biographische Werke über berühmte Große wie den Earl von Pembroke, Wilhelm Marshal, zeigen.

In all diesen Werken wurde das neue, von Heinrich geschaffene Reich mit keinem speziellen Namen wie „angevinisches Imperium" o. ä. bezeichnet und auch der Monarch niemals mit dem *imperator*-Begriff geehrt; vielmehr fand der heute gängige Terminus *Angevin Empire* erst in der neuzeitlichen Historiographie Verwendung, wobei die Bezeichnung in der neueren Forschung entweder als inadäquat betrachtet oder als Ausdruck für ein *regnum* verwendet wurde, das in der Nachfolge des anglonormannischen Reiches stand, dieses unangemessen vergrößert hatte und schließlich an seiner räumlichen „Überdehnung" sowie strukturellen Schwächen zugrunde ging. Zudem bemühte man sich, das angevinische *regnum*, wie es von Heinrich II. bis Johann bestand, deutlich von dem Reich der späteren Plantagenets seit Heinrich III. zu unterscheiden, die auf dem Kontinent zumeist nur noch über den Besitz der Gascogne verfügen konnten, weil die übrigen Festlandsbesitzungen an die französische Krone gefallen waren. Resümierend wird man somit konstatieren dürfen, dass Heinrich II. eine Vielzahl an Ländereien unter seiner Herrschaft vereint hatte – abgesehen von *Le Grand Anjou* mit Anjou, Maine und Touraine durch seinen Vater Gottfried, die Normandie durch seine Mutter, Aquitanien mit Poitou und Auvergne durch seine Gattin Eleonore sowie überkommene Lehnsherrschaftsansprüche über die Bretagne, Schottland und Wales und Besitzansprüche auf Irland dank eigener Eroberung. All diese Territorien, die von der „Grünen Insel" bis an die Pyrenäen reichten, wurden von Heinrich als sein rechtmäßiger Besitz betrachtet, für den er zum Teil in lehnsrechtlicher Abhängigkeit vom französischen König stand, ansonsten hierüber aber nach eigenem Willen verfügen konnte. Bis zum Lebensende kämpfte der Plantagenet zwar nicht um den Erhalt eines angeblichen angevinischen *imperium*, um so intensiver aber für die Wahrung von Rechten und Besitzungen, die er durch Erbe oder Ausnutzung günstiger politischer Konstellationen erworben hatte und sichern wollte. Aus diesem Streben nach Wahrung seines Besitzes erklären sich auch die unablässigen Kämpfe Heinrichs mit den Kapetingern und später mit seinen Söhnen, wobei er den Zusammenhalt des strukturell heterogenen Reiches u. a. durch die Konstituierung einer lehnsrechtlichen Hierarchie unter seinen Nachkommen zumindest zeitweise zu sichern versuchte (*dynastic federation*)[23]. Unbestreitbar bildete der Monarch mit seinem umherziehenden Hof ohne feste Residenz die wichtigste personelle Klammer, die das Reich zusammenhielt, doch kamen auch institutionelle Faktoren hinzu – etwa ähnliche Strukturen in den Verwaltungen in England und der Normandie sowie deren verwaltungstechnische Verbindungen, der Einsatz landesfremder Verwaltungsbeamter sowie hoher Geistlicher bei Versetzungen in die verschiedenen Reichsteilen, die personellen Verbindungen zwischen den Reichsteilen durch Familien mit Besitzungen auf beiden Seiten des Kanals und schließlich die gemeinsamen sprachlichen und kulturellen Traditionen der Eliten in den „Provinzen" des *regnum*, obwohl sich keine einheitliche „angevinische Aristokratie" als Integrationsfaktor im gesamten Reich ausbildete.

Gegen Ende der Herrschaft Heinrichs II. setzten gegenläufige Tendenzen ein, die den Zusammenhalt des *regnum* behinderten und im Zusammenhang mit der seit der Zeit Heinrichs I. mühsam betriebenen Integration von Normannen und Angelsachsen zu einem Volk von *Engleis* standen. So kam es seit der Regierung Heinrichs II. zu einer langsamen „Anglisierung" und einer intensivierten *Eng-*

lishness im Inselreich – deutlich etwa in einem neuen Verständnis der englischen Geschichte vor der normannischen Eroberung, wobei angevinische Historiographen eine Verbindung der eigenen Historie zur Geschichte der britannischen „Urbevölkerung" zu konstituieren suchten. Dies erklärt auch die intensive Rezeption der Werke des Galfried von Monmouth (*Historia regum Britanniae*) im angevinischen Reich, um 1155 von Wace in einer Reimchronik (*Roman de brut*) umgesetzt, indem – trotz vorhandenen Stolzes auf die *normanitas* – sowohl durch ein „romantisches Artus-Bild" Anschluss an spätantike bzw. frühmittelalterliche britannische Geschichtstraditionen gesucht als auch ein neues, bis ins Spätmittelalter hinein wirksames Geschichtsbild im Inselreich konstituiert wurde. Mit der allmählichen „Anglisierung" des angevinischen Reich ging das Wiedererstarken der englischen Sprache in Wort und Schrift sowie die langsame Ausbildung einer „englischen Identität" einher, die seit dem Ende des *Angevin Empire* unter König Johann gleichzeitig zu einer Abwendung von Bewohnern der früheren englischen Festlandsbesitzungen führte. Dieses Bewusstsein von einer besonderen „englischen Identität" führte bereits unter Heinrich III. in der Gesellschaft der Insel zu xenophobischen Auswüchsen – u. a. gegenüber Savoyarden und Poitevinen – und zur allmählichen Entwicklung eines englischen „Nationalgefühls", wobei die Rolle des Königtums hierbei wahrscheinlich größer war als bislang in der Forschung angenommen. So besaß das angevinische Reich unter Heinrich II., der im gesamten Abendland hohes Ansehen genoß, mit seinem regen Kulturaustausch eine deutlich größere „Weltoffenheit" und stärkere „internationale" Bezüge als das englische *regnum* unter seinen königlichen Nachfolgern.

3. Das angevinische Königtum und seine Rolle auf dem Kontinent und im Vorderen Orient (1189–1199)

Bereits unmittelbar nach der Überführung der Leiche Heinrichs II. am 6. Juli 1189 nach Fontevrault begann Richard mit der Herrschaftsübernahme, indem er sowohl einen Ausgleich mit den – ihm bislang feindselig gesinnten – Gefolgsleuten seines Vaters als auch mit dem kapetingischen Oberlehnsherrn suchte. Hierbei war der Plantagenet bezüglich potentieller Gegner – wie Balduin von Béthune, Gilbert Fitz Reinfred und Wilhelm Marshal, den er durch die Heirat mit Isabella de Clare, der Erbin der Grafschaft Pembroke sowie von Baronien in Irland, zu einem der reichsten Männer des Landes machte – ebenso erfolgreich wie bezüglich seines Halbbruders Gottfried, den er gegen dessen Willen zum Erzbischof von York wählen ließ. Intensiv bemühte sich Richard zudem um seinen Bruder Johann, den er mit Isabella, einer Miterbin des verstorbenen Earls Wilhelm von Gloucester, verheiratete und ihm in der Folgezeit u.a. eine solche Fülle an Besitzungen – wie Cornwall, Devon, Dorset und Somerset im Südwesten sowie Nottingham und Derby in den Midlands – übertrug, dass der Prinz einer der mächtigsten Barone im Reich wurde und erst durch die Freigebigkeit seines Bruders die materiellen Voraussetzungen für den späteren Kampf gegen Richard erhielt. Auch mit Philipp August suchte Richard, nachdem er am 20. Juli 1189 in Rouen offiziell die Herrschaft in der Normandie übernommen hatte, einen Ausgleich, indem er sich bei einem Treffen mit dem Kapetinger zwischen Chaumont-en-Vexin und Trie zur Anerkennung des Friedensvertrages von Colombières (vom 4. Juli 1189) mit zusätzlichen Kriegsentschädigungen für Philipp sowie zur baldigen Heirat mit Alice bereit erklärte. Daraufhin stellte der König die Rückgabe aller im Krieg gegen Heinrich II. eroberten Territorien – außer Graçay und Issoudun – in Aussicht, so dass Richard dem Kapetinger das *homagium* für die französischen Lehen leistete; zudem vereinbarten die beiden Fürsten den gemeinsamen Beginn des Kreuzzuges für die nächste Fastenzeit. Das Kreuzzugsprojekt besaß auch in der Folgezeit für den Plantagenet oberste Priorität, nachdem seine prunkvolle Krönung am 3. September 1189 durch Erzbischof Balduin von Canterbury in Westminster durchgeführt worden war – überschattet durch Judenverfolgungen in London. Weitere Sympathien verschaffte sich der Monarch durch die Gewährung einer Amnestie für ehemalige Gegner Heinrichs II.

Da eine Koordinierung der Kreuzzugsplanungen mit dem Kapetinger und dem Staufer unterblieb, konzentrierte sich Richard auf die Finanzierung des Unternehmens, indem er auf die Erhebung einer neuen allgemeinen Steuer nach dem Vorbild des Saladin-Zehnten verzichtete und statt dessen – wie der Chronist Roger von Howden beklagte – *„alles, was er hatte, zum Verkauf [anbot]“*.[24] Richard führte in der gesamten Verwaltung des Landes ein in derartigem Umfange einmaliges Revirement durch, indem alle wichtigen Ämter dem jeweils Meistbietenden übertragen und viele Amtsinhaber aus der Herrschaftszeit seines Vaters – völlig unabhängig von Qualifikation und Loyalität – aus ihren Positionen entfernt wurden, um sie erst nach Zahlung hoher Gebühren neu übertragen zu bekommen; dies galt sogar für viele *sheriff*-Positionen und Spitzenfunktionen in der Verwaltung wie das Amt des *justiciar* und *chancellor*. Umfangreiche personelle Veränderungen nahm der Monarch auch im geistlichen Bereich vor, indem er am 15. September 1189 in Pipewell Abbey bei Geddington zahlreiche Vertraute auf Bischofsstühlen des Reiches plazieren ließ – etwa den *chancellor* Wilhelm Longchamp in Ely, Richard Fitz Neal in London, Hubert Walter in Salisbury und Gottfried de Lucy in Winchester, wobei fraglich ist, ob der König aus diesen Ernennungen finanzielle Vorteile zu ziehen vermochte. Obwohl Veräußerungen von Ämtern nicht ungewöhnlich waren, erschien den Zeitgenossen bei diesem Vorgehen Richards die Intensität und die Kürze der Zeit bei den Verkäufen als befremdlich, so dass der Eindruck einer hemmungslosen Geldgier des Monarchen entstand. Trotz aller Widerstände gegen diese Maßnahmen erreichte Richard hierdurch sowohl innenpolitische Stabilität als auch eine wirtschaftliche Schwächung der Oberschicht, die temporär bei der Durchführung von Privatfehden in Abwesenheit des Monarchen behindert wurde. Eine ähnliche Wirkung erzielte der König durch die Forcierung einer Kreuzzugsteilnahme zahlreicher Großer, während diejenigen Adligen, die auf der Kompensation ihres Kreuzzugsgelübdes durch Geldzahlungen beharrten, starkem ökonomischem Druck ausgesetzt wurden. Insofern konnte während der gewaltigen Finanzaktionen Richards bei englischen Großen der Eindruck entstehen, der König betrachte England in erster Linie als bloße Geldquelle für die Durchführung seiner kriegerischen Unternehmungen zuerst im Heiligen Land, dann auf dem Kontinent – eine Beurteilung, die sicherlich nicht abwegig war und sich u.a. aus dem Selbstverständnis Richards zuerst als aquitanischer Herzog und danach erst als englischer König erklärte.

Vorrang besaß der Kreuzzug auch bei den ersten außenpolitischen Aktionen des Plantagenets, indem er in Wales eine Wahrung des Status Quo anstrebte und nach einem Treffen mit Rhys ap Gruffydd in Oxford, wo dieser das *homagium* leistete, Feindseligkeiten von walisischer Seite in der Folgezeit verhindern konnte. Ähnliche Prioritäten berücksichtigte Richard bei dem Treffen mit König Wilhelm von Schottland am 5. Dezember 1189 in Canterbury, wo der Schotte in Anwesenheit zahlreicher Großer das *homagium* für seine englischen Ländereien leistete, während Richard ihn nach Zahlung von 10.000 Mark von allen Verpflichtungen löste, die der Monarch als Gefangener Heinrichs II. im Vertrage von Falaise hatte eingehen müssen. Zudem sollte Wilhelm dem englischen König künftig nur solche Leistungen erbringen müssen, zu denen bereits Malcolm IV. gegenüber dem englischen Monarchen verpflichtet gewesen war,[25] so dass bei zeitgenössischen englischen Chronisten der Eindruck entstand, Richard habe auf die Lehnsoberherrschaft über Schottland verzichtet. Fortgesetzt wurden schließlich auch die Kontakte des Königs zu den Welfen, die sich nach der vorzeitigen Rückkehr des Löwen im September 1189 ins Reich erneut im Konflikt mit Barbarossa befanden, ohne dass jedoch in der Folgezeit ein Eingreifen Richards zugunsten des Welfenhauses zu konstatieren ist. Da Richard lediglich Otto, dem Sohn des Löwen, zeitweise die Grafschaft York übertrug, spielten die Welfen in den außenpolitischen Planungen des Königs zu dieser Zeit eine eher untergeordnete Rolle.

Weil sich der Beginn des Kreuzzuges nach der Überfahrt Richards am 12. Dezember 1189 nach Calais u. a. durch den Tod der französischen Königin Elisabeth verzögerte, nutzte der Monarch die Zeit bis zum neuen Abreisetermin Mitte Juni 1190 zu Reisen durch seine Festlandsbesitzungen, wo er ebenfalls ein Revirement in der Verwaltung vornahm und u. a. neue Seneschalle in Anjou, Aquitanien, in der Normandie und Gascogne einsetzte. Hinzu kamen außenpolitische Bündnisaktivitäten des Plantagenets, der sich intensiver den iberischen Monarchen zuwandte, von denen Alfons VIII. eine Schlüsselrolle besaß, da er sowohl selbst mit Eleonore, der Tochter Heinrichs II. von England, verheiratet war als auch am 23. April 1188 eine Eheschließung seiner Erbtochter Berengaria mit dem Sohn Kaiser Friedrichs, Konrad von Rothenburg, befürwortet hatte.[26] Diese Vereinbarung, bestärkt durch die traditionellen kastilischen Hegemonialbestrebungen, führte nicht nur zu schweren kastilisch-aragonesischen Konflikten, sondern zuerst in Borja am 7. September 1190 zu einem Beistandsbündnis zwischen Alfons II. von Aragón und Sancho VI. von Navarra, dann am 12. Mai 1191 zu einem Dreibund der Monarchen von Aragón, León und Portugal in Huesca mit deutlicher Zielrichtung gegen Kastilien. Größte geopolitische Bedeutung besaßen für den Herzog von Aquitanien hingegen die Besitzungen Sanchos VI. von Navarra, von dessen Reich jederzeit eine Bedrohung der südwestfranzösischen Ländereien Richards ausgehen konnte, der zudem – wie Alfons II. von Aragón – in Gegnerschaft zu Graf Raimund V. von Toulouse stand. Da Sancho eine heiratsfähige Tochter, Berengaria, besaß, eröffnete sich für den Plantagenet die Möglichkeit, durch ein Bündnis mit dem König von Navarra sowohl für eine Sicherung Aquitaniens vor militärischen Pressionen aus dieser Region während seiner Abwesenheit im Heiligen Land zu sorgen als auch durch eine Ehe mit Berengaria den erhofften Thronfolger erlangen und die verhasste Verbindung mit Alice, der Schwester des französischen Königs, beenden zu können. Richard wird derartige Pläne nach einem Treffen aller wichtigen Mitglieder des englischen Königshauses sowie der Verlobten Alice im März 1190 in Nonancourt – wahrscheinlich unter Beteiligung der Königinmutter – seit dem Mai weiter verfolgt haben, als er sich in der Grafschaft Bigorre im Pyrenäen-Bereich aufhielt und sicherlich entsprechende Verhandlungen mit Sancho geführt haben dürfte; im Januar 1191 trat Eleonore mit Berengaria eine Reise zu Richard nach Sizilien an.

Die geheim geführten Eheverhandlungen können auch das eigenartig dilatorische Verhalten des englischen Königs während der ersten Phase seines Kreuzzugsunternehmens erklären, da Richard nach erneutem Treffen mit Philipp am 2. Juli 1190 in Vézelay mit seinen Truppen das Rhônetal hinunter Richtung Marseille marschierte, während sich der Kapetinger nach Genua aufmachte, um später mit dem englischen Partner in Sizilien zusammenzutreffen. So wartete der Plantagenet in Marseille auf seine gecharterte Flotte, die über Lissabon anreiste und dort in Konflikte mit der jüdischen sowie muslimischen Bewohnerschaft und später dem portugiesischen König geriet, um nach deren Landung einen Teil der Truppen unter Führung des Erzbischofs Balduin von Canterbury direkt ins Heilige Land zu schicken, wo diese am 16. September 1190 in Tyrus landeten. Richard hingegen fuhr mit dem Heer langsam die italienische Westküste – gleichsam mit einem touristischen Besichtigungsprogramm – von Genua bis nach Neapel und Salerno entlang, wo er Mitte September die restliche Flotte erwartete. Im sizilischen Königreich wurde der Plantagenet in die innenpolitischen Wirren verwickelt, da nach dem Tode des kinderlosen Wilhelm II. († 18. November 1189) Nachfolgekämpfe zwischen Konstanze, der Tochter Rogers II. und Gattin des deutschen Thronfolgers Heinrich (VI.), und Tankred, dem Grafen von Lecce, ausgebrochen waren, der die Unterstützung des Papstes sowie zahlreicher sizilischer Großer fand und wie diese eine *unio regni ad imperium* unter staufischer Führung befürchtete. Zwar konnte sich Tankred am 18. Januar 1190 vom Erzbischof von Palermo zum König krönen lassen, doch formierte sich bald auf dem Festland Widerstand von Stauferanhängern, deren Offensive aber schnell zusammenbrach, da Heinrich VI. nach dem überraschenden Tode Barbarossas († 10. Juni 1190) und seiner Herrschaftsübernahme im Reich erst Ende des Jahres den Italienzug antreten und den Brenner überschreiten konnte. Diese komplexe politische Situation wurde für Richard nach der Ankunft in Sizilien noch verwirrender, da seine Schwester Johanna, die Witwe König Wilhelms II., von Tankred inhaftiert worden war, der ihr ein beachtliches Wittum ebenso verweigerte wie die Aushändigung eines wertvollen Legates Wilhelms an Heinrich II. zur Durchführung dessen Kreuzzuges. Hinzu kam eine wachsende Konkurrenz zwischen Richard und Philipp, der vergeblich um Hilfe von Tankred gebeten worden war und eine Woche vor dem englischen König (am 16. September 1190) in Messina Einzug gehalten hatte. Da rasch Konflikte zwischen den Kreuzfahrern und der einheimischen Bevölkerung ausbrachen und diese am 4. Oktober 1190 das Quartier des englischen Kreuzfahrers und Grafen von La Marche, Hugo IX., angriff, intervenierte Richard und eroberte anschließend die Stadt. Die Wirkung dieser Aktion auf Tankred war beachtlich, da er umgehend Johanna freiließ und dem Plantagenet als Rechtsnachfolger Heinrichs II. 20.000 Unzen Gold als Kompensation für das Wittum Johannas überstellte; zudem unterbreitete er das Angebot eines Heiratsbündnisses, wonach eine seiner Töchter mit dem Neffen Richards, Arthur von der Bretagne, die Ehe eingehen und 20.000 Unzen Gold als Mitgift erhalten sollte. Der englische König akzeptierte wahrscheinlich im Oktober 1190 diese Offerten und erklärte sich bereit, Arthur als Thronerben zu benennen, sollte er – Richard – kinderlos sterben; auch verkündete er, Tankred immerwährenden Frieden zusichern und für die Dauer seines Aufenthaltes in Sizilien Beistand leisten zu wollen.[27]

Dieser Vertrag, für dessen Vermittlung Philipp beachtliche Gelder kassierte, führte nicht nur zu einer baldigen Beruhigung der innenpolitischen Lage in Sizilien, sondern besaß auch beträchtliche innen- wie außenpolitische Implikationen, da die überraschende Erbregelung zugunsten Arthurs die Kräfteverhältnisse in Frankreich verschieben und zugleich die Hoffnungen Johanns auf die Thronfolge in England beeinträchtigen musste. Der Prinz sah sich daher umgehend zu einer Stärkung seiner Position im Inselreich sowie zu engeren Bindungen an den Kapetinger veranlaßt, der seinerseits gerne bereit war, Unruhen in den Festlandsbesitzungen des englischen Königs zu schüren. Die Erbregelung des Plantagenets zugunsten des bretonischen Fürsten erscheint hingegen in einem anderen Licht, berücksichtigt man sowohl die Entscheidung Richards und später Philipps, die Überfahrt nach Outremer auf das Frühjahr 1191 zu verschieben, als auch die Ankunft Berengarias mit der Königinmutter zur selben Zeit. Eleonore war auf ihrer Reise nach Unteritalien am 20. Januar 1191 in Lodi mit König Heinrich VI. zusammengetroffen, den sie von der geplanten Eheschließung Berengarias mit ihrem Sohn informiert, dessen temporäre Parteinahme für Tankred sowie Richards Affinität zu den Welfensöhnen erläutert und die faktische Neutralität des Königs bezüglich der Eroberungspläne Heinrichs in Unteritalien in Aussicht gestellt haben dürfte. Obwohl unklar bleibt, welche politische Rolle Eleonore in der Folgezeit spielte, so ist unstrittig, dass mit der Ankunft der Fürstinnen in Unteritalien im Februar 1191 und in Anbetracht der jahrelangen Verlobung des Plantagenets mit Alice für die Beziehungen zwischen Richard und Philipp ein erhebliches Konfliktpotential entstanden war, das durch wachsende Spannungen zwischen den englischen und französischen Kreuzfahrerkontingenten vergrößert wurde. Im März kam es bei Gesprächen von Tankred, Philipp und Richard schließlich zum Eklat, weil dieser nicht nur die zahlreichen Intrigen des Kapetingers beklagte, sondern zudem seine endgültige Weigerung erklärte, Alice zu heiraten, da sie die Geliebte Heinrichs II. gewesen sei und diesem ein Kind geboren habe. Ein sofortiger Konflikt konnte nur durch Vermittlung des flämischen Grafen sowie französischer Großer verhindert und Philipp zur Anerkennung der Verlobungsauflösung veranlaßt werden, während man Richard gegen die Zahlung von 10.000 Mark Silber eine künftige anderweitige Eheschließung freistellte; zudem hatte er Alice binnen eines Monats nach Frankreich zurückzuschicken. Ihre territoriale Mitgift wurde weitgehend Richard sowie seinen männlichen Erben zugesprochen, wobei Philipp durchsetzen konnte, dass der erstgeborene Sohn des Plantagenets mit der englischen Krone die Lehnsbesitzungen in Frankreich erhalten und ein möglicher zweiter Sohn eine französische Grafschaft oder ein Herzogtum ebenfalls nur von

Philipp und nicht von seinem älteren Bruder zu Lehen nehmen sollte; für den Fall eines erbenlosen Todes Richards war das normannische Vexin usw. der französischen Krone zu überlassen.[28]

Mit dieser Vereinbarung hatte Richard einen beachtlichen Erfolg errungen, da er trotz Lösung der leidigen Verlobung die strategisch wichtigen Territorien im Vexin behalten und sich neue Heiratsmöglichkeiten eröffnen durfte, während Philipp einen beträchtlichen Ansehensverlust hinnehmen musste, ohne sofortige Repressionsmaßnahmen – etwa durch Angriffe auf angevinische Territorien – durchführen zu können. Zudem wird einsichtig, dass die nahezu zeitgleiche Auflösung der Verlobung mit Alice und das Auftreten von Berengaria, die mit Eleonore am 30. März in Sizilien anlangte, exakt geplant waren, so dass die frühere Erbfolgeregelung Richards zugunsten seines Neffen Arthur von der Bretagne nur als taktisches Manöver erscheinen kann. Dies wird auch durch das anschließende Verhalten des Plantagenets deutlich, der nach der Abreise Eleonores und Philipps bereits am 10. April in Begleitung der jungen Braut sowie seiner Schwester mit zahlreichen Schiffen die Reise ins Heilige Land antrat, ohne dass zuvor – angeblich wegen der Fastenzeit – die Eheschließung mit Berengaria erfolgt war. Der rasche Reiseantritt Richards stand zweifellos im Zusammenhang mit dem Vormarsch Heinrichs VI. auf Unteritalien, der aber wegen Verzögerungen bei der Kaiserkrönung erst Ende April 1191 bei Arce ins sizilische Reich eindringen und Ende Mai bis nach Neapel vorrücken konnte. Von der anschließenden Niederlage des Kaisers vor Neapel, gefolgt vom Abbruch des Unternehmens und gleichzeitigen, von Welfen geschürten Unruhen im Deutschen Reich vermochte Richard zwar keine Kenntnis zu besitzen. Dennoch wird er vorsorglich versucht haben, sich der Erfüllung möglicher Beistandsverpflichtungen, die aus dem Vertrag mit Tankred im Oktober 1190 resultierten, durch die überhastete Abreise ins Heilige Land zu entziehen. Ähnlich reagierte der Plantagenet auf Nachrichten von innenpolitischen Wirren und subversiven Aktivitäten Johanns in England, da er auf eine Rückreise verzichtete und statt dessen Bischof Walter von Coutances mit umfassenden Vollmachten ins Inselreich entsandte.

Richard selbst, der von Berengaria und Johanna begleitet wurde, beharrte auf der baldigen Überfahrt nach Outremer, in deren Verlauf das Schiff mit den Fürstinnen an Bord im Sturm vom Kurs abkam und an der Küste Zyperns landete. Dort sahen sich die adligen Damen und ihre Begleiter den Pressionen des selbst ernannte Kaisers Isaak Komnenos ausgesetzt, der zuvor nach der gewaltsamen

Thronbesteigung von Isaak II. Angelos (1185) die Unabhängigkeit seines Inselreiches von Byzanz erklärt und versucht hatte, seine Herrschaft durch gute Beziehungen zu Saladin sowie mit dem sizilianischen Königshaus zu stabilisieren. Wenngleich umstritten bleibt, ob die folgenden Aktionen Richards spontan oder im Rahmen umfassender Eroberungspläne geschahen, so ist klar, dass der König, der nach kurzer Irrfahrt Anfang Mai die Fürstinnen in Limassol wiedergefunden hatte, den Zyprioten nach kleineren militärischen Erfolgen zur Leistung des Lehnseides zwang. Nachdem Isaak durch unkluge Militäraktionen dem Plantagenet den Vorwand geliefert hatte, die gesamte Insel zu erobern, musste er sich am 1. Juni Richard unterwerfen, der den Kaiser in silberne Ketten legen ließ und ihn als Gefangenen auf dem weiteren Heerzug mit sich führte. Um seine Herrschaft auf der Insel zumindest kurzfristig zu sichern, bestätigte Richard die alten Rechtsgewohnheiten Zyperns und setzte unter Leitung Richards von Camville sowie Stephans von Thornham eine angevinische Verwaltung ein, die für kontinuierliche Einkünfte und genügenden Nachschub ins Heilige Land sorgen sollte. Da der König nicht an einem dauerhaften Besitz der Insel interessiert war, übertrug er sie zuerst den Templern und später Guido von Lusignan. Zuvor hatte sich der Monarch zur Erfüllung des Eheversprechens entschlossen, indem er am 12. Mai in St. Georg zu Limassol durch seinen Kaplan Nikolaus die Hochzeit sowie durch Bischof Johann von Évreux die Krönung Berengarias durchführen ließ. Als Morgengabe überließ Richard ihr zu Lebzeiten seiner Mutter all seine Besitzungen in der Gascogne südlich der Garonne, während nach dem Tode Eleonores die Ausstattung der Königin mit umfangreichen Ländereien des Plantagenets in der Normandie sowie im Inselreich vorgesehen war.[29] Somit stellte der König seiner Gemahlin einen Besitz in Aussicht, über den Berengaria auf absehbare Zeit persönlich nicht verfügen und den die Schwester Richards, Königin Eleonore von Kastilien, ebenfalls für sich beanspruchen konnte. Während sich die navarresische Fürstin zu Lebzeiten der Königinmutter mit entsprechenden materiellen Einkünften begnügte, beharrte der kastilische Monarch auf Dauer auf den Rechten seiner Gattin in der Gascogne und intervenierte 1205/1206 nach dem Tode Richards in dieser Region. Bei einer politischen Würdigung der Geschehnisse auf Zypern wird man konstatieren müssen, dass Richard auf eine schnelle Reise ins Heilige Land verzichtete und eher akzidentell im Streben nach Beute und Beschaffung zusätzlicher Geldmittel ohne hinreichende Rechtsgrundlage seine überlegenen militärischen Kräfte einsetzte, um ein kleines, christliches Inselreich rücksichtslos auszuplündern, ohne hierbei weitergehende strategische Ziele – etwa im Zusammenhang mit dem Kreuzzug – zu verfolgen. Durch diesen Gewaltakt des englischen Monarchen erlitt nicht nur das gesamte Unternehmen einen Ansehensverlust; zudem wurde der Beginn des Heerzuges im Heiligen Land weiter verzögert und den dort kämpfenden christlichen Truppen die dringend benötigte Verstärkung vorenthalten.

Noch vor der Weiterreise ins Heilige Land wurde Richard in die Machtkämpfe zwischen den christlichen Herrschern in den Kreuzfahrerstaaten hineingezogen, als ihn am 11. Mai 1191 eine Gesandtschaft unter Leitung Guidos von Lusignan aufsuchte, der sich als Gatte der Schwester Balduins IV., Sibylla, 1186 gewaltsam die Königswürde verschafft hatte, jedoch 1187 nach der schweren Niederlage bei Hattin in die Gefangenschaft von Saladin geraten war. Da auch Konrad von Montferrat Herrschaftsansprüche anmeldete und diese durch die Ehe mit Isabella, der Tochter Amalrichs I. von Jerusalem, zu bestärken suchte, brachen Machtkämpfe aus, in deren Verlauf Konrad nach der Landung des französischen Königs von diesem unterstützt wurde, woraufhin Richard sich selbstverständlich für die Lusignans entschied, die zudem Vasallen des Herzogs von Aquitanien waren. Nachdem die Bittsteller im Gegenzug Mannschaft geleistet und einen Treueid abgelegt hatten, verließ der englische König Anfang Juni 1191 Zypern, um am 8. Juni in Akkon zu landen. Schon bald brachen zwischen den Heerführern Rivalitäten aus, so dass deren militärischen Aktivitäten – insbesondere bei der Belagerung Akkons – weitgehend unkoordiniert verliefen. Dennoch zeigten die massiven Angriffe der Christen Wirkung, so dass es zu längeren Verhandlungen mit der Garnison und erneuten Rivalitäten beider Monarchen kam, die nach der Kapitulation der Muslime am 12. Juli einer vorläufigen Einigung mit den Verteidigern Akkons zustimmten. Hiernach hatte Saladin nicht nur die Stadt mit allem Besitz zu übergeben, sondern auch eine bedeutende Kreuzreliquie sowie 1.500 christliche Gefangene auszuliefern, 200.000 Goldmünzen (Dinare) binnen einer festgesetzten Frist zu zahlen und die Garnison als Geiseln zu belassen – Vereinbarungen, deren Realisierung von Seiten Saladins länger hinausgezögert wurde. Nach weiteren Auseinandersetzungen kamen Richard und Philipp überein, die eroberte Stadt als ihr alleiniges Eigentum zu betrachten und die gefangenen Muslime ihrem Lösegeldwert gemäß unter sich aufzuteilen, so dass alle anderen Kreuzfahrer, die oftmals bereits seit zwei Jahren an der Belagerung Akkons mitgewirkt hatten, von einer

Beteiligung an der Beute ausgeschlossen blieben. Zum offenen Konflikt kam es schließlich zwischen Richard und Herzog Leopold V. von Österreich, der nach dem Tode Herzog Friedrichs von Schwaben im Januar 1191 die Führung des kleinen deutschen Kreuzfahrerkontingentes übernommen hatte und trotz geringer Kampferfolge nun eine Beteiligung an der Beute forderte, unterstrichen durch das Aufpflanzen seines Banners im Verfügungsbereich des englischen Königs. Der Plantagenet, der großes Misstrauen gegenüber Leopold als Gefolgsmann Konrads und gegenüber der *virtus Alamannorum* besaß,[30] war zu keinem Entgegenkommen bereit und ließ das Banner als äußeres Zeichen auf Beuteansprüche entfernen. Möglicherweise ohne Kenntnis des englischen Monarchen gingen dessen Soldaten noch weiter und entehrten bewusst das herzogliche Feldzeichen, indem sie es in die Kloake warfen. Da Löwenherz dem Herzog trotz dessen Intervention keine Genugtuung leistete und Leopold ohne Beute tief gekränkt in die Heimat reisen musste, schwelte der Konflikt mit dem englischen Monarchen weiter – mit verheerenden Folgen für den Plantagenet, wie sich bald zeigen sollte. Nachdem auch ein Kompromiss im Streit um die Krone des Königreiches Jerusalem gefunden worden war, wonach nur Guido und nicht seine Nachkommen das Königtum beanspruchen durften und Gottfried von Lusignan die Herrschaft über Jaffa und Askalon erhalten sollte, schien der baldige Weitermarsch der christlichen Heere zur Befreiung von Jerusalem realisierbar.

Mit der überraschenden Weigerung des Kapetingers, nach angeblicher Erfüllung seines Gelübdes wegen Krankheit und Unverträglichkeit des Klimas den Kreuzzug fortzusetzen, erhielt nicht nur die Rivalität beider Monarchen eine neue Dimension; zudem schien das gesamte Unternehmen gefährdet, da durch den Abzug französischer Kontingente das Kreuzfahrerheer nachhaltig geschwächt wurde. Nach längeren Verhandlungen entband Löwenherz den Kapetinger von dem Kreuzfahrereid, worauf dieser einen Sicherheitseid leistete und sich verpflichtete, weiterhin Land und Leuten Richards nicht zu schaden und dessen Besitzungen gegen Angriffe zu schützen; diese Zusage sollte bis zu vierzig Tagen nach der Rückkehr Richards vom Kreuzzug gelten. Dennoch muss allen Beteiligten die Gefährlichkeit der entstandenen Lage bewusst gewesen sein, da bei Philipp die Gesundheitsprobleme sicherlich nur vorgeschoben waren und er nicht bereit schien, noch länger die ständigen Zurücksetzungen durch Richard und dessen wachsenden Prestigegewinn bei dem Heerzug zu ertragen. Hinzu kamen politische Interessen des Kapetingers in Flandern, wo nach dem Tode des kinderlosen Grafen Philipp vom Elsaß am 1. Juni 1191 vor Akkon die Nachfolge in der wichtigen Grafschaft einer Regelung bedurfte und Philipp endlich in den Besitz des reichen Artois zu gelangen hoffte. Schließlich wird der Kapetinger eine engere Verbindung mit Johann angestrebt haben, der mit dem *justiciar* des abwesenden Königs, Longchamp, in bürgerkriegsähnliche Auseinandersetzungen verwickelt war und im Sommer 1191 in einer Vereinbarung mit diesem eine Unterstützung seiner eigenen Thronansprüche im Falle des Todes Richards durchgesetzt hatte. Trotz dieser politischen Gefahren beschloss Richard, den Kreuzzug fortzusetzen, während Philipp nach dreieinhalbmonatigem Aufenthalt im Königreich Jerusalem die Leitung der verbliebenen Heereskontingente und die Verfügung über die dem Kapetinger zustehenden muslimischen Geiseln Herzog Hugo von Burgund übertrug. Der Kapetinger reiste am 31. Juli 1191 zu Schiff über Rhodos und Korfu nach Otranto, um sich von dort aus in die Ewige Stadt zu Papst Coelestin III. zu begeben, der ihn wunschgemäß vom Kreuzfahrergelübde entband. Politisch bedeutsamer war Anfang Dezember das Treffen Philipps mit Heinrich VI. in Mailand, wobei die Herrscher wahrscheinlich sowohl eine Bestätigung des Abkommens von Mouzon (1187) vornahmen als auch angeblich eine Vereinbarung trafen, den englischen König gefangen zu nehmen, sobald er auf der Rückreise aus dem Heiligen Land ihr jeweiliges Herrschaftsgebiet betreten würde; möglicherweise erließ der Kaiser sogar ein Edikt zur Gefangennahme des Plantagenets.[31] Somit war Ende des Jahres 1191 ein gefährliches kapetingisch-staufisches Bündnis zustande gekommen, wobei Philipp eine Destabilisierung der Herrschaft Richards im angevinischen Reich und Heinrich seine Rekuperationspolitik in Unteritalien betrieb.

Da der englische König von diesen Bündnisentwicklungen keine Kenntnis besessen haben dürfte, konzentrierte er sich auf die Eroberung Jerusalems, obwohl es erneut Konflikte – nun mit Konrad von Montferrat – um einen einheitlichen Oberbefehl im Kreuzfahrerheer gab und Saladin den Abschluss der Verhandlungen um Akkon weiter hinauszögerte. Da der Sultan auch mit den Lösegeldzahlungen in Verzug geriet, entschloss sich Richard am 20. August 1191 zur Tötung der ca. 2.700 Geiseln aus Akkon, die er gefesselt und in Sichtweite der muslimischen Truppen vor den Toren der Stadt niedermetzeln ließ. Obwohl mitunter in der Forschung versucht wurde, die Bedeutung der Hinrichtungen – etwa im Blick auf das Töten von Ordensrittern durch Saladin nach der Schlacht bei Hattin – gewissermaßen zu relativieren, wird man dennoch das Vorgehen

Richards als ein kühl kalkuliertes Massaker betrachten dürfen, das den Sultan unter Druck setzen und den König vom Problem der Gefangenenversorgung entlasten sollte. Dennoch wurde faktisch die Verhandlungsposition des Monarchen gegenüber Saladin durch die Tötungen geschwächt, die kaum mit den ethischen Verhaltensnormen christlicher Ritter vereinbar waren. Unmittelbar nach dem Massaker rückte die Armee Richards am 22. August von Akkon mit dem Ziel Jerusalem aus, indem der König parallel zur Küste marschierte. Dabei wurde die westliche Flanke durch die Kreuzfahrerflotte gesichert und das Ritterheer durch einen engen Kordon von Fußtruppen zur Landseite hin geschützt. Trotz der ständigen Angriffe der sarazenischen Reiterei und Bogenschützen marschierte das christliche Heer in bemerkenswerter Disziplin und Leidensbereitschaft über Haifa und Caesarea Richtung Jaffa, wo die Truppen nach einem Sieg über die Truppen Saladins in offener Feldschlacht auf der Ebene bei Arsuf am 10. September einrückten, während Saladin das Heer in Ramlah stationierte und sich selbst nach Jerusalem zurückzog. Trotz dieses Erfolges traten in der Folgezeit erneut Streitigkeiten unter den christlichen Großen über Strategie und Taktik des weiteren Vorgehens auf, da viele Barone in Jaffa zu bleiben beabsichtigten, Richard hingegen nach Askalon weiterziehen wollte, da er möglicherweise zuerst einen Heerzug nach Ägypten und die Einnahme von Alexandria sowie Kairo plante, um durch einen Angriff auf das Zentrum des Aiyubidenreiches die Machtgrundlagen Saladins entscheidend zu schwächen und hierdurch den Kampf um Jerusalem zu erleichtern. Zugleich führte der König seit September 1191 mit Al-Adil, dem Bruder Saladins, intensive Friedensgespräche, in denen bemerkenswerte Perspektiven christlich-muslimischen Zusammenlebens entwickelt wurden, da u.a. die Heirat Al-Adils mit der Schwester Richards, Johanna, vorgesehen war, die als Mitgift die Küstenstädte von Akkon bis Askalon erhalten und mit ihrem Gatten in Jerusalem residieren sollte, das christlichen Pilgern frei zugänglich bleiben musste. Während die Verhandlungen fortgeführt wurden, trat Richard am 31. Oktober 1191 den Weitermarsch nach Jerusalem an. Unter großen Mühen und nach zahlreichen kleineren Gefechten drangen die Christen am Jahresende über Ramlah und Latrun bis nach Bait Nuba vor, etwa zwanzig Kilometer von Jerusalem entfernt, wo am 6. Januar 1192 eine Heeresversammlung unter Leitung Richards stattfand. Erst kurz vor dem erstrebten Ziel und nicht bereits in Akkon kam es zu einer ausführlichen Strategiedebatte, in deren Verlauf vor allem die Mitglieder der Ritterorden sowie die Barone aus dem Heiligen Land einen weiteren Vormarsch ablehnten und betonten, dass die verfügbaren Truppen für eine Belagerung der gut befestigten Stadt Jerusalem und für die gleichzeitige Abwehr von Angriffen der Truppen Saladins zu schwach wären. Zudem könnten nach Einnahme der Heiligen Stätten und nach dem dann zu erwartenden Abzug vieler Kreuzfahrer die verbleibenden Christen kaum die bevorstehenden Angriffe der Sarazenen abwehren. Da auch die Verbindungs- und Nachschubwege von Jerusalem zu den Küstenstädten nicht gesichert werden konnten, entschlossen sich die Barone und Richard am 13. Januar 1192 zum Rückzug. Wenige Kilometer vor dem ersehnten Ziel und nach monatelangen Kämpfen kam es somit zu Beginn des Jahres 1192 zu einem kurzfristigen Abbruch des Kreuzzuges aufgrund strategischer Überlegungen, die spätestens in Akkon möglich und notwendig gewesen wären und sicherlich zu demselben Ergebnis geführt hätten, so dass allen Beteiligten angesichts der hohen personellen und materiellen Opfer die ganze Fragwürdigkeit des Unternehmens deutlich werden musste. Insofern ist es nicht verwunderlich, dass sich zahlreiche Kreuzfahrer und insbesondere die Angehörigen der französischen Truppenkontingente vom Haupteer absetzten und desillusioniert nach Jaffa marschierten, während Richard auf Askalon vorrückte, das er am 20. Januar 1192 einnahm und zum Ausgangspunkt weiterer Eroberungen machen wollte.

Das Verweilen Richards im Heiligen Land ist um so erstaunlicher, als sich Krisennachrichten aus Frankreich und dem Inselreich häuften, wo Johann den Konflikt mit Longchamp nach dessen Versuch, die Rückkehr Erzbischof Gottfrieds auf die Insel zu verhindern, durch dessen Absetzung auf einer Versammlung am 8. Oktober 1191 in der St.-Pauls-Kathedrale forciert hatte, so dass der Vertraute Richards auf den Kontinent fliehen musste. Die folgenden Bemühungen, an der Kurie seine Rehabilitierung zu erreichen, führten zu kirchenrechtlichen Sanktionen, welche die kirchen- und innenpolitischen Wirren auf der Insel und später in der Normandie noch verstärkten. Wenig erfreulich für Richard waren auch die politischen Entwicklungen auf dem Kontinent, da Philipp nach der Ankunft in Paris am 27. Dezember 1191 Balduin von Hennegau gegen 5.000 Mark Silber zum neuen Herren Flanderns bestimmt und sich im April 1192 das Artois sowie Teile des Vermandois aus der Mitgift Elisabeths von Hennegau verschafft hatte. In klarem Verstoß gegen Absprachen mit dem Plantagenet zögerte der Kapetinger schließlich nicht, gegen die Normandie eine militärische Intervention vorzubereiten, die aber an der Weigerung seiner Barone scheiterte, Territorien eines Kreuzfahrers anzugreifen. Gefährlicher für Richard war dagegen das Bündnisangebot des Kapetingers an Johann, ihm nach dessen Eheschließung mit Alice den gesamten angevinischen Festlandsbesitz als Lehen zu übertragen – eine Offerte, deren Realisierung durch die Intervention der Königinmutter im Februar 1192 auf der Insel verhindert wurde. Schließlich missglückte auch der Versuch Philipps, in Aquitanien mithilfe unzufriedener Großer unter Führung des Grafen Elias von Périgord und des Vizegrafen Bernhard de Brosse mit Unterstützung Raimunds V. von Toulouse einen Umsturz herbeizuführen, da der Seneschall der Gascogne, Elias de la Celle, mithilfe König Sanchos von Navarra die Revolte unterdrücken und anschließend Graf Raimund angreifen konnte, so dass sich die außenpolitische Defensionsstrategie Richards in Frankreichs Südwesten als wirkungsvoll erwies.

Trotz der bedenklichen Nachrichten über die Wirren in seinem Reich entschied sich der Plantagenet für die Fortsetzung des Kreuzzugsunternehmens, indem er zuerst eine Beendigung des Machtkampfes um die Krone Jerusalems auf einer Versammlung des Heeresrates herbeiführte, der den Markgrafen von Montferrat zum König bestimmte, während sich der bisherige Favorit Richards, Guido von Lusignan, mit dem Kaufangebot des zypriotischen *regnum* abgefunden sah. Doch bereits am 28. April wurde Konrad Opfer eines Mordanschlages, den zwei als Mönche verkleidete Assassinen angeblich im Auftrage von Rashid ed-Din Sinan, des *Alten Mannes vom Berge*, ausübten, während man bald Richard von muslimischer Seite und kapetingischen Propagandisten der Anstiftung zu dem Mord beschuldigte. Obwohl die Schuldfrage gegenwärtig nicht zu klären ist, so erscheint die vielfach in der Forschung geäußerte Behauptung, ein derartiges Vorgehen habe dem „ritterlichen Ethos" Richards widersprochen und sei daher undenkbar, als wenig überzeugend. Tatsache ist vielmehr, dass mit Konrad nicht nur ein langjähriger Widersacher des Plantagenets beseitigt, sondern später sein Neffe, Graf Heinrich von Champagne, von den Baronen als neuer König von Jerusalem nominiert wurde, der den politischen Interessen des englischen Königs zweifellos dienlicher war. Der neue Monarch sicherte umgehend seinen Herrschaftsanspruch, indem er am 5. Mai 1192 die Witwe Isabella heiratete und die Macht übernahm, ohne aber selbst jemals den Königstitel zu führen. Da der Herrscher Jerusalems erwartungsgemäß nicht zögerte, seine Truppen dem englischen König zur Verfügung zu stellen, begann dieser einen erneuten Marsch auf Jerusalem, indem er nach der Eroberung von Darum am 22. Mai im Juni bis nach Bait Nuba vorrückte, wo es – wie vor einem halben Jahr – wieder gewissermaßen in Sichtweite der Heiligen Stätten zu einer Heeresversammlung kam, in der erneut Strategieüberlegungen über die Erfolgschancen einer Eroberung und Sicherung Jerusalems durch die Christen angestellt wurden. Und wie bei den letzten Verhandlungen kam der Rat der Zwanzig zu demselben Ergebnis, dass eine Verteidigung Jerusalems und die gleichzeitige Sicherung der Verbindungslinien zur Küste in Anbetracht des Mangels an Kämpfern für die Christen unmöglich erschienen. Wieder war das Heer der Kreuzfahrer unter schweren Entbehrungen bis kurz vor Jerusalem vorgedrungen, nur um dort von den führenden Baronen aufgrund von strategischen Überlegungen, die in dieser Form an derselben Stelle mit demselben Ergebnis bereits vor einem halben Jahr angestellt worden waren, vom nochmaligen Verzicht auf einen Angriff auf Jerusalem zu erfahren. Da der Versuch Richards, das Unternehmen durch seinen wiederholten Vorschlag eines Angriffes auf Ägypten zu retten und von dort eine Attacke auf Jerusalem zu unternehmen, erneut fehlschlug, trat man am 4. Juli den weitgehend unkoordinierten Rückmarsch Richtung Küste an. Der englische König, der am 26. Juli in Akkon einrückte, wollte zwar noch immer nicht das Scheitern des Unternehmens eingestehen, indem er unter höchstem persönlichen Einsatz am 31. Juli Jaffa eroberte, dennoch musste er sich nach kurzen Verhandlungen am 2. September 1192 zum Abschluss eines dreijährigen Waffenstillstandes mit Saladin bereit erklären. Während die Küstenstädte von Jaffa bis Tyrus in christlichem Besitz bleiben und die Befestigungen von Askalon zerstört werden sollten, behielten die Moslems die Verfügung über Jerusalem, wobei christlichen Pilgern der Zugang zu den Heiligen Stätten gestattet wurde. Nachdem einige wichtige Gefangene ausgetauscht worden waren, begann Richard am 9. Oktober zu Schiff die Rückreise, da die christliche Herrschaft über die wichtigsten Küstenstädte und der Fortbestand des Königreiches Jerusalem gesichert schienen. Dennoch wurde das Hauptziel des Zuges – die Eroberung Jerusalems – ebenso wenig erreicht wie die angestrebte Wahrung der christlichen Herrschaft über die Heiligen Stätten. Ungeachtet möglicher anderer Planungen Richards, wie eines Angriffs auf Ägypten, trugen seine krassen strategischen Fehlentscheidungen, die Kreuzfahrer zweimal unter größten Strapazen bis kurz vor die Mauern Jerusalems zu führen und jeweils in Bait Nuba durch eine Heeresversammlung den Abbruch des Unternehmens beschließen zu lassen, zu einer Verstärkung der Bedenken gegen die Kreuzzugsbewegung in der Folgezeit bei.

Die Rückreise Richards gestaltete sich komplikationsreich, da nicht nur die Witterungsbedingungen im Herbst des Jahres ungünstig waren, sondern der König auch mit Nachstellungen rechnen musste, so dass ihm wichtige Reiserouten – etwa auf dem Landweg über Italien oder Südfrankreich bzw. auf dem Seeweg um die Iberische Halbinsel – verschlossen schienen. So blieb Richard lediglich der Ausweg, von der Adria auf dem Landwege in Gebiete befreundeter Fürsten, d. h. vor allem der Welfen, zu gelangen, um unter deren Schutz in angevinische Territorien zu reisen. Daher fuhr der Plantagenet über Korfu und Brindisi die dalmatinische Küste entlang, um schließlich – möglicherweise nach einem Schiffbruch – an einem unbekannten Ort, wahrscheinlich zwischen Venedig und Aquileja, zu landen und von dort als Pilger verkleidet mit wenigen Begleitern nach Nordosten zu reisen. Als Ziel wird man entweder Ungarn, zu dessen Königin Margarethe verwandtschaftliche Beziehungen bestanden, oder Böhmen annehmen dürfen, wo sich Richard in den Schutz von Herzog Friedrich sowie dessen jüngeren Bruders Ottokar Přemysl I. begeben konnte. Da der Weg durch die Besitzungen Herzog Leopolds von Österreich führte, der die entehrende Behandlung durch den Plantagenet in Akkon nicht vergessen hatte, konnte die seltsam verkleidete Reisetruppe steter Beachtung durch den Territorialherrn sicher sein. Schnell entwickelte sich eine wilde Verfolgungsjagd über Kärnten bis in die Nähe von Wien, wo Richard am 20. oder 21. Dezember 1192 von Beauftragten des österreichischen Herrschers in einer schäbigen Behausung in Erdberg erkannt und anschließend vom Herzog selbst gefangen genommen wurde.

Damit begann ein Geiseldrama, das den englischen König nicht nur für Monate an der Rückkehr in sein Reich hindern, sondern auch gravierende Konsequenzen für die politischen Kräfteverhältnisse im gesamten Abendland haben sollte. Hierbei ist nicht anzunehmen, dass Leopold allein und auf eigene Verantwortung die Inhaftierung des königlichen Kreuzfahrers durchführte, sondern sicherlich in Absprache mit seinem kaiserlichen Herren handelte, den er umgehend von der Gefangennahme in Kenntnis setzte. Heinrich VI. informierte seinerseits bereits am 28. Dezember 1192 triumphierend den König von Frankreich über die Inhaftierung Richards, den er als *inimicus imperii nostri et turbator regni tui* bezeichnete[32]; zugleich betonte er die staufisch-kapetingische Interessensübereinstimmung bei der Verfolgung eines gemeinsamen Feindes. Der Staufer stand seinerseits zu dieser Zeit nach der Ermordung eines Kandidaten für das Bistum Lüttich – angeblich von Heinrich veranlaßt – politisch unter Druck, der durch eine Revolte zahlreicher Reichsfürsten sowie der Welfen und die drohende Wahl Herzog Heinrichs von Brabant zum neuen deutschen König verstärkt wurde. Seinerseits konnte Richard, der zumeist durch Hadmar von Kuenring im Auftrage des babenbergischen Herren auf Burg Dürnstein in Haft gehalten wurde, keinerlei Einfluss auf die politischen Entwicklungen im Deutschen Reich nehmen; vielmehr einigten sich Heinrich und Leopold am 14. Februar 1193 in Würzburg auf eine vertragliche Regelung der Auslieferung des Plantagenets.[33] Dieser sollte dem Kaiser 100.000 Mark Silber in zwei Raten zahlen, von denen die Hälfte an den Babenberger weiterzuleiten war, der die Gelder als Mitgift für Eleonore, die Schwester Arthurs von der Bretagne, zu verwenden gedachte, die einen der Söhne Leopolds heiraten sollte. Zudem musste Richard dem Staufer fünfzig Kriegsschiffe mit hundert Rittern und fünfzig Schleuderern stellen und seine Teilnahme am geplanten Sizilienheerzug Heinrichs zusagen, während Leopold zusätzlich die Freilassung von Kaiser Isaak von Zypern und dessen Tochter verlangte, mit denen der Babenberger verwandt war.

Nachdem sich die Partner geeinigt hatten, wurde der Plantagenet nach Speyer überstellt und am 22. März 1193 den Mitgliedern des Reichstages präsentiert sowie vom Kaiser persönlich mit schweren Anklagen konfrontiert – u.a. wegen der Ermordung Markgraf Konrads, Treuebruchs gegenüber seinem kapetingischen Lehnsherrn und Beleidigung deutscher Fürsten, insbesondere Herzog Leopolds. Diesen Anklagen trat Richard in einer großen Rede entgegen, so dass die Fürsten sich beeindruckt zeigten und von einer Verurteilung absahen, während der Kaiser trotz aller emotionalen Bewegung bestrebt blieb, den größtmöglichen materiellen Vorteil aus der Situation zu ziehen. Hierbei entwickelte er angeblich die Idee, seine weiteren Aktivitäten als Maßnahmen zur Versöhnung von Richard mit Philipp von Frankreich darzustellen, woraufhin sich der englische König veranlaßt sah, dem Staufer hierfür gleichsam als „Lohn" die vorgesehene Lösegeldsumme von sich aus anzubieten, so dass Richard unter Betonung der *amicitia* mit dem staufischen Geiselnehmer am 23. März in dessen Gewalt überstellt werden und einer leicht modifizierten Zahlungs- und Leistungsvereinbarung zustimmen konnte. Während der Plantagenet trotz der *amicitia* weiter als Gefangener behandelt und zuerst auf der Reichsburg Trifels, danach in der Reichspfalz von Hagenau inhaftiert wurde, musste er sich vorrangig um die Beschaffung des vereinbarten Lösegeldes und die Sicherung der Herrschaft im Inselreich angesichts der Aktivitäten seines Bruders bemühen. Hilfreich war hierbei die Bereitschaft des Staufers, seinem Gefangenen großen Handlungsspielraum einzuräumen, so dass dieser Kontakte zu wichtigen Persönlichkeiten in der englischen Verwaltung pflegen konnte, u. a. zu Hubert Walter, dem Bischof von Salisbury, und zum *chancellor* Wilhelm Longchamp. Beide betrieben intensiv die erforderliche Geldbeschaffung, indem sie u. a. eine 25 prozentige Sonderabgabe auf alle Vermögen und Einkommen erheben sowie Gold- und Silbergeräte der Kirchen einziehen ließen. Derselbe Personenkreis sorgte, tatkräftig unterstützt durch die Königinmutter, für eine Sicherung der herrscherlichen Rechte Richards im Inselreich, wo Johann unmittelbar nach Bekanntwerden der Nachricht von der Inhaftierung seines Bruders mit der Durchsetzung eigener Thronansprüche begann und hierzu im Januar 1193 auch zu Philipp reiste. Bei den Verhandlungen huldigte er dem Kapetinger nicht nur für den gesamten angevinischen Festlandsbesitz, sondern möglicherweise sogar für das englische *regnum* und trat das normannische Vexin mit der Grenzfestung Gisors ab, während ihn der Kapetinger lediglich mit einem Darlehen von 6.000 Mark dotierte und Unterstützung versprach. Noch gravierender waren die Subversionsbemühungen Johanns in England, wo er unter Hinweis auf den angeblichen Tod seines Bruders den *justiciar* und andere Spitzenbeamte zur Huldigung sowie Überlassung wichtiger Burgen zwingen wollte. Infolge deren Weigerung kam es zum Ausbruch von Kämpfen, die erst durch Hubert Walter im April 1193 in einem sechsmonatigen Waffenstillstand beendet werden konnten. Weit gefährlicher wurden für Richard die Bemühungen Philipps, nach Aufkündigung des Lehnsverhältnisses durch eine Gesandtschaft auf dem Reichstag in Speyer die Auslieferung seines Lehnsmannes nach Frankreich zu erreichen. Flankiert durch militärische Maßnahmen in der Normandie, insbesondere gegen Gisors, Néaufles und die Grafschaften von Aumale bzw. Eu, strebte der Kapetinger ein Treffen mit dem Kaiser bei Vaucouleurs Ende Juni in der Hoffnung auf ein Bündnis an, während der Plantagenet zur selben Zeit brieflich die Existenz eines *foedus amoris* zu gegenseitigem Beistand mit Heinrich betonte. Zur Abwehr eines staufisch-kapetingischen Bündnisses bot Richard zudem seine Vermittlerdienste im Kampf des Kaisers mit den deutschen Fürsten an, wobei der König nach zahlreichen Gesprächen mit Oppositionellen sogar erfolgreich war und die Mehrzahl der Rebellen zur Unterwerfung sowie zum Abschluss eines Friedens im Juni 1193 in Koblenz veranlassen konnte. Daraufhin kam es zu einer neuen Vereinbarung zwischen Heinrich und Richard über dessen Freilassung, indem der Kaiser u. a. seinen Lösegeldanteil im Vergleich zu Leopold zu erhöhen und den Gefangenen zur Einhaltung seiner – in der Forschung umstrittenen – *promissio* bezüglich der rebellischen Welfen zu verpflichten vermochte.[34]

Da offensichtlich die Freilassung von Löwenherz bald bevorstand, versuchten dies seine Gegner – insbesondere der Kapetinger – entschlossen zu verhindern, obwohl sich Philipp nach Vermittlung des *chancellor* Longchamp am 9. Juli 1193 zum Abschluss eines Friedens mit Richard bereit erklärt hatte. Hierdurch wurden die Feindseligkeiten unter Anerkennung der Eroberungen Philipps in der Normandie beendet und dem Kapetinger sowie dem Erzbischof Wilhelm von Reims gegen 20.000 Mark die Festungen Arques, Châtillon-sur-Indre, Drincourt und Loches verpfändet. Gleichzeitig bemühte sich Philipp mit den oppositionellen Welfen um die Gewinnung auswärtiger Verbündeter, wobei der dänische König Knut VI. als geeigneter Partner erschien, um dessen Schwester Ingeborg der französische Monarch seit Sommer 1193 werben ließ. Hierbei war der Kapetinger erfolgreich, nachdem Knut die Wahrung von Erbansprüchen seiner Schwester auf die englische Krone versprochen hatte, so dass die Braut im August 1193 nach Frankreich geleitet werden konnte. Unmittelbar nach den Hochzeitsfeierlichkeiten am 14. August kam es jedoch zum Eklat, da Philipp nach der Begegnung mit Ingeborg von einer solchen Abneigung und nervösen Erregung befallen wurde, dass er die Gattin umgehend verstieß und diese im Kloster Saint-Maur-des-Fossés unterbringen ließ. Zwar gelang es dem Kapetinger, auf einem Hoftag in Compiègne am 5. November von geistlichen und weltlichen Großen die angeblich zu enge Verwandtschaft mit Ingeborg beschwören und Erzbischof Wilhelm von Reims in bekannter Willfährigkeit die Ehescheidung verkünden zu lassen. Dennoch entwickelte sich infolge des Protestes von Ingeborg und vom dänischen Hof bei Papst Coelestin III. ein gravierender Konflikt, der das politische Handeln des Kapetingers in den nächsten zwei Jahrzehnten nachhaltig beeinflussen sollte. Dies zeigte sich umgehend in der Belastung der Beziehungen zu Heinrich VI., der nach Zahlung von Teilsummen des Lösegeldes nicht nur bereit zu sein schien, Richard Mitte Januar 1194 freizulassen, sondern ihn angeblich mit dem burgundischen Königreich belehnen und damit zu einem mächtigen deutschen Reichsfürsten erheben wollte; als Krönungstermin wurde der 24. Januar 1194 genannt. Obwohl umstritten ist, welche Ziele der Kaiser mit diesem Projekt verfolgte und eventuell eine Gegenleistung für die möglicherweise schon jetzt geplante Lehnsauftragung des englischen *regnum* intendierte, wird man dennoch annehmen dürfen, dass Richard die hiermit verbundenen außenpolitischen Probleme im Blick auf Toulouse und Aragón für zu gravierend hielt und daher auch mit Rücksicht auf die innenpolitischen Konflikte in England auf eine Realisierung der staufischen Pläne verzichtete.

Angesichts der verbesserten Beziehungen zwischen Heinrich und Richard verstärkte der französische König seine Bemühungen, die Freilassung des Plantagenets zu verhindern, indem er einerseits seinen Einfluss im Deutschen Reich durch Pläne einer Ehe mit Agnes, der Tochter des rheinischen Pfalzgrafen Konrad, zu intensivieren suchte, hieran aber durch den Widerstand der Pfalzgräfin und die überraschende Heirat ihrer Tochter mit dem Welfen Heinrich von Braunschweig gehindert wurde. Andererseits verstärkte Philipp den politischen Druck auf den Staufer gemeinsam mit Johann, den der Kapetinger im Januar 1194 in einem Vertrag zu Paris zu bedeutendem Gebietsverzicht – u. a. auf Territorien in der Normandie östlich der Seine bzw. der Iton sowie auf wichtige Burgen in der Touraine – und zur Lehnsnahme der verbliebenen Besitzungen in der Normandie bzw. der Touraine und für Anjou, Maine und Aquitanien veranlasste. Gemeinsam mit Johann unterbreitete Philipp schließlich Ende des Jahres 1193 ein neues Angebot zur Auslösung des Plantagenets, wonach Philipp 100.000 Mark und Johann 50.000 Mark für die Auslieferung Richards zu zahlen bereit waren; alternativ boten sie an, für die weitere Inhaftierung des englischen Königs monatlich je 1.000 Mark zahlen zu wollen. Diese Offerte war für den Staufer offensichtlich überaus verlockend, der die Freilassung erneut verschob und das kapetingische Angebot auf einem Hoftag im 2. Februar 1194 zur Überraschung des anwesenden Gefangenen erörtern ließ. Hiernach entschieden sich die Fürsten für eine Ablehnung der Offerte, da Richard – auch auf Betreiben seiner anwesenden Mutter Eleonore – erklärte, das englische *regnum* vom Kaiser zu Lehen zu nehmen und eine jährliche Tributzahlung von 5.000 Pfund zu leisten.[35] Unklar blieb, ob es sich um ein *hominium pacis* zur Beendigung einer Gefangenschaft bzw. um eine personenbezogene Vasallität Richards handelte, die mit dem Tode des englischen Monarchen endete, oder aber um eine Lehnsnahme, die auch für die Nachfolger Richards auf dem englischen Thron von Bedeutung war. Ungeachtet der ungelösten lehnsrechtlichen Probleme und trotz noch ausstehenden Lösegeldes entschloss sich der Staufer, den Plantagenet am 4. Februar freizulassen und seiner Mutter zu übergeben, während unverändert wichtige Geiseln – u. a. zwei Welfenprinzen und ein Sohn des Königs von Navarra – für die Erfüllung der Zahlungsverpflichtungen Richards gegenüber dem Kaiser und dem Herzog von Österreich einzustehen hatten. Unmittelbar nach der Freilassung begann Richard mit einer außenpolitischen Offensive, indem er den Aufbau eines komplexen außenpolitischen Bündnissystems zum Kampf gegen Philipp initiierte und auf seiner Reise rheinabwärts zahlreiche Rentenlehen an deutsche Fürsten vergab, u.a. an die Erzbischöfe von Köln und Mainz, den erwählten Bischof von Lüttich, die Herzöge von Brabant, Limburg, Österreich und Schwaben, Pfalzgraf Konrad bei Rhein und Graf Dietrich von Holland. Erneut zielten die Maßnahmen auf eine bündnisstrategische Einkreisung des französischen Königs durch Richard, der über Brabant, Brüssel und Antwerpen zum Kanal reiste, um schließlich am 13. März in Sandwich zu landen und anschließend in Bury St. Edmunds sowie in Canterbury im Gebet für seine glückliche Heimreise zu danken.

Obwohl die bürgerkriegsähnlichen Wirren auch nach der Ankunft Richards anhielten, konnte er nach der Eroberung von Tickhill und Nottingham das Land rasch befrieden und seine königliche Würde am 17. April 1194 in Winchester in einer Festkrönung durch den Erzbischof Hubert von Canterbury bestätigen lassen. In der Folgezeit konzentrierte sich der Monarch nach Ausschaltung der Opposition im Inselreich auf sein politisches Hauptziel, nämlich die Rückgewinnung der verlorenen Festlandsbesitzungen durch Feldzüge gegen Philipp. Dieses Ziel – verbunden mit der Zahlung des ausstehenden Lösegeldes – verfolgte Richard in der üblichen Weise, d.h. unter Einsatz des effizienten und loyalen Finanz- und Verwaltungsapparates, an dessen Spitze Erzbischof Hubert Walter stand, der seit Weihnachten 1193 als oberster *justiciar* sowie seit März 1195 als päpstlicher Legat für England fungierte und daher die wichtigsten weltlichen und geistlichen Herrschaftsrechte gleichsam als Vizekönig in seiner Hand vereinte. Erneut legten die englischen Finanz- und Verwaltungsfachleute eine erstaunliche Kreativität beim Aufspüren möglicher Geldquellen an den Tag, wobei man sich nicht scheute, u.a. die königlichen Amts- und Funktionsträger, die bereits beim Herrschaftsantritt Richards erhebliche Geldzahlungen zur Erlangung ihrer Ämter geleistet hatten, nochmals zur Kasse zu bitten. Die Folge war – wie im Jahre 1189 – eine ungeheure Schacherei um Ämter, wobei sich zahlreiche *sheriffs* und Magnaten, die korrekt ihre Aufgaben erfüllt und dem König treu in dessen Abwesenheit gedient hatten, mit erneuten hohen Geldforderungen zur Ausübung ihres Amtes konfrontiert sahen. Zudem kam es seit dem

Frühjahr 1194 zu einer umfassenden Reform des Steuer- und Heerwesens, u. a. mit Neuregelungen des *knight service* und der Zahlung des *scutagium* sowie des *tallagium*. Gleichzeitig erfolgte eine Revision des Justizwesen mit dem *general eyre*, wobei Reiserichter eine Überprüfung bei Erbfällen, Heiratsgeldern, Vormundschaftsstreitigkeiten ebenso wie Klärungen bei Streitigkeiten um königliche Ländereien vorzunehmen und Klagen gegen königliche Richter und Beamte anzunehmen hatten. Die hiermit verbundene Einschränkung der Befugnisse der *sheriffs* zugunsten der Zentralgewalt wurde später durch die Schaffung des *coroner's office* verstärkt, das die *pleas of the crown* betraf und einer Bestechlichkeit der *sheriffs* entgegen wirken sollte. All diese Reformmaßnahmen dienten nicht nur der Vergrößerung der königlichen Einkünfte, sondern auch der Effizienzsteigerung im Verwaltungs- und Justizwesen, die von einer Professionalisierung im Personalbereich begleitet wurde und den Ausbau eines in dieser Zeit einmaligen Verwaltungssystems ermöglichte. Zudem legte der *justiciar* durch seine Reformen mit der jährlichen Registrierung der Verhandlungen der *curia regis* sowie der Sammlung der beim Gericht verbleibenden *indentures*-Teile die Grundlagen für ein komplexes Archivsystem, das sich erst unter dem Nachfolger Richards zu entfalten begann und mit einer Vielzahl an Abschriften von Rechts- und Verwaltungszeugnissen – wie den *Charter Rolls* (ab 1199), *Close Rolls* (ab 1200) oder *Patent Rolls* (ab 1201) – dokumentiert ist.

All diese Reformen interessierten Richard nur insofern, als sie die Stabilität seiner Herrschaft im Inselreich und den wachsenden Geldfluss in die königlichen Kassen sicherten, da der Monarch bereits nach sechswöchigem Aufenthalt in England auf den Beginn des Krieges gegen den Kapetinger drängte, der seit Jahresbeginn zahlreiche Burgen und Städte in der Normandie erobert hatte und Erfolge in Aquitanien verzeichnen konnte. Nachdem der Plantagenet am 12. Mai 1194 in Barfleur gelandet war und Johann in Gnaden wieder aufgenommen hatte, der keine strenge Bestrafung erhielt und lediglich den Verlust einiger Besitzungen hinnehmen musste, begann Richard mit zahlreichen Einzelfeldzügen, die zumeist den Besitz kleinerer Festungen betrafen, jedoch keine Entscheidung für eine der kämpfenden Parteien brachten, sondern wie üblich der Verheerung des betroffenen Landes dienten. Zeitweise agierten die englischen Truppen an zwei Fronten, da ein Kontingent unter Leitung des Seneschalls in der Normandie gegen Philipp kämpfte, während der König durch Anjou sowie Maine marschierte und in die Touraine zog, wo es zur Kooperation mit dem navarresischen

Thronfolger kam, der nach der Befreiung Richards in Aquitanien eingerückt war und Gegner des Monarchen, wie Ademar von Angoulême, bekämpft hatte. Nachdem der Plantagenet das Heer Philipps ergebnislos bis nach Fréteval verfolgt hatte, kam es am 23. Juli 1194 bei Verneuil auf Betreiben eines päpstlichen Legaten zur Vereinbarung eines Waffenstillstandes, der weitgehend den territorialen Status Quo festschrieb. Gleichzeitig sah sich Richard, der immer noch ausstehende Lösegeldzahlungen leisten musste, wachsendem Druck von Herzog Leopold und nach dessen Tod am 30. Dezember 1194 von Heinrich VI. ausgesetzt, der nach der Eroberung des sizilischen Reiches seine Bemühungen um eine *unio regni ad imperium* verstärkt hatte und in der Folgezeit versuchte, Einfluss auf die politischen Entwicklungen in Westeuropa zu nehmen. So ließ er u. a. im Juli 1195 Richard eine Krone mit der Aufforderung überbringen, den Kampf gegen den Kapetinger ohne territoriale Konzessionen fortzusetzen. Nachdem es zwischenzeitlich zum Ausbruch neuer Feindseligkeiten im Berry und in der Auvergne mit Erfolgen für den Plantagenet und am 15. Januar 1196 in Louviers zum Friedensschluss unter Anerkennung der Eroberungen Richards in der Normandie, im Berry und in Aquitanien gekommen war, verdeutlichte der Kaiser dem englischen Kanzler seinen Unwillen über das Verhalten seines Lehnsmannes und forderte diesen bei Nachlass von 17.000 Mark Silber an Lösegeld erneut zur Fortsetzung des Kampfes gegen den Kapetinger auf. Obwohl nicht anzunehmen ist, dass Löwenherz den Forderungen des Kaisers entsprach, ist dennoch von dessen ungebrochenem Willen zur Fortsetzung des Krieges gegen Philipp auszugehen, da er nach dem Ausbruch von Konflikten zwischen der bretonischen Fürstin Konstanze und ihrem Gatten Ranulf, Earl von Chester, im April 1196 in der Bretagne intervenierte, aber die Übergabe des Thronerben Arthur an den Kapetinger nicht verhindern konnte. Schon bald brachen erneut Kämpfe mit Philipp aus, der im Juni Agnes, die Tochter Herzog Bertholds IV. von Meran-Tirol, geheiratet und daher neuerliche kirchenrechtliche Auseinandersetzungen zu gewärtigen hatte. Während die Kämpfe um Festungen in der Normandie, u. a. um Les Andelys, anhielten, entschloss sich Richard zu einer außenpolitischen Neuorientierung, indem er eine Vereinbarung mit dem Grafen von Toulouse, Raimund VI., traf. Hierbei verzichtete der König auf Herrschaftsansprüche über Toulouse und überließ Quercy dem Grafen, der die verwitwete Schwester Richards, Johanna, heiraten und militärische Dienstleistungen in der Gascogne erbringen sollte. Damit hatte der Monarch einen der erbittertsten Feinde zum Verbündeten gewonnen, während sich gleichzeitig die Beziehungen zu Sancho VII. von Navarra verschlechterten, wahrscheinlich wegen Plänen Richards, sich von Berengaria infolge Kinderlosigkeit zu trennen.

So konnte der Plantagenet seine Kräfte ganz auf den Norden und den Ausbau des normannischen Festungssystems, besonders von Château-Gaillard, konzentrieren, während es ihm im Juli 1197 gelang, den flämischen Grafen Balduin IX. durch Geldzuwendungen als Verbündeten zu gewinnen. Nachdem der Plantagenet im Frühjahr 1197 auch einen Ausgleich mit Gruffydd ap Rhys ap Gruffydd in Südwales erreicht hatte, konnte er dem Kapetinger einen Zweifrontenkrieg aufzwingen, da Balduin u. a. zur Rückgewinnung eigener Besitzungen im Juli im Artois einfiel, während Richard gleichzeitig im Berry vorrückte. Nachdem Philipp nach zahlreichen kleineren Aktionen in die Defensive gedrängt und zum Abschluss eines Waffenstillstandes gezwungen worden war, kam es im September 1198 erneut zur Eröffnung eines Zweifrontenkrieges – nun im Artois durch Balduin und im Vexin bzw. in der Normandie durch Richard und später den Söldnerführer Mercadier, der plündernd auch im Süden wütete. Wieder war der Kapetinger dem anhaltenden Druck nicht gewachsen und stimmte daher einer Waffenruhe sowie dem Entwurf eines Friedensvertrages zu, der die Restitution der früheren normannischen Besitzungen, ausgenommen Gisors, an Richard und den Interventionsverzicht Philipps im deutschen Thronstreit vorsah, der für den Plantagenet zunehmende Bedeutung erhielt; eine Ratifikation des Vertrages unterblieb jedoch, da Richard zwischenzeitlich im Limousin verstarb.

Während die ständigen Geldforderungen des Königs in England seit dem Frühjahr 1198 auf wachsenden Widerstand der Barone stießen und zum Rücktritt des loyalen *justiciar* Walter führten, gewannen die Entwicklungen im römischen Kaiserreich für Richard noch größere Bedeutung. Sein staufischer Lehnsherr hatte nämlich nach der Eroberung des sizilischen *regnum* eine außenpolitische Expansionsoffensive eröffnet, in deren Verlauf er nicht nur Oberlehnsherrschaftsansprüche gegenüber dem almohadischen Kalifen Al-Mansur bezüglich der ehemals normannischen Gebiete von Tunis und Tripolis mit Tributzahlungen durchzusetzen vermochte, sondern auch die Belehnung König Leos II. von Armenien und König Amalrichs von Zypern vornehmen konnte, deren Reiche große geostrategische Bedeutung für den Zugang nach Kleinasien bzw. ins Heilige Land besaßen. Hinzu kam schließlich das Ehebündnis von Philipp, dem Bruder Heinrichs, mit Irene, der Tochter des byzantinischen Kaisers Isaak II. Angelos. All diese Maßnahmen der Herrschaftsexpansion standen im Zusammenhang sowohl mit normannischen Herrschaftstraditionen bzw. der staufischen Endkaiseridee, als auch mit dem Wunsch Heinrichs nach der Gewinnung der heilsgeschichtlich wichtigen Stadt Jerusalem in einem Kreuzzug, der im März 1197 unter Leitung des Reichsmarschalls Heinrich von Kalden und Reichskanzlers Konrad von Querfurt begonnen wurde. Während es den Kreuzfahrern unter Führung Herzog Heinrichs I. von Brabant gelang, im Oktober 1197 Sidon und Beirut einzunehmen, erkrankte der Kaiser kurz vor der Abreise ins Heilige Land vermutlich an Malaria und starb überraschend am 28. September 1197 in Messina, nachdem er wahrscheinlich Markward von Annweiler die Regentschaft für den minderjährigen Friedrich (II.) übertragen hatte, der mit seiner Mutter Konstanze dem Papst für das sizilische *regnum* huldigen musste. Auf die folgenden Thronkämpfe in Sizilien und im Deutschen Reich ist hier nur insofern einzugehen, als der junge Friedrich zu Pfingsten 1198 in Palermo gekrönt wurde und Innocenz III. nach dem Tode der Kaiserin im November die Vormundschaft übernahm. Im Reich betrieb der Erzbischof von Köln, Adolf von Altena, die Vorbereitungen zur Königswahl unter Berücksichtigung eigener Interessen, indem er u.a. Löwenherz zur Wahlversammlung nach Köln einlud, während dieser durch eine Delegation unter Leitung des *chancellor* Eustache von Ely Pfalzgraf Heinrich von Braunschweig als Kandidaten vorschlagen ließ, um ein staufisches Königtum zu verhindern. Nachdem Philipp von Schwaben von seinen Anhängern am 6. März 1198 in Ichtershausen und am 8. März in Mühlhausen überraschend zum König gewählt worden war, betrieb der Kölner Erzbischof mit angevinischer Unterstützung eine Kandidatur des Welfen Otto, der in engen politischen und verwandtschaftlichen Beziehungen zu Richard stand. Der Welfe war von diesem zuerst mit der Grafschaft Yorkshire und Besitzungen in Südfrankreich ausgestattet und im Frühjahr 1196 zum Grafen von Poitou ernannt worden war, worauf dieser den Plantagenet im Sommer 1197 in Kämpfen in der Auvergne unterstützt hatte. Dank englischer Gelder wurde Otto von Erzbischof Adolf und einigen niederrheinischen Fürsten am 9. Juni 1198 in Köln ebenfalls zum König gewählt, später gefördert durch Fürsten wie z.B. die Herzöge von Brabant und Limburg sowie die Grafen von Holland und Namur, die alle in engen Beziehungen zum englischen Herrscherhof standen.

In den folgenden Thronkämpfen suchte der Staufer die Unterstützung durch den Kapetinger, mit dem er am 29. Juni 1198 ein Bündnis schloß, in welchem der französische Monarch Hilfe gegen den König von England und den Grafen von Flandern in Aussicht stellte;[36] bereits am Ende des Jahres musste Philipp aber seine Hilfszusage – u. a. aufgrund des erwähnten Entwurfs eines Friedensvertrages mit Richard – zurückziehen. Nachdem sich der neue Papst Innocenz seine endgültige Stellungnahme im Thronstreit bis zur Jahreswende 1200/1201 vorbehalten hatte, kam es infolge der Geschehnisse im Limousin im Frühjahr 1199 zu einer radikalen Veränderung der politischen Kräfteverhältnisse im Abendland. Richard hatte sich Mitte März ins Limousin begeben, wo eine Revolte des Grafen Ademar von Angoulême sowie des Vizegrafen Aimar von Limoges und seines Sohnes Guido ausgebrochen war und die Fürsten wahrscheinlich auch ein Bündnis mit dem französischen König geschlossen hatten, so dass die Stabilität der Herrschaft Richards in diesen geopolitisch wichtigen Räumen gefährdet schien. Finanzielle Interessen als Handlungsmotive des englischen Königs, der – wie vielfach behauptet – angeblich auf der Auslieferung eines Schatzes durch den Vizegrafen beharrt und nur aus diesen Gründen im Limousin eingegriffen hätte, lassen sich nach Angaben der wichtigsten zeitgenössischen Zeugnisse für Richard hingegen nicht nachweisen. Letztlich durch einen banalen Zufall und vergleichsweise unvorsichtiges Verhalten des englischen Königs kam es am 26. März 1199 bei der Belagerung der Burg Chalus-Chabrol zur Katastrophe, nachdem Richard der vierzig-köpfigen Besatzung – unter ihnen Frauen und Kinder – wegen angeblicher Rebellion den Tod durch den Strang angedroht hatte und daraufhin einer der Verteidiger, möglicherweise in Unkenntnis der Person seines Gegners, auf den unzureichend geschützten Monarchen vor der Festung schoss und ihn durch einen Armbrustbolzen mit Widerhaken verletzte. Infolge unzulänglicher Behandlung der Wunde erlitt der König eine gefährliche Infektion, die allmählich zum Tode führte. Auf dem Sterbebett vergab der Monarch dem Todesschützen, angeblich Bertrand de Gurdon, und regelte in Anwesenheit seiner Mutter, die noch rechtzeitig herbeigeeilt war, den Nachlass, indem er Johann zum Nachfolger auf dem englischen Thron bestimmte; am Abend des 6. April 1199 starb Richard schließlich bei Chalus-Chabrol an den Folgen seiner Verletzung. Entgegen dem Wunsch des Königs, der seine letzte Ruhestätte neben dem Vater in Fontevrault fand, wurde der Todesschütze anschließend vom Söldnerführer Mercadier geschunden und getötet, während später der uneheliche Sohn des Monarchen, Philipp von Cognac, Vizegraf Aimar von Limoges aus Rache für den Tod des Herrschers eigenhändig umbrachte.

Das Bild Richards in der zeitgenössischen Literatur begann schon bald legendenhaft-heroische Züge anzunehmen, indem der König als untadeliger Ritter, unüberwindlicher Kämpfer und erfolgreicher Truppenführer sowie Kreuzritter dargestellt wurde, der das Ethos seines Standes in geradezu idealtypischer Weise verwirklichte. Bei realistischer Prüfung der Quellen sind diese Darstellungen jedoch in Frage zu stellen – etwa im Blick auf die Massaker an muslimischen Gefangenen oder auf strategische Fehlentscheidungen während des Kreuzzugs. Zweifellos war Löwenherz insbesondere in den Kriegen gegen Philipp ein erfolgreicher Heerführer, der sich aber oftmals leichtfertig im Kampfgetümmel in Gefahr begab und hierdurch den Fortbestand seiner königlichen Herrschaft in Frage stellte. Vielmehr erscheint Richard als klassischer Vertreter des Feudaladels seiner Zeit, der rücksichtslos die eigenen Interessen durchsetzte, die einmal die Bestandssicherung des angevinischen Reiches, zum anderen den Kreuzzug betrafen; alle anderen Dinge wurden diesen beiden Zielen völlig untergeordnet. Hieraus erklärt sich auch die kurze Aufenthaltsdauer des Königs auf der Insel, wo er auf zahlreiche loyale Gefolgsleute vertrauen konnte, während ihn ansonsten die Entwicklung des dortigen Rechts- und Finanzwesens wenig interessierte. Vorrangig war für Löwenherz allein die Beschaffung immer größerer Geldsummen für seine Kriegszüge; hierfür akzeptierte er auch die Durchführung umfassender Reformen im Finanz- und Verwaltungswesen, die seine Herrschaft überdauern sollten, aber als solche nicht von ihm intendiert bzw. initiiert wurden. Infolge des ständig wachsenden Geldbedarfs Richards kam es zu einer rücksichtslosen wirtschaftlichen und finanziellen Ausbeutung des Inselreiches, wobei der König nur geringes Engagement hinsichtlich der sog. *keltischen Reiche* zeigte. Die Durchsetzung des englischen Oberherrschaftsanspruches in diesen geopolitischen Räumen war im Vergleich zu den kontinentalen oder morgenländischen Interessen des Monarchen eher nachrangig. Insgesamt war Richard bei der Verwirklichung der beiden genannten Hauptziele seiner Regierung nur teilweise erfolgreich: So stellte der Kreuzzug weitgehend ein Fiasko dar, da Jerusalem nicht befreit und lediglich ein Waffenstillstand mit Saladin erreicht wurde. Günstiger erscheint die Erfolgsbilanz Richards bei seinen kontinentalen Besitzansprüchen, die er zumindest partiell wahren konnte, so dass der Zusammenbruch des angevinischen Reiches durch den Plantagenet zwar aufgeschoben, aber nicht verhindert werden konnte, wobei die finanzielle Ausbeutung des Inselreiches für diese Zwecke in bislang nicht gekanntem Ausmaß erfolgte. Schließlich wird man stärker als bisher in der Forschung das herrscherliche Selbstverständnis Richards beachten müssen, der durch seine aquitanische Herkunft geprägt blieb und sich zuerst als Herzog von Aquitanien betrachtete mit der zusätzlichen Verpflichtung, die kontinentalen Bestandteile des angevinischen Reiches gegen kapetingische Bedrohungen zu verteidigen, während die englische Königswürde lediglich hinzu kam und primär mit einer Rangerhöhung verbunden war. Insofern stand das englische *regnum* − wie oftmals in der älteren englischen Forschung beklagt − für Richard nicht im Zentrum seines politischen Bewußtseins und Handelns. Der Herzog von Aquitanien mit großem Interesse für zeitgenössische Dichtung und Literatur war zwar auch König der Engländer, aber sicherlich kein englischer König.

4. Krise und Ende des Angevin Empire (1199–1216)

Der Tod Richards I. führte – trotz der Designation Johanns als Gesamterbe – vor allem in den kontinentalen Besitzungen zu temporären Wirren, da dort unterschiedliche rechtliche Traditionen für die Erbfolgeregelung existierten und dem Prinzip der Primogenitur die Konzeption der *parage* entgegenstand, wonach das Erbe anteilig unter den Söhnen des Erblassers verteilt werden sollte. Insofern war es nicht überraschend, dass sich Johann mit konkurrierenden Erbrechtsansprüchen von Arthur I., Herzog der Bretagne und Sohn Gottfrieds, des vierten Sohnes Heinrichs II., auseinander setzen musste. Im Streben, möglichst rasch die wichtigsten Großen des Reiches für sich zu gewinnen, erwies sich Johann, der die Nachricht vom Tode Richards während eines Aufenthaltes am bretonischen Hof erhielt, im Vergleich zu seinem zwölfjährigen Konkurrenten als der Effizientere, da er sich umgehend in den Besitz des Kronschatzes in Chinon setzen und die Unterstützung Wilhelm Marshals sowie Hubert Walters, des Erzbischofs von Canterbury, erlangen konnte, die sich in der Normandie und in England für den Königsbruder einsetzten. Konstanze erreichte hingegen zu Ostern 1199 in Angers die Anerkennung ihres Sohnes Arthur als Erbe durch Große aus Anjou, Maine und Touraine sowie durch König Philipp, der zwar die Huldigung des Prinzen für Anjou, Maine sowie Touraine entgegennahm, aber umgehend in der Grafschaft Évreux einfiel, um territoriale Gewinne zu erzielen. Der Angevine reagierte hierauf nicht militärisch, sondern entschloss sich, nachdem er am 25. April in Rouen als Herzog inthronisiert und Poitou durch seine siebzigjährige Mutter Eleonore gesichert worden war, zur Überfahrt nach England, wo er am 25. Mai landete, rasch die Unterstützung einflussreicher Barone wie der Earls von Chester, Derby und Hertford erlangte und am 27. Mai in Westminster vom Erzbischof von Canterbury zum König gekrönt wurde. Wichtig für die Herrschaftsstabilisierung Johanns im Inselreich war die Tatsache, dass er bedeutende Berater und Vertrauensleute, die Richard I. gedient hatten, für sich und damit für die Fortführung der erforderlichen Verwaltungsaufgaben gewinnen konnte – so u. a. Gottfried Fitz Peter, Earl von Essex, *treasurer* Wilhelm von Ely, Hugo de Neville, *chief forester*, Peter de Stoke, *seneschal*, Thomas Basset, *sheriff* von Oxfordshire und zahlreiche andere einflussreiche Persönlichkeiten. Damit schien die Herrschaftskontinuität auf der Insel gesichert, so dass sich Johann – trotz drohender Konflikte mit dem schottischen König – auf die Auseinandersetzungen auf dem Kontinent und insbesondere mit dem kapetingischen Hauptgegner konzentrieren konnte, zu dessen Bekämpfung er eine militärische und diplomatische Doppelstrategie entwickelte. Flankierend zu den militärischen Unternehmungen setzte Johann die auswärtige Bündnispolitik seines verstorbenen Bruders Richard fort, indem er eine möglichst große Zahl von flämischen und niederrheinischen Fürsten durch Geldlehen als Bündnispartner zu gewinnen suchte – wie den Grafen Balduin von Flandern, Rainald von Boulogne, Tedbald von Bar und Herzog Heinrich von Brabant; zurückhaltend verhielt sich der Plantagenet gegenüber Otto IV., der wegen der Thronkämpfe mit den Staufern an finanzieller Unterstützung durch den englischen Monarchen interessiert war.

So konnte Johann im Sommer 1199 die militärische Konfrontation mit dem Kapetinger wagen, der seinerseits den Konflikt durch die Forderung nach Überlassung des Vexin sowie der Übergabe von Anjou, Maine, Poitou und Touraine an Arthur eskalieren ließ, jedoch schon im September eine Schwächung seiner Position hinnehmen musste, als Wilhelm des Roches und Konstanze mit Arthur überraschend ins angevinische Lager wechselten. Hinzu kam, dass sich die Auseinandersetzungen Philipps mit dem Papst verschärften, zuerst um den Bischof von Cambrai, danach um die Königin Ingeborg, die der Kapetinger verstoßen hatte. Da sich der Monarch später Agnes von Meran zuwandte und diese im Juni 1196 – während des Scheidungsverfahrens – geheiratet hatte, sahen sich der Papst und die französische Geistlichkeit gezwungen, Anfang Dezember 1199 auf einem Konzil in Dijon über das französische *regnum* das Interdikt zu verhängen, das aber erst am 13. Januar 1200 in Vienne verkündet wurde. Hierdurch war der politische Handlungsspielraum Philipps zweifellos eingeschränkt, so dass er sich zu einem Ausgleich mit Johann bzw. dessen Bündnispartnern gezwungen sah und mit diesem im Januar zu Verhandlungen zusammentraf, die im Mai in Le Goulet zum Abschluss eines Vertrages führten. Hierin musste Johann sowohl die Eroberungen Philipps anerkennen, das Évrecin abtreten und dem Kapetinger die enorme Summe von 20.000 Mark für die Lehnserneuerung zahlen. Zudem hatte der Plantagenet der Ehe seiner Nichte Blanca von Kastilien mit dem französischen Thronfolger zuzustimmen, woraufhin Philipp Johann als Erben Heinrichs II. und Richards I. deren festländische Lehen einschließlich der Bretagne übertragen sollte; diese hatte dann Arthur von Johann zu erhalten und dem französischen König für seine festländischen Besitzungen zu huldigen.[37] Nachdem die Vereinbarungen realisiert worden waren, musste Johann nicht nur beträchtliche territoriale und finanzielle Zugeständnisse akzeptieren, sondern auch als Lehnsmann des französischen Königs dessen feudaler Rechtsprechung unterworfen bleiben – ein Verhandlungsergebnis, das auf der Insel zu einem großen Ansehensverlust des Monarchen führte. Deshalb versuchte Johann, seine Herrschaft in Aquitanien zu stärken und insbesondere die Gascogne zu befrieden. Gleichzeitig strebte der König, nachdem er sich Ende 1199 von seiner Gemahlin Isabella von Gloucester getrennt hatte, eine neue Ehe an und führte zuerst diesbezügliche Verhandlungen mit dem portugiesischen König Sancho I., die u. a. der Abwehr von Ansprüchen Alfonsos VIII. von Kastilien auf Herausgabe der Gascogne als Heiratsgut der kastilischen Königin Eleonore, der Schwester Johanns, dienten. Überraschend brach der Angevine die Verhandlungen jedoch nach einer Begegnung mit dem Grafen Ademar von Angoulême und dessen zwölfjähriger Erbtochter Isabella ab, die er umgehend zu heiraten wünschte, obwohl sie bereits mit dem Grafen von La Marche, Hugo IX. von Lusignan, verlobt war und sich zur Erziehung am Hofe ihres künftigen Schwiegervaters aufhielt. Entgegen der älteren Forschung wird man die Wahl Isabellas nicht länger als Ausdruck von Johanns angeblicher „psychischer Labilität" und „Triebhaftigkeit", sondern als überlegte Entscheidung unter geopolitischen Gesichtspunkten betrachten müssen, da die Grafentochter u. a. Angoulême als Mitgift erhalten sollte und Johann hierdurch Zugriff auf andere, geostrategisch wichtige Territorien erlangen konnte. Dennoch beging der Monarch bei der Realisierung seiner Pläne den entscheidenden Fehler, die Braut durch Graf Ademar vom Hof des präsumtiven Schwiegervaters entführen und zu sich bringen zu lassen, womit ein Rechtsbruch und eine Demütigung der Lusignans verbunden waren, die auf Rache sannen und rechtlich gegen den Angevinen vorzugehen gedachten. Während Johann die Trauung am 24. August 1200 durch den Erzbischof von Bordeaux durchführen und Isabella nach der Rückkehr auf die Insel am 8. Oktober krönen ließ, begannen die Lusignans, Unruhe gegen den Monarchen in Poitou zu stiften, königliche Burgen in der Normandie anzugreifen und den Plantagenet im Herbst 1201 bei dem kapetingischen Oberlehnsherrn zu verklagen, der nach dem Tode von Agnes von Meran am 18./19. Juli 1201 seinen politischen Handlungsspielraum allmählich vergrößern konnte.

So blieb dem Angevinen nur wenig Zeit, auf einer Rundreise durch verschiedene Grafschaften des Inselreiches seine Herrschaft zu stabilisieren und den schottischen König Wilhelm zur Leistung des Lehnseides zumindest für die englischen Besitzungen zu veranlassen, denn er musste schon bald Vorbereitungen für einen Feldzug auf dem Kontinent treffen und das Aufgebot der Barone zu Pfingsten 1201 (13. Mai) nach Portsmouth laden. Die Reaktion der englischen Großen auf die Ladung war charakteristisch für ihre gespannten Beziehungen zu dem Monarchen, da sie nicht nur gemeinsam ihren Unmut über Johann artikulierten, sondern dessen Forderung erst zu entsprechen beabsichtigten, wenn er entzogene Rechte restituiert und begangenes Unrecht wiedergutgemacht hätte, wobei es wahrscheinlich um Einschränkungen baronialer Rechte durch die Krone seit der Herrschaft Heinrichs II. ging. Johann begegnete der baronialen Fundamentalkritik an der Regierungspraxis angevinischer Könige mit bewährten Mitteln, indem er sich nicht inhaltlich mit den Monita auseinander setzte, sondern den Baronen ausschließlich mit Repressalien, nämlich der Konfiskation ihrer Burgen, drohte und sie zur Durchführung seiner Befehle zwang. Da er hiermit Erfolg hatte und die Großen termingerecht in Portsmouth erschienen waren, demütigte sie der Monarch erneut, indem er auf den Einsatz des Lehnsheeres verzichtete und statt dessen den versammelten Rittern ihre mitgeführten Gelder abnahm, um mit diesen Finanzmitteln multifunktional einsetzbare Söldnerkontingente anzuwerben. Nachdem der König erste Truppenteile unter Führung von Wilhelm Marshal und Roger de Lacy in die Normandie geschickt hatte, entschloss auch er sich, zu Pfingsten mit der Königin auf den Kontinent zu reisen, wo er am 24. Juni 1201 bei Les Andelys mit Philipp II. zu Verhandlungen u. a. über die Förderung des neuen Kreuzzuges zusammentraf und sich im Juli zu weiteren Gesprächen an den Hof in Paris begab. Zwar unterblieben in der Folgezeit Kampfhandlungen zwischen den Monarchen, dennoch eskalierten die Spannungen wegen des dilatorischen Verhaltens Johanns gegenüber den Lusignans, so dass sich Philipp zum Konflikt mit dem Angevinen entschloss und auf einem Treffen am 24./25. März 1202 bei Le Goulet in Anwesenheit der Großen beider Reiche von Johann verlangte, auf sämtliche Lehen im französischen *regnum* zu verzichten, die an Arthur von der Bretagne fallen sollten. Nach umgehender Ablehnung dieses Ansinnens wurde der Plantagenet als ligischer Lehnsmann des französischen Königs wegen Anklagen aus Poitou bzw. Aquitanien und Anjou vor das Pairs-Gericht in Paris zum 28. April geladen, wo der englische Monarch unter

Hinweis auf strittige Verfahrensfragen nicht erschien und statt dessen seine Beziehungen zu König Otto sowie zu Großen in Flandern und Namur durch die Anweisung beachtlicher Geldsummen stärkte. Zudem lud Johann seinerseits Arthur, der sich am 14. April mit Maria, der Tochter Philipps aus der Beziehung mit Agnes, verlobt hatte, zum 21. April nach Argentan vor Gericht, wo der Bretone ebenfalls nicht erschien. In dem politischen Prozess der Pairs, die am 28. April wahrscheinlich in Vernon tagten, wurde Johann erwartungsgemäß wegen lehnsrechtlicher Vergehen und Gehorsamsverweigerung zum Verlust seiner Lehen Poitou und Anjou verurteilt, während die Normandie von dem Spruch unberührt blieb.

Die Vollstreckung des Urteils durch den Kapetinger führte zwangsläufig zum Krieg mit dem Angevinen, der eine riesige Grenze vom Ärmelkanal bis zu den Pyrenäen zu verteidigen hatte und hierbei zwar über ein komplexes fortifikatorisches System mit starken Burgen aus der Zeit Richards I. verfügte, aber gegenüber modernen Formen der Kriegführung der Kapetinger mit schnellen und überraschenden Angriffen sowie Raub- und Zerstörungszügen auf einzelne Ziele mit der Vernichtung von Ressourcen nicht hinreichend geschützt war. Daher sah sich Johann zum Aufbau einer schnellen Eingreiftruppe von Söldnern gezwungen, deren Einsatz kostenintensiv war und seine Kasse entsprechend der Länge des Krieges immer stärker belastete. Diese Kosten sollten sich für den Plantagenet als gravierend erweisen, da er in der Normandie sowohl die anhaltenden Auswirkungen der gewaltigen Steuerbelastungen der Provinz durch Löwenherz als auch dortige kontinuierliche Einnahmeverluste hinnehmen musste. Damit geriet Johann im Laufe des Krieges mit dem Kapetinger immer stärker in ökonomische Unterlegenheit; zudem hatte der englische König in seinem Reich anfangs mit wachsender Inflation, später mit Deflation zu kämpfen. Als zusätzliche finanzielle Belastung erwies sich das außenpolitische Bündnissystem Johanns, das nur geringe militärische Wirkungen entfaltete: Zwar bot der Plantagenet am 25. Mai seine Lehnsritter in Hennegau und Flandern nach Rouen zum Kampf gegen Philipp auf, doch fiel der flämische Graf, der sich im Aufbruch zum Kreuzzug befand und in der Folgezeit „neutral" verhielt, ebenso rasch als Bündnispartner Johanns aus wie Otto IV., der trotz reicher englischer Geldzuwendungen wegen anhaltender Konflikte mit den Staufern zu einer militärischen Intervention gar nicht in der Lage war. Gleiches galt für Sancho VII. von Navarra, mit dem sich Johann am 5. Februar 1202 verbündet hatte,[38] so dass das bündnisstrategische Ziel des englischen Königs – nämlich der Aufbau einer zweiten Front an der Ostgrenze des französischen Reiches – nicht erreicht wurde. Nach Ausbruch der Kämpfe griffen die Kontrahenten daher auf bewährte Kriegstaktik zurück, wobei Philipp grenznahe Festungen und Städte in der Normandie attackierte, während sich Johann weitgehend defensiv verhielt und auf die Stärke seiner Burgen vertraute. Mit dem Eingreifen rebellischer Barone, insbesondere der Lusignans, und Arthurs von der Bretagne, der im Juli 1202 in Gournay in Vollstreckung des Pairs-Urteils mit der Bretagne, Anjou, Maine und Touraine belehnt und später mit der Eroberung Poitous beauftragt worden war, sah sich Johann in schwere Abwehrkämpfe an zwei Fronten verwickelt, ohne selbst Entlastung durch seine auswärtigen Bündnispartner im Deutschen Reich und in Flandern zu erhalten. Obwohl sich anfangs die militärische Kampagnen Philipps und Arthurs u.a. durch Unterstützung rebellischer Barone in Poitou günstig entwickelten, gelang Johann im Kampf um Mirebeau, wo die Königinmutter Eleonore angegriffen wurde, ein überraschender Erfolg, da er am 1. August die Belagerer besiegen und außer ca. 200 Rittern seinen Neffen Arthur und Hugo von Lusignan gefangen nehmen konnte. Hierdurch waren mit einem Schlag die gesamte Führung der Opposition im Südwesten des Reiches und mit Arthur der gefährlichste Konkurrent um die angevinischen Kontinentalbesitzungen ausgeschaltet. Während Philipp daraufhin den Feldzug abbrach und sich – normannische Ländereien verwüstend – nach Paris zurückzog, beging der Angevine bei der politischen Nutzung des Sieges erneut gravierende Fehler, indem er nicht nur seinen Neffen auf Dauer in Falaise bzw. in Rouen inhaftieren ließ, sondern auch viele gefangene Adlige durch lange Einkerkerung standeswidrig und entwürdigend behandelte, so dass sich zahlreiche Große – wie Wilhelm des Roches, Robert III. von Alençon und Sées, Juhel von Mayenne und Wido VI. von Laval – vom Angevinen abwandten und die Partei Philipps ergriffen.

Die Abfalltendenzen verstärkten sich in der Folgezeit rapide, so dass Johann in seinem Misstrauen gegen verräterische Barone sowie später auch gegen unzuverlässige Städte bestärkt wurde und beschloss, zunehmend auf die Unterstützung von Söldnerführern zurückzugreifen und diese für militärische Aktionen sowie für die Verwaltung einzusetzen – z.B. Martin Algais, den er am 4. Dezember zum Seneschall von Gascogne und Périgord ernannte. Der Einsatz der Emporkömmlinge – von den Großen als unstandesgemäß betrachtet – erwies sich für Johann als kontraproduktiv, zumal die Söldnerkapitäne bei ihren Verwaltungsmaßnahmen Inkompetenz sowie Brutalität bewiesen und hierdurch wachsenden Unmut in der

Bevölkerung hervorriefen. Der verstärkten Tendenz zum Frontwechsel unter den angevinischen Baronen und den Eroberungskampagnen Philipps in der Normandie begegnete Johann geradezu lethargisch und ohne ernsthafte Verteidigungsmaßnahmen; hingegen konzentrierte sich sein Zorn auf Arthur als angeblichen Kristallisationspunkt für weitere Revolten und Widerstände, so dass er – möglicherweise auf Anraten von Vertrauten – beschloss, den Kontrahenten endgültig auszuschalten. Obwohl die genauen Umstände des Verschwindens von Arthur ungeklärt sind, so ist dennoch davon auszugehen, dass der Bretone nach einer verbalen Auseinandersetzung mit dem Angevinen in Rouen entweder von diesem selbst oder wahrscheinlicher auf dessen Anweisung ermordet wurde. Sofern diese Annahmen zutreffen, verübte Johann nicht nur mit dem Mordauftrag einen verwerflichen kriminellen Akt, sondern beging auch einen gravierenden politischen Fehler, da ihm in der Öffentlichkeit die Schuld am Tode Arthurs zugewiesen wurde und Philipp durch die Mordbeschuldigung ein wichtiges Instrument für seine propagandistischen Aktionen erlangte, das er auch effizient nutzte.

Erfolgreich war der Kapetinger zudem bei den Bemühungen, durch Versprechungen gegenüber weltlichen und geistlichen Großen deren Unterstützung zu erlangen und seine Maßnahmen gegen den Plantagenet als rechtmäßig darzustellen. Da Johann zahlreiche Gefolgsleute weiter unstandesgemäß behandelte und sich als unfähig erwies, diese für seine Anliegen zu motivieren und ihre Loyalität zu sichern, verstärkte sich die Abfallbewegung zuerst in den östlichen, dann in den südlichen Regionen der Provinz und schließlich in der zentralen Normandie. So konnte Philipp Burg um Burg ohne größere Kämpfe einnehmen, wobei er sich selbst überrascht über das standeswidrige Verhalten der normannischen Barone zeigte. König Johann bemühte sich zwar unablässig um die Beschaffung von Geldern zur Finanzierung der Verteidigung der verbliebenen Burgen, fand aber kein Verteidigungskonzept gegen die Angriffe Philipps und gegen den massenhaften Abfall seiner Gefolgsleute. Hieran konnte auch eine Bitte des Angevinen an Innocenz III. um Intervention nichts ändern, da Philipp nach einem päpstlichen Friedensappell dem Nachfolger Petri jegliches Recht absprach, sich in lehnsrechtliche Angelegenheiten des französischen Reiches einzumischen. Nachdem Johann einen ergebnislosen Heerzug in die Bretagne unternommen hatte, konzentrierten sich die Kämpfe in der Normandie seit Herbst 1203 auf die große Festung Château-Gaillard, die vergeblich Unterstützung vom englischen König angefordert hatte und wie andere Burgen von Johann ihrem Schicksal überlassen wurde. Ohne einen ernsthaften Entsatzversuch zu machen, zog er sich seit Mitte November von Rouen über Domfront nach Cherbourg zurück und reiste schließlich von Barfleur nach Portsmouth, wo er am 6. Dezember 1203 landete. Nach dem Fall der Festung am 6. März 1204 entstand bei vielen Zeitgenossen der Eindruck, dass der König schmählich geflohen sei, die Gefolgsleute in der Normandie im Stich gelassen und seine Pflichten als Herrscher sträflich vernachlässigte habe. Daher schwand bei den Großen jede weitere Motivation zum Kampf für einen solchen Monarchen, der unverändert den Einsatz von Söldnern (*routiers*) dem eigener Gefolgsleute vorzog, so dass Philipp in „Sichelschnitt-Taktik" zuerst Argentan, Falaise, Caen und Lisieux, dann am 24. Juni auch Rouen einnehmen und damit die Unterwerfung des normannischen Herzogtums – abgesehen von den Kanalinseln – im Wesentlichen abschließen konnte.

Während Johann den Verlust der Normandie als temporär einschätzte und sich in der Folgezeit intensiv um Rekuperation bemühte, betrachtete der Kapetinger die Eroberungen als dauerhaft, nämlich als Bestandteil der Krondomäne. Dies zeigte sich u. a. in einer Verfügung des Frühjahrs 1204, in der Philipp alle in England befindlichen normannischen Großen zur Rückkehr in das Herzogtum aufforderte, andernfalls ihre Besitzungen vom König eingezogen würden; der englische Monarch sah sich daraufhin zu einer entsprechenden Gegenmaßnahme bezüglich der normannischen Barone veranlaßt, die den Kapetinger unterstützt hatten. Hierdurch wurden vor allem die mächtigsten Familien des angevinischen Reiches betroffen, die sich genötigt sahen, entweder ihren insularen und kontinentalen Besitz nach Ländern auf verschiedene Zweige der Sippe aufzuteilen und künftig auf eine länderübergreifende Verwaltung ihrer Besitzungen zu verzichten, oder bei einseitig größerem Landbesitz in einem der beiden Reiche den jeweils kleineren Teil ihrer Territorien zu veräußern. Damit waren gravierende Veränderungen in der Herrschaftsstruktur des angevinischen Reiches verbunden, dessen adlige Führungsschicht nicht länger durch länderübergreifenden Besitz eine politische und soziale Klammer für den Zusammenhalt des Reiches bildete und zumindest ansatzweise ein Bewusstsein der Zugehörigkeit zum angevinischen Reichsverband entwickelt hatte. Nun verlief die Entwicklung gegenläufig, da in der Folgezeit mentalitätsmäßig wesentliche Voraussetzungen für die Entwicklung eines jeweiligen neuen Reichsbewusstseins auf beiden Seiten des Kanals geschaffen wurden.

Ungeachtet päpstlicher Versöhnungsappelle sowie von Friedens-angeboten Johanns konzentrierte sich der Kapetinger im August 1204 auf die Unterwerfung Poitous, weil die Königinmutter Eleonore am 1. April 1204 in Poitiers gestorben war und somit eine rechtliche Handhabe zum Eingreifen bestand. Da die Aktionen außer bei La Rochelle und Niort rasch erfolgreich waren und Entsatzversuche Johanns durch Erzbischof Elias von Bordeaux fehlschlugen, wandte sich Philipp der Invasion Englands zu, worauf der Plantagenet das gesamte Land in Abwehrbereitschaft versetzte und hierbei außer auf die Lehnsritter auch auf die einfache Bevölkerung rekurrierte, indem er jeden männlichen Einwohner ab zwölf Jahren eidlich zum Kampf gegen „fremde Invasoren" (*alienigenae*) verpflichten ließ. Zugleich hoffte der Angevine auf auswärtige Hilfe, insbesondere auf den Welfen Otto, der nach Abschluss eines Waffenstillstandes mit Philipp von Schwaben zur Entlastung Johanns einen Angriff auf Cambrai oder Reims plante und somit lange vor Bouvines dem englischen König einen Zweifrontenkrieg gegen den Kapetinger offerierte. Da den Plänen Ottos aber erneut keine Taten folgten und sich wichtige Verbündete Johanns wie Herzog Heinrich von Brabant und Graf Rainald von Boulogne aus dynastischen Gründen von ihm abwandten, blieb der englische Monarch in der Folgezeit bei seinen Verteidigungs- und Rekuperationsplänen auf sich allein gestellt. Hierbei spielte die Beschaffung immer größerer Geldsummen zur Kriegsfinanzierung eine wachsende Rolle, so dass sich Johann persönlich mit einer Reform des Verwaltungs- und Rechtswesens beschäftigte, verbunden mit einer Erweiterung der Bürokratie. Im Bewusstsein seines Königtums von Gottes Gnaden – deutlich in der Wertschätzung herrscherlicher Zeremonien und Pomps – nutzte Johann seine Rechte als Lehnsherr durch Einforderung beträchtlicher *servitia* und durch Patronagemaßnahmen zur Steigerung der Einkünfte. Hinzu kamen seit 1199 wegweisende Veränderungen im Kanzleiwesen, da unter der Kanzlerschaft Hubert Walters eine systematische Archivierung (*enrolment*) von *Letters patent*, *Letters close* usw. erfolgte, wobei eine viel umfangreichere Registerüberlieferung im Vergleich zu den früheren angevinischen Königen zu konstatieren ist. Die Frage, ob hieraus – wie vereinzelt in der Forschung geschehen – der Anbruch eines „neuen Zeitalters" im Verwaltungswesens Englands abzuleiten und Johann als „genialer Administrator" zu feiern ist, oder ob lediglich günstige Zufälle die Überlieferung reicheren Registermaterials für die Herrschaftszeit Johanns gewährleistet haben, ohne dass hieraus für diesen ein höheres Innovationspotential im Verwaltungsbereich in Relation zu sei-

nen königlichen Vorgängern abzuleiten ist, muss weiterhin ungeklärt bleiben. Zudem intensivierte der Monarch seine Reisen durch
das gesamte Königreich, wobei er an zahllosen Gerichtsverhandlungen teilnahm und bestrebt war, die königliche Rechtsprechung zu
Lasten der feudalen Kräfte auszuweiten. Hinzu kamen Reformen
im Rechtsverfahren u. a. durch die Schaffung eines Gerichtshofes *co-
ram rege*, der mit dem Monarchen im Lande umherreiste und zumindest zeitweise in Konkurrenz zu den Rechtsverfahren *in banco*
von Westminster stand. Somit wird man von der Tätigkeit Johanns
als Monarch in den Bereichen des Verwaltungs- und Rechtswesen
ein wesentlich positiveres Bild entwerfen können als etwa von seinem Bruder Löwenherz.

Zweifellos stärkten die Reformmaßnahmen des Plantagenets seine Position in England politisch und wirtschaftlich, zumal die befürchtete Invasion des Kapetingers ausblieb, der sich statt dessen seit
Ostern 1205 auf die vollständige Unterwerfung der Touraine konzentrierte. Daher konnte Johann seinerseits offensiv werden und im
Mai ein beachtliches Heer sowie eine Vielzahl an Schiffen zusam-
menziehen, die er mit einer Doppelstrategie in der Normandie und
im Poitou einsetzen wollte. Hingegen waren zahlreiche Barone
nach dem Verlust ihrer Ländereien in der Normandie nur zu einer
Intervention im normannischen Herzogtum bereit und betrachteten
– wie schon zu Zeiten Heinrichs II. – die Probleme in den übrigen
angevinischen Besitzungen gewissermaßen als „Privatangelegenheit" des Monarchen, dem hierfür keine feudalen Dienstleistungen
gebührten. In dem feudalen Grundsatzkonflikt musste Johann
schließlich Ende Mai auf Druck Wilhelm Marshals und des Erzbischofs von Canterbury nachgeben, so dass das Unternehmen für die
Lehnsritter abgesagt wurde, während der König trotzig mit einer
kleinen Flotte zur Insel Wight aufbrach, jedoch binnen weniger
Tage kleinlaut zurückkehrte und lediglich einige Ritterkontingente
zur Verstärkung nach La Rochelle bzw. ins Poitou entsandte, ohne
die zwischenzeitliche Eroberung der Touraine durch Philipp verhindern zu können.

Ungünstig verliefen auch die Entwicklungen in Südwestfrankreich, das infolge der Aktivitäten Alfonsos VIII. von Kastilien und
seiner Ansprüche auf die Gascogne als *dos* seiner Gattin Eleonore in
die Machtkämpfe zwischen den christlichen iberischen Reichen
einbezogen wurde. So befand sich der Kastilier seit den 70er Jahren
des 12. Jahrhunderts in ständigen Konflikten mit Alfons IX. von
León um die *arras* seiner Tochter Berenguela, 1206 beigelegt in der
Vereinbarung von Cabreros. Daraufhin wandte sich der Kastilier

den Kapetingern zu, um nach der Heirat seiner Tochter Blanca mit dem französischen Thronfolger Ludwig (VIII.) Unterstützung bei der Durchsetzung seiner Ansprüche auf die Gascogne zu erhalten. Zudem gab es Auseinandersetzungen des Kastiliers mit Sancho VII. (*el Fuerte*) von Navarra, dessen Land sich zu einem „Binnenreich" wandelte, das der kastilische Monarch zunehmend als „Durchgangsland" auf dem Wege nach Frankreich betrachtete. Diese Feststellung gilt auch für Peter II. (*el Católico*) von Aragón, dessen expansive Außenpolitik auf den südfranzösischen Raum gerichtet blieb, zumal sein Bruder Alfons II. Graf der Provence war, die sich zu einem Schnittpunkt gesamteuropäischer Politik entwickelte. König Peter reagierte auf diese Entwicklungen einerseits 1202 durch die Heirat seiner Schwester Eleonore mit dem in Albigenserkämpfe verwickelten Grafen Raimund VI. von Toulouse, andererseits 1204 durch die umstrittene Ehe mit Maria von Montpellier und mit seiner Reise nach Rom zu Innocenz III., von dem er nach Leistung des Treue- und Gehorsamseides sowie der Zusage einer jährlichen Tributzahlung die Verleihung des päpstlichen Schutzes und die Königskrönung erhielt. Nach der Festigung seiner königlichen Herrschaft durch den Papst entschloss sich Peter 1209 zur Heirat seiner Schwester Konstanze mit dem Staufer Friedrich II., wodurch sich für den Aragonesen die Möglichkeiten einer Expansionspolitik sowohl im Pyrenäenraum als auch im sizilisch-unteritalienischen Bereich eröffneten. Diese bündnisstrategischen Entwicklungen veranlassten Alfons VIII. von Kastilien, den Druck auf die Gascogne zu erhöhen und im Sommer 1205 in der Grafschaft einzumarschieren, wo er mit der Besetzung u. a. von Dax, Orthez, Bourg du Pont sowie zahlreicher anderer Orte rasche Erfolge verzeichnen und die Anerkennung durch weltliche und geistliche Große der Region gewinnen konnte. Im Frühsommer 1206 änderte sich die Situation für Alfons jedoch schlagartig, nachdem Johann mit Truppenmacht am 7. Juni in La Rochelle gelandet und nach der Eroberung von Montauban – mit der Gefangennahme des kastilischen Seneschalls – bis nach Angers vorgedrungen war, wo er am 8. September Hof hielt. Ungeachtet dieser Erfolge schloß der Angevine in Thouars mit dem Kapetinger am 26. Oktober einen Waffenstillstand auf zwei Jahre, wobei er faktisch die Herrschaft Philipps über die Gebiete nördlich der Loire akzeptierte und sich lediglich die Anerkennung seiner jüngsten Rückeroberungen sicherte; auch Alfons VIII. von Kastilien erhielt die Möglichkeit, sich dem Waffenstillstand anzuschließen. Er zog sich hingegen – ohne formell auf seine Ansprüche zu verzichten – aus der Gascogne zurück und war in der Folgezeit um

eine Verbesserung der Beziehungen zu Johann, u. a. durch Bündnis-
angebote, bemüht.

Der Plantagenet wurde zudem verstärkt in kirchenpolitische
Konflikte um die Nachfolge des am 13. Juli 1205 in Teynham ge-
storbenen Erzbischofs von Canterbury, Hubert Walter, verwickelt,
da außer dem König die Bischöfe der Kirchenprovinz und die
Mönche des Klosters bzw. der Christus-Kirche Nominierungsan-
sprüche anmeldeten und nach der heimlichen Wahl des Subpriors
Reginald zum Erzbischof drei konkurrierende Gesandtschaften zum
päpstlichen Hof reisten. Während der König in Canterbury seinen
Kandidaten Johann de Gray, den Bischof von Norwich, zum Erzbischof wählen ließ und diesen umgehend mit den Temporalien investierte, griff Innocenz III. nach intensiven gesandtschaftlichen
Kontakten in das Verfahren ein, indem er die in Rom anwesenden
Angehörigen des Kathedralpriorates zur Wahl eines neuen Erzbischofs veranlasste, woraufhin der Kardinalpriester von St. Chryso-
gonus, Stephan Langton, gewählt und vom Papst mit dem Pallium
versehen wurde. Nach Ausbleiben der königlichen Approbation erklärte Innocenz im Mai 1207 unter Hinweis auf die päpstliche *pleni-
tudo potestatis* eine königliche Mitwirkung am Wahlvorgang für un-
nötig und weihte Langton am 17. Juni in Viterbo. Johann musste
das päpstliche Vorgehen zwangsläufig als Herausforderung und als
massive Verletzung alter Rechtsgewohnheiten des englischen *regnum*
betrachten. Zudem wirkte das Verhalten von Innocenz für den
Angevinen um so überraschender, weil es bislang keine größeren
Konflikte mit der Kurie gegeben und der Papst Wohlwollen gegenüber Johann in dessen Kampf mit Philipp gezeigt hatte. Entgegen
zahlreichen kritischen Äußerungen zeitgenössischer geistlicher Historiographen erwies sich der Monarch in der Folgezeit nicht als
brutaler Verfolger der Kirche, der hemmungslos den Klerus seines
Landes bedrückte. Vielmehr beschränkte er sich auf Strafmaßnahmen gegenüber den eigenmächtigen Mönchen von Canterbury und
verweigerte Langton die Temporalieninvestitur sowie den Zugang
zum Inselreich. Durch die Verhängung des Interdiktes über das englische *regnum* am 24. März 1208 eskalierte der Konflikt, so dass sich
wichtige Bischöfe – u. a. von Coventry, Rochester und Salisbury –
vom König abwandten und auf den Kontinent flohen, wo sie sich
dem exilierten Gottfried von York anschlossen. Da der Kirchenfürst
im Dezember 1212 starb, war auch das zweite englische Erzbistum
ebenso vakant wie zahlreiche Bistümer, u. a. Chichester, Durham,
Exeter und Lincoln, deren Neubesetzung Johann beständig hinauszögerte, um die hiermit verbundenen finanziellen Einkünfte für die

Krone bzw. zur Finanzierung des teuren Kontinentalkrieges zu verwenden. Da weitere Verhandlungsbemühungen mit der Kurie scheiterten, verschärfte Innocenz III. die Strafmaßnahmen gegenüber dem Angevinen, indem er diesen am 8. November 1209 exkommunizieren ließ. Dies veranlasste weitere Geistliche und Bischöfe, z. B. von Bath und Lincoln, das Land zu verlassen, während andere wichtige geistliche Funktionsträger am königlichen Hof und in der Verwaltung – wie die Bischöfe von Norwich und Winchester, Johann de Gray und Peter des Roches – und zahlreiche Ordensmänner dem König die Treue hielten.

Ungeachtet der Auseinandersetzungen mit dem Papsttum sah sich Johann zur Intervention im *Celtic Fringe* im Bewusstsein einer möglichen Interdependenz der politischen Entwicklungen in diesen Territorien veranlaßt, wobei er sich zuerst dem schwächsten Gegner – dem schottischen König – zuwandte, dem er nach Konflikten um Grenzfestungen und Gerüchten über seine Konspiration mit Philipp II. bzw. mit englischen Opponenten im August 1209 mit Truppenmacht entgegentrat und ihn in Norham zum Abschluss eines Vertrages zwang.[39] Hierin verpflichtete sich Wilhelm zur Zahlung von 15.000 Mark in vier Raten und zur Übergabe seiner Töchter Margarethe und Isabella, die Ehen mit den Prinzen Heinrich und Richard eingehen sollten. Da später entsprechende Regelungen auch für den Thronfolger Alexander getroffen wurden, musste in der Öffentlichkeit der Eindruck entstehen, Johann übe seine Rechte als Oberlehnsherr gegenüber dem schottischen Monarchen aus. Mit ähnlicher Härte ging der Plantagenet anschließend gegen mögliche Opponenten in Irland vor, das für Johann seit 1177 als *dominus Hiberniae* und nach seinem misslungenen Besuch auf der Insel wachsende Bedeutung erhalten hatte, zumal der König nach dem Verlust der Normandie 1204 eine Konsolidierung seiner Position in Irland mit gleichzeitiger Kompensation der finanziellen Mindereinnahmen erhoffte. Bereits in den 80er Jahren hatte Johann anglonormannische Günstlinge durch Übertragung umfangreicher Ländereien in Irland gefördert, gefolgt von einer systematischen Städtepolitik durch Gründung bzw. Ausbau zahlreicher Kommunen wie Dublin, Waterford und Cork, die mit königlichen Privilegien ausgestattet wurden und als Finanz- und Wirtschaftszentren fungieren sollten. Zudem kam es nach der Übernahme der Normandie durch die Kapetinger zu einem verstärkten Engagement normannischer Großer – wie etwa Wilhelm de Braose und Wilhelm Marshal – in England und auf der „Grünen Insel", während unter den etablierten anglo-irischen Großen Machtkämpfe in der *frontier society* anhielten und

Persönlichkeiten wie Johann de Courcy, der sich zum *princeps Uli-diae* aufwarf, ihre Selbständigkeit betonten und die Zahlung fälliger Lehnsabgaben verweigerten. Die Geldnot Johanns und die Gefahr, dass sich rebellische Große in Irland mit Opponenten in Wales verbündeten und Unterstützung durch den schottischen bzw. französischen Monarchen erhielten, veranlassten den Plantagenet, persönlich im Juni 1210 mit großer Truppenmacht auf der Insel einzugreifen. Hierbei verfolgte er mindestens zwei Ziele – nämlich außer der Unterwerfung missliebiger Barone wie de Braose und de Lacy auch reformerische Strukturveränderungen von Herrschaftsinstitutionen auf der Insel. Die militärische Kampagne verlief problemlos, so dass Johann die stärksten baronialen Gegner unterwerfen bzw. zur Flucht zwingen konnte, bei deren weiterer Verfolgung er erneut nicht vor Mord – wie bei der Familie de Broase – zurückschreckte. Zudem erreichte er die Anerkennung seiner Oberherrschaft durch zahlreiche kelto-irische Herrscher wie den Königen von Connacht, Limerick und Thomond. Erfolgreich war Johann auch bei den Reformen der Verwaltungs- und Rechtsstrukturen, zumal seit ca. 1172 *justiciars* tätig waren und 1200 ein irischer *exquecher* eingeführt wurde, ca. 1217 gefolgt von einer *treasury* und ca. 1218 von *itinerant justices*; 1232 ist auch eine *chancery* nachweisbar. Während wichtige irische Herrschaftsbereiche wie Leinster als *liberties* bestehen blieben, veranlasste der König die Aufteilung des Kronlandes in Grafschaften, die wie in England unter der Verwaltung königlicher *sheriffs* standen. Hinzu kam die 1210 urkundlich manifestierte Absicht Johanns, das *common law* in der gesamten irischen *lordship* einzuführen und somit ein gemeinsames anglo-irisches Rechtssystem anzustreben. Zudem billigte der König, der am 26. August die Insel verließ, „Kolonisierungsprogramme" anglonormannischer Großer, die englische Bauern mit neuer Technologie und Anbautechniken in ihren Herrschaftsgebieten ansiedelten, so dass es zu einer allmählichen Verdrängung der irischen Bewohnerschaft in diesen Räumen kam.[40] Da es Johann auch gelang, irische Kirchenfürsten zu einer vermittelnden Haltung zwischen den englischen und irischen Bevölkerungsgruppen zu veranlassen, wird man sein zweites Irland-Unternehmen als Teilerfolg bezeichnen können, obwohl der König erneut durch sein persönliches Fehlverhalten die Loyalität zahlreicher Großer verlor und keine dauerhafte Befriedung der Insel erreichen konnte.

Die Erfolge in Irland beförderten Johann in seinem Bemühen, auch in Wales eine Stärkung der königlichen Gewalt gegenüber den *marcher-lords* und den einheimischen Großen herbeizuführen, die er bislang im Streben nach einem politischen Kräftegleichgewicht gegeneinander ausgespielt hatte. Als Lord von Glamorgan mit walischen Gegebenheiten vertraut, hatte der Plantagenet bisher einerseits die Position von Wilhelm de Braose und Wilhelm Marshal im Norden und Süden des Landes gestärkt, andererseits Gwenwynwyn in Powys und Llywelyn ap Iorwerth von Gwynedd in ihren Hegemonialbestrebungen gefördert, wobei er besonders den Herren von Anglesey durch den ersten englisch-walisischen Lehnsvertrag im Juli 1201[41] und durch die Ehe Llywelyns mit Johanna, der illegitimen Tochter Johanns, an sich zu binden suchte. Seit 1207 kam es hingegen zu einem Wandel in der Haltung Johanns gegenüber seinen walisischen Günstlingen, die dem König zu mächtig geworden waren, indem er zuerst die Besitzungen von de Braose konfiszierte und danach den Expansionsbestrebungen Llywelyns nach Powys durch die Förderung von Gwenwynwyn entgegenwirkte. Möglicherweise wegen Kontakten Llywelyns zu de Braose entschloss sich Johann zum Krieg, wobei ein erster Feldzug des Plantagenets im Mai 1211 nach Gwynedd trotz Unterstützung durch walisische Opponenten Llywelyns sowie flankierender Angriffe des Earls von Chester infolge der üblichen Defensionstaktik des Fürsten sowie widriger Witterung fehlschlug. Im Juli 1211 unternahm der König einen weiteren Heerzug mit noch größerer Truppenmacht und neuem strategischen Konzept. Dieses erwies sich als erfolgreich, da Johann den Fürsten nicht nur zum Rückzug bis nach Bangor zwang, sondern erstmals die königliche Herrschaft in den eroberten Gebieten durch die Errichtung zahlreicher Burgen stabilisierte, so dass sich Llywelyn nach Vermittlung durch seine Gattin dem Schwiegervater unterwerfen und diesem außer Tributleistungen sowie Geiselstellung vier Cantrefs von Perfeddwlad überlassen musste. Weil Johann in der Folgezeit seine Herrschaft durch die Einsetzung von Vertrauten in allen wichtigen Regionen des Landes und den Bau von Burgen – u. a. in Aberystwyth – weiter festigen konnte, wird man auch seine Unternehmungen in Wales, die von Innovationen in Strategie und Taktik gekennzeichnet waren und von Eduard I. fortgeführt wurden, als erfolgreich bezeichnen dürfen.

Nach der Rückkehr aus Wales konnte sich Johann erneut den Auseinandersetzungen mit dem Papst widmen, wobei sich der König verstärkt Otto IV. zuwandte, der zwar von Innocenz nach Anerkennung der päpstlichen Rekuperationen als deutschen König approbiert und am 4. Oktober 1209 zum Kaiser gekrönt worden war, aber infolge seiner Italienpolitik in der Tradition der Staufer und nach dem Angriff auf das sizilische *regnum* sowie der Bedrohung des

patrimonium in Konflikt mit dem Papst geraten war. Nachdem Innocenz den Welfen nach dessen Einmarsch in Capua erneut gebannt
und im Deutschen Reich zur Wahl eines neuen Königs aufgerufen
hatte, kam es zu einer Verknüpfung von drei abendländischen Konflikten – nämlich der Kämpfe zwischen dem englischen und französischen König, der Auseinandersetzungen zwischen dem deutschen
und französischen Monarchen und den Streitigkeiten, in welche die
englischen und deutschen Könige mit dem Nachfolger Petri verwickelt waren. In Anbetracht der gesamteuropäischen Dimension
der miteinander verwobenen Konflikte besaß das Problem der
Gewinnung von auswärtigen Kombattanten für die Kontrahenten
entscheidende Bedeutung, so dass Johann wie Philipp um den Aufbau konkurrierender Bündnissysteme bemüht waren. Es entspann
sich geradezu ein „Wettkampf" um die Gewinnung von Bündnispartnern, wobei den deutschen und niederländisch-flämischen Fürsten eine wichtige Rolle zukam. So pflegte Johann seine Beziehungen zu Otto IV. und Rainald von Boulogne, der im Herbst 1211
nach einem Urteil des kapetingischen Hofgerichts fliehen musste
und Johann aufsuchte, während sich Philipp um den Landgrafen
Hermann I. von Thüringen ebenso bemühte wie um Markgraf
Philipp von Namur, den er mit seiner Tochter Maria verheiratete,
und um Ferdinand von Portugal, der eine Tochter Balduins IX. von
Flandern geheiratet hatte und hierdurch dem Kapetinger möglicherweise eine Einflussnahme auf diese wichtige Grafschaft eröffnete.

Ein grundlegende Veränderung im außenpolitischen Kräftesys-
tem erfolgte seit dem September 1211, nachdem eine Gruppe oppositioneller deutscher Fürsten den Kaiser für abgesetzt erklärt und
den Staufer Friedrich zum König gewählt hatte, woraufhin schwere
Kämpfe in Thüringen sowie am Mittelrhein ausbrachen und Otto
gezwungen wurde, Anfang 1212 das Sizilien-Unternehmen abzubrechen und ins Reich zurückzukehren, um den Kampf um die
Krone aufzunehmen. Hierbei suchte der Welfe auch die Unterstützung Johanns, dem er zu Pfingsten erneut das Angebot zu einem
Angriff auf den Kapetinger unterbreitete, sobald er seine deutschen
und italienischen Gegner ausgeschaltet hätte. Der Plantagenet eröffnete seinerseits eine große Bündniskampagne durch Rainald von
Boulogne und Hugo von Boves im flämisch-niederrheinischen
Raum, die große Geldmittel zur Anwerbung von Verbündeten ver-
wandten und insbesondere die Herzöge von Brabant und Limburg
sowie die Grafen von Bar und Holland zu gewinnen suchten. Zudem wurden deutsche und flämische Kaufleute umworben, die in

ihren Städten eine positive Haltung gegenüber den Anliegen Johanns herbeiführen sollten. Entgegen den Erwartungen seines Onkels wurde die Position Ottos IV. aber zunehmend geschwächt, weil sein Widersacher Friedrich, unterstützt durch Innocenz III. und König Philipp, nach der Ankunft im September in Konstanz kontinuierlich seine Macht erweitern und den Welfen zum Rückzug an den Niederrhein und später nach Norddeutschland zwingen konnte. Während deutsche Fürsten in wachsender Zahl von Otto abfielen, traf sich Friedrich am 18. November mit dem französischen Thronfolger bei Vaucouleurs, um die Bündnisse seiner königlichen Vorgänger mit den Kapetingern zu bestätigen und zu erklären, nicht einseitig Frieden mit Johann ohne Zustimmung des französischen Königs zu schließen oder dessen Gegnern Aufenthalt zu gewähren;[42] zudem erhielt der Staufer von dem Kapetinger ein Darlehen in Höhe von 20.000 Mark. Schließlich wurde Friedrich II. am 5. Dezember 1212 zu Frankfurt – in Anwesenheit von Gesandten des Papstes und des französischen Monarchen – zum König gewählt und am 9. Dezember mit imitierten Insignien in Mainz gekrönt. In der Folgezeit forcierte er den Machtkampf gegen Otto durch Feldzüge nach Mittel- und Süddeutschland. Ungeachtet dieser Entwicklungen hielt Johann weiterhin an seinem Neffen fest, den er durch reiche Geldzuwendungen und Gesandtschaften zu stärken suchte. Zudem bereitete der Angevine seit Mai 1212 einen neuen Festlandsfeldzug vor, der jedoch wegen einer Revolte des mit Philipp II. verbündeten Llywelyn verschoben werden musste; auch einen Heerzug nach Wales sagte Johann wegen angeblicher Verschwörungsgefahr kurzfristig ab. Hinzu kam wachsender Widerstand in der Bevölkerung des Inselreiches gegen den Monarchen und seine ständigen Steuerforderungen, die Johann seit 1212 durch Reformen des Steuersystems und Eintreibung exorbitante Gelder von Seiten der Juden durchzusetzen versuchte.

Destabilisierend wirkten ferner Bestrebungen des Kapetingers, die angevinische Position in Poitou zu schwächen, indem er u. a. mit Savarich von Mauléon einen Vertrag zur Förderung dessen geplanter Eroberungspläne gegen La Rochelle, Cognac und Benon schloß. Ferner band der Kapetinger den Grafen Tedbald VI. von Blois und Peter von Dreux (*Mauclerc*) stärker an sich, der als Gatte der bretonischen Erbin Alice dem französischen König im Januar 1213 ligische Mannschaft leistete. Eine zusätzliche Belastung erfuhr die politische Lage Johanns durch die anhaltenden Konflikte mit dem Papst, da nicht nur die gesandtschaftlichen Verhandlungen mit Innocenz fehlschlugen, sondern auch Gerüchte von einer geplanten

Absetzung des Monarchen durch den Nachfolger Petri und von einer päpstlicherseits sanktionierten Invasion durch den Kapetinger verbreitet wurden. Daher sah sich der Angevine veranlaßt, im November 1212 die wichtigsten Forderungen von Innocenz zu akzeptieren und einer entsprechenden Vereinbarung zuzustimmen, die in einem päpstlichen Schreiben vom 27. Februar 1213 formuliert und Anfang April überbracht wurde.[43] Dies hinderte Philipp nicht, Pläne für eine Invasion des Inselreiches zu forcieren, indem er am 8. April auf einer Reichsversammlung in Soissons u. a. Klagen des exilierten Erzbischofs Langton über die Verfolgung der Kirche im Inselreich und die Missachtung der Exkommunikation durch den englischen König ebenso vortragen ließ wie ein Hilfsersuchen englischer Barone wegen der Bedrückung des Landes durch den tyrannischen Monarchen. Zudem wurde die Nachricht verbreitet, dass Innocenz Ende 1212 bzw. Anfang 1213 Johann abgesetzt, den englischen Thron einem Würdigeren versprochen und den Kapetinger aufgefordert habe, den exkommunizierten englischen König zu vertreiben. Obwohl keinerlei Quellenbelege für derartige Pläne nachweisbar sind, hatten die Gerüchte die gewünschte Wirkung, indem man versprach, den Kirchenbann gegen Johann mit Waffengewalt durchzusetzen und gegen einen Tyrannen zu kämpfen. Somit erhielt das geplante Unternehmen einerseits eine moralische Rechtfertigung, andererseits versuchte Philipp, mit der Person Johanns auch die gesamte angevinische Herrschaft in England zu beseitigen. Erwartungsgemäß war die Reaktion auf der Versammlung in Soissons positiv, da eine Vielzahl an Großen das Unternehmen unterstützte. Nur Graf Ferdinand von Flandern verweigerte die Teilnahme an dem Heerzug, sofern ihm nicht die von Ludwig (VIII.) entfremdeten Besitzungen restituiert würden, was aber abgelehnt wurde.

Während Philipp die Vorbereitungen zur Invasion weitgehend dem französischen Thronfolger übertrug, erkannte Johann die Gefährlichkeit seiner Lage, so dass er nicht nur die Verteidigungsmaßnahmen in Kent forcierte, sondern überraschend auch die Bereitschaft zur Annahme einer päpstlichen *forma pacis* durch Gesandte Ende April 1213 an den päpstlichen Beauftragten und die englischen Exilierten in Frankreich verdeutlichen ließ. So kam es geradezu zu einem „Wettlauf" zwischen Johann um den Friedensschluss mit der Kirche und Philipp um den Beginn der England-Invasion. Nach ständigem Botenaustausch seit Anfang Mai gelangte der Legat Pandulf schließlich am 13. Mai von Wissant nach Dover, wo *litterae patentes* des Königs bereit lagen, in denen er die *forma pacis* akzeptierte, wie sie Innocenz in seinem Schreiben vom 27. Februar festgelegt hatte, d.h. mit den Forderungen, den Primas sowie die übrigen Exilierten wieder im Inselreich aufzunehmen und der Kirche angemessenen Schadensersatz zu leisten. Die Earls von Derby, Salisbury und Surrey sowie der Graf von Boulogne beschworen die Einhaltung der Vereinbarung durch den König, der am 15. Mai im Haus der Templer in Ewell bei Dover noch einen Schritt weiterging und die Kronen von England sowie Irland an den Nachfolger Petri übergab, von dem er diese dann zu Lehen nahm und hierfür – ungeachtet des Peterspfennigs – an die Kurie eine jährliche Abgabe für das englische Reich in Höhe von 700 Pfund und für Irland von 300 Pfund zu leisten versprach. Ohne die Frage einer möglicherweise fortbestehenden Suzeränität des römisch-deutschen Kaisers seit der Lehnsnahme Richards I. zu behandeln, unterstellte sich Johann in einer besonderen Krisensituation der Oberlehnsherrschaft des Papstes. Ein königlicher Bote brach noch am selben Tag nach Rom auf, um die *litterae patentes* sowie ein Begleitschreiben des Monarchen dem Papst zu übergeben, der in einem späteren Brief die Entscheidung Johanns begrüßte, seine *regna* nunmehr auch *temporaliter* dem Nachfolger Petri unterstellt zu haben.[44] Bei einer kritischen Würdigung der Vorgänge in Dover wird man – abgesehen von ablehnenden Stellungnahmen zeitgenössischer englischer Historiographen mit papstfeindlichen Tendenzen, wie den Chronisten von St. Albans, oder Polemiken nationalstaatlich geprägter Geschichtsschreiber des 19. Jahrhunderts – einerseits negative Auswirkungen für die königliche Gewalt mit der Akzeptanz Langtons und dem Fortbestand von Exkommunikation bzw. Interdikt sowie fälligen Entschädigungszahlungen an die englische Kirche konstatieren müssen. Andererseits bestanden deutliche Vorteile für Johann, dessen Anerkennung der päpstlichen Suzeränität durch die Lehnsnahme, etwa im Blick auf vergleichbare Fälle in Aragón oder Sizilien, weder einmalig noch ehrenrührig war, sondern ihm – abgesehen von den beachtlichen Geldzahlungen an die Kurie – in einer überaus schwierigen Situation politische Handlungsspielräume eröffnete und den Schutz des päpstlichen Suzeräns vor möglichen Angriffen etwa von Seiten des französischen Monarchen oder rebellischer Barone verschaffte. Dieser Beistand betraf sowohl die drohende Invasion von König Philipp als auch die Pressionen durch die exilierten englischen Geistlichen, insbesondere Langton. Innocenz verbuchte seinerseits einen beachtlichen Erfolg, da er das Erzbistum Canterbury nach seinen Maßgaben mit der möglichen Perspektive eines Präzedenzfalles neu besetzt hatte und hoffen konnte, künftig

die Kirchenherrschaft des englischen Monarchen weiter einzuschränken und möglicherweise stärker Einfluss auf die innen- und
außenpolitischen Entscheidungen seines englischen Lehnsmannes
zu nehmen. Somit wird man das Vorgehen Johanns nicht länger als
ehrenrührige Niederlage, sondern als geschickte diplomatische Aktion beurteilen dürfen, mit der sich der König aus einer bedrohli-
chen innen- und außenpolitischen Krisensituation befreite.

Die Klugheit der Entscheidung Johanns sollte sich binnen weniger Tage erweisen, da Philipp II. Mitte Mai Truppen und Flotte
nach Gravelines zusammengezogen hatte und die Invasion des Inselreiches unmittelbar bevorstand. Am 22. Mai erschien jedoch der
päpstliche Legat im französischen Lager und verbot unter Androhung der Exkommunikation einen Angriff auf den englischen König, der sich dem Nachfolger Petri unterworfen hätte und als
Lehnsmann unter päpstlichem Schutz stünde. Nur mit Mühe konnte der Kapetinger von einer Realisierung der Invasionspläne abge-
bracht werden, woraufhin sich Philipp dem flämischen Unruheherd
zuwandte, die in Gravelines versammelte Truppen- und Flotten-
macht umorientierte, in Flandern einrückte und ohne größere
Schwierigkeiten u.a. Ypern und Brügge unterwarf. Ferdinand
schickte in seiner Not im Mai Ritter Balduin von Nieuwpoort mit
einem Hilfegesuch zu Johann, der umgehend ein Hilfskontingent
von 500 Schiffen mit 700 Rittern unter Führung von Wilhelm
Langschwert, Earl von Salisbury, entsandte, dem es gelang, in einem
Überraschungsangriff am 30. Mai die bei Damme liegende französische Flotte weitgehend zu zerstören. Hierdurch erlitt der Kapetinger nicht nur eine schwere Niederlage, sondern verlor auch die gesamte Transportkapazität zur Durchführung der Invasion, so dass
Johann vorerst von dieser Bedrohung befreit wurde. Umgehend
nutzte der Angevine nach Abschluss der langwierigen Verhandlungen mit dem zurückgekehrten Primas Langton die zurückgewonne-
ne politische Handlungsfreiheit, indem er sich im Juli mit Graf Ferdinand verband und diesen durch *chancellor* Walter de Gray mit
20.000 Mark dotieren ließ, die der Flame zur Wiederaufnahme der
Kämpfe gegen den Kapetinger verwendete. Johann wollte selbst in
Poitou eingreifen und den alten Plan eines Zweifrontenkrieges
gegen Philipp realisieren, indem er flankierend Bündnisverhandlungen mit den Grafen Guido II. von Auvergne und Raimund VI. von
Toulouse sowie König Peter II. von Aragón führte. Diese mussten
aber gegen das Kreuzfahrerheer unter Führung Simon de Montforts
in der Schlacht von Muret mit dem Tod König Peters am 12. September eine vernichtende Niederlage hinnehmen, so dass Raimund

die Herrschaft über seine Grafschaft verlor und nach England floh, um Johanns Beistand zu erbitten. Ungeachtet der Rückschläge setzte dieser die Vorbereitungen zur Intervention im Poitou fort, wobei er nun auf den erneuten Widerstand der englischen Großen, insbesondere der *barones Northanhumbrenses* (*the Northerners*)[45], stieß. Diese verweigerten den Dienst mit der Begründung, der König wäre immer noch exkommuniziert und sie (die Barone) hätten nach Lehnsrecht nur Leistungen auf der Insel zu erbringen. Wieder verband sich der außenpolitische Zielkonflikt mit divergierenden lehnsrechtlichen Vorstellungen, da die Großen unverändert den Kampf um die Wiedergewinnung der verlorenen angevinischen Festlandsbesitzungen lediglich als „Privatangelegenheit" der Königs betrachteten, der daraufhin – wie im Jahre 1205 – zornentbrannt mit kleinem Gefolge in See stach, jedoch schon bei Jersey beidrehen und sich nach der Rückkehr auf die Insel mit einem Straffeldzug gegen oppositionelle Barone im Norden des Landes begnügen musste.

Johann ließ jedoch vom Plan eines Zweifrontenkrieges gegen Philipp nicht ab, da er seit Herbst 1213 seine Verbündeten im niederländisch-flämischen Raum stärkte, wo die Herzöge von Brabant und Limburg sowie die Grafen von Boulogne, Flandern und Holland im englischen Lager standen und wie zahlreiche flämische Ritter reiche finanzielle Unterstützung durch Johann erfuhren; im Gegenzug leistete Ferdinand im Januar 1214 in Canterbury dem König das *homagium* wahrscheinlich für seine englischen Besitzungen, möglicherweise sogar für die flämische Grafschaft. Nach wechselvollen Kämpfen mit Philipp in Flandern 1213 intensivierte Rainald von Boulogne im Januar 1214 durch einen Angriff auf Cassel die Feindseligkeiten gegen die Kapetinger, während Johann endlich seine Truppen für die Überfahrt nach Frankreich sammeln konnte, um Anfang Februar nach La Rochelle zu segeln. Ohne auf größeren Widerstand zu treffen, rückte der Angevine entlang der Charente in die Saintonge vor, um über Limoges und La Réole nordwärts Richtung Loire zu ziehen und über Nantes im Juni bis nach Angers zu gelangen, wobei er in den genannten Gebieten seine nominelle Oberherrschaft wieder herzustellen suchte. Bei der Belagerung von La Roche-aux-Moines nahe Angers, das vom französischen Thronfolger verteidigt wurde, ließen die poitevinischen Barone aber aufgrund lehnsrechtlicher Bedenken Johann im Stich, der daraufhin verbittert den Feldzug unterbrach, um Anfang August über Limoges nach Le Blanc vorzurücken, wo er den Vormarsch beendete und den Ausgang des Flandern-Feldzuges abwartete. Damit war lange vor der Schlacht bei Bouvines die Realisierung eines wesentlichen Teils des strategischen Konzeptes Johanns gescheitert.

Ähnlich ungünstig verlief der zweite Teil des Feldzuges, der von Nordosten aus von einem Koalitionsheer durchgeführt werden sollte und von Ferdinand nach der Rückkehr aus England begonnen wurde, indem er Plünderungszüge in die Grafschaft Guines durchführte. Die übrigen Koalitionäre um Otto IV. sowie den Herzog von Brabant, die Grafen von Boulogne, Flandern und Loos sowie den Earl von Salisbury berieten seit April 1214 ausgiebig das weitere Vorgehen, wodurch zwei wichtige Monate ohne Kriegshandlungen verstrichen. Erst am 23. Juli entschlossen sich die Verbündeten in Valenciennes zu weiteren Aktionen – außer den Herzögen von Brabant und Limburg die Grafen von Boulogne und Flandern sowie zahlreiche Kämpfer flämischer Städte, ferner englische Truppenkontingente unter Führung Wilhelm Langschwerts sowie Hugo von Boves und schließlich zahlreiche Söldner und Ritter unter dem Befehl Kaiser Ottos. Diesen Fürsten versuchten Philipp, der seine verbliebenen Truppen über Douais nach Tournai geführt hatte, den Rückweg nach Lille abzuschneiden, wobei es am Sonntag, dem 27. Juli 1214, bei Bouvines an der Brücke über die Marcq zur Schlacht kam. Während des ca. dreistündigen Gefechts gelang es dem Kapetinger, zuerst die auf dem linken Flügel kämpfenden Flamen zu schlagen und Ferdinand gefangen zu nehmen und dann im Zentrum nach schwerem Gefecht die kaiserliche Reiterei zu überwinden sowie Otto zur Flucht nach Valenciennes zu zwingen. Als letzte hielten der Earl von Salisbury und der Graf von Boulogne aus, die von den streitbaren Bischöfen von Beauvais und Senlis gefangen genommen wurden.

In Bouvines – einer der wenigen Entscheidungsschlachten des Mittelalters – hatte Philipp einen dreifachen Erfolg errungen, indem er einmal den Machtkampf mit Johann für sich entschied, der sich am 18. September in Chinon unter Mitwirkung des Kardinallegaten Robert de Courçon zu einem auf fünf Jahre befristeten Waffenstillstand bereit finden musste und im folgenden Monat nach England zurückreiste, nachdem er das Scheitern seiner Doppelstrategie konstatieren musste, die eine präzise zeitliche und taktische Koordinierung schwieriger Truppenbewegungen über weite Entfernungen erfordert hätte. Zum anderen entschied Philipp in Bouvines den deutschen Thronstreit zugunsten des Staufers, der ohne eigenes Zutun die Macht im Reich erlangt hatte und in noch größere Abhängigkeit vom Kapetinger geriet – von Philipp symbolhaft verdeutlicht, indem er Friedrich ein erbeutetes Feldzeichen des Welfen, einen Reichsadler mit zerbrochenen Schwingen, übersenden ließ. Schließlich hatte Kaiser Otto jegliche politische Bedeutung verloren, so dass auch seine angeblichen Expansionspläne obsolet wurden: Hiernach wollte der Welfe nicht nur Philipp als Hauptgegner vernichten, sondern dessen Reich Ferdinand von Flandern übertragen bzw. völlig neu aufteilen und dessen Krondomänen englischen und deutschen Gefolgsleuten übertragen. Das deutlich verkleinerte französische *regnum* sollte ein Lehnsreich des römisch-deutschen *imperium* werden und hätte damit seine Eigenständigkeit weitgehend eingebüßt. Derartige Träume von der Beseitigung der kapetingischen Herrschaft zerstoben nach Bouvines, da Philipp seinen beherrschenden Einfluss in Flandern sicherte, dessen renitenter Graf ebenso wie Rainald von Boulogne und andere Große jahrelang eingekerkert blieben und nur gegen Zahlung hoher Lösegeldsummen freigelassen wurden – eine nicht zu unterschätzende Einkunftsquelle des französischen Monarchen.

König Johann sah sich nach der Rückkehr auf die Insel und dem Bekanntwerden der Niederlage wachsender Opposition von Seiten der Barone ausgesetzt, die neue Steuerzahlungen verweigerten und Fundamentalkritik an seiner Regierungspraxis übten. Die Vorwürfe betrafen u. a. persönliche Verfehlungen im Umgang mit den Großen sowie ihrer Ehefrauen, Brutalität und Grausamkeit im Kampf gegen Lehnsleute, Willkürmaßnahmen bei der Ahndung lehnsrechtlicher Verstöße, hohe Geldzahlungen bei der Übertragung lukrativer Ämter und bei der Genehmigung von Eheverbindungen sowie allgemein das Streben Johanns nach zunehmender Fiskalisierung der bislang persönlichen und lehnsrechtlich fundierten Beziehungen der Großen zu ihrem König mit kontinuierlicher Einschränkung baronialer Rechte und Freiheiten zugunsten der Kompetenzen königlicher Gerichte. Hinzu kam Kritik an der verfehlten Patronage-Politik des Königs, der kein großes und belastbares Netz persönlicher Beziehungen zu den wichtigsten Baronen aufgebaut und statt dessen eine kleine Zahl persönlicher Günstlinge gefördert hatte, die nicht zum Kreis der Magnaten gehörten und daher als Emporkömmlinge betrachtet wurden. Da diese Vertrauten und eine wachsende Zahl von „Fremden" – zumeist flämische und poitevinische Söldnerführer – mit wichtigen Verwaltungs- und Herrschaftsfunktionen betraut wurden, wuchs die Entfremdung Johanns zu den Großen des Reiches kontinuierlich. Nach weiteren Schildgeld-Forderungen des Königs verstärkte sich der Widerstand der Barone, von denen einige Kontakt zu Philipp II. und Llywelyn ap Iorwerth aufnahmen, mit dem später sogar eine vertragliche

Übereinkunft zur Kooperation im Kampf gegen Johann getroffen wurde.[46] Zudem schlossen sich die Opponenten im November 1214 in Bury St. Edmunds in einer *coniuratio* mit dem Ziel einer umfassenden Reform der Herrschaftspraxis zusammen, wobei die Krönungsurkunde Heinrichs I. aus dem Jahre 1100 zentrale Bedeutung gewann. Wahrscheinlich entstand zu dieser Zeit oder zu Beginn des Jahres 1215 auf der Basis dieser *carta* eine erste schriftliche Zusammenstellung von Reformpunkten in der sog. *Unknown Charter of Liberties*.

Der König erkannte immer noch nicht die Gefährlichkeit der Lage, da er seine Kritiker in Verhandlungen hinhielt, gleichzeitig aber um Truppenverstärkungen aus dem Poitou nachsuchte. Zudem nahm er am 4. März das Kreuz, wodurch er den besonderen Schutz der Kirche erlangte, im April ergänzt durch Protektionsmaßnahmen des Papstes mit Warnungen vor einem gewaltsamen Verstoß gegen die Rechts- und Herrschaftsordnung des Reiches. Nach langwierigen Verhandlungen mit immer neuen dilatorischen Maßnahmen Johanns entschlossen sich die Barone zum offenen Konflikt, indem sie dem König am 5. Mai die Treue aufkündigten. Wahrscheinlich ebenfalls im Mai stellten die Oppositionellen ihre Reformwünsche in den *Articles of the Barons*[47] zusammen und planten die Einsetzung eines Exekutivausschusses, der die Realisierung ihrer Forderungen befördern sollte. Der König reagierte auf die *diffidatio* mit dem Einzug der Lehen der Opponenten und mit hektischen Kriegsvorbereitungen, ohne jedoch eine klare Strategie zur Bekämpfung der „Rebellen" unter Führung von Robert Fitz Walter zu entwickeln und militärisch effizient zu handeln. Während der Monarch wichtige Zeit verlor, gelang den Baronen mit der Besetzung von London am 17. Mai der entscheidende Schlag gegen Johann, der widerstrebend und im Bewusstsein, traditionelle und legitime königliche Rechte zu verteidigen, Verhandlungen zustimmte, die unter Vermittlung von Langton seit Anfang Juni in Runnymede bei Windsor durch Repräsentanten beider Seiten geführt wurden. Infolge seiner aussichtslosen Lage musste der Monarch die getroffenen Vereinbarungen – weitgehend auf den *Articles of the Barons* basierend – zwischen dem 15. und 19. Juli akzeptieren;[48] das Originaldokument der *Magna Carta* ist jedoch nicht erhalten. Nachdem die Barone mit dem König Frieden geschlossen und das *homagium* erneuert hatten, verschickte der König umgehend *litterae patentes* an seine Beamten in den Grafschaften mit dem Auftrag, die Übereinkunft verkünden zu lassen. Hierzu fertigten Angehörige der königlichen Kanzlei Kopien der *Carta,* von denen vier Exemplare – im

British Museum sowie in den Kathedralen von Lincoln und Salisbury – erhalten sind.

Abgesehen von der besonderen Rolle der sog. *Northerners* in der Revolte ist zu konstatieren, dass hierbei nur etwa die Hälfte der einflussreichen Barone sowie ca. 45 bedeutende Lehnsleute in offenem Gegensatz zum König standen, die zumeist aus dem Norden und Westen Englands sowie aus East-Anglia stammten und vielfach verwandtschaftlich miteinander verbunden waren. Oftmals handelte es sich bei den „Rebellen" um jüngere Adlige, die wegen der ablehnenden Haltung gegenüber Johann in Gegensatz zu ihren königstreuen Vätern gerieten, so dass mitunter die Familien politisch gespalten wurden; die Hauptkritik richtete sich gegen konkrete Rechtsverstöße und missbräuchliche Herrschaftspraktiken des Monarchen, der willkürlich und *sine consilio* der Barone urteilte. Die Klärung einzelner baronialer Konflikte mit dem König und weniger die Konzeption einer umfassenden Reichsreform hatte daher im Mittelpunkt der Verhandlungen der beiden Parteien seit Beginn des Jahres 1215 gestanden, so dass in zahlreichen der 63 Artikeln der *Carta* nur kontroverse Einzelprobleme der Feudalbeziehung zwischen König und Kronvasallen behandelt wurden. Wichtiger war hingegen die Tatsache, dass andere Artikel des Privilegs über den feudalen Regelungsrahmen hinausgingen, indem sie z.B. allen „Freien Männern des Reiches" (*liberis hominibus regni nostri*) bestimmte Freiheiten gewährten und hierdurch die gesellschaftliche Basis der ursprünglich auf die Kronvasallen beschränkten Oppositionsbewegung durch Einbezug anderer sozialer Gruppen verbreitert wurde; somit fanden außer den Vertretern der Kirche und feudalen Untervasallen noch Ritter, freie Bauern sowie die Städte und das Bürgertum Berücksichtigung. Damit stellte die *Carta* nicht nur ein Privileg zugunsten unzufriedener Kronvasallen und zur Abschaffung herrschaftlicher Missbräuche im Feudalsystem dar, sondern bot Ansätze zu einem umfassenden Reformprogramm für zahlreiche gesellschaftliche Gruppen und für das gesamte *regnum*. Hinzu kam die Festlegung von Prinzipien der künftigen königlichen Herrschaftsausübung, die *per consilium* der Barone und ausschließlich *per iudicium*, d.h. nicht mehr nach Willkür des Herrschers, erfolgen sollte. Auch die Rechtsbindung des Monarchen wurde besonders in der Verfügung betont, wonach „*kein freier Mann [...] verhaftet, gefangen gehalten, enteignet, geächtet, verbannt oder auf irgendeine Art zugrundegerichtet werden [soll], [...] es sei denn auf Grund eines gesetzlichen Urteilsspruchs durch seinesgleichen oder auf Grund des Landesrechts*" (Art. 39). Zudem erklärte der König: „*Nie-*

mandem werden Wir Recht oder Gerechtigkeit verkaufen, verweigern oder verzögern" (Art. 40).[49] Der Herrscher sollte an das Recht gebunden werden und denselben rechtlichen Normen unterworfen sein, deren Beachtung er selbst den Baronen seines Reiches auferlegt hatte; Herrschaftsausübung des Monarchen und seine Bindung an das Recht waren somit künftig nicht mehr trennbar. Die Großen des Reiches wiesen sich im weiteren politischen Entscheidungsprozess eine besondere Rolle zu, da künftig wichtige königliche Verfügungen – etwa über die Erhebung von *auxilium* oder *scutagium* – nur aufgrund eines Beschlusses des *commune consilium regni* erfolgen sollten (Art. 12, 14). Daher konnten nicht länger – in den Augen der Barone – sozial niedrig stehende Angehörige der königlichen Verwaltung, insbesondere des *exchequer*, die Großen des Reiches in königlichem Auftrage und nach Gutdünken des Monarchen mit Abgabenforderungen konfrontieren, sondern diese Entscheidungen durften ausschließlich nach Konsultation des *consilium regni* erfolgen, d. h. der *„Erzbischöfe, Bischöfe, Äbte, Grafen und größeren Barone [... und] alle jene[r], welche Kronlehen von Uns tragen"* (Art. 14).[50] Damit wurde zumindest ansatzweise die Vorstellung von einer *communitas totius regni* (*community of the realm*) als einer Gemeinschaft der „Freien Männer" erkennbar, in der den Baronen selbstverständlich eine Führungsrolle zukam. Der Monarch sollte künftig gezwungen sein, bei seinen Entscheidungen das *consilium* der Großen zu konsultieren, die sich als wichtigste Repräsentanten der *communitas regni* betrachteten, ohne dass jedoch Regelungen über die Verbindlichkeit dieses baronialen Rates vorgesehen waren. „Fremde" hatten künftig im Rat des Monarchen nichts mehr zu suchen, die man – wie z.B. einige namentlich genannte Söldnerführer mit ihren Truppen – des Landes verwies. Konkretisiert wurde die vorgesehene Kontrolle des Herrschers durch die Einsetzung eines Gremiums von 25 Baronen, das die Einhaltung der Bestimmungen der *Carta* durch den König und seine Beauftragten überprüfen und im Fall der konsequenten Zuwiderhandlung bzw. der Verweigerung einer Kompensation Sanktionen gegen den Monarchen – etwa die Wegnahme königlicher Burgen und anderer Besitzungen (*distraint*) – verhängen sollte, bei Bedarf verstärkt durch die Unterstützung der *communa tocius terre* (Art. 61). Königliche Herrschaft hing also künftig in England von der Kontrolle durch ein baroniales Aufsichtsgremium ab, gegen dessen Entscheidungen keinerlei Widerspruchsmöglichkeiten vorgesehen waren. Dies entsprach einer baronialen Sicherungsmaßnahme, die die Wahrnehmung königlicher Herrschaftsrechte in bislang ungekanntem Maße einschränkte und nach dem Selbstverständnis des Monarchen für diesen völlig inakzeptabel sein musste.

Da Johann die Verleihung der Urkunde lediglich als taktische Maßnahme in einer Notsituation betrachtete, bemühte er sich unmittelbar nach Verkündigung der *Carta* um deren Annullierung und wandte sich mit der Bitte um Prüfung an den Nachfolger Petri. Zudem eskalierten in der Folgezeit die Konflikte mit einigen radikalen Baronen (*Trans-Humbrians*), die Besitzungen des Monarchen und seine Beamte angriffen. Obwohl der Papst seit Juli 1215 ablehnend gegenüber der *Carta* reagiert, den König diesbezüglich dispensiert, die Hauptunruhestifter exkommuniziert und hierbei die Unterstützung zahlreicher Bischöfe erhalten hatte, wurde ein neuer militärischer Machtkampf der Kontrahenten unvermeidbar. Während einige Barone sogar Kontakte zum französischen Thronfolger aufnahmen und ihm die englische Krone anboten, beschränkte sich Johann seit Mitte Oktober auf die Stabilisierung seiner Herrschaft auf der Insel, indem er baroniale Widerstandszentren wie Rochester angriff und hierbei von der Unfähigkeit der Gegner profitierte, ihre militärischen Aktionen in verschiedenen Regionen zu koordinieren und eine effiziente Strategie zu entwickeln. So konnte Johann Ende 1215 bei einem Eroberungszug nach Norden über Nottingham und York bis zum Tweed vordringen und Strafmaßnahmen gegen Alexander II. von Schottland wegen dessen Attacken auf englische Grenzgebiete durchführen. Im Januar 1216 kehrte er über Northumberland und Lincolnshire in den Süden zurück, so dass seine Herrschaft auch im Osten und Süden des Landes – abgesehen von einigen lokalen Widerstandszentren der Barone und von London – weitgehend stabilisiert zu sein schien. Im April/Mai kam es jedoch zu einer dramatischen Wende durch den Versuch des französischen Thronfolgers, persönlich in England nach der Krone zu greifen, wodurch sein Vater in eine überaus schwierige politische Lage geriet, da er weder den Waffenstillstand mit Johann brechen noch in Konflikt mit dessen päpstlichen Oberlehnsherrn geraten wollte. Daher verhielt sich der Kapetinger offiziell neutral, obwohl er sicherlich heimlich den Sohn in dessen Ambitionen unterstützte, der die Intervention für die Öffentlichkeit in England und Frankreich auf einer Fürstenversammlung Ende April in Melun als Vollzug eines Urteils des kapetingischen Hofgerichts gegen Johann und als Durchsetzung erbrechtlicher Ansprüche aufgrund seiner Ehe mit Blanca, der Nichte Johanns, darzustellen suchte. Ungeachtet drohender päpstlicher Repressionsmaßnahmen und ungehindert von der englischen Flotte landete Ludwig am 21. Mai in Thanet, woraufhin der Angevine rasch in die Defensive geriet und sich mit seinen Söldnern über Winchester in den Westen des Reiches zurückzog, während Ludwig freien Zugang nach London erlangte. In der Folgezeit konnten die Opponenten ihren Herrschaftsbereich vom Osten zum Norden ausdehnen, zumal der Anhang des englischen Königs kontinuierlich schwand, sich zahlreiche Große der scheinbar stärkeren Partei um Ludwig zuwandten und sogar der Halbbruder Johanns, Wilhelm Langschwert, den König verließ; auch der schottische Herrscher eilte nach Dover, um dort im September dem jungen Kapetinger den Lehnseid zu leisten. Die folgenden Entwicklungen bis zum Herbst 1216 schienen erneut durch eine resignative Untätigkeit des Angevinen gekennzeichnet, der konzeptionslos umherreiste und sich von der walisischen Grenze das Themse-Tal entlang nach Cambridge und später nach Lincolnshire wandte, während sich Ludwig mit der Belagerung einzelner königstreuer Burgen begnügte und keine sofortige militärische Entscheidung anstrebte. So blieben die Machtpositionen der Opponenten auf den Südosten und einige Bastionen im Norden sowie in East-Anglia konzentriert, ohne dass eine endgültige Ausschaltung Johanns durch Ludwig möglich war. Der Konflikt fand erst im Herbst 1216 ein vorläufiges Ende, als der König – nach dem Verlust des Trosses mit Geldern, Kroninsignien, Archivalien etc. bei der Durchquerung des Wash – überraschend schwer erkrankte und am 19. Oktober in Newark starb. Zuvor hatte er testamentarisch seinen unmündigen Sohn Heinrich zum Nachfolger bestimmt und die Sorge für ihn dem Earl von Pembroke sowie einem Vermundschaftsrat von 13 Großen des Landes übertragen. Diese sorgten auch für eine würdige Beisetzung Johanns, der auf eigenen Wunsch im Mönchshabit in der Kathedrale von Worchester die letzte Ruhe fand.

Das Bild des Königs in der zeitgenössischen Geschichtsschreibung unterscheidet sich gravierend von der Darstellung, die moderne Historiographen insbesondere auf der Grundlage von Kanzleizeugnissen von Johann geben, wobei die mittelalterlichen chronikalischen Darstellungen ein bemerkenswert einheitliches – nämlich kritisches – Bild des Monarchen entwickelten, dessen Negativelemente je nach Entstehungszeit des Werkes variierten und im Laufe des 13. Jahrhunderts quantitativ deutlich zunahmen. Erstaunlicherweise kritisierten zumeist nur die frühen zeitgenössischen Chronisten Verhaltensweisen Johanns, die in der modernen Forschung besonders negativ vermerkt wurden – wie seine Treulosigkeit gegenüber Heinrich II., die Verschwörungen bzw. Putschversuche während der Regierung Richards und die Konspirationen mit Philipp II. In späteren chronikalischen Werken wurden verstärkt negative Formen der Herrschaftsausübung Johanns bemängelt – wie Härte gegenüber den Gefolgsleuten, Erhebung bedrückender Steuern, Verstöße gegen Standesrechte der Barone, Bevorzugung Fremder als Berater bzw. Söldnerführer gegenüber Einheimischen und vor allem seine Konflikte mit der Kirche sowie die Entfesselung eines Bürgerkrieges. Gegen Ende des 13. Jahrhunderts nahm die Kritik an persönlichem Fehlverhalten des Monarchen zu, wobei sich geradezu ein „Kanon" an negativen Charaktereigenschaften Johanns ausbildete, der insbesondere als unfähig, feige, indolent, hinterhältig, grausam sowie lüstern dargestellt wurde und infolge herrscherlicher Inkompetenz die Niederlagen gegen Philipp II. und den Verlust der englischen Festlandsbesitzungen verschuldet hatte. Einen ersten Höhepunkt erfuhr die Entwicklung dieses zunehmend typisierten Herrscherbildes in den Werken von Roger Wendover und Matthaeus Parisiensis, die den Monarchen geradezu als menschliches Ungeheuer darstellten, dem jede Schandtat und jedes Verbrechen zuzutrauen war.[51] Während englische Geschichtsschreiber des 19. Jahrhunderts dieses Herrscherbild begierig rezipierten und Johann als Prototyp des „schlechten Fürsten" und Inbegriff der „Schlechtigkeit der angevinischen Dynastie" schilderten, äußerte die moderne Forschung zunehmend Zweifel an der Glaubwürdigkeit der genannten mittelalterlichen Historiographen. Statt dessen wandte man sich verstärkt Zeugnissen aus Kanzlei und Finanzverwaltung zu, die ein völlig anderes Bild vom herrscherlichen Wirken des Plantagenets vermittelten. Zwar wurden unverändert charakterliche Defizite Johanns, seine Verschlagenheit und Tücke sowie die Unfähigkeit zu einer effizienten Kommunikation mit den baronialen Standesgenossen vermerkt und seine Grausamkeit und Mordlust – mitunter relativierend[52] – erwähnt. Zugleich betonte man aber die rastlose Reisetätigkeit Johanns, der auch in den entferntesten Teilen des Reiches die königliche Herrschaft zur Geltung brachte, zahllose Gerichtsverhandlungen führte und kontinuierlich um die Sanierung der königlichen Finanzen bemüht war. Zudem erfolgte eine positive Würdigung der Reformen Johanns im Verwaltungs- und Rechtswesen, wobei man – ungeachtet der erwähnten methodischen Bedenken – oftmals von der sprunghaft erhöhten Zahl der überlieferten Verwaltungsdokumente auf ein besonderes, angeblich im Vergleich zu den königlichen Vorgängern höheres Engagement des Monarchen in diesen Bereichen schloß; mitunter wurde der Plantagenet aufgrund dieser Aktivitäten sogar als „reformerischer Genius" im Verwaltungsbereich gefeiert. Zudem reflektierte man verstärkt auf mögliche Ursachen für das Ende des *Angevin Empire*, wobei außer den erwähnten persönlichen Versäumnissen Johanns als Herrscher die bekannten strukturellen Defizite benannt wurden – wie z. B. der Zusammenhalt des Reiches allein durch die Person des Monarchen und seinen umherreisenden Hof, das Fehlen einheitlicher Verwaltungsstrukturen und eines provinzübergreifenden angevinischen „Reichsadels", die große Eigenständigkeit der einzelnen Reichsteile, die finanziellen Defizite des englischen Königs gegenüber dem reicheren kapetingischen Gegenspieler sowie die gesamtwirtschaftliche Belastungen infolge schwindender Einkünfte und wachsender Inflation. Auch schätzte man die Leistungen Johanns als Heerführer höher ein und würdigte seine Erfolge bei den Heerzügen in den sog. *keltischen Reichen*.

Eine kritische Betrachtung dieser Forschungspositionen macht jedoch deutlich, dass z. B. die Diskussion um das *Angevin Empire* ein Problem betrifft, das erst von neuzeitlichen Historikern geschaffen wurde und sich in dieser Form den mittelalterlichen Zeitgenossen gar nicht stellte, da es aus ihrer Sicht bei den Aktivitäten der angevinischen Herrscher nicht um die Sicherung eines „angevinischen Staates" oder einer abstrakten Institution, sondern ausschließlich um die Wahrung von Rechten und Besitzungen angevinischer Könige ging. Nach den Maßstäben der Chronisten war das Verhalten des Monarchen bei der Bewältigung dieser Probleme unzureichend und im Ergebnis misslungen, wobei stärker persönliches Fehlverhalten und Versäumnisse des Königs zur Erklärung der Entwicklungen angeführt wurden. Gleiches gilt für die neuzeitliche Verherrlichung des Wirkens von Johann als „genialem Verwaltungsreformer", da derartige Bewertungskategorien den Zeitgenossen fremd waren, die den Monarchen nach anderen, überkommenen Maßstäben bewerteten – etwa die Wahrung der Würde und Rechte der Krone, Verteidigung des Reiches gegen innere und äußere Bedrohungen, Wahrung des Friedens im Reich, gerechte Herrschaft in Kooperation mit den Baronen, Sicherung von Recht und Gerechtigkeit, Schutz der Kirche und ihrer Rechte durch den König usw. Somit erweisen sich die Beurteilungen Johanns bei den mittelalterlichen Chronisten wie bei einzelnen modernen Forschern gleichermaßen als einseitig, da für eine ausgewogene Würdigung der Regierung Johanns eine Berücksichtigung beider Sichtweisen erforderlich erscheint; wahrscheinlich wird das hierbei entstehende Bild des Monarchen wesentlich komplexer und widersprüchlicher sein als bisher. Vielleicht wird man sich vorläufig dem Urteil des Chronisten von Barnwell aus dem 13. Jahrhundert anschließen können: *„[John]* *was indeed a great prince, but rather an unhappy one, and, like Marius, experienced both good and bad fortune. He was munificent and generous to foreigners but a robber of his own people. He confided more in foreigners than in his subjects. And therefore he was deserted by his people before the end und was only moderately happy at the last."*[53]

5. Englische Expansionspolitik auf dem Kontinent und Verfassungskonflikte auf der Insel (1216–1272)

Beim Tode König Johanns I. befand sich das englische Reich in einer schweren innen- und außenpolitischen Krise, da der neunjährige Thronfolger Heinrich unmündig war und das Land einer Invasion des Kapetingers Ludwig ausgesetzt blieb. Obwohl die Insurgenten mit dem Tode des Plantagenets, dessen Person und Herrschaftsstil wichtige Integrationsfaktoren der Opposition im Inselreich gewesen waren, ein wesentliches legitimatorisches Moment für die Fortführung ihres Kampfes verloren und nun einem politisch unbelasteten Knaben gegenüberstanden, blieb die Gruppe der Opponenten unter Führung des französischen Thronfolgers auch weiterhin konsistent und zum Kampf entschlossen. So setzten sie den Bürgerkrieg mit Unterstützung von Llywelyn ap Iorwerth in Nord-Wales und König Alexander II. von Schottland fort, wobei sich mehr als die Hälfte Englands, vor allem der Süd-Osten, in ihren Händen befand. Daher entstand bei einigen Zeitgenossen der Eindruck, das Ende der Dynastie der Plantagenets sei gekommen und das Inselreich drohe infolge des wachsenden Einflusses weitgehend unabhängiger Barone erneut in „Anarchie" zu versinken. Bei nüchterner Betrachtung der Lage im Oktober 1216 ist hingegen zu konstatieren, dass die Situation durchaus nicht „anarchisch" war, zumal der Thronfolger sowohl von den mächtigsten Magnaten in England – Wilhelm Marshal, Earl von Pembroke, und Ranulf de Blundeville, Earl von Chester – als auch von Mitgliedern einflussreicher Familien in den walisischen Marken sowie in den West Midlands und mächtigen Kastellanen bzw. „ausländischen" Heerführern unterstützt wurde. Hilfe fand Heinrich zudem beim Episkopat der Insel und dem obersten Lehnsherrn des Landes, Papst Honorius III., dessen Kardinallegat Guala Bicchieri nachdrücklich für die Sicherung der Thronansprüche des Prinzen eintrat. Der Legat und Earl Wilhelm veranlassten am 28. Oktober in St. Peter's Abbey (Gloucester), dass Heinrich, nachdem er von Marshal den Ritterschlag erhalten und den Lehnseid gegenüber dem päpstlichen Beauftragten geleistet hatte, von den Bischöfen Benedikt von Rochester und Jocelin von Bath mit behelfsmäßigen Insignien zum König gekrönt wurde, woraufhin der Plantagenet das Kreuzzugsgelübde leistete und Peter des Roches, dem Bischof von Winchester, zur weiteren Erziehung übergeben wurde.

Wilhelm Marshal, der trotz seines hohen Alters das Amt des *justiciar* übernommen hatte, bemühte sich in der Folgezeit, den Krieg auf der Insel so schnell wie möglich zu beenden, indem er die baronialen Gegner u. a. durch den Erlaß einer revidierten Fassung der *Magna Carta* auf einem Hoftag in Bristol am 12. November 1216, gebilligt vom Legaten Guala, zu gewinnen suchte.[54] Da die Kämpfe – nunmehr um den Besitz strategisch wichtiger Burgen der verfeindeten Parteien – anhielten, sah sich Honorius III. zum Eingreifen gezwungen. Er belegte die Königsgegner mit kirchlichen Strafen und erkannte den Kämpfern gegen Ludwig den Status von Kreuzfahrern zu, so dass sich der Kapetinger zum Abschluss von Waffenstillständen, die bis zum 23. April 1217 gelten sollten, gezwungen sah; daraufhin verließ Ludwig die Insel, um Verstärkungen in Frankreich zu beschaffen und im März 1217 an einem Hoftag seines Vaters teilzunehmen, der sich offiziell weiterhin um Wahrung von Neutralität bemühte. Marshal und der königstreue Klerus nutzten die Abwesenheit des Thronfolgers, indem sie dessen Anhänger in immer größerer Zahl – besonders in Wiltshire, Somerset, Dorset und Berkshire – für sich gewinnen konnten. Hinzu kam die Wirkung einer intensiven königlichen Propaganda, die geschickt die Spannungen zwischen englischen und französischen Großen im Lager Ludwigs verstärkte und zugleich fremdenfeindliche Töne anklingen ließ, indem zur Bewahrung „Englands" vor einer Invasion von „Ausländern", insbesondere von „Franzosen", aufgerufen wurde. Nach der Rückkehr gelangen Ludwig trotz des Einsatzes von Verstärkungen aus Ponthieu, Artois und Picardie keine entscheidenden Erfolge, vielmehr geriet er nach einer Niederlage am 20. Mai bei Lincoln zunehmend in die Defensive und musste sich nach London zurückziehen. Nachdem ein Entsatzheer, das seine Gattin Blanca von Kastilien entsandt hatte, durch eine königliche Flotte unter Philipp d'Aubigny und Hubert de Burgh gestellt und am 24. August auf See vor Sandwich besiegt worden war, musste sich der Kapetinger am 28. August zur Eröffnung von Friedensverhandlungen bereit erklären, die am 12. September auf einer Themse-Insel bei Kingston abgeschlossen wurden und am 20. September zur Unterzeichnung eines Friedens im erzbischöflichen Palast in Lambeth führten.

Auf der Basis von Pazifizierungsvorschlägen vom Juni 1217 sollte Ludwig alle Gefolgsleute von ihren Eiden entbinden, die Gefangenen – nach Regelung der Lösegeldfragen – entlassen und die seit Beginn der Invasion okkupierten Besitzungen restituieren, während seine Exkommunikation aufgehoben wurde. Unabhängig von der vertraglichen Übereinkunft – formal zur Kompensation der in England erlittenen Schäden – erhielt er vom Regenten Wilhelm 10.000 Mark, für deren Zahlung Marshal seine Besitzungen in der Normandie als Pfand zur Verfügung stellte. Zudem sollte Ludwig entweder seinen Vater veranlassen, die verlorenen angevinischen Besitzungen zu restituieren, oder nach der eigenen Thronbesteigung selbst die Rückgabe der Territorien durchführen[55] – Vereinbarungen, die nur eine geringe Chance auf Verwirklichung besaßen. Somit fand der Bürgerkrieg nach der Abreise Ludwigs, der die Insel mit einer Abschlagszahlung von 4.000 Mark Ende September verließ, ein Ende, wobei die weltlichen Magnaten beim Friedensschluss ein beachtliches politisches Augenmaß bewiesen hatten, während der Legat Guala in der Folgezeit die geistlichen Anhänger des Kapetingers im ganzen Land rücksichtslos verfolgte. Stand die Niederlage Ludwigs außer Frage, blieb die Rolle seines Vaters bei dem Unternehmen merkwürdig unklar, da er zumindest formal und in der Öffentlichkeit keine Parteinahme zugunsten seines Sohnes vornahm und auch nach den offiziellen Dokumenten aus der königlichen Verwaltung keine direkte Unterstützung Ludwigs durchführte. Dennoch besitzen Hinweise eine gewisse Plausibilität, wonach Philipp zwar aus Sorge vor Konflikten mit dem Papsttum offiziell Neutralität wahrte, insgeheim jedoch Ludwig beriet, dessen Aktivitäten billigte, Unterstützungsmaßnahmen durch Blanca von Kastilien tolerierte und nicht die Invasion verhinderte, die seine außenpolitischen Aktivitäten im Kampf gegen die englischen Monarchen zu krönen schien. Der Kapetinger konnte durch einen außenpolitischen Erfolg des Sohnes nur profitieren, während eine Niederlage des Thronfolgers aufgrund der „Neutralität" des Königs politisch allein Ludwig und nicht Philipp anzulasten war.

Der Frieden von Kingston/Lambeth ermöglichte zudem einen Ausgleich mit den kapetingischen Verbündeten, zuerst mit Alexander II. von Schottland, der noch im Juli 1217 auf englisches Gebiet vorgestoßen war, sich jedoch bald zurückzog und lediglich die Aufhebung seiner Exkommunikation erreichte, während er – ohne grundsätzliche Klärung der schottischen Lehnsabhängigkeit – im Dezember 1217 Heinrich III. in Northampton zumindest für das Earldom von Huntingdon und seine übrigen englischen Lehnsbesitzungen das *homagium* leistete. Hatte das Engagement für Ludwig dem Schotten keinerlei Territorialgewinne und nur hohe materielle Verluste eingebracht, erschien die Bilanz für Llywelyn günstiger, der seine Position als Führer der walisischen Fürsten sichern und seinen

Einfluss u. a. durch die Einnahme von Cardigan und Carmarthen nach Süd- bzw. Südwestwales erweitern konnte. So kam es im März 1218 in Worcester unter Vermittlung Gualas zu einer Übereinkunft, in der Llywelyn dem Plantagenet das *homagium* entbot und auch für eine Lehnseidleistung der übrigen walisischen Großen Sorge zu tragen versprach. Anschließend übergab er die Montgomery u. a. entrissenen Besitzungen dem Legaten Guala, um sie von diesem sofort zur treuhänderischen Verwaltung bis zur Mündigkeit des englischen Königs zurückzuerhalten.[56] Somit konnte Llywelyn zwar in Worcester nicht sofort große Territorialgewinne verzeichnen, aber als Treuhänder der genannten Besitzungen eröffneten sich ihm viele Möglichkeiten der Erweiterung der Macht und der Wahrung seiner hegemonialen Stellung in Wales. Während der Legat nach dem Friedensschluss weiter gegen geistliche Anhänger der Partei Ludwigs in England vorging, bemühte sich Marshal um eine rasche Befriedung des Landes, indem er u. a. die *Magna Carta Libertatum* mit weiteren Modifikationen sowie eine kleinere *Carta* bezüglich der königlichen Forste veröffentlichen,[57] die Arbeit des *exchequer* im November 1217 wieder aufnehmen und 1218 die königlichen Richter ein *general eyre* durchführen ließ. Zudem wurde dem jungen König ein Großes Siegel zugesprochen, jedoch mit der Einschränkung, dass vor Beginn der Mündigkeit des Monarchen keinerlei Verfügungen von Dauer über Rechte und Besitz der Krone erlassen werden durften. Diese Ausgleichspolitik wurde nach dem Tode Marshals († 14. Mai 1219) von einem „Regentschaftstriumvirat" – neben dem früheren Bischofelekt von Norwich und neuen Legaten Pandulf der *justiciar* Hubert de Burgh sowie Peter des Roches – fortgesetzt und durch zahlreiche Heiratsbündnisse stabilisiert – etwa durch die Eheschließung von Johanna, Heinrichs zweiter Schwester, mit König Alexander II. von Schottland (am 19. Juni 1221), die Ehe von Hubert de Burgh mit Margarethe, der Schwester des schottischen Monarchen, und vier Jahre später die Heirat von Roger Bigod, Earl von Norfolk, mit Isabella, der jüngeren Schwester des schottischen Königs. Dennoch entwickelte sich bald im Inselreich eine innenpolitische Krise u. a. wegen der Forderung der Regenten nach Restitution im Bürgerkrieg verlorener Rechte und Besitzungen der Krone, wobei sich besonders Anhänger des Königshauses, die Besitzungen an ehemalige Königsgegner restituieren mussten, gleichsam für ihre Loyalität im Bürgerkrieg bestraft sahen. Einen Höhepunkt erreichte der Widerstand gegen den *justiciar*, der zu Beginn des Jahres 1223 ein *inquest* über die Gewohnheiten zur Zeit Johanns durchführen ließ, nach den Auseinandersetzungen mit den Earls Ranulf von Chester und Gilbert von Gloucester in der Rebellion des Fawkes de Bréauté, der aber im Sommer 1224 Hubert de Burgh unterlag und ins französische Exil gehen musste. Doch fand die Krise erst zu Beginn des Jahres 1227 ihr Ende, als sich König Heinrich, dessen Mündigkeit mit Einschränkungen schon 1223 auf päpstliche Veranlassung dokumentiert worden war, von jeglicher Vormundschaft – insbesondere durch Peter des Roches – befreite und sich selbst in vollem Umfange für mündig erklärte, ungeachtet der fortbestehenden Macht des *justiciar*.

Noch während der innenpolitischen Krise der 20er Jahre ergriffen der Regentschaftsrat und später Heinrich außenpolitische Initiativen, vor allem gegen den französischen Monarchen und den römisch-deutschen Kaiser, die nach Bouvines ihre Beziehungen intensiviert und im November 1223 in Catania durch einen Vertrag stabilisiert hatten. Hierin verpflichteten sich die Partner, keine Gegner des anderen Monarchen in ihrem Reich aufzunehmen, während sich der Staufer bereit erklärte, kein Bündnis mit dem englischen König zu schließen und ein ähnliches Verhalten seinen Reichsangehörigen nahe zu legen.[58] Damit war es zwar zu einer Fortsetzung des staufisch-kapetingischen Bündnisses mit einer klaren Stoßrichtung gegen England gekommen; aber schon bald regte sich gegen diese Vereinbarung heftiger Widerstand in England und im Deutschen Reich, wo vor allem der Reichsverweser und Vormund Heinrichs (VII.), Erzbischof Engelbert von Köln, gegen den Willen des Kaisers unverändert eine englandfreundliche Politik förderte und vergeblich den Abschluss eines Heiratsbündnisses für Isabella, die Schwester Heinrichs III., und Heinrich (VII.) betrieb, der schließlich auf Wunsch des Kaisers im November 1225 Margarethe von Österreich ehelichte. Gravierender waren die wachsenden Spannungen zum französischen Königshof, wo Ludwig VIII. nach der Thronbesteigung am 6. August 1223 bestrebt blieb, auf der Basis der lehnsrechtlichen Prozessentscheidungen zu Zeiten Philipps II. König Heinrich noch die letzten verbliebenen Festlandsbesitzungen zu entreißen. Hierbei fand das Poitou Ludwigs besondere Beachtung, da die Macht der dortigen Repräsentanten englischer Herrschaft, nicht zuletzt wegen der Unabhängigkeit und des Selbstbewusstseins der Großen im Lande, überaus schwach war. Hinzu kam, dass Isabella, die Königinmutter und Herrin von Angoulême, nach der raschen Rückkehr in die Grafschaft bald Ansprüche auf die Übergabe ihrer Mitgift im südlichen Poitou erhob und zur Sicherung ihrer Interessen nach eigenem Wunsch zu Beginn des Jahres 1220 die Ehe mit Hugo de Lusignan, Graf von La Marche, geschlossen hatte, der zuvor mit ihrer eigenen Tochter Johanna, der späteren Königin von Schottland, verlobt gewesen war. So ergriff Ludwig nach Ablauf des Waffenstillstandes nach Ostern 1224 die Initiative und marschierte, nachdem er auf die Fortführung des Albigenserkreuzzuges zeitweise verzichtet hatte, in der Grafschaft ein, wo er den englischen Repräsentanten Hugo X. de Lusignan durch Versprechungen veranlassen konnte, ihm strategisch wichtige Burgen zu öffnen, so dass Ludwig seinen Siegeszug mit der Eroberung von La Rochelle abschließen konnte. Da Heinrich III. die kapetingischen Landgewinne als unrechtmäßig betrachtete, eröffnete Hubert de Burgh mit Gefolgsleuten eine Serie an Rekuperationskampagnen, die die englische Außenpolitik auf Dauer bestimmen sollten und der Rückgewinnung der ehemals zum angevinischen Reich gehörigen Kontinentalbesitzungen dienten. Hierbei gelang es Hubert nicht nur, im März 1225 die Unterstützung des *magnum consilium* durch die Gewährung einer Sondersteuer (Fünfzehnten), sondern auch die Hilfe des jüngeren Königsbruders Richard zu gewinnen, der zum Earl von Cornwall und Grafen von Poitou ernannt und mit Truppen sowie erfahrenen Beratern in die Gascogne geschickt wurde. Zusätzlich begann man mit einer Art Handelskrieg gegen die französische Krone und ergriff Bündnisinitiativen gegenüber dem Herzog der Bretagne, Peter I., sowie dem umstrittenen Grafen Raimund VII. von Toulouse und eröffnete Verhandlungen mit Papst Honorius III. Während Earl Richard in der Gascogne zumindest Anfangserfolge errang, konzentrierte sich Ludwig VIII. seit Mai 1226 auf den Kreuzzug, in dessen Verlauf er bei dem Marsch von Bourges über Lyon auf dem linken Rhôneufer, d. h. auf Reichsterritorium, vorrückte und die Stadt Avignon angriff, die sich im gemeinsamen Besitz der Grafen von Toulouse und Provence befand. Die anschließende Übergabe der Stadt an Ludwig bzw. später an den Legaten war eine klare Verletzung von Reichsrechten, gegen die der Kaiser zwar protestierte, ohne hieraus aber ernsthafte Konsequenzen gegen den Kapetinger ableiten zu können, der auf seinem weiteren Vormarsch ohne größere militärische Aktionen die Unterwerfungserklärungen zahlreicher Städte und vieler Adliger in der Grafschaft Toulouse entgegenzunehmen vermochte, um diese Territorien bald in das kapetingische Herrschaftssystem einzubeziehen. Damit hatte Ludwig die strategischen Voraussetzungen für den späteren Zugriff des kapetingischen Königtums auf den Languedoc und die Eröffnung des Zugangs zum Mittelmeer geschaffen. Der junge Monarch erlag jedoch überraschend auf der Rückreise am 8. November 1226 in Montpensier der Ruhr, nachdem er die wichtigsten

Berater eidlich auf die Thronfolge seines ältesten Sohnes Ludwig festgelegt hatte, der die Krondomäne sowie die Normandie erben sollte, während die übrigen Söhne nach dem Apanagen-Prinzip auszustatten waren. Da der Thronfolger zum Zeitpunkt des Todes seines Vaters zwölf Jahre alt war, übernahm die Königinmutter Blanca von Kastilien die Regentschaft für Ludwig IX., der schon am 29. November 1226 gekrönt wurde.

So hatte der frühe Tod Ludwigs VIII. einerseits eine Minderung des politischen Drucks auf die englische Position in der Gascogne zur Folge, andererseits schien das Kapetingerreich infolge der Minderjährigkeit des Monarchen und der Regentschaft der Königinmutter zumindest zeitweise in eine ähnlich schwierige innen- und außenpolitische Situation zu geraten wie zuvor das englische Reich beim Herrschaftsantritt Heinrichs III. Schon bald sah sich Blanca mit einer erstarkenden Adelsopposition konfrontiert, wobei Hugo de Lusignan, Peter de Dreux, Herzog der Bretagne, und Tedbald IV., Graf der Champagne, eine Schlüsselrolle zukam. Diese Gegner der Regentin versuchte Heinrich III. durch Versprechungen von territorialen Konzessionen und durch mögliche Heiratsbündnisse für ein gemeinsames Vorgehen gegen Blanca zu gewinnen, unterstützt durch Bündniserfolge Richards von Cornwall, der Savary de Mauléon und andere Große des Poitou zum Wechsel in das englische Lager bewegen konnte. Wie fragil diese Koalition von Opponenten gegen die Regentin war, erwies sich bereits zu Beginn des Jahres 1227, als Blanca mit Truppenmacht gegen die in Thouars versammelten Rebellen vorrückte und nach Verhandlungen in Vendôme vom 16. März 1227 deren Unterwerfung erreichte. Zugleich kam es zu einer Aussöhnung mit dem Grafen der Champagne, der in einem besonders engen Verhältnis zu Blanca zu stehen schien. Binnen kurzer Zeit hatte die Regentin damit die englischen Bündnisaktivitäten konterkariert, so dass Richard von Cornwall noch vor Ostern 1227 resignierte, einem zweijährigen Waffenstillstand mit Blanca zustimmte und nach England zurückreiste. Dennoch bewirkte die Vereinbarung von Vendôme keine Befriedung des Landes, da Große wie Peter de Dreux ihren Widerstand fortsetzten und zudem der Halbbruder Ludwigs IX., Philipp Hurepel, Graf von Boulogne, gewaltsam eigene Ambitionen auf eine Regentschaft zu realisieren suchte. So zögerte Heinrich III. nicht, in Gesandtschaften Ludwig IX. bzw. der Regentin verschiedene Angebote für eine Friedensregelung zu unterbreiten, womit Forderungen nach Restitution von Anjou, Poitou, Touraine sowie der Bretagne unter Verzicht auf englische Herrschaftsansprüche auf die

Normandie verbunden waren. Der Ablehnung Blancas begegnete der Plantagenet einerseits mit diplomatischen Initiativen, indem er sich um ein Bündnis mit dem Grafen Raimund VII. von Toulouse bemühte und gleichzeitig die Herrschaft eines potentiellen Verbündeten Blancas, des gebannten Kaisers Friedrich II., innenpolitisch durch die Förderung eines Gegenkönigtums des englandfreundlichen Welfen Ottos (des Kindes) von Lüneburg zu destabilisieren versuchte, was jedoch scheiterte. Andererseits bereitete Heinrich III. eine persönliche militärische Intervention im Poitou vor, für die er seine Vasallen am 15. Oktober 1229 in Portsmouth versammelte, die Überfahrt aber wegen unzureichender Transportkapazität auf das Frühjahr 1230 verschieben musste. Blanca nutzte die verbleibende Zeit dazu, den Rebellionsversuchen Philipp Hurepels zu begegnen und die Konflikte mit Raimund VII. von Toulouse zu beenden, der sich zum Abschluss des Vertrages von Meaux/Paris (am 12. April 1229) bereit finden musste, in dem er zwar u.a. den Besitz der Grafschaft Toulouse sowie verschiedener Diözesen bestätigt erhielt, jedoch den Verlust der Territorien westlich der Rhône zugunsten der Krone hinnehmen musste, während die Gebiete östlich der Rhône – u.a. die zum Reichsgut gehörende Grafschaft Venaissin – in päpstlichen Besitz übergingen. Zudem wurde der Graf veranlaßt, der Heirat seiner Erbtochter Johanna mit Alfons von Poitiers, einem Bruder des Königs, sowie weit reichenden Erbregelungen zuzustimmen, die nach dem kinderlosen Tode der Eheleute 1271 zur Besitzübernahme durch die französische Krone führten. Diese Veränderungen der Machtverhältnisse in der Grafschaft Toulouse, die notwendigerweise Auswirkungen auf die geopolitische Bedeutung des Poitou haben mussten, nahm Heinrich III. ohne politische Gegeninitiativen hin, wobei er ebenfalls auf Bündnisaktivitäten gegenüber den geostrategisch wichtigen Reichen von Aragón und Kastilien verzichtete. Da Hubert de Burgh seit den 20er Jahren seine Bemühungen um Gewinnung geopolitisch wichtiger Bündnispartner auf Flandern, Lothringen und Nordfrankreich konzentriert hatte, blieben die aufstrebenden iberischen Reiche befremdlicherweise völlig außerhalb des Interessenhorizontes des einflussreichen Beraters sowie des Königs. Als weiteres gravierendes Versäumnis sollte sich in der Folgezeit das Fehlen einer weit reichenden außenpolitischen Handlungsstrategie der englischen Führung erweisen, in der offensichtlich völlig unterschiedliche Vorstellungen über die vorrangig zurückzugewinnenden Territorien bestanden, zumal Heinrich seit 1228 durch Gesandte von Großen sowohl aus der Normandie als auch aus dem Poitou und der Gascogne zur Herrschaftsübernahme aufgefordert worden war. Differierende politische Zielsetzungen werden ebenfalls bei den englischen Magnaten existiert haben, die – wie Hubert de Burgh, Wilhelm Marshal d.J., Ranulf von Chester u.a. – mit dem Monarchen am 1. Mai 1230 von Portsmouth die Überfahrt in die Bretagne wagten, deren Herzog Peter dem Plantagenet bereits im Herbst des Vorjahres den Lehnseid geleistet hatte. Der erwähnte Mangel an politischer Handlungsstrategie des Königs wurde bereits unmittelbar nach der Landung in St. Malo am 3. Mai deutlich, als sich Heinrich längere Zeit nicht entschließen konnte, ob er den Bitten des normannischen Großen Fulco Paynel folgen und in der Normandie intervenieren oder sich doch dem Poitou zuwenden sollte. Trotz der zeitweise ungünstigen militärischen Situation der Regentin, die in Konflikte mit dem Grafen Tedbald IV. von Champagne verwickelt war, verzichtete Heinrich auf ein Eingreifen in der Normandie und entschied sich für Poitou, wo er auf keine größeren Widerstände stieß und zahlreiche Große – ausgenommen die mächtigen Lusignans – für sich gewinnen konnte. Nach kräfte- und kapitalzehrendem Umherziehen im Poitou und zeitweise in der Gascogne, wobei lediglich Oléron und Mirambeau unterworfen werden konnten, brach der König das Unternehmen ab, wandte sich im September 1230 nach dem Abfall vieler neu gewonnener Anhänger resigniert der Bretagne zu und kehrte im Oktober von St. Pol de Léon nach Portsmouth zurück. So musste Heinrich, der einige Gefolgsleute in der Bretagne zur Wahrung seiner Interessen zurückließ, am 4. Juli 1231 einen dreijährigen Waffenstillstand mit dem französischen Monarchen sowie dem Herzog der Bretagne schließen, ohne irgendwelche dauerhaften Erfolge im Poitou bzw. in der Gascogne verzeichnen zu können.

Die politischen Konsequenzen des Poitou-Unternehmens waren für Heinrich III. beträchtlich, da er nicht nur gewaltige finanzielle Verluste – angeblich mindestens 20.000 Pfund – sowie eine beträchtliche Prestigeeinbuße, sondern auch zunehmende Kritik mächtiger englischer Familien hinnehmen musste, die bedeutende Besitzungen in der Normandie verloren hatten und aus Zweifeln am Erfolg der Rekuperationsbemühungen des Königs ihre Festlandsbesitzungen gegen Ländereien im Inselreich zu veräußern begannen. Die Hauptkritik richtete sich jedoch gegen Hubert de Burgh, dem der militärische Fehlschlag angelastet wurde, verbunden mit wachsender Ablehnung seiner Finanz- und Steuerpolitik zugunsten der Krone und der konsequenten Erweiterung der persönlichen Machtgrundlagen, da Hubert nicht nur seit 1228 *justiciar* auf Lebenszeit war, sondern auch dank geschickter Heiratspolitik beträchtlichen Territorialbesitz besonders in Wales erlangte und hierdurch den Widerstand des walisischen Fürsten Llewelyn bestärkte. Nach Entfremdung vom König, der sich dem Einfluss des dominanten Beraters aus der Zeit Johanns zu entziehen suchte, und infolge wachsender Opposition einflussreicher Earls – u. a. von Chester, Pembroke und Cornwall – sowie von Aktivitäten des 1232 nach England zurückgekehrten Peter des Roches kam es zum Sturz Huberts. Dieser wurde unter Verlust seiner Besitzungen des Verrates angeklagt und in der Festung Devizes inhaftiert, aus der ihm zwar die Flucht gelang, ohne dass er aber später die alte Machtposition am Hofe zurückgewinnen konnte. Da nun Peter des Roches dominierte, konzentrierte sich bald wachsende Kritik auf den neuen Königsgünstling. Hierbei wurde eine intensive Propaganda mit fremdenfeindlichen Tendenzen wirksam, die sich sowohl gegen die päpstliche Pfründenpolitik in England zugunsten italienischer Prälaten als auch gegen eine angebliche „Überfremdung" des Landes durch „Ausländer" richtete, die angeblich ungehemmt das Land ausbeuteten und dieses dem Zugriff ausländischer Adliger und möglicherweise sogar des Kaisers ausliefern wollten. Als Zeichen dieser „Überfremdung" betrachtete man die Dominanz poitevinischer Gefolgsleute in Verwaltung und Rechtsinstitutionen sowie den Einsatz von flämischen und bretonischen Söldnern in Burgen Englands.

Eine kritische Prüfung derartiger Vorwürfe, die sich bald auch gegen Peter des Roches und Peter des Riveaux richteten, bestätigt zwar deren intensive Einflussnahme auf alle wichtigen Verwaltungseinrichtungen des Landes. Dennoch war weder die königliche Patronage für Poitevinen in den 30er Jahren extrem überdimensioniert, wie vielfach behauptet wurde, noch erwies sich der Einfluss der sog. „Fremden" als so dominant, dass die mitunter erhobene Forderung „England den Engländern" berechtigt gewesen wäre. Zudem muss aus heutiger Sicht eine derartige Propaganda befremdlich wirken, da die „Fremden" – wie etwa Peter des Roches und seine poitevinischen Gefolgsleute – gerade aus den Gebieten stammten, die Teil des angevinischen Reiches gewesen waren, um deren Rückgewinnung Heinrich III. als seinen rechtmäßigen, wenn auch entfremdeten Besitz kämpfte. Wenig überzeugend ist ferner bei einigen Forschern die Deutung dieser Propaganda als Zeichen eines entstehenden englischen „Nationalgefühls", da die „Fremdenfeindlichkeit" vor allem Ausdruck spezifischer innen- und außenpolitischer Zielvorstellungen englischer Großer darstellte, deren politischer Horizont viel enger gezogen war, als ihn Heinrich III. besaß. Während der Monarch seit den 30er Jahren seine expansiven außenpolitischen Ziele in Frankreich verfolgte und in der Folgezeit sein Handlungsfeld nahezu auf das gesamte Abendland ausdehnte, vollzogen die führenden englischen Barone einen kontinuierlichen politischen Rückzug auf die Insel als ihr vorrangiges Handlungsfeld. Insofern bestand spätestens seit dieser Zeit zwischen König und Baronen ein politischer Zielkonflikt, der notwendigerweise zu offenen Auseinandersetzungen führen musste, die zudem durch gravierende Unterschiede bezüglich des Herrschaftsverständnisses der Gegner verstärkt wurden. Dennoch war die Agitation gegen Peter des Roches und die sog. „Fremden" erfolgreich, zumal eine Revolte von Richard dem Marschall die Stellung des einflussreichen Königsberaters nachhaltig schwächte. Nachdem sich die Unruhen von Wales mit Unterstützung Llywelyns nach Irland ausgeweitet und dort zu schweren Auseinandersetzungen der Königstreuen unter Führung des *justiciar* Maurice Fitz Gerald mit Earl Richard und seinen Gefolgsleuten geführt hatten, sah sich der König zum Einlenken veranlaßt. Aufgrund der wachsenden Kritik zahlreicher Barone sowie hoher Geistlicher entschloss sich der von seinen Beratern enttäuschte Herrscher unter dem Druck des neuen Erzbischofs von Canterbury, Edmund Rich, Peter des Roches sowie Peter des Rivaux mit ihrem poitevinischen Anhang im Juni 1234 aus den königlichen Diensten zu entlassen. Der Sturz Peters erfolgte zwar auf Veranlassung vieler Barone, doch eröffnete seine Entlassung dem König neue Handlungsspielräume, der nun intensiver sein spezifisches monarchisches Selbstverständnis in einer veränderten königlichen Herrschaftspraxis zu verwirklichen vermochte. Dank der reformerischen Strukturverbesserungen im Bereich der königlichen Verwaltung, die vom *justiciar* veranlaßt worden waren, konnte Heinrich nach dessen Sturz seine Vorstellungen von einer umfassenden Wahrnehmung königlicher Rechte besser realisieren und sich weitgehend unabhängig von der Einflussnahme etablierter Berater aus dem Kreise der Barone machen. Nun begann der Plantagenet mit einer Wiederherstellung der königlichen Prärogativen auf allen wichtigen politischen Handlungsfeldern unter Rückgriff auf – als autokratisch verstandene – Formen der monarchischen Herrschaftsausübung seines Vaters Johann, während die Barone unter Bezug auf die *Magna Carta* eine Kontrolle der Maßnahmen des Königs anstrebten und ihn eher als „*chairman of a baronial Round Table*"[59] betrachteten, so dass ein Grundsatzkonflikt über die königliche Herrschaftspraxis unvermeidlich wurde.

Das Streben Heinrichs nach Befreiung von der Einflussnahme durch englische Große zeigte sich nach der Entlassung von Des Roches vor allem in eigenständigen außenpolitischen Entscheidungen, die zuerst die Provence und die Konflikte zwischen Graf Raimund VII. von Toulouse und Graf Raimund Berengar V. von Provence, u. a. wegen des Besitzes von Marseille, betrafen und rasch gesamteuropäische Implikationen erhielten. Hierbei ging die Handlungsinitiative von Ludwig IX. aus, der Graf Raimund Berengar als Bündnispartner gewann, dessen älteste Tochter Margarethe am 27. Mai 1234 in Sens heiratete und hierdurch den kapetingischen Einfluss in der Provence stärkte. Danach setzte geradezu eine Kettenreaktion von Heiratsbündnissen mit einer Schlüsselrolle des provenzalischen Grafenhauses ein. So reagierte Friedrich II., der ein weiteres Vordringen der Kapetinger im Arelat und die ständige Lehnsnahme südburgundischer Großer von Besitzungen auf Reichsboden vom französischen König verhindern wollte, mit einer grundlegenden Änderung seiner Westpolitik, indem er sich von Ludwig IX. abwandte und nach Verhandlungen, die Peter von Vinea am englischen Hof geführt hatte, mit päpstlicher Förderung am 15. Juli 1235 in Worms Isabella, eine Schwester Heinrichs III., heiratete.[60] Mit dieser Ehe suchte der Staufer nicht nur ein außenpolitisches Gegengewicht zu den Kapetingern zu schaffen, sondern auch eine mögliche Unterstützung des englischen Hofes für den aufrührerischen Kaisersohn Heinrich (VII.) zu unterbinden; schließlich dürfte die beträchtliche Mitgift Isabellas von ca. 20.000 Pfund für Friedrich von großer Bedeutung gewesen sein, weil er die Gelder dringend für seine Kämpfe gegen die lombardischen Städte benötigte. Heinrich III. wird durch die Verbindung mit dem Kaiserhaus nicht nur eine Vergrößerung seines Ansehens erhofft, sondern auch konkrete politische Erwartungen – etwa auf eine militärische Unterstützung von Friedrich gegen Ludwig – gehegt haben, die sich jedoch in den weiteren englisch-deutschen Beziehungen nicht erfüllten. Gleichzeitig plante der Plantagenet seine eigene Heirat, zuerst mit der Erbin Johanna von Ponthieu und Montreuil, der er seit April 1235 *verba de presenti* verbunden war, wobei erneut geopolitische und strategische Überlegungen wegen der Lage der kleinen Grafschaft an der Mündung der Somme eine Rolle gespielt haben dürften. Während sich Heinrich noch bei der Kurie um einen erforderlichen Dispens wegen zu naher Verwandtschaft bemühte, intervenierten Wilhelm von Savoyen, ein Onkel der französischen Königin Margarethe, und sein Bruder Amadeus, Graf von Savoyen, erfolgreich zugunsten einer Verbindung des Monarchen mit Eleonore von der Provence, so dass der Plantagenet auf eine Ehe mit Johanna verzichtete und am 20. Januar 1236 Eleonore heiratete. Maßgeblich für diese Entscheidung dürfte einmal die geopolitische Bedeutung der Provence für die Rekuperationswünsche Heinrichs gewesen sein, zum anderen eröffneten die familiären Verbindungen Eleonores – über ihre Mutter Beatrice – nach Savoyen und die lehnsrechtlichen Beziehungen des Grafenhauses zum Kaiserreich für Heinrich völlig neue Bündnisperspektiven und bildeten ein Gegengewicht zur Verbindung Ludwigs IX. mit dem Grafenhaus. Johanna von Ponthieu heiratete ihrerseits Ferdinand III. von Kastilien, der hierdurch Einfluss in einer wichtigen Region Frankreichs erlangte und sein außenpolitisches Beziehungsnetz stärkte, nachdem er die Heirat seiner Tante Eleonore von Kastilien mit König Jakob I. von Aragón und die Verbindung seiner Schwester Berenguela mit dem König von Jerusalem und Kaiser von Konstantinopel, Johann von Brienne, veranlaßt hatte.

Diese Heiraten aller wichtigen Herrscher in West- und Mitteleuropa veränderten in wenigen Jahren das außenpolitische Bündnisgefüge grundlegend: Es kam einerseits zu einem Kräftegleichgewicht zwischen Plantagenets und Kapetingern bei ihren Verbindungen zum provenzalischen Raum, andererseits erfolgte eine Annäherung des englischen Monarchen an das staufische Haus und eine stärkere Einbindung der christlichen Monarchen der iberischen Reiche in die politischen Entwicklungen im Abendland. Hinzu kam eine „Internationalisierung" der Konflikte, in die Friedrich II. seit 1237/38 mit widerspenstigen Städten in der Lombardei und in der Romagna verwickelt wurde und hierbei die Unterstützung durch die Könige von England, Frankreich, Kastilien und Ungarn sowie von Kaiser Johannes III. Dukas Vatatzes von Byzanz und dem Sultan Al-Kamil erhielt. Hieran schloß sich bald eine Verschärfung des Kampfes Friedrichs mit dem Papst an, der den Kaiser 1239 bannte und im weiteren Verlauf der Auseinandersetzungen hohe Erwartungen an Heinrich III. bzw. die englische Kirche insbesondere auf finanzielle Unterstützung stellte. Zwar widersetzte sich der König als treuer Lehnsmann den wachsenden kurialen Geldforderungen nicht, die in der Folgezeit vor allem durch Angehörige der Bettelorden im Inselreich durchgesetzt wurden und auf wachsenden Widerstand stießen; doch bestand – ungeachtet einer besonderen Affinität Heinrichs zu den Mendikanten, die er in zahlreichen innen- und außenpolitischen Missionen einsetzte – keine uneingeschränkte „Hörigkeit" des Monarchen gegenüber kirchlicher Einflussnahme und kurialen Forderungen, da sich der König sogar nach der Gefangennahme bzw. Tötung englischer Prälaten durch kaiserliche Soldaten in der Seeschlacht bei Montecristo (1241) weder an einer Konfrontation mit dem Staufer interessiert noch zu einer aktiven Teilnahme am Kreuzzug gegen ihn bereit zeigte. Vorrangig blieb für den Plantagenet trotz aller Ergebenheit gegenüber dem päpstlichen Lehnsherrn die Sicherung seiner außenpolitischen Interessen, insbesondere die Rekuperation der verlorenen englischen Festlandsbesitzungen, wobei dem kaiserlichen Handlungspartner eine Schlüsselrolle zukommen musste.

Ende der 30er Jahre dominierten im Inselreich für Heinrich innenpolitische Probleme, die nach der Heirat durch den Zuzug von Gefolgsleuten seiner Gattin bzw. der Königinmutter, Beatrice von Savoyen, verstärkt wurden, da der Monarch ihren savoyardischen Großen besonderes Vertrauen zu schenken schien. Hierzu zählten u. a. Wilhelm von Savoyen, erwählter Bischof von Valence, Bonifaz von Savoyen, ein Onkel der Königin und späterer Erzbischof von Canterbury, sein Bruder Peter von Savoyen, seit 1241 der wichtigste Berater des Königs, Peter von Aigueblanche, Bischof von Hereford, und zahlreiche savoyardische Ritter. Ungeachtet der bereits erwähnten Klagen über die angebliche „Überflutung" des Landes durch die „ausbeuterischen" Savoyarden und eine „Überfremdung" des Landes sowie eine Verdrängung der „einheimischen" Großen durch die „Fremden" ist nach Prüfung der Quellen zu konstatieren, dass sich die Gefolgsleute der jungen Königin weder in überwältigend großer Zahl im Inselreich festsetzten noch auf Dauer das Land finanziell ausbeuteten. Auch die gewährten Dotierungen standen in ihrer Höhe zumeist in der Tradition königlicher Patronage und ermöglichten es dem König, sich endlich von der Bevormundung durch Ratgeber aus der Zeit seiner Minderjährigkeit zu befreien und sich nach eigenen Wünschen einen weitgehend unabhängigen Beraterstab zu schaffen. Zudem stellten die savoyardischen Gefolgsleute, die sich rasch gesellschaftlich integrierten und in englische Adelsfamilien einheirateten, am Königshof ein Gegengewicht zu den etablierten englischen Magnaten dar (*balanced court*) und fanden infolge ihrer Zuverlässigkeit und Loyalität gegenüber dem Monarchen sowohl in speziellen Verwaltungssektoren als auch in militärischen Schlüsselpositionen und bei diplomatischen Missionen Verwendung. Da sich die Savoyarden geschickt in das Herrschaftssystem einfügten und ihre politische Bedeutung nicht gesellschaftlich demonstrativ betonten, kam es erst in den 50er Jahren in Konkurrenz zu den verstärkt auftauchenden Poitevinen zu Machtkämpfen am Hofe, in deren Verlauf die politische Stellung beider Gruppierungen – Savoyarden und Poitevinen – beeinträchtigt wurde. Ungeachtet der wachsenden innenpolitischen Unzufriedenheit forcierte Heinrich seit Beginn der 40er Jahre seine kontinentalen Rekuperationsbestrebungen, insbesondere nachdem Alfons von Poitiers in Vollzug des Vertrages von Paris (1229) im Juni 1241 von seinem königlichen Bruder Ludwig mit dem Poitou und der Auvergne investiert worden war und die poitevinischen Barone, vor allem Hugo de la Marche, ihre feudalen Freiheiten gefährdet sahen. Heinrich III. nahm die wachsende Unruhe bei den Poitevinen mit Genugtuung zur Kenntnis und plante mit Unterstützung des Grafen von La Marche sowie unzufriedener Großer in der Saintonge eine militärische Intervention im Poitou. Doch bereits im Dezember 1241 begann sich ein drohender Fehlschlag des Feldzuges abzuzeichnen, da Graf Hugo X. – wahrscheinlich auf Betreiben seiner Gattin Isabella – schon auf dem Weihnachtshoftag des Grafen Alfons (1241) seinen Lehnseid widerrufen hatte, obwohl sein Bündnispartner Heinrich erst im Januar 1242 im Parlament begann, die notwendigen Finanzmittel für den geplanten Feldzug zu beantragen. Während der Monarch in den folgenden Monaten mühsam die englischen Barone zu einer Unterstützung des Unternehmens zu veranlassen suchte und zudem auf den bestehenden Waffenstillstand mit dem Kapetinger Rücksicht nehmen musste, reagierte Ludwig IX. umgehend militärisch, indem er seit April 1242 die Burgen der Lusignans in Nord-Poitou angriff und Amaury, Vizegraf von Thouars, zur Unterstützung der kapetingischen Sache gewann. Auch als Heinrich am 12. Mai mit kleiner Truppenmacht, die er durch anzuwerbende Kontingente zu verstärken gedachte, im Poitou gelandet war, musste er bis zum Ende des Waffenstillstandes am 8. Juni des Jahres warten, bis er militärisch aktiv werden konnte. Während Ludwig diese Zeit nutzte, um weitere Burgen der Lusignans zu erobern und bis zur Charente vorzurücken, versuchte Heinrich III., seine Position vor allem diplomatisch durch Bündnisverhandlungen mit den Grafen der Auvergne und von Toulouse zu stärken, gefolgt von Vereinbarungen mit dem Kaiser und den Königen von Aragón und Kastilien, die jedoch in der Folgezeit alle nicht für den Plantagenet militärisch aktiv wurden. Während Heinrich weiter verhandelte, schuf Ludwig militärische Tatsachen, indem er zahlreiche poitevinische Burgen in seinen Besitz brachte und weiter vorrückte. Erst bei Taillebourg kam es zu einer Begegnung der feindlichen Heere, wo Heinrich jedoch aus Furcht vor Umzingelung umgehend nach Saintes zurückkehrte und nach kurzem Gefecht kleinerer

Kontingente beider Heere am 21. Juli auf eine Fortsetzung der Kampfhandlungen verzichtete, indem er sich nach Bordeaux zurückzog. Spätestens seit Anfang August unterließ Heinrich jegliche weitere militärische Aktivitäten, nachdem sich Hugo de La Marche gemeinsam mit seiner Familie bereits im Juni dem Kapetinger unterworfen hatte und damit die Macht der Lusignans gebrochen war. So hatte der Graf von Toulouse die alleinige Last des Kriegs mit Ludwig IX. zu tragen, während sich Heinrich weitgehend untätig in der Gascogne aufhielt. Erst im Frühjahr 1243 kam es zu einem Ende des Kriegs zwischen Raimund und dem Kapetinger, der im April 1243 einen neuerlichen Waffenstillstand auf fünf Jahre mit dem englischen König schloß, worauf dieser im September 1243 auf die Insel zurückkehrte. Während Heinrich den Fehlschlag seines militärischen Unternehmens vor allem auf die angebliche Treulosigkeit der Poitevinen zurückzuführen suchte, wird man in Wahrheit sein Scheitern mit gravierenden strategischen und taktischen Fehlern des Königs sowie seiner Unfähigkeit zu einer präzisen zeitlichen Koordinierung der militärischen und diplomatischen Aktionen erklären müssen. Ludwig IX. hatte sich dagegen als der taktisch überlegene und entschlossene Heerführer erwiesen, der den Sieg bei Taillebourg und Saintes zur weiteren Vertreibung der Engländer vom Festland nutzte, indem er alle Großen zwang, die Besitzungen in England und Frankreich besaßen, sich für ein Reich zu entscheiden. Dennoch waren weder Ludwig noch Heinrich zu einer Fortsetzung der Kämpfe bereit, so dass bis zum Ende der Herrschaft Ludwigs weitere Feindseligkeiten unterblieben und immer neue Waffenstillstände vereinbart wurden.

Ungeachtet der erneuten Niederlage, die für Heinrich mit weiterem Ansehensverlust und finanziellen Einbußen verbunden war, verfolgte er in den 40er Jahren seine Rekuperationswünsche weiter, wobei er sich auf die Provence und die Gascogne konzentrierte. Hierbei blieb unverändert Raimund Berengar V. von der Provence eine Schlüsselfigur, da der Graf ohne männliche Nachkommen war und seine jüngste Tochter Beatrix zur Generalerbin eingesetzt hatte, so dass eine Eheverbindung mit dem Grafenhaus außenpolitisch von großer Bedeutung sein musste. Daher bemühten sich sowohl Heinrich III. um ein Ehebündnis, indem er 1243 die Heirat Richards von Cornwall mit Sancha von Provence veranlasste, als auch Blanca von Kastilien, die nach dem Tode Raimund Berengars V. († 19. August 1245) die Eheschließung ihres jüngsten Sohnes Karl mit der provenzalischen Erbtochter am 31. Januar 1246 durchzusetzen vermochte. Nach der Besitznahme des Languedoc durch Alfons von Poitou konnte das französische Königshaus durch die Ehe Karls mit Beatrix somit seinen Einfluss in Südfrankreich weiter stärken und diese Räume intensiver in das kapetingische Herrschafts- und Verwaltungssystem integrieren, wobei die Einflussnahme des Kaisers, dem Karl die Leistung des Lehnseides verweigerte, weiter beeinträchtigt wurde. Nach diesem erneuten Rückschlag konzentriert sich Heinrich III. auf die Gascogne, wo nur ein kleiner Teil der Barone die englische Herrschaft anerkannte, da zahlreiche Große sowie die mächtigen Städte eigene Interessen verfolgten. Zudem suchten auswärtige Fürsten wie Tedbald von Navarra, Ferdinand von Kastilien und Jakob I. von Aragón ihre jeweiligen Ansprüche auf die Gascogne durchzusetzen. In Anbetracht dieser misslichen Lage sah sich der König gezwungen, seinen Günstling Simon de Montfort mit Billigung des *magnum consilium* zum Seneschall der Gascogne zu ernennen und ihn 1248 mit außerordentlichen Vollmachten zur Wahrnehmung des Amtes für sieben Jahre auszustatten. Schon bald kam es infolge der Härte der Herrschaft des Earls von Leicester sowie des Widerstandes zahlreicher Großer zu Konflikten, so dass der König 1249 seinem Sohn Eduard die Herrschaft über die Gascogne mit allen Einkünften übertrug, während Simon weiterhin als Seneschall fungieren und den jungen Fürsten mit seinen künftigen herrscherlichen Aufgaben vertraut machen durfte. Nachdem es bei einem Besuch Simons in England auch zu Auseinandersetzungen mit dem König gekommen war, zwang dieser den Earl im September 1252 zur Niederlegung seines Amtes, woraufhin erneut Unruhen in der Gascogne ausbrachen, zumal Alfons X. von Kastilien in der Nachfolge seines Vaters Ferdinand Ansprüche auf die Region erhoben hatte. So musste Heinrich III. 1253 selbst in der Gascogne intervenieren, ohne jedoch eine dauerhafte Pazifizierung des Landes zu erreichen. Zumindest gelang ihm im April 1254 ein diplomatischer Erfolg durch den Friedensschluss mit Alfons X. und dessen Verzicht auf Ansprüche in der Gascogne, im Oktober 1254 besiegelt durch die Heirat seines Sohnes Eduard mit Eleonore, der Halbschwester des Kastiliers und Erbin der Grafschaft Ponthieu. Der Thronfolger erhielt vom Vater als Apanage nicht nur die Gascogne, Irland, das Earldom von Chester, Besitzungen in Wales usw., sondern auch alle Besitzrechte an Ländereien der englischen Monarchen, die diesen von den französischen Königen genommen worden waren.[61] Damit wurden einerseits Eduard alle Ansprüche hinsichtlich der Rekuperation englischer Festlandsbesitzungen übertragen, andererseits konnte Alfons hoffen, über die Ehefrau Eduards zumindest indirekt seine Besitzinteressen bezüglich der

Gascogne zu wahren. Da Heinrich III., der bereits im Vorjahr (1254) nach einer Begegnung mit Ludwig IX. auf die Insel zurückgekehrt war, die Kontrolle über die übertragenen Gebiete behielt und dort auch die Einkünfte für die Krone einzog, änderte sich an den dürftigen Machtgrundlagen Eduards zumindest mittelfristig nichts.

Etwa zur selben Zeit wurde Heinrich in weitere außenpolitische Verwicklungen einbezogen, da nach dem überraschenden Tode Kaiser Friedrichs II. († 13. Dezember 1250) das Ringen um die Herrschaft über das sizilische Königreich begonnen hatte, wo Manfred für Konrad IV. die Regentschaft zu führen versuchte. Nachdem dieser im Deutschen Reich Wilhelm von Holland das Feld überlassen und sich im Januar 1252 ins sizilische *regnum* begeben hatte, trat er in Verhandlungen mit dem päpstlichen Oberlehnsherrn Innocenz IV. ein, der das staufische Haus auszurotten suchte und bereits im Sommer 1252 durch seinen Notar Albert von Parma die sizilische Königskrone zuerst Richard von Cornwall und danach Karl von Anjou anbieten ließ. Für den Papst war nicht König Heinrich, sondern sein finanzkräftiger und diplomatisch erfahrener Bruder interessant, der aber nach genauer Prüfung im Frühjahr 1253 das Angebot als unrealistisch und finanziell unkalkulierbar ablehnte; Heinrich scheint bei diesen Verhandlungen keine entscheidende Bedeutung besessen zu haben. Unter dem Druck der Erfolge Konrads IV. in Unteritalien versuchte der Notar Albert seit Mai 1253, Karl von Anjou für das Projekt zu gewinnen, der zwar größeres Interesse zeigte und lange Verhandlungen führte, diese aber im Herbst 1253 wegen seines überraschenden Engagements im flämisch-hennegauischen Erbfolgestreit ebenfalls scheitern ließ. Da die Spannungen zwischen dem Papst und Konrad IV. wuchsen, wandte sich Innocenz in seiner Not erneut dem englischen Königshof zu und ließ durch Albert von Parma in der zweiten Jahreshälfte 1253 nun dem zweiten Sohn Heinrichs, dem achtjährigen Edmund, die sizilische Königskrone anbieten. Im Gegensatz zu dem vorsichtigen Earl von Cornwall zeigte sich der König von der Offerte sehr angetan, so dass nach kurzen Verhandlungen der päpstliche Beauftragte Edmund schon im März 1254 das sizilische *regnum* antrug; dies wurde im Mai desselben Jahres von Innocenz bestätigt. Nach dem Tode des Papstes († 7. Dezember 1254) und infolge weiterer militärischer Erfolge Manfreds, der die staufischen Interessen nach dem Tode Konrads IV. († 21. Mai 1254) in Süditalien wahrte, sah sich Alexander IV. veranlaßt, die Verhandlungen mit dem englischen Hof wieder aufzunehmen und Edmund am 9. April 1255 das sizilische

Reich erneut anzutragen. In den diesbezüglichen Vereinbarungen musste der Monarch nicht nur eine *unio regni ad imperium* nach der möglichen Wahl Richards von Cornwall zum deutschen König ausschließen, sondern sich auch verpflichten, dem Papst für Edmund das *homagium* zu leisten und bis Michaelis 1256 beachtliche Entschädigungssummen für die bislang der Kurie entstandenen Kosten im Rahmen des sizilischen Unternehmens zu erstatten. Erst nach Zahlung der Gelder sollte der König den geforderten Heerzug nach Sizilien unternehmen; unterließ Heinrich die Erfüllung des Vertrages, sollte er exkommuniziert und sein Reich unter Interdikt gestellt werden. Mittelfristiges Ziel des Plantagenets war hierbei nach Aussagen von Matthaeus Parisiensis, *„Frankreich zwischen Apulien und England wie zwischen Mühlsteinen zu zerreiben"*.[62]

Während Heinrich bereits bei der Erfüllung der Vereinbarungen mit dem Nachfolger Petri auf erhebliche Schwierigkeiten stieß, wuchs der Widerstand der Barone – insbesondere wegen der ständigen Geldforderungen des Monarchen – bei seinen Bemühungen, durch die Unterstützung der Kandidatur Richards von Cornwall für die deutsche Königswürde die sizilischen Unternehmungen zu fördern. Wie schon nach dem Tode Kaiser Heinrichs VI. versuchten auch nach dem Hinscheiden König Wilhelms von Holland († 28. Januar 1256) vor allem westeuropäische Herrscher, Einfluss auf die Wahl des neuen deutschen Monarchen zu nehmen und hierbei einen ihnen genehmen Kandidaten durchzusetzen. Außer König Ottokar II. Přemysl von Böhmen und Markgraf Otto III. von Brandenburg trat als ernst zu nehmender „auswärtiger" Bewerber König Alfons X. von Kastilien auf, der schon 1255 als Sohn der Beatrix von Hohenstaufen das Herzogtum Schwaben als mütterliches Erbteil beansprucht hatte und im März 1256 zuerst durch ghibellinische Pisaner, danach von Marseille zum römischen König gewählt worden war. Dieser Kandidatur, die von Papst Alexander IV. und Ludwig IX. unterstützt wurde, versuchte der Plantagenet zu begegnen, indem er die Bewerbung seines Bruders Richard favorisierte, der auf verwandtschaftliche Beziehungen zu seinem Vetter Otto IV. sowie zum verstorbenen Schwager Friedrich II. rekurrieren konnte.[63] Beide Kandidaten, aber auch Heinrich III. betrachteten den Erwerb der deutschen Königswürde in erster Linie als Instrument zur Durchsetzung weitergehender politischer Interessen in Italien sowie zur Erlangung der Kaiserwürde. Eine Schlüsselrolle bei der Erlangung der deutschen Königswürde kam rechtlich den deutschen Reichsfürsten bzw. dem sich entwickelnden Gremium der Kurfürsten zu, denen Richard durch beachtliche „Handsalben" (ca.

28.000 Mark) „Entscheidungshilfe" leistete, so dass sich außer dem Grafen des Hennegaus, Johannes von Avesnes, der Kölner Erzbischof Konrad von Hochstaden, der Pfalzgraf bei Rhein, Ludwig II., sowie (durch Vertretung) der Erzbischof von Mainz und wahrscheinlich auch Beauftragte Ottokars von Böhmen für den Plantagenet entschieden. Bereits am 13. Januar 1257 wählten der Kölner und der Pfälzer Richard von Cornwall vor den Toren von Frankfurt zum König, gefolgt von der Krönung durch den Kölner Erzbischof am 17. Mai in Aachen. Die Gegenpartei um den Kastilier geriet hierdurch in Zugzwang und konnte erst am 1. April auf Betreiben des Erzbischofs von Trier sowie mit Unterstützung von Sachsen und Brandenburg und erneut des böhmischen Monarchen Alfons X. zum deutschen König wählen. Da der Kastilier niemals Reichsboden betrat, blieb sein Königtum für die politischen Entwicklungen im Deutschen Reich in der Folgezeit nur von nachgeordneter Bedeutung. Auch die großen Hoffnungen Richards erfüllten sich nicht, der das Reich nur viermal besuchte und sich dort etwa vier Jahre aufhielt. Er konnte seinen Einfluss lediglich partiell ausdehnen, so dass Richard bald in realistischer Einschätzung der bestehenden Kräfteverhältnisse im Reich diese Situation akzeptierte und 1262 Ottokar von Böhmen die Reichslehen Österreich sowie Steiermark und 1266 den Schutz des gesamten rechtsrheinischen Reichsgutes übertrug. Zudem stand das deutsche *regnum* für Richard, der sich zeitweise auch in Italien für die Erlangung der Kaiserwürde engagierte und 1261 die Senatorenwürde in Rom erhielt, zu keiner Zeit im Zentrum seines politischen Handelns, obwohl er bei dem letzten Aufenthalt in dritter Ehe die Nichte des Erzbischofs Engelbert II. von Köln, Beatrix von Valkenburg, geheiratet hatte.

Die erwähnten außenpolitischen Aktivitäten Heinrichs III. auf dem Kontinent und sein Unvermögen, den eingegangenen Verpflichtungen insbesondere gegenüber dem Papsttum nachzukommen, führten zu einer schweren innenpolitischen Krise, die sich nach päpstlichen Interdiktdrohungen und Versuchen des Königs, an den Magnaten vorbei in den Grafschaften neue Steuern einzuziehen, vor dem Hintergrund einer Serie von Missernten auf einer Parlamentssitzung in London Anfang April 1258 manifestierte. Hier handelte es sich noch nicht um eine Fundamentalkritik am Monarchen wegen angeblicher Verletzungen baronialer Rechte, sondern lediglich um den Ausbruch eines Machtkampfes konkurrierender Gruppen am königlichen Hof, wobei sich die Savoyarden mit Unterstützung der Königin gegen die von Heinrich protegierten Lusignans wendeten. Diese rivalisierenden Gruppen von Hofleuten suchten Unterstützung bei den geistlichen wie weltlichen Großen des Landes, unter denen den Earls von Gloucester, Hereford, Leicester und Norfolk eine Schlüsselrolle zukam. Offensichtlich waren Heinrich und sein ältester Sohn Eduard politisch und militärisch bereits so weit geschwächt, dass sie am 2. Mai der Einsetzung einer Reformkommission zustimmen mussten, die 24 Mitglieder – je zur Hälfte vom König bzw. von den Magnaten bestimmt – umfassen sollte; zugleich sah sich der Monarch gezwungen, die Mehrheitsentscheidungen dieses Gremiums eidlich anzuerkennen. Bezeichnenderweise benannte Heinrich die bisherigen wichtigsten poitevinischen Berater sowie seinen Beichtvater, den Dominikaner Johann von Darlington, als Vertreter für diese Kommission, während auf baronialer Seite neben Simon de Montfort, Earl von Leicester, erneut die mächtigen Magnaten Richard von Clare, Earl von Gloucester, Roger Bigod, Earl von Norfolk, und Humphrey Bohun, Earl von Hereford, tätig wurden. Nachdem Heinrich im Juni 1258 ein Parlament nach Oxford einberufen hatte, übernahm das 24er-Gremium die Herrschaftsgeschäfte und legte den Plan einer umfassenden Regierungsreform vor, der schließlich gegen den Widerstand der Lusignan-Vertreter akzeptiert wurde. Das *Mad Parliament* beschloss u. a. die Einsetzung eines Gremiums von 15 Räten, das faktisch die Regierungsverantwortung trug und dessen Empfehlungen für den Monarchen verbindlich waren. Ohne die Einwilligung dieses 15er-Rates durfte der *chancellor* nicht agieren, der – wie der *treasurer* – dem königlichen Rat unterstand und keine unmittelbaren Befehle des Herrschers ausführen durfte. Auch die Bedeutung der *wardrobe* wurde eingeschränkt, indem künftig alle Einkünfte über den *exchequer* zu verbuchen waren und somit ein direkter Zugriff des Königs verhindert werden sollte. Schließlich wurden die *sheriffs* zu besoldeten Beamten gemacht, die unter Hinzuziehung der großen Herren für ein Jahr ihr Amt innehaben durften. Abgeschlossen wurde die Reform durch die Festlegung, dass die Parlamente dreimal jährlich stattfinden und hierbei außer dem 15er-Rat noch zwölf Vertreter des 24er-Ausschusses anwesend sein sollten, wobei die Rolle des Monarchen aber nicht hinreichend präzisiert wurde. Diese *Provisions of Oxford*[64] mussten außer dem König und Eduard auch der später nach England zurückkehrende deutsche König Richard von Cornwall beschwören. Daran schloß sich die Ausschaltung der Gruppe der Lusignans und die Vertreibung der „Fremden" vom Hofe und später aus dem ganzen Land an, während die siegreiche Gruppe der „fremden" Savoyarden durch Übereinkommen mit den Baronen am Hofe bleiben konnte. Rechtlich bedeuteten die

Provisions die Entmachtung des Monarchen, der nur noch unter Kontrolle baronialer Gremien agieren und nicht länger nach eigenem Willen politisch entscheiden konnte. Zudem musste der König zahlreiche Berater und wichtige Funktionsträger entlassen, ohne das Recht zu besitzen, neue Beamte nach seinem Ermessen zu benennen; so blieb Heinrich auch in dieser Hinsicht abhängig von den Entscheidungen der Kontrollgremien. Schließlich war in den *Provisions* keinerlei Vertretung der Grafschaften und Städte, d.h. der Ritter und Bürger, vorgesehen, so dass man das in Oxford etablierte Herrschaftssystem als „baroniale Oligarchie" bezeichnen kann. Diese versuchte in einer gesellschaftlichen Krisensituation der 50er Jahre, die Herrschaftsformen auf Dauer zu etablieren, die bereits während der Regentschaft zu Beginn der Herrschaft Heinrichs III. von Vertretern dieser Gesellschaftsgruppe praktiziert wurden. Hieran änderten auch die *Provisions of Westminster* wenig, die im Oktober 1259 auf einem Treffen von Rittern und unterer Vasallen (*communitas bacheleriae*) mit dem König sowie Lord Eduard in Westminster verabschiedet wurden und neben einer Entlastung der Ritter etc. von Verpflichtungen an lokalen Gerichtshöfen genauere Regelungen für die Überwachung von *chancellor* und *treasurer* sowie des *exchequer* vorsahen.[65]

Parallel zu den genannten innenpolitischen Reformmaßnahmen erfolgten Bemühungen zu einer Beseitigung außenpolitischen Konfliktpotentials, vor allem mit Ludwig IX., indem seit 1257 eine Kommission unter Mitwirkung Simon de Montforts mit dem kapetingischen Königshof um eine Beilegung der Streitigkeiten wegen der englischen Festlandsbesitzungen bemüht war, womit für den Plantagenet ein radikaler außenpolitischer Kurswechsel verbunden sein musste. Auch der Kapetinger schien an einem Ausgleich mit Heinrich III. wie mit Jakob I. von Aragón interessiert, wobei es um eine genauere Abgrenzung der jeweiligen Herrschaftsbereiche angesichts der Tatsache ging, dass sich im Pyrenäengebiet die jeweiligen Großen je nach Bedarf dem französischen oder aragonesischen Lehnsherrn unterstellten. Im Vertrag von Corbeil wurde eine Klärung herbeigeführt, indem Jakob I. auf alle Ansprüche in Südfrankreich – insbesondere auf Carcassonne, Béziers, Agde, Albi, Cahors, Nîmes, St. Gilles, Toulouse und Narbonne – verzichtete und Ludwig Forderungen nach altkatalonischen Territorien aufgab – u.a. bezüglich Barcelona, Urgell, Besalú, Roussillon, Cerdagne, Gerona und Vich. Ein entsprechender Vertrag wurde am 11. April 1258 von dem Kapetinger und dem Beauftragten Jakobs in Corbeil unterzeichnet und am 16. Juli 1258 von dem Aragonesen in Barcelona ratifiziert. Nachdem Jakob am folgenden Tag (17. Juli) ebenfalls in Barcelona auf das Erbe Raimund Berengars V. von Provence verzichtet hatte, war eine klarere Trennung der jeweiligen Einflussbereiche erreicht. Zudem erfolgte ein endgültiger Rückzug der Aragonesen bzw. Barcelonesen aus Südfrankreich und die Sicherung Kataloniens vor kapetingischen Ansprüchen, wobei letztlich nur ein gegenseitiger Verzicht auf obsolete Herrschaftsansprüche und eine Anerkennung des Status Quo erfolgte.

Auch mit dem Plantagenet war Ludwig nach längeren Verhandlungen unter maßgeblicher Beteiligung Simon de Montforts im Mai 1258 zu einem Ausgleich bereit, wobei Heinrich dem Kapetinger den ligischen Lehnseid für Guyenne leistete und gleichzeitig auf seine Ansprüche auf Anjou, Maine, Touraine sowie den Titel eines Herzogs der Normandie bzw. Grafen von Anjou verzichtete. Ludwig trat im Gegenzug seine Hoheitsrechte in den Diözesen Limoges, Cahors und Périgueux an Heinrich ab; hinzu kamen Sonderregelungen für Bigorre, Fezesac und Astarac. Für den Fall, dass der Erbe Raimunds von Toulouse – Alfons von Poitiers – kinderlos sterben würde, sollte der Plantagenet die Saintonge südlich der Charente, das Agenais und das toulousanische Quercy erhalten, sofern er die erforderlichen Besitzrechte nachweisen konnte; die Durchführung entsprechender *inquisitiones* sollte hingegen noch Jahre dauern. Zudem erklärte sich der Kapetinger bereit, Heinrich zwei Jahre lang den Sold für 500 Ritter zum Nutzen des englischen *regnum* zu zahlen – Truppen, die in Wirklichkeit zum Kampf gegen Manfred in Sizilien eingesetzt werden sollten. Nach wenigen Modifikationen (im Oktober 1259) ratifizierte Heinrich III. am 4. Dezember 1259 in Paris den Vertrag und leistete im Garten des dortigen Königspalastes Ludwig den so lange verweigerten Lehnseid.[66] Vor allem zur Realisierung seiner sizilischen Pläne war Heinrich III. somit bereit, den Verlust der wichtigsten englischen Festlandsbesitzungen infolge der Eroberungen Philipps II. August hinzunehmen und alte, als legitim betrachtete Besitzrechte aufzugeben – ein Vorgehen des Monarchen, das im Inselreich auf heftige Kritik stieß; auch Ludwig IX. erfuhr von Seiten der französischen Großen Widerspruch, die die Nachgiebigkeit des Monarchen rügten. Trotz der Kritik beharrten Heinrich wie Ludwig auf ihrer Entscheidung, wobei der Kapetinger zur Rechtfertigung auf die verwandtschaftlichen Beziehungen zu dem Plantagenet und vor allem auf seine Pazifizierungsbemühungen im gesamten Abendland verwies – Hoffnungen Ludwigs, die mit dem Pariser Vertrag nicht in Erfüllung gingen, da sich dieser in der Folgezeit als Quelle ständig neuer Besitzauseinandersetzungen erweisen sollte. Ohne Bedeutung blieb der Pariser Vertrag auch für die Sizilien-Pläne Heinrichs, da zuerst Alexander IV. und danach Urban IV. wegen der Nichterfüllung der Verträge durch den Plantagenet 1263 die englischen Ansprüche zurückwiesen und statt dessen einen französischen Kandidaten – Karl von Anjou – favorisierten, der erst nach langen Verhandlungen sowie dem Sieg über Manfred in der Schlacht bei Benevent am 26. Februar 1266 die Herrschaft im sizilischen *regnum* übernahm. Damit war der Versuch des Plantagenets gescheitert, zumindest partiell die Nachfolge des staufischen Hauses anzutreten und in Konkurrenz zu den Kapetingern seinem Reich eine politische Schlüsselrolle im Abendland zu verschaffen.

Auch innenpolitisch stand Heinrich III. weiter unter dem Druck der oppositionellen Barone, deren Führung Simon de Montfort übernommen hatte, während Lord Eduard eigene politische Ziele – u. a. durch ein temporäres Bündnis mit dem Earl von Leicester – zu verfolgen begann. Die wachsende Zerstrittenheit der rebellischen Großen und die zögerliche Durchführung von Reformmaßnahmen ermöglichten es daher dem Monarchen durch eine Appellation an den Papst, dass dieser am 13. April 1261 die *Provisions of Oxford* sowie *Westminster* annullierte und den König von den diesbezüglichen Eiden befreite. Daraufhin ließ Heinrich die päpstliche Entscheidung nicht nur umgehend auf dem Osterhoftag und auf den Parlamentssitzungen in Winchester (24. April und 14. Juni 1261) verkünden und die neuen Berater sowie hohe Verwaltungsbeamte entlassen, sondern er schien durch die Anwerbung von Söldnern einen militärischen Konflikt mit den Baronen vorzubereiten. Dieser wurde aber nach einer Parlamentssitzung in Windsor durch die Einsetzung einer Schiedskommission zur Revision der *Provisions of Oxford* und den späteren Rückzug Montforts nach Frankreich verhindert. Obwohl Papst Urban IV. am 25. Februar 1262 erneut die *Provisions* verdammt hatte, kam es im Frühjahr 1263 nach der Rückkehr Montforts nach England wieder zu einem Umschwung, so dass der König durch militärischen Druck bei einer Parlamentssitzung am 9. September 1263 zur erneuten Anerkennung der *Provisions of Oxford* gezwungen wurde, während sich der Widerstand der Königsanhänger – wie Heinrich d'Almain, Johannes de Warenne sowie zahlreicher Lords der Walisischen Marken – verstärkte. Nach einer weiteren Eskalation der innenpolitischen Spannungen und einem vergeblichen Vermittlungsversuch Richards von Cornwall kamen die beiden Konfliktparteien überein, von Ludwig IX. einen Schiedsspruch über die *Provisions* sowie die übrigen Streitpunkte zu erbitten. Bereits am 24. Januar 1264 verkündete der Kapetinger in

Anwesenheit des englischen Königspaares und baronialer Vertreter seine Entscheidung (*Mise von Amiens*), indem er nicht nur die *Provisions* für unwirksam erklärte, sondern auch das uneingeschränkte Recht des englischen Königs auf freie Personalentscheidungen für seine Beamten und Ratgeber bestätigte[67] – ein Urteil, das aufgrund des herrscherlichen Selbstverständnisses Ludwigs und seiner Entschlossenheit, päpstliche Entscheidungen zu respektieren, nicht überraschen konnte. Ebenfalls nicht verwunderlich war die Bereitschaft Montforts, den Urteilsspruch abzulehnen und eine weitere Eskalation der innenpolitischen Spannungen hinzunehmen, zumal zahlreiche Städte, Intellektuelle der Universität Oxford sowie Angehörige des Franziskanerordens die Forderungen des Earls nach einer umfassenden Gesellschaftsreform unterstützten.

So brach im April 1264 ein Bürgerkrieg aus, in dessen Verlauf es nach kleineren Gefechten am 14. Mai 1264 bei Lewes zu einer Entscheidungsschlacht kam, in welcher der Monarch, Lord Eduard und Richard von Cornwall gefangen genommen und nach Vermittlung durch Dominikaner und Franziskaner zur Anerkennung der *Mise von Lewes* gezwungen wurden. Hierin verpflichtete sich Heinrich, die *Magna Carta*, die Forst-*Carta* sowie die *Provisions of Oxford* anzuerkennen, sämtliche königlichen Burgen der siegreichen Baronengruppe zu übergeben und künftig alle seine Räte von einem Kollegium hoher Geistlicher bestimmen zu lassen, das auch die königlichen Ausgaben überwachen sowie weitere Streitfragen entscheiden sollte; der Monarch war verpflichtet, allen Empfehlungen dieses Gremiums zu entsprechen.[68] Der baroniale Sieg wurde durch die Einsetzung treuer Gefolgsleute in allen Bereichen der Verwaltung sowie des Militärwesens gesichert, während Lord Eduard mit Heinrich d'Almain von den Siegern als Geiseln genommen wurden und sich der König in die Gewalt Simons – faktisch als Gefangener – begeben musste. Trotz dieser repressiven Maßnahmen war der Sieg Simons kein vollständiger, da nicht nur die Legitimität seiner Herrschaft fraglich blieb, sondern auch zahlreiche Gegner der Montfortianer im Inselreich in Freiheit waren oder sich – wie die Königin, Peter von Savoyen sowie zahlreiche hohe Geistliche – in Frankreich aufhielten und eine Invasion der Insel vorbereiteten. Zudem verschlechterten sich die Beziehungen der Barone zur Kurie kontinuierlich, da Montfort dem Kardinallegaten Guido Grossus von S. Sabina die Reise ins Inselreich verwehrte und dieser später (am 21. Oktober 1264) als Papst Clemens IV. alle Befürworter der *Provisions* exkommunizierte. Nachdem auch die Gefolgschaft rapide schwand, ließ Simon zum 22. Juni 1264 ein Parlament einberufen, das eine neue, angeblich nur „provisorische" Form der Regierung autorisieren sollte. Diese bestand aus einem Dreier-Gremium – Stephan Bersted, Bischof von Chichester, und Gilbert de Clare, Earl von Gloucester, sowie Simon de Montfort, Earl von Leicester – mit dem Auftrag, ein Kollegium von neun Personen zu berufen, das den König beraten sollte; drei Angehörige dieses Neuner-Gremiums hatten sich ständig am Hofe aufzuhalten, ohne deren Einwilligung der Monarch nichts unternehmen durfte. Da das Dreier-Gremium um Earl Simon die Oberaufsicht behielt und die Zusammensetzung des Neuner-Gremiums bestimmte, befand sich die Regierungsmacht tatsächlich in den Händen des genannten Dreier-Gremiums bzw. Earl Simons. Nachdem sich dieses Kollegium auch den Zugriff auf den *justiciar* (Hugo Despenser) und den *chancellor* (Thomas Cantelupe) gesichert hatte, entwickelte sich die Herrschaft einer baronialen Oligarchie, die Legislative wie Exekutive in ihre Gewalt gebracht hatte. Diese Machtfülle ließ sich Simon am 12. August 1264 durch Heinrich III. und den Thronfolger in einem Frieden zu Canterbury bestätigen, wobei der Earl bezeichnenderweise in der Präambel des *pactum* erklärte, die bislang provisorische Regierungsform solle für die gesamte Lebenszeit Heinrichs und noch bis zum Beginn der Königsherrschaft Eduards Bestand haben.

Damit etablierte Simon, den die ältere englische Forschung oft als „Vater der parlamentarischen Regierungsform" oder gar als „Schöpfer der parlamentarischen Demokratie" feierte, auf Dauer ein oligarchisch geprägtes Regiment, in dem Elemente einer autokratischen Herrschaft des Earls in der Folgezeit noch deutlicher wurden. An diesen Gegebenheiten konnten „Popularisierungsversuche" Simons wenig ändern, für eine Parlamentssitzung am 20. Januar 1265 in London außer den Prälaten und Baronen zusätzlich je zwei Ritter pro *shire* sowie je zwei Bürger aus Lincoln, York und zahlreichen anderen *boroughs* und je vier Vertreter der Cinque Ports zu berufen. Montfort ging es bei dieser Maßnahme sicherlich weniger um eine „Demokratisierung" der Herrschaftsformen, sondern im temporären Rekurs auf „niedere" Bevölkerungsschichten eher um eine Verbreiterung seiner politischen Machtbasis. Zwar konnte der Earl von Leicester nach einem Sieg über oppositionelle *Marcher*-Barone Lord Eduard am 8. März 1265 zu einem erneuten Frieden und zur Anerkennung der bestehenden Regierungsform zwingen, doch wuchs in der Folgezeit unter den Großen der Widerstand gegen Simon, der zunehmend – unter Mitwirkung von Mendikantenpredigern – eine Art „Kreuzzug" für Gerechtigkeit und Freiheit sowie für eine umfassende Gesellschaftsreform zu führen versuchte,

ohne hierbei zu vergessen, die eigene Machtposition durch großzügige Dotationen seiner Söhne sowie anderer Familienangehöriger
zu stärken. Dennoch verschlechterte sich die Lage Simons in der
Folgezeit weiter, zumal er den Widerstand königstreuer Barone insbesondere in Nordengland und in der Walisischen Mark nicht brechen konnte; hieran änderte auch der Friedensvertrag wenig, den
Heinrich III. auf Betreiben Leicesters am 22. Juni 1265 in Pipton
zur Stabilisierung der Lage im Westen mit Llewelyn ap Gruffydd bei
Gewährung beachtlicher Konzessionen an diesen abschließen musste. Nachdem sich bereits im Frühjahr 1265 Gilbert de Clare, ein
Mitglied der Dreier-Kommission, von Simon abgewandt hatte und
Lord Eduard am 28. Mai aus der Gefangenschaft fliehen konnte, gelang es dem Thronfolger mit *Marcher*-Unterstützung, zuerst Simon
den Jüngeren bei Kenilworth auszuschalten und danach den Earl
mit seinen wichtigsten Gefolgsleuten westlich des Severn zum
Kampf zu stellen; am 4. August 1265 kam es dann in Evesham zur
Entscheidungsschlacht mit dem Hauptheer Simons. Im Verlauf des
verbissen geführten Kampfes fielen mit dem Earl von Leicester sein
Sohn Heinrich, Peter de Montfort, Hugo Despenser und zahlreiche
wichtige baroniale Anhänger. Mit welchem Haß die Royalisten
gegen ihre Gegner vorgingen, verdeutlicht die Tatsache, dass die
Sieger sogar die Leiche Simons verstümmelten und dessen entstell-
ten Kopf, Hände und Testikel der Gattin von Roger Mortimer,
Lord von Wigmore, als Trophäe überbringen ließen. Der König,
der als Gefangener Montforts von diesem mit in die Schlacht geführt worden war, entkam nur mit Mühe und Verwundungen aus
dem Gemetzel in die Freiheit.

Wie tief die englische Gesellschaft durch den Bürgerkrieg gespalten worden war, verdeutlicht die Härte und Uneinsichtigkeit, mit
der die Sieger gegen die baronialen Verlierer nach Evesham vorgingen. Nachdem Heinrich III. am 7. August 1265 die Wiederaufnahme seiner persönlichen Herrschaftsausübung erklärt hatte und Richard von Cornwall am 6. September aus der Gefangenschaft
entlassen worden war, wurde am 16. September ein allgemeiner
Friede verkündet und am folgenden Tag die Verurteilung aller *fauto-
res* von Earl Simon wiederholt, deren Besitzungen von der Krone
eingezogen wurden. Da unklar blieb, wer aufgrund welcher Krite-
rien zum Kreis der Rebellen gehörte, kam es in der Folgezeit zu
unkontrollierten Besitzübernahmen und Verfolgungen durch Royalisten, so dass sich die sog. „Enterbten" (*disinherited*) zum Widerstand – mit Zentren u. a. in Kenilworth und in der Isle of Axholme
– geradezu gezwungen sahen. Während der König einen Ausgleich

mit der Stadt London sowie den Cinque Ports fand und Eduard die militärische Ausschaltung der verbliebenen Rebellen insbesondere in Kenilworth betrieb, bemühte sich der päpstliche Legat Ottobuono Fieschi um eine Pazifizierung des Landes, die durch wachsende Rivalitäten im Lager der Royalisten erschwert wurde. Einsichtiger erwies sich dagegen eine vom Parlament benannte Kommission von zwölf Bischöfen und Baronen, die in ihrem Entscheid zwar die Herrschaftsgewalt des Monarchen bei gleichzeitiger Gültigkeit der *Magna Carta* sowie der Forst-*Carta* betonte und die Mehrzahl der Verfügungen der baronialen Gremien der letzten Jahre annullierte, hingegen die Strafmaßnahmen gegenüber den Montfortianern milderte und zur weiteren Friedenswahrung Krieg als Mittel zur Durchsetzung baronialer Rechtsansprüche zugunsten des Gerichtsweges ausschloss. Obwohl das sog. *Dictum von Kenilworth*, das am 31. Oktober 1266 verkündet wurde,[69] den Opponenten deutlich entgegenkam, empfanden zahlreiche *disinherited* die Strafbestimmungen unverändert als zu hart, während viele Royalisten mit der Rückgabe der konfiszierten Güter an die Rebellen nicht einverstanden waren, so dass die Unruhen und Kämpfe im Land, besonders in der Isle of Ely, anhielten. Ein Umschwung kam erst, als sich der königstreue Gilbert de Clare, Earl von Gloucester, durch militärischen Druck auf den König für einen Friedensschluss einsetzte, der nach der Kapitulation der Garnison von Ely im Juli 1267 auch erfolgte. Zumindest einen Teil der Rechtsentwicklungen in der Zeit seit den *Provisions of Oxford* sicherte schließlich das *Statute of Marlborough* im Jahre 1267, in dem wesentliche Teile der *Provisions of Westminister* übernommen wurden und verstärkt ein Schutz der kleineren Landbesitzer sowie Neuregelungen im Gerichtswesen erfolgten.[70] Auch nach dem Sieg von Evesham kamen der König und der Thronfolger daher nicht umhin, eine rechtliche Beschränkung der monarchischen Gewalt und der Rechte des hohen Adels zu akzeptieren und aufstrebende Mittelschichten, wie Ritter und Städter, an der Herrschaftsausübung zu beteiligen. Den Abschluss der Pazifizierungsmaßnahmen bildete schließlich am 29. September 1267 der Vertrag von Montgomery mit Llewelyn, der nicht nur als Prinz von Wales und Oberlehnsherr für die walisischen Magnaten anerkannt wurde, sondern auch die Bestätigung des Besitzes großer Teile von Mittel- und Süd-Wales erhielt.[71]

Nach der Befriedung des Landes zog sich Heinrich III. immer stärker aus dem politischen Tagesgeschehen zurück, während Eduard auf Betreiben des Kardinallegaten Ottobuono beschloss, gemeinsam mit Edmund Crouchback, Heinrich d'Almain und zahlreichen anderen Großen das Kreuz zu nehmen und Ludwig IX. auf seinem zweiten Kreuzzug zu begleiten. Da die Beschaffung der erforderlichen finanziellen Mittel Schwierigkeiten und die Erhebung einer entsprechenden Sondersteuer zeitweise auf Widerstand vor allem des niederen Klerus stieß, konnte Eduard erst am 20. August 1270 mit seiner Gemahlin England verlassen, um sich Ludwig in Aigues-Mortes anzuschließen. Während sich der Kreuzzug des Kapetingers zu einem Fiasko entwickelte und Ludwig am 25. August 1270 vor Tunis starb, verlief die weitere politische Entwicklung in England ruhig. So war es dem alten König noch vergönnt, am 13. Oktober 1269 einen Lebenstraum mit der Translation der Reliquien Eduards des Bekenners im gotischen Neubau von Westminster zu realisieren – einem prachtvollen Kirchengebäude, das in Konkurrenz zu den Bauten der Kapetinger das sakrale Zentrum des englischen Königtums und des Reiches bilden sollte. Den Rest seines Lebens verbrachte Heinrich zurückgezogen und ohne nachhaltigen Einfluss auf das politische Leben im *regnum* zu nehmen; am 16. November 1272 starb der König in Westminster. Welch innenpolitische Stabilität das englische Reich beim Tode Heinrichs besaß, verdeutlicht die Tatsache, dass die Proklamation Eduards als Nachfolger ohne Widerstände und in Abwesenheit des künftigen Monarchen erfolgte, den die Nachricht vom Tode seines Vaters auf Sizilien erreichte. Eduard sah sich sogar in der Lage, auf eine überstürzte Rückreise nach England zu verzichten und das Kreuzzugsunternehmen fortzusetzen. Erst im Jahre 1274 kehrte Eduard nach längerem Festlandsaufenthalt auf die Insel zurück.

Das Bild Heinrichs in der zeitgenössischen Historiographie, aber auch in der Forschung blieb von wenigen zentralen Themen aus der Geschichte des Inselreiches bestimmt, wobei deutliche Einflüsse der propagandistischen Auseinandersetzungen während seiner Regierungszeit feststellbar sind – wie z.B. die Kritik am negativen Einfluss der „Fremden" am königlichen Hof und an den hohen finanziellen Ausgaben des Monarchen für außenpolitische Unternehmungen sowie an der Akzeptanz der exorbitanten Geldforderungen der Kurie an die englische Kirche; fremdenfeindliche und nationalistische Töne an der angeblichen *misrule* Heinrichs sind nicht zu überhören. Zudem wurde in der neueren englischen Forschung verstärkt auf die Prägung des Monarchen in der Jugend durch bürgerkriegsähnliche Zustände sowie den frühen Verlust der Zuwendung der Mutter hingewiesen, die das Land verließ und eine neue Ehe einging. Die hieraus resultierende Abhängigkeit Heinrichs von Erziehern und Beratern trug sicherlich mit zu der angeblichen *simplicitas* und Weltfremdheit des Monarchen bei, der kaum sein Inselreich verließ. Auch führten spätere Erfahrungen bezüglich der Machtgier englischer Barone sowie der Unzuverlässigkeit und Treulosigkeit von Beratern zu einem tiefen Misstrauen des Herrschers gegenüber den Großen des Landes. All dies bestärkte ihn in der Entschlossenheit, sich von der Bevormundung durch englische Barone zu befreien und auf unabhängige, auswärtige Berater zurückzugreifen, die ihn ihrerseits nicht selten ausnutzten und enttäuschten. Dennoch prägten gerade die auswärtigen Berater, die zumeist aus Frankreich stammten, das Selbstverständnis Heinrichs als Monarch, der von der Sakralität und dem Gottesgnadentum seines Königtums überzeugt war. Hierfür suchte er 1245 – wenn auch vergeblich – eine Bestätigung durch eine Anfrage bei Grosseteste bezüglich der Königssalbung zu erhalten, an deren Sakralität der Plantagenet nicht zweifelte. Zudem teilte der Monarch, der von tiefer Frömmigkeit geprägt war und den Gesang der *laudes regiae* schätzte, den Glauben der Bevölkerung an die Fähigkeit der englischen Könige, durch Handauflegen von Skrofeln zu heilen – eine Kraft zur Wunderheilung, die die englischen Monarchen angeblich mit den französischen Herrschern teilten. Schließlich forcierte der Plantagenet den Kult des hl. Eduard, den er als Schutzheiligen verehrte und dessen Translation in die umgebaute Westminster Abbey 1269 einen Höhepunkt im Leben des Königs darstellte. Aufgrund dieses Selbstverständnisses des Monarchen mussten die Einschränkungen der königlichen Herrschaftsgewalt, die Heinrich letztlich als unbegrenzt verstand, und die „verfassungsrechtlichen" Entwicklungen seit den 50er Jahren sowie die baronialen Eingriffe in königliche Prärogativen und seine *personal rule* für ihn als nicht hinnehmbare Verstöße gegen die überkommene Ordnung erscheinen. Andererseits wurden die Anliegen der Magnaten bereits in der zeitgenössischen Historiographie – absehen von den königlich geförderten Westminster-Chronisten – als legitim betrachtet, so dass die Barone vielfach als aufrechte Verteidiger alter Rechte und Gewohnheiten Englands sowie der Freiheit der Kirche gegenüber „auswärtigen" Bedrohungen dargestellt wurden. Der Kampf der Großen um ihre Rechte – verbunden mit einem neuen Modell der parlamentarischen Beschränkung königlicher Allmacht – war hiernach berechtigt und notwendig, wobei Simon de Montfort zu einem Heros stilisiert wurde, der für die gerechte Sache Englands gleichsam als Märtyrer starb und den man daher wie einen Heiligen verehrte; Heinrich III. sah sich sogar gezwungen, den um die Person Simons entstehenden religiösen Kult zu verbieten.

In ähnlicher Weise war der König von der Legitimität seiner Rechte auf die entfremdeten englischen Festlandsterritorien überzeugt, deren Rekuperation er – wie ihm Berater ständig versicherten – als eine der vornehmsten Aufgaben seiner Herrschaft betrachtete. Da sich die Mehrzahl der englischen Barone mit dem Verlust dieser Gebiete abgefunden zu haben schien und daher das politische Augenmerk ausschließlich auf das Inselreich richtete, musste es zu einem Fundamentalkonflikt zwischen den Magnaten und dem König über die Rekuperationspolitik bzw. allgemein über die Hauptziele der auswärtigen Politik Heinrichs kommen. Die Auseinandersetzungen wurden durch die „kosmopolitischen Ambitionen" des Monarchen und seine expansive Außenpolitik in Italien und im Deutschen Reich verstärkt, da der Plantagenet den Zusammenbruch des staufischen *imperium* nutzen wollte, um dem englischen Reich eine größere Bedeutung im Kreis der abendländischen *regna* zu verschaffen – Pläne, die trotz der beachtlichen politischen und finanziellen Möglichkeiten des englischen Monarchen als unrealistisch erscheinen müssen. Hiermit verbunden war ein ständig wachsender Finanzbedarf des Königs, intensiviert durch die exorbitanten Steuerforderungen von Seiten der Kurie, wodurch sich der Monarch trotz des vorzüglichen Finanzwesens im Inselreich in ständigen Geldnöten befand. Gleichzeitig eröffneten die zahlreichen Bitten Heinrichs um Gewährung von Sondermitteln den Baronen die Möglichkeit, finanzielle Leistungen von politischen Konzessionen zugunsten der Großen bzw. des Parlamentes abhängig zu machen. So wird man der Herrscherpersönlichkeit Heinrichs III. eine gewisse Tragik nicht absprechen können, dessen „kosmopolitischen Visionen" bei erfolgreicher Realisierung eine völlige Neugestaltung der politischen Kräfteverhältnisse im Abendland zur Folge gehabt hätten – im „Erfolgsfalle" mit der Verfügungsgewalt Heinrichs über England und die ehemals angevinischen Festlandsbesitzungen, dem Kaisertum und deutschen Königtum seines Bruders Richard von Cornwall mit der Macht über das Deutsche Reich bzw. Reichsitalien und der Herrschaft seines Sohnes Edmund über das sizilische *regnum*. Zwar wird Heinrich bis heute in erster Linie als Förderer der Künste und Finanzier kunsthistorisch bedeutender Bauwerke wie der Westminster Abbey sowie prachtvoller Handschriften gewürdigt; dennoch verdiente der Monarch aufgrund seiner Friedensbemühungen innerhalb wie außerhalb des Inselreiches und wegen seiner „kosmopolitischen Visionen" auch größere Beachtung als Politiker, der zu wenig durchsetzungsfähig war und keine Fortune besaß.

6. Das Wiedererstarken des englischen Königtums und seine Expansionspolitik gegenüber den „keltischen Reichen" (1272–1307)

Zum Zeitpunkt des Todes Heinrichs III. am 16. November 1272 befand sich der Thronfolger auf dem Kreuzzug unter Leitung Ludwigs des Heiligen, der bei diesem Unternehmen u.a. von den Königen Karl von Anjou, Tedbald II. von Navarra und Jakob I. von Aragón sowie Fürsten aus Flandern, La Marche und der Bretagne begleitet wurde und nach kurzfristiger Änderung des Kreuzzugsziels am 17. Juli vor Tunis landete, wo der Kapetinger nach vergeblicher Belagerung und nach Ausbruch von Malaria und Typhus – wie später ein Sohn und zahlreiche Große – am 25. August 1270 starb; Philipp III. (*le Hardi*) folgte ihm ohne Schwierigkeiten auf dem französischen Thron. Karl von Anjou, der zwischenzeitlich mit seiner Flotte in Nordafrika gelandet war und die Leitung des Heerzuges übernommen hatte, sah sich in Anbetracht der Schwäche der verbliebenen militärischen Kräfte am 1. November 1270 mit dem Hafsiden al-Mustansir zum Abschluss eines zehnjährigen Vertrages veranlaßt, dessen Hauptnutznießer der Angevine war. Der englische Thronfolger, der in Begleitung u.a. seines Bruders Edmund von Lancaster, Heinrichs d'Almain sowie einiger englischer Großer der Flotte des Kapetingers von Cagliari nachgereist und Anfang November 1270 in Tunesien angelangt war, schien jeglichem Ausgleich mit den Muslimen abgeneigt und zur Fortsetzung des Kreuzzuges entschlossen, während die übrigen Teilnehmer das Unternehmen abbrachen und in ihre Heimatländer zurückreisten. So überwinterte Eduard in Sizilien und fuhr – ungeachtet bedenklicher Nachrichten vom englischen Königshof – im Mai 1271 von Trapani über Zypern ins Heilige Land, wo er am 9. Mai in Akkon landete. Da der Plantagenet lediglich über vergleichsweise schwache Militärkräfte verfügte, suchte er sowohl die Unterstützung von zypriotischen Rittern bzw. der Ritterorden als auch des Mongolen-Khans Abaga, der mit Reitertruppen über Aleppo bis nach Apamea vorrückte, während Eduard seit Juni wenig erfolgreiche Angriffe in der Nähe von Akkon und auf Qaqun durchführte, so dass er sich schließlich zu Verhandlungen mit den Muslimen bereit erklären musste. Unter Vermittlung Karls von Anjou kam es am 22. Mai 1272 in Caesarea zum Abschluss eines Waffenstillstandes mit einer Gültigkeit von ca. zehn Jahren, wonach die christliche Herrschaft in dem Küstenstreifen zwischen Akkon und Sidon ebenso wie das Zugangsrecht der Pilger für die Reise nach Nazareth fortbestehen sollte, gesichert durch eine von Eduard finanzierte Garnison in Akkon. Während die militärischen Erfolge des Thronfolgers unbedeutend waren, hatte er zur Finanzierung des Unternehmens eine beträchtliche Verschuldung in Kauf genommen, da er bei italienischen Kaufleuten und Bankiers hohe Kredite aufnehmen und sogar künftige Einnahmen aus den Bordeaux-Zöllen verpfänden musste. Zudem wurde er am 16. Juni 1272 das Opfer des Anschlages eines Assassinen, der Eduard mit einem vergifteten Dolch verletzte, so dass der Fürst erst nach längerer Erkrankung am 22. September 1272 aus Akkon abreisen konnte.

Auf der Rückfahrt erhielt der Prinz in Trapani die Nachricht vom Tode seines Vaters, ohne hierauf mit überstürzter Abreise ins Inselreich zu reagieren, da er zu Recht auf die Loyalität der Barone und die Funktionsfähigkeit des Verwaltungsapparates auf der Insel vertraute, wo seine vor der Abreise eingesetzten Gefolgsleute – wie der Erzbischof von York, Walter Giffard, der Lord von Wigmore, Roger Mortimer, und der Verwaltungsfachmann Robert Burnell – für Herrschaftsstabilität sorgten und unmittelbar nach der Beisetzung Heinrichs III. mit Unterstützung der geistlichen Würdenträger die Leistung eines Treueides auf den neuen König durchsetzten. So konnte sich Eduard bis Mitte Januar 1273 am Hofe Karls von Anjou aufhalten, um anschließend über die Lombardei und Savoyen am 26. Juli 1273 nach Paris zu reisen, wo er Philipp III. – unter Hinweis auf rechtliche Bedenken – das *homagium* für die Ländereien leistete, die er vom französischen König hielt. Unruhen in der Gascogne veranlassten Eduard, immer noch nicht ins englischen *regnum*, sondern ins Béarn zu reisen, um dort gegen die Rebellion des Vizegrafen Gaston vorzugehen, der nach militärischen Erfolgen des Plantagenets an das Parlement appellierte und ein Rechtsverfahren initiierte, das sich trotz zeitweiliger Entscheidungen zugunsten Eduards bis zum Jahre 1279 hinzog und mit einem Ausgleich zwischen den Kontrahenten endete. Mit der Anerkennung der Verfügungen des Parlement durch den englischen König hatte dieser jedoch einen gravierenden Präzedenzfall für die künftigen Beziehungen zum französischen Königshof geschaffen, da bei folgenden Konflikten – etwa bei dem Streit zwischen der Kommune Limoges und dem Vizegrafen – nicht nur das Parlement gegen den englischen Monarchen entschied, sondern der Kapetinger auch die Möglichkeit erhielt, seine Herrschaftsinteressen mit juristischen Mitteln durchzusetzen und gleichzeitig die Position Eduards als Territorialherr zu schwächen.

Der Aufenthalt des Plantagenets in Südwestfrankreich ermöglichte ihm zudem eine Intensivierung der Beziehungen zu den christlichen Reichen auf der Iberischen Halbinsel, wo sich Alfons X. von Kastilien auf seine Imperialpolitik konzentrierte, während Peter (III.), der Infant von Aragón und Gatte Konstanzes von Sizilien, nach der Niederschlagung von Adelsunruhen in Katalonien bzw. Aragón zur Förderung seiner Expansionspolitik gegenüber Karl von Anjou und Philipp III. Interesse an einem Heiratsbündnis mit dem englischen Hof zeigte, das jedoch nicht zustande kam. Zeitweise erfolgreicher gestalteten sich die Beziehungen Eduards zum Königreich Navarra, wo Heinrich III. (I.) (*le Gros*) nach dem Tode seines Bruders Tedbald († 4. Dezember 1270) auf dem zweiten Kreuzzug Ludwigs IX. sowohl in der Herrschaft über die Grafschaft von Champagne bzw. Brie als auch über das Königreich Navarra (am 1. März 1271) gefolgt war. Zur Abwehr innen- wie außenpolitischer Pressionen schloß der Navarrese am 30. November 1273 bei einem Treffen mit Eduard in der Nähe von Bayonne ein Heiratsbündnis für den Sohn Eduards, Heinrich, und die sich im Säuglingsalter befindliche Tochter König Heinrichs. Hiernach sollte die Tochter Johanna für den Fall des Todes ihres Vaters ohne männlichen Erben außer 40.000 Pfund Turonensium dessen gesamten Territorialbesitz, d.h. außer Navarra noch die Champagne und Brie, erhalten, während dem jungen Paar bei der Heirat die Gascogne überlassen werden sollte; für den Fall eines frühzeitigen Todes des jungen Heinrich hatte sein Bruder Alfons dessen Stelle als Ehemann der jungen Prinzessin einzunehmen.[72] Konnte Eduard aufgrund dieses Vertrages eine kontinuierliche Einflussnahme auf Navarra und auf die Champagne erhoffen, so zerschlugen sich die Pläne in der Folgezeit infolge von Todesfällen, da König Heinrich I. am 22. Juli 1274 und der englische Prinz Heinrich am 14. Oktober 1274 starben. Befremdlicherweise verzichtete Eduard in der Folgezeit darauf, seine außenpolitischen Pläne in Navarra weiter zu verfolgen, so dass sich die Witwe Blanca von Artois infolge schwerer innenpolitischer Auseinandersetzungen (*Navarrería* in Pamplona) zu einem Hilfsersuchen bei Philipp III. gezwungen sah, der nur zu gerne im Vertrag von Orléans 1275 die Vormundschaft für die Tochter Blancas, Johanna, übernahm. Eduard hingegen unterließ eine mögliche Intervention und trat statt dessen die Reise ins Inselreich an, wo er am 2. August 1274 in Dover landete und am 19. August vom neuen Erzbischof von Canterbury, Robert Kilwardby, in Westminster gekrönt wurde.

In der Folgezeit wandte sich der Monarch vor allem innenpolitischen Problemen zu, insbesondere einer Reform des Verwaltungs-

und Rechtswesens, wobei mit der Neustrukturierung der Rechtsordnung eine Stärkung der königlichen Herrschaft mithilfe des Rechtes angestrebt wurde, indem die königliche Rechtsprechungskompetenz absoluten Vorrang gegenüber den zahlreichen, hiermit konkurrierenden Rechtskreisen erhielt – wie etwa dem Feudalrecht, dem Recht der Grafschaften und *hundreds*, der Städte und des Klerus. Hinzu kam die Notwendigkeit, die sich verstärkenden Auswüchse des *common law* zu regulieren und das Gewohnheitsrecht für alle wichtigen Rechtsbereiche – vom Bodenrecht bis zu Sonderrechten einzelner gesellschaftlicher Gruppen wie Kaufleuten – durch schriftlich fixiertes Recht in Form von Statuten einzuschränken, die kodifiziert werden und normative Bedeutung für die Rechtsprechung erlangen sollten. Der so oft gepriesene „Legalismus" Eduards war somit in erster Linie machtdeterminiert und diente mit der Verrechtlichung königlicher Herrschaftspraxis vorrangig einer Stärkung der monarchischen Gewalt. Bereits im Oktober 1274 begann der Plantagenet mit den Reformen, indem er einen großen *inquest* durchführen ließ, der vier Jahre dauerte und sowohl die Tätigkeit regionaler königlicher Amtsinhaber – wie der *sheriffs* – überprüfen, als auch die Grundlagen adliger Herrschaftsund Rechtsausübung klären sollte, verbunden mit einer Untersuchung der Höhe der fälligen Abgaben an die Krone. Nach Abschluss des *inquest*, der in den *Hundred Rolls* dokumentiert wurde, musste der König 1278 im *Statute of Gloucester* zwar auf eine völlige Abschaffung der feudalen Gerichtsbarkeit verzichten und einen Kompromiss eingehen, wonach ein Nachweis der Ausübung adliger Gerichtsbarkeit seit dem Herrschaftsantritt König Richards I. (1189) nach Gewohnheitsrecht ausreichte;[73] dennoch gelang dem Monarchen damit ein erster Schritt auf dem Wege zu einer konsequenten Einschränkung adliger Gerichtsbarkeit zugunsten einer Stärkung der königlichen Rechtsprechung.

Ähnliche Tendenzen verfolgte der Monarch mit der Einberufung seines ersten *generale parliamentum*, das am 25. April 1275 in London durchgeführt wurde und zu dem außer den wichtigsten Beratern Eduards bedeutende Prälaten und Magnaten sowie Vertreter der Grafschaften und Städte erschienen. Sicherlich blieben die gemeinsamen Wurzeln von *magnum consilium* und *parliamentum* auch bei dieser Versammlung weiterhin deutlich, die sicherlich noch nicht den Charakter eines „Verfassungsorgans" mit gewählten ständischen Repräsentanten des gesamten Reiches besaß, da unverändert der König die Teilnehmer an dieser und den folgenden Parlamentssitzungen bestimmte und den Kreis von Beratern sowie

Mitgliedern des *magnum consilium* nach Bedarf und akzidentell mit geeigneten Fachleuten ergänzte. Dennoch wurde deutlich, dass der Monarch diese Versammlung auch für die umfassenden Reformen im Rechts- und Verwaltungswesen einsetzen wollte, die er anstrebte und die ebenfalls der Stärkung königlicher Macht dienen sollten; hinzu kamen später die Forderungen des Herrschers nach Genehmigung zusätzlicher Steuern zur Befriedigung des wachsenden königlichen Geldbedarfs aufgrund von Kriegskosten. In der Folgezeit veränderte sich der Aufgabenbereich des Parlaments allmählich, indem zunehmend Angelegenheiten behandelt wurden, die das *bonum commune* sowie *magna negocia regni* betrafen und zur steten Veränderung des Selbstverständnisses der Parlamentsvertreter im Sinne ihrer „Verantwortlichkeit" für die Angelegenheiten des gesamten Reiches beitrugen. Vor allem die hohe Verschuldung des Plantagenets im Zusammenhang mit dem Kreuzzug und später der verstärkte Einsatz von kostenintensiven Söldnerheeren bei den außenpolitischen Unternehmungen zwangen den König weiterhin zur Kooperation mit dem Parlament, das unter seiner Herrschaft zu einer ständigen Einrichtung wurde und im Regelfall – abgesehen von temporären Unterbrechungen infolge von Kriegszügen etc. – zweimal jährlich jeweils nach Ostern und nach Michaelis in Westminster zusammengerufen wurde. Bereits das erwähnte *magnum parliamentum* des Jahres 1275 musste sich außer Problemen einer Reform des Justiz- und Verwaltungswesens auch der Forderung Eduards nach Gewährung zusätzlicher Steuern widmen, die nichts mit Landbesitz oder sonstigen Feudalabgaben zu tun hatten. So sorgte der Monarch für die Beseitigung zahlreicher Missbräuche im rechtlichen Bereich, insbesondere bei den Auswüchsen des *common law*, und ließ diese Beschlüsse als *statuta* (*Statutes of the Realm*) mit Gültigkeit für das gesamte Land schriftlich fixieren (*Statutes of Westminster I*).[74] Im Gegenzug erschloss das Parlament dem König eine neue Einnahmequelle durch die Überlassung der Zölle auf Wolle und Leder, die von Bürgern und Fremden erhoben wurden und als Exportabgaben auf Rohmaterialien zu betrachten sind. Auch in der Folgezeit führte Eduard die Rechtssetzungstätigkeit mit einer Vielzahl an Statuten fort, die die Maßnahmen des Königs bzw. seines Fachpersonals zur Regelung von Rechts- und Verwaltungsfragen mithilfe von *writs* ergänzten. Damit schuf der Plantagenet zwar kein eigenständiges und geschlossenes Gesetzeswerk, konstituierte jedoch mithilfe der Statuten neues Recht, das vorrangig der Durchsetzung königlicher Herrschaftsinteressen diente. So behandelte der Monarch u. a. 1279 im *Statute of Mortmain* Fragen des Entzuges von Landbesitz und hiermit verbundener Abgaben für die Krone bei Schenkungen an die Kirche, gefolgt von Regelungen für die Schuldzahlung und Sicherheitsleistung vor allem fremder Kaufleute im *Statute of Merchants* (1285); hinzu kamen im selben Jahr Neuregelungen über Landbesitz und Erbrecht für Adlige und Ritter (*Statutes of Westminster II*) sowie tiefgreifende Maßnahmen zur Bekämpfung der Kriminalität und damit auch zur Friedenssicherung (*Statute of Winchester*) und schließlich 1290 Modifikationen des Bodenrechtes, verbunden mit einem Anwachsen der Zahl der Kronvasallen (*Statutes of Westminster III*).[75] Durch die kontinuierliche Gesetzgebertätigkeit änderte Eduard nicht nur die Rechtsordnung seines Landes tiefgreifend, sondern trug zugleich zum Aufstieg eines neuen Standes – der weltlichen Berufsjuristen – bei, deren Ausbildung unter königlicher Aufsicht eine gewisse Einheitlichkeit erhielt und in den *inns of court* bzw. *inns of chancery* erfolgte.

Diese Reformmaßnahmen im Rechts- und Verwaltungsbereich standen zumindest indirekt in Relation zu den folgenden außenpolitischen Aktivitäten Eduards, der sich zuerst einer Klärung der Beziehungen zu dem walisischen Fürsten Llywelyn ap Gruffydd widmete. Dieser fungierte seit dem Vertrag von Montgomery (1267) als *princeps Wallie* und als Oberlehnsherr bzw. Lord fast aller walisischer Großer bei gleichzeitigen Tribut- und Dienstleistungen gegenüber dem englischen Suzerän, wobei Llywelyn sowohl mit den *marcherlords* wegen des Burgenbaus als auch mit einheimischen Großen wegen der Zentralisierungstendenzen im walisischen Herrschaftsgefüge in Konflikte geriet. Die Auseinandersetzungen wurden durch die Weigerung des *princeps* intensiviert, den fälligen Treueid sowie die Tributzahlungen zu leisten, so dass sich Eduard veranlaßt sah, Llywelyn nach vergeblicher Vorladung vor das königliche Gericht auf einer Versammlung der englischen Großen am 12. November 1276 als Rebellen verurteilen und die Gestellung des Lehnsheeres für den 24. Juni 1277 vorsehen zu lassen. Bei dem Heerzug nach Wales nahm der Plantagenet wichtige Änderungen in den taktischen und strategischen Planungen vor, indem er einen Mehrfrontenkrieg anstrebte und sowohl drei Truppenkontingente u. a. unter Führung des Earls von Warwick in Mittel- und Süd-Wales als auch eigene Truppen in Nordwales einsetzte, die durch Flotteneinheiten unter Beteiligung der Cinque Ports unterstützt wurden. So begannen im Winter 1276 koordinierte Angriffe von Chester, Montgomery und Carmarthen unter Mitwirkung verschiedener *marcher-lords*, die bald Erfolge und den Frontwechsel vieler walisischer Großer verzeichnen konnten, so dass die Herrschaft Llywelyns in Süd- und Mittel-

Wales rasch zusammenbrach. Im Sommer 1277 begann die zweite Phase des Krieges mit dem persönlichen Eingreifen des Königs, der den Fürsten von Wales in den Kerngebieten seiner Herrschaft angreifen wollte und hierzu – unterstützt durch *Welsh friendlies* – von Chester in Küstennähe vorrückte. Hierbei schlug eine Vielzahl an Holzfällern etc. für die englischen Ritterkontingente breite Schneisen und Transporttrassen in das Dickicht der dortigen Wälder und nahm damit den Walisern die Grundlage für ihre traditionelle Kampfesweise mit überfallartigen Angriffen leicht bewaffneter Krieger in schwierigem Gelände auf die wenig beweglichen englischen Panzerreiter. So drang Eduard, der seinen Gegner zum Rückzug in die Vier Cantrefs bzw. nach Snowdonia zwang, über Rhuddlan und Degannwy bis nach Conwy vor, während englische Truppen auf Anglesey landeten und hierdurch dem *princeps* den existentiell wichtigen Zugriff auf die dortige Kornente entzogen. Da sich Llywelyn in Snowdonia eingekesselt sah, musste er am 9. November 1277 den Vertrag von Conwy abschließen und nicht nur den Verlust zahlreicher Eroberungen der letzten dreißig Jahre in Mittel- und Süd-Wales sowie der Vier Cantrefs hinnehmen, sondern auch als *princeps Wallie* den Anspruch auf Oberlehnsherrschaft über die übrigen walisischen Fürsten weitgehend aufgeben. Während der Magnat Anglesey gegen Tributzahlung behalten durfte, musste er zusätzlich eine gewaltige Kriegsentschädigung in Höhe von 50.000 Pfund zahlen.[76] Trotz der Härte der Vertragsbedingungen behielt Eduard politisches Augenmaß, indem er den Fürsten nicht vernichtete, sondern ihm sowohl am 11. November die Kriegsentschädigung und die Tributzahlung für Anglesey erließ und Llywelyns *homagium*-Leistung zu Weihnachten 1277 in London entgegennahm, als auch dessen Heirat mit Eleonore von Montfort am 13. Oktober 1278 zustimmte. Obwohl der *princeps* militärisch und politisch durch den Heerzug Eduards geschwächt war und zahlreiche *marcher-lords* zwischenzeitlich verlorene Territorien wieder in Besitz nehmen durften, konnte Wales aber nicht als unterworfen gelten, so dass Eduard mit einem umfangreichen Burgenbauprogramm begann, das primär defensiv angelegt war und durch Festungen u. a. in Aberystwyth, Builth, Flint und Rhuddlan mögliche walisische Angriffe zumindest erschweren sollte. Da diese Burgen auch als Verwaltungszentren und Kerne von Niederlassungen englischer Siedler dienten, entstanden expansive Lebensräume englischer Bauern und Händler, die zur langfristigen Stabilisierung der Herrschaft Eduards in diesen Gebieten beitrugen.

Nach Abschluss des Wales-Feldzuges konnte sich der englische König verstärkt außenpolitischen Problemen auf dem Kontinent widmen, wobei dem navarresischen und französischen *regnum* besondere Bedeutung zukam. In Paris rivalisierten die Königinmutter Margarethe von Provence und Karl von Anjou um Einflussnahme auf den Monarchen, der von seinem Onkel u.a. zu einer Kandidatur für die deutsche Königswürde gedrängt wurde, jedoch gegen Rudolf von Habsburg unterlag, der am 24. Oktober mit seiner Gattin Gertrud von Hohenberg in Aachen gekrönt wurde. Trotzdem beharrte Alfons X. von Kastilien auf seiner Würde als deutscher König und wurde bis zum Mai 1275 hierbei vom englischen Monarchen bestärkt. Eher zurückhaltend reagierte Eduard auf die Entwicklungen in Navarra, wo die Königinwitwe Blanca von Artois wegen innenpolitischer Wirren und zur Abwehr aragonesischer Einflussnahme die Vormundschaft für ihre Tochter Johanna 1275 dem französischen König übertragen hatte, während sie die Champagne bis zur Mündigkeit ihrer Tochter selbst regierte; 1284 sollte es schließlich zur Heirat Philipps des Schönen mit der nunmehr volljährigen Johanna kommen. Ende des Jahres 1275 entschloss sich Blanca überraschend zur Ehe mit dem Bruder Eduards, Edmund von Lancaster, der daraufhin dem französischen König das *homagium* für die Champagne leistete, ohne dass der englische Monarch in der Folgezeit die Gelegenheit zur Einflussnahme in der wichtigen Grafschaft nutzte.

Ähnlich abwartend reagierte der Plantagenet bei den Verhandlungen mit Herzog Johannes I. von Brabant, mit dem 1278 Gespräche über eine Eheschließung der englischen Königstochter Margarethe mit dem Sohn des Herzogs, Johann, begonnen wurden und erst im Jahre 1290 mit der Heirat der Kinder ihren Abschluss fanden. Gleiches gilt für die Auseinandersetzungen um das Erbe des Grafen Alfons von Poitiers, der auf der Rückreise vom Kreuzzug Ludwigs IX. am 21. August 1271 in Genua kinderlos gestorben war und umfangreiche Besitzungen – u.a. das Agenais, Rouergue, Toulousain und Venaissin – hinterlassen hatte, die Philipp umgehend und ungeachtet der Ansprüche Eduards vereinnahmt hatte. Erst am 23. Mai 1279 kam es nach langen Verhandlungen zum Abschluss des Vertrages von Amiens, in dem Eduard lediglich Agen und das Agenais sowie den südlichen Teil der Saintonge erhielt, während er seine Ansprüche auf das Quercy nicht durchsetzen konnte und auf dieses Gebiet 1286 gegen Zahlung von jährlich 3.000 livres zugunsten der Kapetinger verzichtete;[77] der Comtat Venaissin – obwohl ursprünglich Reichsbesitz – war bereits 1274 Papst Gregor X. überlassen worden. Günstiger für den englischen König verliefen die gleichzeitigen Gespräche wegen des Besitzes der Grafschaft

Ponthieu, auf die Eleonore von Kastilien nach dem Tode ihrer Mutter Johanna im Jahre 1279 Anspruch erheben konnte. Nach Zahlung eines *relevium* von 6.000 livres übernahm die Königin, die selbst das *homagium* leistete, die Herrschaft in Ponthieu, wo Eduard zwar aus fiskalischen Gründen Verwaltungsreformen vornahm, jedoch in der Folgezeit erneut den Besitz dieser wichtigen Grafschaft außenpolitisch ungenutzt ließ. Zurückhaltend verhielt sich Eduard auch gegenüber Bündnisbestrebungen, die im Frühjahr 1278 entweder von Rudolf von Habsburg selbst oder von der Königinwitwe Margarethe ausgingen und die Eheschließung des zweitältesten Habsburger-Sohnes Hartmann mit der englischen Königstochter Johanna betrafen, wobei dieser nach Rudolfs geplanter Kaiserkrönung römischer König werden sollte; im Falle des Scheiterns der Verhandlungen war vorgesehen, den Prinzen alternativ mit dem Königreich Burgund zu belehnen, dessen Existenz hierdurch wiederbelebt würde.[78] In Konkurrenz zu diesen Bündnisplanungen beförderte Papst Nikolaus III. auf Betreiben Karls von Anjou, dessen Expansionspolitik durch die Wiederherstellung alter Reichsrechte im Arelat beeinträchtigt worden wäre, die Eheschließung eines Enkels des Angevinen, Karl Martells, mit einer Tochter Rudolfs, die als Mitgift das Königreich Burgund − ausgenommen bestimmte Territorien wie die Grafschaft Burgund etc. − erhalten sollte. Während diese Heirat − jedoch ohne die Übertragung Burgunds − zustande kam, zerschlugen sich die übrigen Bündnispläne, da Nikolaus III. († 22. August 1280) und Hartmann († 21. Dezember 1281) starben und die beabsichtigte Wiederbelebung des Königreiches Burgund unrealistisch erschien. Die neuerliche Herrschaftsexpansion Karls konnten sogar eine Revolte der Königinmutter sowie einer Liga unzufriedener Fürsten im Oktober 1281 nicht verhindern, so dass Margarethe 1283 nach Intervention Philipps auf ihre Provence-Ansprüche zugunsten von Landzuweisungen in Anjou verzichten musste.

Dilatorisch behandelte der Plantagenet ferner die Versuche der französischen und kastilischen Könige, ihn als Bündnispartner in ihren zumeist innenpolitischen Konflikten zu gewinnen, wobei die Kämpfe um die Nachfolge Alfonsos X. in Kastilien nach dem Tode seines ältesten Sohnes Ferdinand de la Cerda im August 1275 zwischen dessen Nachkommen, den Infanten Alfons und Ferdinand de la Cerda, und seinem jüngeren Sohn Sancho (IV.), den Alfons X. als Thronfolger designiert hatte, zunehmend außenpolitische Implikationen erhielten, da sich sogar Königin Violante gegen ihren Gatten wandte und mit der Schwiegertochter sowie den beiden Enkelsöhnen Schutz am aragonesischen Hof suchte. Da auch Philipp die Infanten unterstützte und im Herbst 1276 eine missglückte militärische Intervention in Navarra unternahm, sah sich Eduard wachsenden Pressionen von Seiten der Konfliktgegner ausgesetzt, da der Kastilier aufgrund der verwandtschaftlichen Beziehungen zum Plantagenet und der Kapetinger aufgrund lehnsrechtlicher Ansprüche als Suzerän gegenüber dem Herrn der Gascogne unter Androhung rechtlicher Sanktionen jeweils Hilfeleistungen einforderten. Der englische Monarch konnte sich zumindest zeitweise einer Parteinahme unter Hinweis auf seinen Wales-Feldzug entziehen, während er in der Folgezeit um Neutralität bemüht war und seine Dienste als Vermittler anbot, die jedoch nach einer Einigung Peters von Aragón und Sanchos (IV.) von Kastilien wegen möglicher zu großer Affinität des Plantagenets zum französischen Herrscherhaus von diesen abgelehnt wurden. Eine Verschärfung erfuhren die iberischen Konflikte durch Entwicklungen im sizilischen *regnum*, wo es seit dem Ostermontag 1282 zu Revolten gegen die als Fremdherrschaft empfundene Regentschaft Karls von Anjou (*Sizilianische Vesper*) und zum Eingreifen Peters III. von Aragón als Gatten der Stauferin Konstanze kam. Dieser war nach Abbruch seines Tunesien-Kreuzzuges am 4. September 1282 in Palermo gelandet und konnte nach der Krönung rasch seine Herrschaft konsolidieren. Da Papst Martin auf Betreiben der Anjous Peter exkommuniziert hatte und die konkurrierenden Parteien intensiv um auswärtige Verbündete warben, wurde auch Eduard in den Konflikt einbezogen, indem Philipp ihn erneut zur Erfüllung seiner Vasallenpflichten mahnte und Peter unter Hinweis auf die vereinbarte Heirat zwischen Eleonore und dem aragonesischen Erben Alfons ebenfalls militärische Unterstützung erbat.[79] Schließlich kam man – ohne hinreichende Konsultation Eduards – am 30. Dezember 1282 überein, den Sizilien-Konflikt durch einen Fürstenzweikampf bzw. den Kampf von jeweils hundert Rittern zu entscheiden, wobei Bordeaux als Austragungsort und der 1. Juni 1283 als Termin des Duells vorgesehen wurde. Trotz längeren Sträubens und päpstlichen Verbotes oblag dem Plantagenet somit die Verantwortung und die Organisation der Veranstaltung, wobei der König erneut seine Neutralität in dem Konflikt zu betonen suchte, während Philipp unverändert auf der Dienstpflicht Eduards beharrte und diese später durch eine Kommission klären ließ. Auch der Fürstenzweikampf hatte nicht die gewünschte klärende Wirkung, da beide Monarchen mithilfe von Verfahrenstricks und manipulativer Termingestaltung eine persönliche Konfrontation verhinderten, um sich anschließend jeweils selbst zum

Sieger zu erklären und die Unternehmung vor allem propagandistisch zu nutzen. In der Folgezeit eskalierte der Konflikt, da der Papst nicht nur König Peter 1283 für abgesetzt und Karl von Valois zum neuen aragonesischen Monarchen erklärte, sondern der Kapetinger nach Pfingsten 1285 einen Kreuzzug nach Katalonien begann, dem Peter nach Gewährung weit reichender rechtlicher und politischer Zugeständnisse an den aragonesischen Adel und an die mächtigen Städterepräsentanten (1283 *Privilegio General*) durch eine dilatorische Defensionsstrategie zu begegnen versuchte. Nach Anfangserfolgen kam der Vormarsch Philipps bereits nach der Eroberung Geronas am 7. September und nach der Vernichtung der französischen Flotte am 4. September bei Palamos sowie der hiermit verbundenen Unterbrechung der französischen Nachschublinien zum Stillstand, so dass der Kapetinger nach weiteren Niederlagen und nach einer befremdlichen Krönung Karls bereits am 13. September den Rückzug antreten musste. So endete der Heerzug in einem Fiasko, zumal Philipp auf dem fluchtartigen Rückmarsch schwer erkrankte und am 5. Oktober 1285 in Perpignan starb. Auch König Peter überlebte das Unternehmen nur kurz und verschied am 11. November 1285 in Vilafranca del Penedès, so dass – nach dem Tode von Karl von Anjou († 7. Januar 1285) und Martin IV. († 28. März 1285) – zahlreiche wichtige Teilnehmer im Kampf um Sizilien und Aragón verstorben waren.

In all den genannten Auseinandersetzungen, die Auswirkungen auf die politischen Entwicklungen im gesamten Abendland besaßen, blieb der englische König konsequent bemüht, Neutralität zu wahren und ein militärisches Engagement für einen der Kontrahenten zu vermeiden, zumal Eduard seit Ostern 1285 mit erneuten Konflikten in Wales konfrontiert war. Insbesondere das hochmütige Auftreten königlicher Beamter, die englische Verwaltungsstrukturen sowie englisches Recht einführten und walisische Rechtsgewohnheiten unterdrückten, und ungeklärte Besitzstreitigkeiten führten 1282 zuerst zur Abfassung einer Klageschrift der Waliser wegen Missachtung ihrer *consuetudines* für Erzbischof Pecham, im März 1282 gefolgt von der Eroberung der Festung Hawarden durch Prinz Dafydd, dem sich rasch andere Fürsten – unter ihnen auch Llywelyn – in der Hoffnung auf territoriale Restitutionen anschlossen. Nachdem sich zahlreiche Große in Mittel- und Südwales ebenfalls erhoben hatten und im Juni 1282 Gilbert de Clare, der Earl von Gloucester, geschlagen wurde, griff Eduard selbst ein, der die erfolgreiche Strategie des letzten Wales-Feldzuges wiederaufnahm und einen Mehrfrontenkrieg begann. Während der König seine Kräfte in

Rhuddlan sammelte, stellte er drei zusätzliche Truppenkontingente im Raum Chester, im westlichen Wales und in den mittleren Marken zusammen, erneut unterstützt durch eine Flotte. Wie beim ersten Heerzug verfolgte der Plantagenet eine Doppelstrategie, indem sich der Monarch selbst auf den Kampf gegen die „abtrünnigen Vasallen" Dafydd und Llywelyn in Nordwales konzentrierte und nach Errichtung einer Schiffsbrücke nach Bangor im September 1282 auf die Vier Cantrefs zu marschierte. Reginald de Grey und Johannes de Warenne rückten hingegen gemeinsam von Osten vor und errangen Erfolge, so dass die walisischen Fürsten erneut gezwungen waren, sich nach Snowdonia zurückzuziehen. Nach einer vergeblichen Friedensinitiative des Erzbischofs von Canterbury im Oktober 1282 setzte man die Kämpfe im November fort, woraufhin der *princeps* im Anschluss an vereinzelte Erfolge der Waliser nach Built eilte, jedoch in einem Gefecht bei der Orewyn Brücke am 11. Dezember 1282 getötet wurde. Der Tod der einzigen Integrationsfigur im walisischen Lager bedeutete einen gravierenden Rückschlag für die Waliser, zumal auch die Friedensinitiative Pechams endgültig gescheitert war und die Engländer gleichzeitig mit großen Truppenkontingenten von verschiedenen Seiten auf die verbliebenen Festungen Dafydds vorrückten, der trotz tapferen Widerstandes nach dem Fall der wichtigen Festung Bere fliehen musste, jedoch im Juni 1283 – möglicherweise durch Verrat – von Walisern gefangen genommen und dem englischen König übergeben wurde. Dieser zögerte nicht, den Fürsten zu Michaelis 1283 auf einer Parlamentssitzung in Shrewsbury als Verräter verurteilen und Anfang Oktober auf grausame Weise hinrichten zu lassen.

Nach dem Zusammenbruch des walisischen Widerstandes zeigte sich Eduard entschlossen, auf Dauer weitere Selbständigkeitsbestrebungen in Wales unmöglich zu machen und die Stabilität seiner Herrschaft durch eine Vielzahl an Reformmaßnahmen in den Bereichen des Verwaltungs- und Rechtswesens sowie im Festungsbau zu sichern – besonders deutlich in den *Statutes of Wales*, die am 19. März 1284 in Rhuddlan verkündet wurden.[80] Während er den englischen Gefolgsleuten großzügig eroberte Territorien im Nordosten des Landes überließ und gleichzeitig neue Lordships schuf, die in engerer Beziehung zur Krone standen, nahm er in der *Royal Principality of Wales* grundlegende Strukturveränderungen durch die Aufteilung in Grafschaften nach englischem Vorbild und die Schaffung zweier neuer administrativer Zentren in Caernarfon und Carmarthen mit der Zuordnung von Grafschaften im Nordwesten und Südwesten vor. Diese Verwaltungszentren waren Sitz je eines eigenen *exchequer* sowie von Gerichtshöfen, an denen in Kriminalfällen nach englischem Recht geurteilt wurde, während im Zivilbereich zumeist walisisches Recht Anwendung fand; hinzu trat das bekannte Ämtersystem mit *sheriff, chamberlain* und *justiciar,* die alle direkt der Krone verantwortlich waren. Die Reformen im Bereich des Rechts- und Verwaltungswesens ergänzte Eduard durch intensive Maßnahmen im Siedlungs- und Festungsbau, indem er seit 1283 an strategisch wichtigen Punkten aufwendige Steinfestungen neu errichten oder alte walisische Anlagen umbauen ließ, um in einem Ring die alten Widerstandszentren der Waliser in Gwynedd zu umschließen. Besonders wirksam für Eduard war hierbei sein Baumeister Jakob von St. George, der das Festungsbauprogramm nachdrücklich prägte, wobei die Burgen in Conwy, Caernarfon, Cricieth, Harlech und Aberystwyth mit Beaumaris auf Anglesey zu den bedeutendsten Anlagen zählen. Ergänzt wurde das fortifikatorische System durch die Gründung einer Vielzahl an *boroughs*, in denen sich oftmals nur englische Siedler bzw. Kaufleute niederließen und ein Zuzug von Walisern unerwünscht war. Diese Siedlungen trugen dazu bei, die Herrschaft des englischen Königs in den neu gewonnenen Territorien in Wales zu stabilisieren, wobei sich die Vertreter der römischen Kirche mit ihren Maßnahmen zur Reform des walisischen Klerus und des religiösen Lebens im Lande ebenfalls als herrschaftssicherndes Element erwiesen. Charakteristisch ist hierfür die Haltung von Erzbischof Pecham, der sich zwar für eine Wahrung der Rechte und Freiheiten der walisischen Kirche aussprach, es aber gleichzeitig für wünschenswert hielt, dass die Waliser ihre Kinder zur Erziehung nach England schicken sollten. Obwohl in der Folgezeit (1287 und 1294/95) vereinzelt Aufstände in Wales ausbrachen, die alle schnell niedergeschlagen wurden, ist der zweite Feldzug Eduards nach Wales als entscheidend für das weitere Schicksal dieser geopolitisch und kulturell wichtigen Räume zu betrachten, da der König seine Herrschaft zumindest im Fürstentum auf Dauer sichern konnte. Hinzu kam die Uneinigkeit der walisischen Großen, die kurzfristig ihren eigenen politischen Vorteil suchten und zunehmend ein verändertes Selbstverständnis entwickelten, indem sie sich – wie etwa Gruffydd ap Gwenwynwyn – gewissermaßen als *marcher-lords* verstanden und nicht mehr zum Kampf gegen den englischen König bereit waren. Damit hatte die Unabhängigkeit zumindest der *Principality of Wales* durch den zweiten Heerzug Eduards sowie die flankierenden Maßnahmen im Rechts- und Verwaltungswesen und im Burgenbau ein vorläufiges Ende gefunden, so dass mitunter sogar von einem hiermit verbundenen Verlust der *national identity* der Waliser gesprochen wurde.

Die innenpolitische Stabilität, die der englische Monarch nach Abschluss des Wales-Feldzuges erreicht hatte, machte es Eduard möglich, wahrscheinlich in Nachahmung Ludwigs des Heiligen eine groß angelegte Friedensinitiative im Abendland zu beginnen, um hierdurch die Voraussetzungen für den von ihm geplanten Kreuzzug zu schaffen. Freundlich gestalteten sich in diesem Zusammenhang die Beziehungen zum neuen französischen König Philipp IV. (*le Bel*), den der Plantagenet im Mai 1286 mit großem Gefolge in Paris aufsuchte und ihm den Lehnseid leistete, gefolgt von einer Vereinbarung über strittige Territorien, indem Eduard in Vollzug des Vertrages von Amiens (1279) auf seine Ansprüche auf das Quercy verzichtete und sich u. a. mit der Überlassung des südlichen Teiles der Saintonge begnügte.[81] In der Folgezeit konnte sich der Plantagenet daher auf zwei Konflikte konzentrieren, die Auswirkungen auf das politische Geschehen im gesamten Abendland besaßen – nämlich die Thronkämpfe in Kastilien und die Auseinandersetzungen um das sizilische *regnum*, die trotz des Ablebens von Karl von Anjou und Peter von Aragón (1285) anhielten. In Kastilien eskalierten die Konflikte nach dem Tode von Alfons X. zwischen Sancho IV. und Alfons de la Cerda, der zur Durchsetzung seiner Thronansprüche u. a. die Unterstützung des aragonesischen und französischen Königs suchte. Der neue aragonesische Monarch Alfons III. wurde seinerseits in die anhaltenden Machtkämpfe um Sizilien verwickelt, da er u. a. Karl von Salerno nach dessen Niederlage in einer Seeschlacht im Golf von Neapel gegen Admiral Roger de Lluria am 5. Juni 1284 als Gefangenen in seiner Gewalt hatte. So kam es in der Folgezeit zu einer Verbindung der kastilisch-aragonesischen Konflikte mit den aragonesisch-kapetingischen Streitigkeiten und den aragonesisch-angevinischen Auseinandersetzungen im sizilischen Reich, wobei die Lage Alfonsos später durch den Kampf mit König Jakob II. von Mallorca um den Besitz Mallorcas (1285) und Menorcas (1287) weiter kompliziert wurde. In all diesen Wirren versuchte Eduard pazifizierend zu wirken, wobei er bestrebt gewesen sein dürfte, einen gemeinsamen Zugriff des französischen Monarchen mit dem Kastilier auf Aragón und damit eine Bedrohung der englischen Besitzungen in Südwestfrankreich zu verhindern. Nachdem Eduard in Paris im Juli 1286 einen aragonesisch-kapetingischen Waffenstillstand initiiert und anschließend vergeblich die Freilassung Karls II. betrieben hatte, kam es auf englische Veranlassung am 25. Juli 1287 in Oloron-Sainte-Marie in Béarn zum Abschluss eines Vertrages.[82] Obwohl die Bedingungen moderat waren und Karl für seine Freilassung u. a. binnen drei Jahren 50.000 Mark Silber als Bürgschaft zahlen, seine drei ältesten Söhne sowie sechzig provenzalische Große als Geiseln stellen sowie den französischen König zum Verzicht auf Ansprüche in Aragón veranlassen sollte und der englische Monarch sogar selbst eine Bürgschaftsteilsumme in Höhe von 20.000 Mark übernehmen wollte, scheiterte die Vereinbarung am Widerstand des Papstes sowie König Philipps, so dass im Oktober 1288 in Canfranc eine modifizierte Vertragsfassung vereinbart wurde; hierbei engagierte sich Eduard finanziell noch stärker und erklärte sich auch zur Wahrung der aragonesischen Rechte in Navarra sowie zur Sicherung der Einhaltung des Vertrages bereit. Zwar erfüllte der englische Herrscher rasch seine Verpflichtungen, so dass Karl nach Gestellung seiner Söhne Ludwig und Robert von Anjou als Geiseln Ende Oktober 1288 freikam, doch zerstörte der neue Papst Nikolaus IV. alle Friedenshoffnungen, indem er nicht nur den Vertrag von Canfranc annullierte, sondern auch Karl von seinen eidlichen Verpflichtungen lossprach, ihn zum König von Sizilien und Jerusalem krönte, König Alfons erneut exkommunizierte und Aragón wieder an Karl von Valois übertrug, der trotz englischer Proteste sogar die Erlaubnis zu einem Kreuzzug gegen den aragonesischen Monarchen erhielt.

Damit waren die Früchte der Friedensbemühungen Eduards erneut zerstört, zumal neue Machtkämpfe auf der Iberischen Halbinsel mit großer Heftigkeit ausbrachen, in deren Verlauf Sancho ein Bündnis mit dem Kapetinger einging, der sich seinerseits um eine Pazifizierung – u. a. durch Gespräche mit dem Kastilier in Bayonne – bemühte und zugleich im August 1290 in Senlis mit dem Nachfolger Petri Regelungen für das sizilischen *regnum* traf. Um die Beziehungen zu Aragón zu entspannen, sollte Karl von Valois hiernach Margarethe, die Tochter Karls II. von Sizilien, heiraten, der als Mitgift die Grafschaften Anjou und Maine zugesprochen wurden, so dass der Valois ein neues politisches Betätigungsfeld erhielt. Obwohl die Ausgleichsbemühungen durch den Vertrag von Tarascon vom Februar 1291 erfolgreich zu sein schienen, da sich Alfons dem päpstlichen Urteil unterstellte und sowohl die Trennung des sizilischen *regnum* von der *corona Aragón* als auch die Rückgabe des Königreiches Mallorca an Jakob II. in Aussicht stellte, unterblieb eine dauerhafte Friedenssicherung in der Folgezeit u. a. wegen des überraschenden Todes des Aragonesen am 18. Juni 1291, der damit auch nicht die von ihm gewünschte Ehe mit Eleonore vollziehen konnte. Da Jakob von Sizilien die aragonesische Krone für sich beanspruchte und die Tarascon-Vereinbarung ablehnte, blieben trotz seines Friedensschlusses mit Sancho am 29. November 1291 im Vertrag von Monteagudo wegen der erneuten Verbindung der *regna* von Aragón und Sizilien die alten Spannungen mit den west- und südeuropäischen Monarchen sowie dem Papsttum bestehen. Auf die beschriebenen Entwicklungen hatte Eduard keinen direkten Einfluss mehr, da er sich nach dem Vermittlungsfehlschlag von Canfranc aus den erwähnten Konflikten zurückzog und am 12. August 1289 nach Dover zurückgereist war. In den folgenden Monaten griff der Plantagenet lediglich vereinzelt durch Gesandtschaften in die Verhandlungen zwischen den Monarchen sowie dem Papsttum ein, ohne entscheidende Veränderungen bewirken zu können.

Nach der Rückkehr auf die Insel widmete sich Eduard wegen Beschwerden über Amtsmissbrauch und Korruption königlicher Beamter einer intensiven Überprüfung der Einrichtungen des Rechts- und Verwaltungswesens seines Reiches, indem er eine Untersuchungskommission unter Leitung des Kanzlers Robert Burnell einsetzte und zuerst eine systematische Überprüfung der Tätigkeit von königlichen Richtern, danach der obersten Juristen der *benches* und später der Mitglieder des *exquecher* vornehmen und hierbei zahlreiche Persönlichkeiten ihres Amtes entheben bzw. bestrafen ließ. Zudem veranlasste der König Reformmaßnahmen u.a. zur Vereinheitlichung der Juristenausbildung, indem er in einer *ordinance* von 1292 verfügte, dass künftig nur noch ausgebildete Rechtsfachleute als Anwälte und Advokaten tätig sein durften. Hinzu kamen personelle Veränderungen am Hof des Herrschers, der zuerst den Tod seiner Gattin Eleonore von Kastilien († 28. November 1290 in Harby) beklagen musste, deren Andenken er in den zwölf berühmten „Eleonorenkreuzen" an den Haltepunkten des Leichenzuges auf dem Weg von Lincoln nach London pflegen ließ und von denen heute noch drei – in Geddington, Hardingstone und Waltham – erhalten sind. Später verstarben die Königinmutter Eleonore († 25. Juni 1291) sowie bewährte Vertraute wie der *treasurer* Johannes Kirkby († 1290) und der *chancellor* Robert Burnell († 1292), so dass eine jüngere Generation von Verwaltungs- und Rechtsfachleuten wie Johannes Langton in der *chancery* oder Walter Langton als Leiter der *wardrobe* folgte. Trotz dieser Bemühungen des Monarchen um eine Professionalisierung im Rechts- und Verwaltungswesen wird man im Blick auf zeitgenössische Entwicklungen am französischen Königshof aber konstatieren müssen, dass Philipp IV. nicht nur ein strenges persönliches „Herrschaftsregiment" führte, sondern durch den verstärkten Einsatz von Legisten – d.h. juristisch geschulter königlicher Funktionsträger, die aufgrund ihres Sachverstandes zur raschen Umsetzung herrscherlicher Willensentscheidungen in Verwaltungsmaßnahmen in der Lage waren – die Entwicklung effizienter „staatlicher" Verwaltungsinstitutionen und eines modernen „Staatsverständnisses" intensiver in Frankreich als Eduard I. in England förderte.

Ergänzend zu den innenpolitischen Reformen betrieb der Plantagenet eine Neuregelung der Beziehungen zum schottischen Königshof, wo Alexander III. nicht nur den Tod der Söhne David und Alexander 1281 bzw. 1284, sondern 1283 auch das Ableben seiner Tochter hinnehmen musste, die mit König Erich III. Magnusson von Norwegen verheiratet war. Der schottische Monarch war daher gezwungen, Adel und Geistlichkeit des Landes auf die Nachfolge seiner Enkelin Margarethe, der Tochter des norwegischen Königs, festzulegen. Als Alexander überraschend am 19. März 1286 bei einem Reitunfall starb, lag das Wohl des Reiches bis zum Herrschaftsantritt der *Maid of Norway* in den Händen von sechs *guardians*, die im Vertrag von Salisbury vom 6. November 1289 die Reise Margarethes nach Schottland bis zum 1. November 1290 vereinbarten. Später gelang es Eduard im Vertrag von Birgham bzw. Northampton (18. Juli 1290), die Heirat seines Sohnes Eduard von Caernarfon mit der *Maid* festzulegen, wobei sich schottische Große in Anbetracht einer möglichen Union beider Reiche unter dem künftigen englischen König um die Eigenständigkeit und Unabhängigkeit Schottlands besorgt zeigten, so dass der Plantagenet entsprechende Zusagen machen und die bestehende Grenze zwischen den beiden *regna* – die Tweed-Solway-Linie – auch als künftig gültig anerkennen musste.[83] All diese Vereinbarungen wurden durch den Tod der *Maid* gegenstandslos, die Ende September die Reise ins Inselreich angetreten hatte, jedoch zwischenzeitlich erkrankt und im September 1290 bei den Orkneys gestorben war, so dass umgehend zahlreiche Thronprätendenten – unter ihnen Graf Florenz V. von Holland und der englische König – im sog. Ersten Interregnum (1290–1292) Anspruch auf den schottischen Thron erhoben. Nachdem noch 13 Bewerber in der *magna causa* verblieben waren und weiter Unklarheit bestand, wer nach welchem Recht eine Entscheidung treffen durfte, entschlossen sich die *guardians*, ausgerechnet den englischen König als Schiedsrichter anzurufen, wobei sich bald gravierende Unterschiede im Verständnis der Schlichtungsaufgabe bei den beteiligten Parteien zeigten. Während die Schotten den Plantagenet als neutralen Schiedsrichter betrachteten, sah sich Eduard dagegen als Suzerän, der interessensorientiert den

Thronstreit im schottischen *regnum* zu entscheiden gedachte. Diese Intention des Herrschers wurde u.a. durch seine gleichzeitigen Bemühungen deutlich, zur Legitimierung der eigenen Herrschaftsansprüche „Geschichte als politisches Argument" anzuführen und umfangreiche Sammlungen bzw. Untersuchungen von Chroniken und historischen Aufzeichnungen in englischen Klöstern zur Frage der Entwicklung der englisch-schottischen Beziehungen durchführen zu lassen. Zudem veranlasste er – wie bereits 1277 für Wales – die Einrichtung einer eigenen Kanzleiabteilung für die Verwaltung Schottlands durch Eröffnung der *rotuli Scotie*, um seine oberherrschaftlichen Rechte in Schottland künftig besser wahrnehmen zu können.

Im Folgenden ging der Monarch legalistisch vor, indem er zwar ein offizielles Prüfungsverfahren im Juni 1291 in Norham eröffnen ließ, in der Folgezeit jedoch die restlichen Bewerber veranlasste, die Suzeränität des englischen Königs als Voraussetzung für das weitere Procedere anzuerkennen. Die verbliebenen Kandidaten, zu denen u.a. Johannes Balliol, Robert Bruce und Johannes Hastings gehörten, akzeptierten diese Forderung, so dass der Plantagenet, nachdem ihm die *guardians* und die Magnaten des Reiches Treue und Gehorsam geschworen hatten, ein Gremium von 104 *auditors* einsetzen konnte, von denen 24 von Eduard und je 40 von Bruce bzw. Balliol benannt wurden und die ihre Arbeit am 3. August 1291 in Berwick-upon-Tweed begannen. Nach langen Beratungen, zu denen auch auswärtige Gutachter u.a. von der Universität Paris herangezogen wurden, entschied man sich im Sommer 1292 für die Gültigkeit feudaler Rechtsprinzipien bzw. der Primogenitur und die Anerkennung der Unteilbarkeit des schottisches Reiches, so dass schließlich Johannes Balliol nach Verzögerungen am 6. bzw. 17. November 1292 zum neuen König erklärt werden konnte. Nachdem die übrigen Anwärter auf ihre Kandidatur verzichtet hatten, übertrug lediglich der alternde Robert Bruce seine Ansprüche auf den gleichnamigen Sohn, den Earl von Carrick, und dessen Nachkommen – eine folgenschwere Entscheidung, wie sich bald erweisen sollte. Der Plantagenet zeigte sich mit der Wahl Johanns zufrieden, da dieser über großen Territorialbesitz in England verfügte und gegenüber der englischen Krone hoch verschuldet war. Nachdem Balliol noch in Norham Eduard den Treueid geleistet hatte, wurde er am 30. November 1292 auf dem Stein von Scone inthronisiert, um am 26. Dezember 1292 in Newcastle dem englischen König das *homagium* für das gesamte schottische *regnum* zu leisten; zudem veranlasste Eduard seinen Vasallen, ihn am 2. Januar 1293 von allen während des sog. Interregnum gegebenen Zusagen, insbesondere im Vertrag von Northampton, bezüglich der Wahrung der Autonomie und Freiheit des schottischen Reiches zu entbinden.[84] In der Folgezeit konkretisierte der englische Monarch sehr schnell seine Vorstellungen von einer Oberlehnsherrschaft, da er konsequent in Angelegenheiten Schottlands eingriff und z.B. Appellationen schottischer Großer, die unzufrieden mit Entscheidungen ihres Herrschers waren, an das königliche Gericht in England annehmen und entscheiden ließ. Hierbei zögerte Eduard sogar nicht, gegebenenfalls Johannes – wie bei der Appellation des Earls von Fife zu Michaelis 1293 – persönlich vor das englische Parlament zu zitieren. Nachdem Eduard im Sommer 1294 Balliol und 18 schottische Große aufgefordert hatte, ihre Dienstpflicht als Vasallen gegenüber dem englischen König in dessen bevorstehendem Kampf gegen den französischen Monarchen zu erfüllen, kam es in Schottland zum Widerstand der Großen, die trotz aller Uneinigkeit verstärkt ein gentiles Selbstbewusstsein als Schotten entwickelten und sich während des französisch-englischen Krieges zu einem *War of Independence* gegen Eduard entschlossen.

Der Konflikt des Plantagenets mit dem französischen König entstand erst langsam seit Mai 1293 im Zusammenhang mit kleineren Gefechten zwischen englischen und französischen Seeleuten, worauf Philipp anfangs mit Kompensationsforderungen und später mit Repressionsdrohungen bezüglich der Gascogne reagierte, Ende des Jahres gefolgt von einer Vorladung des englischen Herrschers vor das Pariser Parlement. Da der Kapetinger zuvor eine Vielzahl an Appellationen gascognischer Großer an das königliche Gericht bzw. an das Parlement zugelassen und hierdurch die Machtbefugnisse des Herzogs beharrlich einzuschränken versuchte, agierte Philipp somit in den Auseinandersetzungen mit Eduard mit ähnlichem juristischen Instrumentarium wie es dieser zuvor gegenüber Johannes von Schottland verwendet hatte. Im Gegensatz zu Balliol war der englische Monarch zwar nicht zum Prozess bereit, zeigte sich Anfang 1294 aber bemüht, durch eine Gesandtschaft unter Leitung Edmund von Lancasters eine Verständigung anzustreben, die schließlich in einer Art „Geheimabkommen" mit Philipp IV. zustande kam. Hiernach wollte dieser auf die Ladung Eduards verzichten, sofern er dem Kapetinger die Gascogne einschließlich Bordeaux auslieferte, um diese Gebiete umgehend restituiert zu erhalten; zudem sollte ein Ehebündnis geschlossen werden, dem zufolge Eduard die Schwester Philipps, Margarethe, zu heiraten hatte. Im guten Glauben an die Gültigkeit der Vereinbarung übereignete der Plantagenet daraufhin im März 1294 das Herzogtum, worauf der französische

König jedoch seine Weigerung erklärte, die eingezogenen Territorien zu restituieren; statt dessen wiederholte der Kapetinger die Ladung des Lehnsmanns vor das Pariser Parlament. Damit war nicht nur eine vermeintlich geschickte diplomatische Unternehmung – möglicherweise aufgrund der Gutgläubigkeit Lancasters – völlig gescheitert, sondern auch der englische Monarch zur Wahrung seines königlichen Ansehens geradezu gezwungen, die Ladung nach Paris abzulehnen und die hiermit verbundenen kriegerischen Konsequenzen zu tragen.

Da der Plantagenet vom Ausbruch des Konfliktes überrascht wurde, liefen die Kriegsvorbereitungen erst langsam an, wobei sich der König – abgesehen von später zu behandelnden Bündnisaktivitäten – auf die militärischen Auseinandersetzungen in der Gascogne konzentrierte und einen Zweifrontenkrieg mit drei Truppenkontingenten anstrebte, von denen zwei unter Führung Johanns von der Bretagne und Edmunds von Lancaster standen, während Eduard selbst mit einem dritten Heer im Norden gemeinsam mit flämischen Verbündeten gegen Philipp vorgehen wollte. Ein gravierender Nachteil dieser Strategie bzw. ihrer Verwirklichung bestand darin, dass die verschiedenen englischen Truppenkontingente mit großen Verzögerungen und nicht hinreichend zeitlich koordiniert zum Einsatz kamen. So blieb besonders das erste Kontingent, das in der Gascogne seit Oktober unter Führung des Earls von Richmond kämpfte, auf Dauer zu schwach, so dass Earl Johannes zwar einige Festungen an der Gironde einnehmen und sich in Bayonne festsetzen konnte, aber bereits der Gegenangriff unter Führung Karls von Valois seit Ostern 1295 zu raschem Gebietsverlust führte und die Engländer seit dem Sommer 1295 in der Gascogne nur noch über kleine Besitzungen im Norden und im Süden sowie über Bayonne, Bourg und Blaye verfügten. Während Eduard selbst wegen der Kämpfe in Wales am Eingreifen auf dem Kontinent gehindert wurde, ruhte die Kampfeslast weitgehend auf Edmund von Lancaster, der auf der Gironde bis nach Blaye und später nach Bordeaux vordringen konnte, jedoch am 5. Juni 1296 überraschend starb, so dass die Führung des Heeres von Heinrich de Lacy übernommen werden musste. Trotz großen Einsatzes und Unterstützung durch gascognische Barone und Städte vermochte der Earl von Lincoln keinen Umschwung herbeizuführen. Er musste vielmehr Anfang 1297 beim Kampf um Bellegarde eine empfindliche Niederlage hinnehmen und im Sommer trotz zwischenzeitlicher Einzelerfolge Eduard zur Einleitung von Waffenstillstandsverhandlungen veranlassen. Dabei beschlossen die Könige, Papst Bonifaz als „Privatmann" um einen Schiedsspruch über die Gascogne zu bitten, woraufhin englische und französische Gesandte mit langwierigen Verhandlungen in Rom begannen, die erst im Vertrag von Montreuil-sur-mer im Juni 1299 ihren Abschluss fanden.[85]

Eine wesentliche Ursache für die Rückschläge auf dem Kontinent wird man in der Tatsache sehen müssen, dass sich Eduard zur selben Zeit schweren „Rebellionen" zuerst in Wales, danach in Schottland ausgesetzt sah, die ihn zu einer Zersplitterung seiner militärischen Kräfte zwangen, wobei die Kämpfe im Inselreich für den Plantagenet zweifellos Priorität besaßen. Bereits 1287 war es zu einer „Revolte" von Rhys ap Maredudd, dem Herren von Dryslwyn, gekommen, der nach Rechtsstreitigkeiten mit dem *justiciar* Robert Tibetot im Juni die Festungen Dinefwr und Llandovery angegriffen hatte, gefolgt von Verwüstungszügen bis an die Südküste sowie in die Region von Brecon, wobei er aber nur geringe Unterstützung durch walisische Große erhielt. Edmund von Cornwall, der wegen Abwesenheit Eduards den Heerzug gegen Rhys leitete, konnte rasch große Truppenkontingente aus West- und Nordwales bzw. Snowdonia und aus den *marches* sowie Cheshire heranzuziehen und dank seiner Übermacht den Gegner in die Defensive drängen, so dass Rhys nach dem Verlust wichtiger Festungen und der Einnahme seines Hauptsitzes Dryslwyn im Januar 1288 fliehen musste, woraufhin die „Rebellion" zusammenbrach. Zwar gelang es dem Adligen bis zum Jahre 1292, sich in den Wäldern den Verfolgern zu entziehen, schließlich kam es doch – wahrscheinlich durch Verrat walisischer Gefolgsleute – zur Gefangennahme von Rhys, der im Juni in York verurteilt und anschließend gehängt wurde.

Während die „Rebellion" von Rhys eher den Charakter einer privaten Fehde eines unzufriedenen walisischen Magnaten besaß, der kaum Unterstützung von Standesgenossen erhielt, kam den walisischen Unruhen in den Jahren 1294–1295 ein andere politische Bedeutung zu, da sich nun zahlreiche Große – u.a. wegen der Herrschaftspraxis der englischen Funktionsträger bei der rücksichtslosen Umsetzung des Statuts von Wales – wehrten und immer schärfere Konfrontationen von Walisern und englischen Siedlern erfolgten, die in ihren *boroughs* englische Enklaven in den walisischen Siedlungsgebieten schufen. Hinzu kamen eine drückende Steuerlast und die Forderung des englischen Königs nach Leistung einer militärischen Dienstpflicht in der Gascogne durch walisische Magnaten, so dass am 30. September 1294, als die Zahlung von Sondersteuern und die Gestellung der Feudalkontingente in Shrewsbury erfolgen sollte, eine „Revolte" ausbrach. Bemerkenswert hierbei erscheint die Tatsache, dass die verschiedenen militärischen Einzelaktionen der Großen in den unterschiedlichen Regionen von Wales aufeinander abgestimmt und koordiniert waren, so dass zumindest in drei Landesteilen die Angriffe auf englische Festungen gleichzeitig begannen, wobei Schwerpunkte der „Rebellion" in Glamorgan unter Morgan ap Maredudd, in Brecon unter Cynan ap Maredudd, in Cardiganshire unter Maelgwyn ap Rhys und im Norden unter Madog ap Llywelyn feststellbar sind. Nachdem sich die Lage der Engländer im Herbst 1294 zugespitzt hatte und vor allem kleinere baroniale Burgen gefallen waren, während die neuen königlichen Festungen in Conwy, Flint, Rhuddlan usw. dem Druck standhielten, griff Eduard erneut auf die bewährte Strategie des Mehrfrontenkrieges zurück, indem er drei Armeen in Montgomery, Chester und Gloucester rekrutierte, die in der Folgezeit – unterstützt durch eine Flotte – selbständig agierten. Wieder wirkte der König selbst im Norden, indem er von Chester über Wrexham nach Conwy vordrang und im April nach Unterstützung durch gascognische bzw. irische Schiffe sowie nach kurzer Attacke auf Anglesey an der Küste nach Süden vorrückte. Zuvor hatte Madog den entscheidenden Fehler begangen, die unwegsamen Gebiete von Snowdonia zu verlassen und Verwüstungszüge nach Powys zu unternehmen, wobei er am 5. März 1295 in Maes Moydog vom Earl von Warwick, Wilhelm de Beauchamp, gestellt und vernichtend geschlagen wurde. Obwohl Madog zu fliehen vermochte, war eine wichtige Entscheidung zugunsten Eduards gefallen, der nun ohne größere Schwierigkeiten den Zug an der Küste entlang über Aberystwyth nach Cardigan fortsetzte und von dort im Juni 1295 ins Landesinnere über Carmarthen, Brecon, Oswestry zurück nach Conwy marschierte. Da auch die übrigen englischen Heere Erfolge gegen die anderen walisischen „Rebellen" verzeichneten und deren Widerstand rasch zusammenbrach, konnte Eduard nach den üblichen Prozessen gegen die unterlegenen walisischen Hauptanführer im August 1295 den Heerzug beenden und nach London zurückkehren. Der englische König hatte zwar durch den erfolgreichen Kriegszug seine Herrschaft in Wales stabilisiert, die er 1301 in der Ernennung des ältesten Sohnes zum „Prince of Wales" dokumentierte. Doch wurden mit diesen Aktionen nicht die Hauptursachen für die Erhebungen beseitigt – nämlich außer der brutalen Bedrückung des Landes durch königliche Funktionsträger vor allem die Missachtung des Freiheitsstrebens und des gentilen Selbstbewusstseins der Waliser.

Die Unruhen in Wales und später in Schottland hinderten den englischen Herrscher seit 1294 an einem persönlichen Eingreifen in der Gascogne, so dass er sich unter Einsatz seiner überlegenen Finanzkraft verstärkt auf eine Bündnispolitik konzentrierte, die einer diplomatischen Einkreisung des Kapetingers diente und vor allem auf die Gewinnung von Verbündeten im flämisch-niederrheinischen Bereich und an der französischen Ostgrenze gerichtet war. Größte Bedeutung besaß für Eduard der deutsche König Adolf von Nassau, der die Unterstützung des englandfreundlichen Kölner Erzbischofs Siegfried von Westerburg genoß und in Gegnerschaft zur Expansionspolitik des französischen Monarchen stand, zumal dieser u. a. Valenciennes und Lyon in seinen Besitz gebracht und im März 1295 im Vertrag von Vincennes von Otto IV. die Pfalzgrafschaft Burgund erworben hatte. In Anbetracht der kapetingischen Expansionspolitik und der machtpolitischen Schwäche König Adolfs, der lediglich über geringen territorialen Eigenbesitz und dürftige finanzielle Mittel verfügte, lag ein Bündnis mit dem englischen Herrscher nahe, der mit Adolf am 10. August 1294 in Dordrecht eine Vereinbarung treffen ließ, worin sich die Monarchen gegenseitige Hilfe bei ihren Bemühungen um Rückgewinnung der jeweiligen, vom französischen König entfremdeten Rechte zusicherten und zugleich den jeweiligen Untertanen eine Unterstützung des Kapetingers verboten. Während die militärische Hilfeleistung nach gegenseitiger Terminabsprache erfolgen und mit dem gemeinsamen Sieg über Philipp enden sollte, versprach Eduard bis Weihnachten 1294 die Zahlung von 40.000 Pfund sowie weiterer 20.000 Pfund nach seiner Landung auf dem Kontinent; eine Ratifikation der Vereinbarung erfolgte durch Adolf am 21. August und durch Eduard am 22. Oktober 1294.[86] Die beträchtlichen Geldsummen, deren Zahlung Adolf in Aussicht gestellt wurden und von denen er im Jahre 1294 auch zwei Einzelraten zu je 20.000 Pfund Sterling erhielt, ermöglichten es ihm im Herbst 1294, sowohl seine innenpolitische Position u. a. durch den Kauf der Landgrafschaft Thüringen und Meißens zu stärken als auch gegenüber Philipp die Offensive zu ergreifen, indem er ihm unter Hinweis auf dessen Raub von Ländereien und Verletzung von Reichsrechten den Krieg erklärte. Während Philipp erst im März 1295 den Eingang der Erklärung Adolfs kühl bestätigte, unterblieben in der Folgezeit Kämpfe mit dem Kapetinger, da Eduard zur Durchführung des Festlandsfeldzuges nicht in der Lage und Adolf sich seinerseits zu keinem isolierten Heerzug gegen den Kapetinger verpflichtet sah.

Ungeachtet dieser Entwicklungen bemühte sich der Plantagenet beharrlich um die Anwerbung weiterer Verbündeter, wobei er im November 1294 Graf Heinrich III. von Bar, der seit 1293 mit Eleonore, einer Tochter des englischen Monarchen, verheiratet war, gegen Zahlung von 30.000 Mark zur Unterzeichnung eines Beistandspaktes veranlassen konnte. Erfolgreich waren Eduards Werbebemühungen schon im August 1294 bei Erzbischof Siegfried von Köln sowie bei Verbündeten in Burgund und Savoyen gewesen, gefolgt von der Anwerbung des Herzogs Johannes II. von Brabant, der seit 1290 mit Eduards Tochter Margarethe verheiratet war, und des Grafen Rainald von Geldern, die alle die Stellung von Panzerreitern zusagten. Hinzu kam im November 1296 ein Beistandsvertrag des englischen Königs mit einer Gruppe oppositioneller Adliger in Burgund mit dem Ziel eines gemeinsamen Kampfes gegen den Kapetinger. Schwieriger gestalteten sich hingegen die Beziehungen des Plantagenets zu den Herren von Flandern und Holland, wobei Eduard den holländischen Grafen Florenz V. zwar zeitweise in sein Allianzensystem einbinden konnte, dieser sich aber spätestens nach der Verlegung des englischen Wollstapels bzw. der Zweigstelle der englischen *wardrobe* von Dordrecht bzw. Mecheln nach Brabant benachteiligt fühlte und daher gegen angemessene Honorierung am 9. Januar 1296 einen Beistandsvertrag mit Philipp schloß.[87] Die Reaktionen auf diesen Frontwechsel erfolgten umgehend, da der englische König ein Handelsembargo gegen Holland verhängte und der Herzog von Brabant die Absetzung und Gefangennahme von Florenz betrieb, der von unzufriedenen Adligen seiner Grafschaft nicht nur inhaftiert, sondern nach Befreiungsversuchen holländischer Bauern am 27. Juni 1296 sogar getötet wurde. Obwohl die Schuldfrage an dem Mord ungeklärt blieb und zumindest eine Kenntnis der Vorgänge durch Eduard nicht auszuschließen ist, schloß sich der Sohn des Ermordeten, Graf Johannes I., dem englischen Lager an, nachdem er im Januar 1297 eine Tochter Eduards, Elisabeth, geheiratet hatte.

Noch schwieriger gestaltete sich die Entwicklung der Beziehungen des englischen Königs zu Guido III. von Flandern, dessen strategisch wichtige, städtereiche Grafschaft seit den 80er Jahren von innerkommunalen Unruhen zerrissen wurde, wobei sich das aufstrebende Bürgertum der Mittel- und Unterschichten gegen die oligarchische Herrschaft des Patriziates wehrte. In dieser Situation entschied sich Guido für ein Bündnis mit den Kaufleuten in den wichtigsten Städten, während sich deren patrizische Oberschicht zur Wahrung ihrer Vorrechte an den französischen König wandte und um Hilfe ersuchte. So kam es zu einer Verbindung von innen- und außenpolitischen Konflikten in Flandern, indem in zahlreichen Städten frankreich-freundliche Gruppierungen der patrizischen *Leli-*

aerts mit grafen-freundlichen Kräften der bürgerlichen *Clauwaerts* kämpften. Die Spannungen eskalierten im Juni 1296, nachdem der Graf, für dessen Tochter eine Heirat mit Eduard von Caernarfon vorgesehen war, nach Paris gereist war, wo er inhaftiert und die Grafschaft von Philipp konfisziert wurde. Zwar ließ man Guido nach vier Monaten unter Verzicht auf das englische Eheprojekt frei, doch musste seine Tochter Philippa zur „Erziehung", faktisch aber als Geisel am französischen Hof bleiben. Wegen dieser kapetingischen Pressionen, die durch Graf Johannes II. von Hennegau verstärkt wurden, entschloss sich Guido nach der Rückkehr in die Grafschaft zu einem Hilfegesuch an den englischen Monarchen, mit dem er am 9. Januar 1297 einen Bündnisvertrag gegen reiche Subsidienzahlung einging, ergänzt durch ein neues Eheprojekt für Eduard von Caernarfon und eine weitere Tochter Guidos sowie durch Absprachen über eine Kooperation der englischen und flämischen Flotten.[88]

Der französische König versuchte, den bündnispolitischen Aktivitäten des englischen Widersachers zu begegnen und seit 1294 ein eigenes außenpolitisches Bündnissystem aufzubauen, wobei dem schottischen *regnum* eine besondere Bedeutung zukam, zumal wachsende Spannungen zwischen dem Plantagenet und den schottischen Großen wegen der im Sommer 1294 erhobenen Forderung nach Erfüllung feudaler Dienstpflichten in der Gascogne den Interessen Philipps dienlich waren. Während sich Eduard auf dem Heerzug in Wales befand, entschlossen sich zahlreiche schottische Magnaten zu einem politischen Kurswechsel, so dass im Juli 1295 in Stirling ein Parlament zusammentrat, das die bisherige Herrschaftspraxis des Monarchen als verfehlt verurteilte und König Johannes faktisch entmachtete. Gleichzeitig wurde die Herrschaftsgewalt einem *concilium* von zwölf Großen des Landes übertragen, in dem jeweils vier Bischöfe, Barone und Earls vertreten waren; Balliol scheint diese Entwicklung widerstandslos hingenommen zu haben. Vier Mitglieder des *concilium* entsandte man zu Verhandlungen mit dem Kapetinger, wobei die Aufhebung des französischen Handelsembargos und der Abschluss eines Bündnisses für den Krieg gegen den gemeinsamen Feind Eduard angestrebt wurden. Beides gelang den Beauftragten, da man am 23. Oktober 1295 in Paris einen Vertrag vereinbarte, in dem eine Koordinierung der Kämpfe auf der Insel sowie auf dem Kontinent vorgesehen war und die Schotten u. a. Angriffe auf das englische *regnum* auszuführen hatten, wenn dessen König abwesend bzw. in Gefechte mit dem französischen Monarchen verwickelt war; zudem durfte keiner der Bündnispartner einen Separatfrieden mit dem Plantagenet schließen. Nachdem zur Bestärkung des Bündnisses die Heirat des Sohnes Balliols, Eduard, und der Nichte Philipps, Johanna von Valois, vereinbart worden war, erfolgte am 23. Februar 1296 die Ratifikation des Vertrages in Dunfermline, der politische Wirkungen in den folgenden Kämpfen mit dem englischen Monarchen zeitigen sollte.[89] Hinzu kamen erfolgreiche Bündnisaktivitäten des Kapetingers auf dem Kontinent, da er im Mai 1297 außer den Herren von Brabant und Holland Graf Johannes von Hennegau für sich gewinnen konnte. Zudem versuchte Philipp, die Unterstützung des Dauphins von Vienne, Humbert I., und des Grafen Heinrich VII. von Luxemburg, des späteren deutschen Königs, zu erhalten. Ferner konnte der Kapetinger den norwegischen König Erich III. trotz bestehender schottischer Thronansprüche im Oktober 1295 gegen Zahlung einer beträchtlichen Subsidiensumme veranlassen, ihm zumindest für vier Monate eine Flotte von einhundert Schiffen zum Kampf gegen den englischen König zu überlassen. Stärker als Eduard bemühte sich Philipp schließlich um Bündnisse mit iberischen Monarchen, da einerseits enge Bindungen des kastilischen Königs an den Kapetinger bestanden, andererseits die Stellung des aragonesischen Herrschers wegen der ungelösten Sizilien-Frage trotz des von Papst Bonifaz VIII. veranlassten Vertrages von Anagni vom 24. Juni 1295 umstritten blieb. Hiernach verzichtete Jakob II. von Aragón auf das sizilische *regnum* und die kalabrischen bzw. sonstigen festländischen Territorien zugunsten des Papstes bzw. Karls II. sowie auf das Königreich Mallorca, während der Aragonese im Gegenzug außer dem Erlaß der Kirchenstrafen lediglich die *regna* von Sardinien und Korsika erhielt. In einer geheimen Zusatzvereinbarung ging Jakob ein Bündnis mit dem Kapetinger im Falle eines Krieges mit dem englischen König ein. Die Vereinbarungen von Anagni erwiesen sich jedoch als undurchführbar, da sich die sizilischen Großen widersetzten und Jakobs Bruder Friedrich III. am 25. März 1296 in Palermo zum König krönen ließen, der allen Pressionen von Seiten des Papsttums sowie einer Koalition um König Jakob standzuhalten und im Frieden von Caltabellotta am 31. August 1302 eine Sicherung der Autonomie Siziliens bei dessen gleichzeitiger Trennung von der *corona Aragón* zu erreichen vermochte. So konnte Friedrich als *rex Trinacrie* bis ans Lebensende in der Hoffnung auf Konstituierung einer neuen Dynastie nach der Heirat mit Eleonore, der Tochter Karls II. von Anjou, regieren. Gleichzeitig griff Jakob II. nach dem frühen Tode Sanchos IV. († 25. April 1295) stärker in die kastilischen Wirren ein, indem er bei einem Treffen 1296 in Ariza mit Alfons de la

Cerda eine Teilung Kastiliens vereinbarte und nach der Königskrönung Alfonsos in Sahagún in Kastilien einmarschierte. Daraufhin brach ein Bürgerkrieg aus, der erst um 1301 mit der Anerkennung des Königtums Ferdinands IV. und der Regelung strittiger territorialer Probleme in den Verträgen von Torrellas (August 1304) und Elche (Mai 1305) endete.

Obwohl der englische König keinen unmittelbaren Einfluss auf die Entwicklungen in den iberischen Reichen besaß, blieb er um den Ausbau des kontinentalen Bündnissystems bemüht. Hieraus resultierte ein ständig wachsender Geldbedarf, der trotz der großen Wirtschaftskapazität des Landes und des effizienten Verwaltungs- und Finanzwesens kaum mehr zu befriedigen war. So wurden außer den feudalen Abgaben wie *scutage* und *tallage* Forderungen nach *carucage* sowie einer allgemeinen Abgabe eines Dreizehntels auf die bewegliche Habe aller Untertanen ebenso erhoben wie Handelszölle – etwa seit 1275 eine Abgabe von 6 s. 8 d. pro Sack Wolle (*ancient custom*) und eine Sondersteuer von 40 s. pro Sack Wolle und von Leder (*maltolt*). Hinzu kamen ständige Requirierungen von Getreide und Vieh (*purveyances*) zur Alimentierung der Truppen, der Einzug von Prisen und die Durchführung immer neuer *inquisition*s bei den Großen des Landes. Diese enormen Steuereinnahmen waren aber immer noch nicht ausreichend, so dass der König nach Ausbeutung und Vertreibung der Juden aus England 1290 zunehmend auf Kredite italienischer Bankhäuser wie der Riccardi und Frescobaldi, später abgelöst durch finanzstarke Bankenkonsortien aus Italien, zurückgreifen musste. Seit Beginn der 90er Jahre regte sich deshalb im Inselreich verstärkt Widerstand u. a. gegen ständige königliche Forderungen nach außerordentlichen Steuern im Parlament, dessen Mitglieder derartige Sonderabgaben nur noch gegen politische Konzessionen und im Blick auf das *bonum commune* des Landes gewähren wollten. Hierbei vertrat man unter Rückgriff auf römisch- und kirchenrechtliche Anschauungen den Grundsatz, „*dass die Dinge, die alle betreffen, auch von allen beschlossen werden sollen*".[90] Diese Rechtsauffassung wurde besonders bei dem *Model Parliament* im November 1295 deutlich, an dem außer Beratern des Königs, Angehörigen des hohen Adels und Bischöfen auch Vertreter von Grafschaftsrittern, Bürgern sowie des niederen Klerus bzw. ihre Prokuratoren als gewählte Mitglieder mit *plena potestas* teilnahmen, die als Repräsentanten ihrer jeweiligen *communitates* agierten und für die Durchsetzung der Parlamentsbeschlüsse in ihren Gemeinschaften sorgen mussten. In Anbetracht der Konflikte auf dem Kontinent stimmten die Parlamentsmitglieder zwar den königlichen Steuerforderungen zu, doch widersetzten sich in der Folgezeit Angehörige des englischen Klerus unter Führung des Erzbischofs von Canterbury, Robert Winchelsey, den ständigen finanziellen Belastungen durch die Krone. Nach längeren Konflikten mit widerspenstigen Klerikern, denen Eduard die Huld entzog und einige inhaftieren ließ, kam es schließlich nach Erlaß der päpstlichen Bullen „*Romana mater*" (Februar 1297) und „*Etsi de statu*" (Juli 1297) zu einem Ausgleich, indem der englische Primas sowie die führenden Geistlichen der geforderten Subsidienzahlung zustimmten, jedoch nur infolge von *necessitas* für die Landesverteidigung.[91] Somit konnte Eduard freundliche Beziehungen zu Bonifaz VIII. wahren, der seinerseits nach Erlaß der Bulle „*Unam sanctam*" (November 1302) mit Philipp IV. in Auseinandersetzungen geriet, die im Attentat von Anagni und mit dem Tode des Papstes († 11. Oktober 1303) endeten.

Beharrlicher erwiesen sich im Vergleich zur Geistlichkeit führende englische Magnaten in ihrem Widerstand gegen die königliche Steuerpolitik, wobei außer den Subsidienforderungen und Requisitionen veränderte königliche Rekrutierungsmethoden und insbesondere im April 1297 die Einberufung von 130 Großen ohne Nennung des Einsatzzieles zum Heeresdienst „zum Wohl des Landes" zu Opposition und zu prinzipiellen Diskussionen der Frage eines Heerdienstes auf dem Kontinent führten, konkretisiert in den sog. *Remonstrances*. Als Wortführer der baronialen Opposition fungierten der Earl von Hereford und *constable* von England, Humphrey de Bohun, und der Earl von Norfolk und *marshal* des Reiches, Roger Bigod, die zwar vom König umgehend ihrer Ämter enthoben wurden, mit ihren Standesgenossen hingegen die Gewährung von Subsidien von der Bestätigung der *Magna Carta* sowie der Forst-*Carta* abhängig machten. Zudem zwangen sie Prinz Eduard mit den Regentschaftsmitgliedern und danach den in Flandern befindlichen König am 5. November 1297 in Gent zur *Confirmatio Cartarum*, am 23. November 1297 gefolgt von der Abschaffung der berüchtigten *maltolt*.[92] Obwohl einzelne Große auch in der Folgezeit Vorwürfe wegen ungerechtfertigter Belastungen – etwa 1300 in den *Articuli super Chartas*[93] – erhoben, gelang 1297 grundsätzlich eine Beilegung der „Verfassungskrise", als deren Ergebnis sich eine Art „Steuerbewilligungsrecht" der Vertreter des Reiches entwickelte, obwohl hierbei das Parlament nicht ausdrücklich als Genehmigungsinstitution für derartige Sonderabgaben genannt wurde.

Während sich Eduard von den erwähnten innenpolitischen Problemen belastet sah und deshalb ständig eine Intervention auf dem Kontinent verschieben musste, gewannen die Entwicklungen im schottischen Reich für ihn absoluten Vorrang, da Johannes – obwohl weitgehend entmachtet – nach Abschluss der *Auld Alliance* am 5. April 1296 gegenüber Eduard die *diffidatio* erklärt und sein *homagium* widerrufen hatte. In bewährtem „Legalismus" ließ der Plantagenet Balliol zuerst vor sein Gericht zitieren, um danach den Tweed zu überschreiten und mit ungeheurer Brutalität – etwa bei der Eroberung von Berwick – gegen die „Rebellen" vorzugehen. Da die schottischen Großen wie üblich zerstritten waren und sich einige – wie Robert Bruce und die Earls von Angus – dem englischen König anschlossen, konnte dieser ohne Schwierigkeiten in Berwick ein Verwaltungszentrum etablieren und von dort aus über Perth und Aberdeen bis nach Elgin vordringen. Zudem musste König Johannes seine Abdankung und Unterwerfung erklären,[94] woraufhin das englische Heer die schottischen Herrschaftsinsignien – wie den Königsstein von Scone und die Rute der heiligen Margarethe – als Kriegsbeute raubte und mit dem schottischen Archiv nach England überführte. Die Demütigungen Balliols wurden mit erneuten Absetzungszeremonien vom 2. Juli bis 10. Juli an vier Orten – Kincardine, Stracathro, Brechin und Montrose – fortgesetzt, bis der König schließlich nach einem Aufenthalt in Hertford im folgenden Jahre im Tower in London inhaftiert wurde, so dass hiermit – aus schottischer Sicht – das zweite Interregnum begann, das bis zum Jahre 1306 dauern sollte. Der Vertreibung König Johanns folgte die Herrschaftsübernahme Eduards, der nicht nur einen Regenten, Johannes de Warenne, sowie neue Spitzenbeamte wie *chancellor* und *treasurer* etablierte, sondern die zentrale Verwaltung Schottlands englischen Beamten in dreißig neu geschaffenen *sheriffdoms* mit königlichen Burgen als Zentren übertrug, ergänzt durch die Besetzung vakant werdender Benefizien der schottischen Kirche mit englischen Geistlichen. Gegen die mit Härte durchgeführten Repressionsmaßnahmen, durch die das schottische Reich in eine *terra* oder „Provinz" des englischen *regnum* mit eigenem Herrschafts- und Verwaltungssystem verwandelt werden sollte, regte sich seit Sommer 1297 Widerstand unter den schottischen Großen, wobei dem Earl von Carrick, Robert Bruce dem Jüngeren, Jakob dem Steward und dem Bischof von Glasgow, Robert Wishart, Führungsrollen zukamen. Nachdem diese Opponentengruppe aber bereits im Juli 1297 im Frieden von Irvine resigniert hatte, übernahmen in der Folgezeit Andreas Moray und Wilhelm Wallace die Führung des Widerstandes, die dank der Untätigkeit Warennes kontinuierlich englische Verwaltungsbeamte aus dem schottischen *regnum* vertrieben und durch Schotten ersetzen sowie ihre Einflussgebiete in Nord-, Mittel- und Südwest-Schottland vergrößern konnten. Einen großen Erfolg vermochten Moray und Wallace am 11. September 1297 zu verzeichnen, als sie ein englisches Heer unter Führung Warennes an der Brücke bei Stirling überraschten und vernichtend schlugen. Da Murray bald an den Wunden starb, die er in der Schlacht erhalten hatte, erlangte der aus dem niederen Adel stammende Wallace die alleinige Führung der Schotten, die ihn zum *guardian* wählten, wobei dieser aber stets betonte, nur als Regent für den einzig legitimen schottischen Monarchen, Johannes Balliol, zu agieren.

Diese Rückschläge in Schottland erfolgten ohne Beteiligung des englischen Königs, der sich im Juli 1297 entschlossen hatte, doch einen Festlandsfeldzug durchzuführen. Hier kam ihm jedoch der Kapetinger zuvor und fiel am 15. Juni 1297 in Flandern ein, wo er nur auf schwachen Widerstand stieß. Während der Plantagenet zum persönlichen Eingreifen noch nicht bereit war und daher vor allem seine kontinentalen Verbündeten – wie den deutschen König und die Grafen von Bar und Savoyen – zum Angriff aufforderte, konnten Philipp bzw. Robert von Artois bereits am 20. August 1297 ein Heer unter Führung Wilhelm von Jülichs bei Veurne vernichtend schlagen und am 1. September Lille erobern. Der englische König hatte auf diese Entwicklungen selbst keinen Einfluss, da er erst am 28. August unter chaotischen Umständen mit einem kleinen Heer in Sluis gelandet war, in Anbetracht der militärischen Stärke des Kapetingers eine offene Schlacht vermied und sich im Anschluss an ein Treffen mit dem flämischen Grafen Anfang September nach Gent zurückzog. Alle Hoffnungen des Plantagenets lagen daher auf dem deutschen König, den er bereits im Mai von England zum Eingreifen aufgefordert hatte, ohne dass Adolf jedoch vertraglich zu einem eigenen Feldzug ohne Kooperation mit Eduard verpflichtet gewesen wäre. Da die letzte Rate der englischen Subsidienzahlungen weiter ausstand und sich Adolf nach der Krönung Wenzels II. zum König von Böhmen seit Pfingsten 1297 wachsender Opposition unter Führung des Mainzer Erzbischofs Gerhard gegenüber sah, verzichtete der deutsche Monarch auf ein Eingreifen in Flandern, so dass der Plantagenet lediglich die Unterstützung kleinerer deutscher Grafen – wie Dietrich von Cleve, Rainald von Geldern, Walram von Jülich, Eberhard von der Mark und Otto von Waldeck – erhielt. Daher waren zumeist Truppen deutscher Fürsten, jedoch keine englischen Kontingente in die Kämpfe in Flandern involviert; Gleiches gilt für das militärische Engagement von Reichsangehörigen im Bereich der Champagne und in Burgund, wo ebenfalls keine englischen Truppenverbände agierten. Insofern ist zu konstatieren, dass zumindest die Mehrzahl der Verbündeten aus dem Reichsgebiet bemüht war, ihren Verpflichtungen gegenüber dem englischen König nachzukommen, während dieser zumeist die fälligen Subsidienzahlungen nicht leisten konnte und daher binnen kürzester Zeit den Zusammenbruch seines außenpolitischen Bündnissystems sowie Misserfolge beim Aufbau einer zweiten Font an der Ostgrenze des französischen Reiches hinnehmen musste. Insofern ist es nicht verwunderlich, dass Eduard bald auf päpstliches Betreiben einem Waffenstillstand zustimmte, der nach Einsetzung einer Schiedskommission zur Regelung von Grenzstreitigkeiten am 9. Oktober 1297 in Sint-Baafs-Vijve vereinbart und dessen Gültigkeit später bis zum 6. Januar 1300 verlängert wurde. Ohne greifbare Erfolge reiste der Plantagenet mit den verbliebenen Truppen am 14. März 1298 nach Sandwich, während die flämische Grafschaft ihrem Schicksal überlassen blieb. Da Eduards wichtigster Verbündeter auf dem Kontinent, König Adolf, in der Schlacht bei Göllheim am 2. Juli 1298 getötet und sein Widersacher Albrecht, der enge Beziehungen zum französischen Monarchen pflegte, zum deutschen König erhoben wurde, erfuhr das englische Bündnissystem eine weitere, gravierende Schwächung.

Nach der Rückkehr auf die Insel sah sich Eduard mit dem schwelenden schottischen Konflikt konfrontiert, da der Thronfolger zwar im Winter 1297/98 vereinzelte militärische Unternehmungen durchgeführt, aber keine grundlegende Wende herbeigeführt hatte. So griff der Plantagenet, nachdem er zur rechtlichen Absicherung des Heerzuges die schottischen Lehnsmänner zur Erfüllung ihrer Dienstpflichten aufgefordert hatte, selbst seit Juli 1298 in die Kämpfe ein. Er war jedoch der neuen Strategie von Wallace nicht gewachsen, der einem Gefecht mit Eduard auswich und statt dessen durch die Zerstörung aller Nahrungsgrundlagen im Aktionsbereich seines Heeres („verbrannte Erde") erhebliche Versorgungsschwierigkeiten für die Engländer hervorrief. Diese Strategie wäre auch beinahe erfolgreich gewesen, da sich der Plantagenet schon zum Rückzug nach Edinburgh entschlossen hatte, als es ihm überraschend gelang, das schottische Heer unter Führung von Wallace bei Falkirk am 22. Juli 1298 zur Schlacht zu stellen. Die schottischen Fußtruppen mit ihren *schiltrons* zeigten sich dem kombinierten Einsatz englischer Bogenschützen und Reiterkontingenten nicht gewachsen, so dass Wallace, den die Kavallerie schottischer Adliger im Stich ließ, eine empfindliche Niederlage hinnehmen und fliehen musste. Bald darauf trat Wilhelm von der Regentschaft zurück, die nunmehr von Robert Bruce, Johann Comyn von Badenoch sowie später von den Bischöfen von St. Andrews und Moray, Wilhelm Lamberton und David de Moravia, wahrgenommen wurde. Der englische König war trotz des Sieges bei Falkirk und harten Repressionsmaßnahmen nicht in der Lage, ganz Schottland zu unterwerfen, da der schottische Widerstand u. a. im Südwesten des Landes anhielt und sich auch die diplomatischen Aktivitäten von Wallace auswirkten, der am französischen Hof und wahrscheinlich an der Kurie erfolgreich um Unterstützung für den abgesetzten König Johannes warb und nach dem Frieden von Montreuil sogar dessen Freilassung erreichen konnte. Zusätzlicher Druck wurde auf Eduard, der am 9. September 1299 Margarethe, die Schwester Philipps IV. geheiratet hatte, vom französischen König ausgeübt, auf dessen Betreiben er am 30. Oktober 1299 in Dumfries einen Waffenstillstand mit den Schotten akzeptieren musste. Schließlich versuchte Bonifaz VIII. schlichtend einzugreifen, indem er im Schreiben „*Scimus fili*" vom 27. Juni 1299 das schottische *regnum* als päpstlichen Besitz reklamierte, den sich der englische König widerrechtlich angeeignet und daher umgehend zu restituieren hätte. Diese päpstliche Forderung, die von Erzbischof Winchelsey von Canterbury gegenüber Eduard vertreten wurde, stieß in England bei den weltlichen Großen auf scharfe Ablehnung, so dass der Monarch nach einer Parlamentssitzung in Lincoln am 20. Januar 1301 das Ansinnen von Bonifaz mit nachdrücklicher Unterstützung der Barone und aufgrund ausführlicher historischer Begründung seines Herrschaftsanspruches zurückweisen konnte und zudem dem Nachfolger Petri grundsätzlich das Recht einer Einmischung in derartige weltlich-rechtliche Angelegenheiten absprach.[95] Trotz weiterer Militäraktionen, gefolgt von erneuten Waffenstillständen, konnte Eduard die englische Herrschaft in Schottland nicht stabilisieren, obwohl es ihm dank der Uneinigkeit der schottischen Großen im Februar 1302 gelungen war, Bruce zur Unterwerfung zu veranlassen, da dieser unverändert seine eigenen Thronansprüche zu wahren versuchte und eine Rückkehr Johanns nach Schottland fürchtete.

Die Entwicklungen in Schottland werden die Neigung Eduards gestärkt haben, sich aus den kontinentalen Konflikten zurückzuziehen und auf den Fortbestand seines kostspieligen Bündnissystems zu verzichten. Dies betraf insbesondere den deutschen König Albrecht I., der sich nach dem Sieg über Adolf bei Göllheim enger an den Kapetinger angeschlossen und im Dezember 1299 der Heirat seines Sohnes Rudolf mit Blanca, der Schwester Philipps, zugestimmt hatte. Der Plantagenet wandte sich ebenfalls vom flämischen Grafen Guido ab, der mit seinen Söhnen in Paris inhaftiert blieb, während der Kapetinger mit dem Repräsentanten Jacques de Châtillon die Grafschaft durch die Etablierung französischer Verwaltungsinstitutionen und hohe Steuern schwer belastete, so dass Unruhen in verschiedenen Städten mit Angriffen auf französische Truppen – wie z.B. am 18. Mai 1302 im „Goede Vrijdag" bzw. in der „Mette von Brügge" – entstanden. Der Versuch des Kapetingers, die Flamen durch ein stattliches Ritterheer unter Führung Roberts von Artois endgültig zu unterwerfen, scheiterte in der berühmten „Goldsporenschlacht" am 11. Juli 1302 vor Kortrijk am Widerstand der städtischen Milizfußtruppen und machte König Philipp im Blick auf seine Konflikte mit dem Papst sowie die Auseinandersetzungen um Karl von Valois geneigter, einem Friedensschluss mit dem Plantagenet zuzustimmen. So kam es am 20. Mai 1303 in Paris zu einer Vereinbarung, in der Eduard die Gascogne zurückerstattet wurde, für die er dem französischen Suzerän den Lehnseid zu leisten hatte – stellvertretend durch den Thronfolger erfüllt, der die Tochter Philipps, Isabella, heiraten sollte.[96] Während wichtige Detailfragen – etwa die Klärung des Grenzverlaufes der Gascogne, die Modalitäten der homagium-Leistung und Thronfolgeregelungen für die Nachkommen des Prinzen von Wales – ungeklärt blieben, erhielten die Vertragspartner Handlungsfreiheit bezüglich ihrer Verbündeter, die – wie die Flamen und Schotten – von dem Frieden ausgeschlossen blieben. So konnte Philipp in der Folgezeit in Flandern intervenieren und nach der Schlacht bei Mons-en-Pévèle am 18. August 1304 sowie in den Verträgen von Athis-sur-Orge (23. Juni 1305) und von Pontoise (11. Juli 1312) die endgültige Abtretung großer Teile der wallonischen Territorien an die französische Krone erzwingen. Bezüglich der Schotten, die zwischenzeitlich die Unterstützung des Papstes verloren hatten, ließ der Kapetinger Eduard freie Hand, der sich entschlossen zeigte, die schottische Angelegenheit auf Dauer durch die endgültige Unterwerfung des Landes zu bereinigen.

Nach Attacken englischer Kontingente unter Johann de Segrave und Ralph Manton sowie ersten Rückschlägen bei Roslin im Februar 1303 griff der König im Juni selbst in Schottland ein, indem er von Roxburgh über Edinburgh bis nach Brechin vordrang, ohne auf massiven Widerstand zu stoßen, da der inzwischen zurückgekehrte Wallace eine Art „Guerillakrieg" gegen die englischen Invasoren führte. Dennoch schwand die Unterstützung für Wilhelm seit Beginn des Jahres 1304, so dass sich die überwiegende Mehrzahl der schottischen Großen im Frühjahr 1304 in Strathord dem englischen König unterwarf, der die Feinde durch Milde für sich zu gewinnen suchte, während die Hauptgegner – Wallace, Simon Fraser u.a. –

für vogelfrei erklärt und systematisch gejagt wurden. Den Abschluss erfuhr dieses Unternehmen im August 1305, als Wallace infolge Verrats durch den Schotten Johannes de Menteith bei Glasgow gefangen genommen und Eduard überstellt wurde. Dieser unterwarf Wilhelm in London einem grotesken Prozess, der erwartungsgemäß mit der Verurteilung von Wallace als Verräter und dessen grausamer Hinrichtung endete. Trotz intensiver englischer Propaganda führte gerade die Brutalität des Vorgehens Eduards dazu, dass Wallace rasch als „Rebell" und „Heros" in Schottland verehrt und Gegenstand zahlreicher Legenden wurde, in denen man ihn als mutigen Kämpfer für die Wahrung der schottischen Freiheit feierte. Mit gleicher Härte ging Eduard seit September 1305 daran, die schottische *terra* noch stärker in das englische Herrschaftssystem einzubeziehen und auch schottische Vertreter für das Parlament benennen zu lassen, wo entsprechende „Petitionen" – wie bereits aus der Gascogne – entschieden werden sollten. Gravierender war die Entscheidung Eduards, nicht nur eine Überprüfung des schottischen Rechtes sowie der Gewohnheiten von „*Scot'* " und „*Bret'* " vornehmen zu lassen, sondern auch die Gesetze von König David einer Revision zu unterziehen und diese dann zur Genehmigung dem englischen Monarchen vorlegen zu lassen.[97] Diese schweren Eingriffe in kulturelle und rechtliche Traditionen Schottlands stießen sogar bei bisherigen Sympathisanten Eduards, Robert Bruce und Johann Comyn, auf Widerstand, die sich zudem möglicherweise bei den englischen Umstrukturierungsmaßnahmen nicht hinreichend berücksichtigt sahen. Da Robert eigene Thronansprüche verfolgte und auch gewaltsam gegen seinen Konkurrenten Comyn durchsetzte, den er am 10. Februar 1306 in der Franziskanerkirche von Dumfries eigenhändig tötete, erwuchs Eduard in Bruce ein neuer Gegner, der am 25. März 1306 unter Beteiligung der Gräfin Isabella von Buchan in Scone in traditioneller Weise zum schottischen König erhoben wurde und rasch Zulauf zahlreicher Großer erhielt. Erneut zeigte sich der Plantagenet, der schwer erkrankt war, nicht gewillt, eine derartige „Rebellion" hinzunehmen, so dass er im Juli zuerst eine Eingreiftruppe unter Befehl von Aymer de Valence und danach das Hauptheer unter Führung des Kronprinzen entsandte, das Bruce zuerst am 19. Juni 1306 in Methven und dann am 13. Juli 1306 in Dalry schwere Niederlagen beibrachte. Damit wurde der schottische König bald zur Flucht nach Westen gezwungen, während zahlreiche seiner Anhänger sowie Mitglieder der Familie Bruce in die Hände der Engländer fielen und der Widerstand der verbliebenen schottischen Opponenten rasch zusammenbrach. Ähnlich wie beim

Kampf gegen Wallace zeigte der englische Monarch in der Folgezeit bei der Verfolgung und Bestrafung der schottischen „Rebellen" eine sogar für Zeitgenossen bemerkenswerte Brutalität. Er ließ alle Großen, die an der Inthronisierung Roberts oder an der Ermordung Comyns beteiligt waren, hart bestrafen und setzte die Mitglieder der Familie Bruce einer Art „Sippenverfolgung" aus, indem er nicht nur den Bruder Roberts, Neil, mit zahlreichen Gefolgsleuten hinrichten, sondern auch seine Tochter Marjory, die schottische Königin, drei Schwestern von Bruce und die Gräfin von Buchan in Gefangenschaft nehmen ließ, wobei die Gräfin und eine Schwester Roberts in speziell angefertigten Käfigen inhaftiert und von der Außenwelt völlig isoliert wurden. Aber wie im Falle von Wallace erwies sich das harte Vorgehen des englischen Monarchen gegen die schottischen Widersacher und insbesondere gegen die weiblichen Mitglieder der Familie Bruce als kontraproduktiv für die Herrschaftsstabilisierung Eduards, da die verbliebenen „Rebellen" und König Robert erneut Zulauf erhielten, nachdem Bruce im Anschluss an die Flucht nach Irland bzw. den Hebriden im Frühjahr 1307 ins schottische *regnum* zurückgekehrt war und dank einer neuen Strategie im Mai wichtige Siege über Aymer de Valence und Ralph de Monthermer, Earl von Gloucester, erringen konnte. Der schwer kranke englische Herrscher unternahm zwar nochmals den Versuch, nach Pfingsten von Carlisle nach Schottland einzudringen, doch verhinderte sein Tod am 7. Juli 1307 in Burgh-by-Sands die Fortführung der Unternehmung. Mit welcher Verbissenheit der sterbende König die Sicherung seines Eroberungswerkes in Schottland anstrebte, verdeutlicht die legendarische Nachricht, wonach der Plantagenet den Thronfolger am Sterbebett schwören ließ, bei künftigen Kriegszügen gegen Schottland immer Eduards Gebeine im englischen Heer mitzuführen, weil dann die schottischen „Rebellen" niemals siegen könnten.

Das Bild des Monarchen, der nach Chronistenangaben von erhabener Statur war und über große Körperkräfte verfügte, unterschied sich in den zeitgenössischen Quellen gemäß deren regionaler Provenienz. In den englischen Zeugnissen wurde Eduard vielfach als heroischer Ritter gefeiert, während er in schottischen Quellen als brutaler Eroberer voller Habsucht und Gier erschien. Zudem wurden die verschiedenen Lebensphasen des Prinzen und späteren Königs höchst unterschiedlich gewürdigt, da er etwa wegen seines Verhaltens während der baronialen Aufständen zur Zeit Heinrichs III. in königsfeindlichen Quellen als falsch und verräterisch erschien, während sein folgendes Engagement als Kreuzfahrer die gebührende

Anerkennung erfuhr. Hierauf gründet auch das verbreitete Bild Eduards als vorbildlicher Ritter, der mit Standesgenossen Abenteuer sowie Kriege schätzte und eine idealtypische ritterliche Existenzform zu realisieren versuchte. Gewürdigt wurden zudem die verschiedenen Pazifizierungskampagnen des Plantagenets, der im gesamten Abendland hohes Ansehen genoß und zur Vorbereitung eines neuen Kreuzzugsunternehmens – wenn auch mit mäßigem Erfolg – bemüht war, Frieden zwischen den wichtigsten abendländischen Monarchen zu stiften. Abwegig erscheint in diesem Zusammenhang die Forschungsthese von der Wirksamkeit einer angeblichen angevinischen Tradition von *„familiy hostility"*, da Eduard nicht nur eine glückliche Ehe mit Eleonore führte, sondern auch harmonische Beziehungen zu seinen zahlreichen Kindern pflegte, die es durch ihre Eheschließungen dem König ermöglichten, ein umfangreiches Netz an dynastischen Verbindungen in Europa zu schaffen.

Kontroverser sind hingegen die Urteile über die Außenpolitik Eduards, der unter Einsatz diplomatischer und militärischer Mittel versuchte, die verbliebenen Festlandsbesitzungen zu sichern und den englischen Oberherrschaftsanspruch gegenüber den „keltischen Reichen" intensiver durchzusetzen. Zwar führte der Plantagenet langjährige Kriege gegen die Kapetinger unter Verwendung eines komplexen, kostenintensiven Bündnissystems, doch standen die dürftigen Ergebnisse der diplomatischen Aktivitäten in keinem Verhältnis zu dem hiermit verbundenen finanziellen Aufwand, so dass man hier ein Scheitern Eduards konstatieren muss, der zudem die Finanz- und Wirtschaftskraft seines Landes völlig überschätzte. Ferner bestand bei seinem Handeln eine klare Priorität zu Lasten der Politik gegenüber Frankreich und zugunsten einer Unterwerfung der „keltischen Reiche", wobei Irland weitgehend sich selbst überlassen blieb. Erfolgreich war Eduard lediglich in Wales, wo er harte militärische Repression mit einem aufwendigen Siedlungs- und Burgenbauprogramm verband, das mit einer Zerstörung politischer und kultureller Traditionen der Waliser verbunden war. Während unklar bleibt, ob Eduard ein „imperiales *Britannia*-Konzept" besaß bzw. realisieren wollte, erwies sich seine Entscheidung, nach der erfolglosen Etablierung von Vasallenkönigen in Schottland schließlich selbst die Herrschaft zu übernehmen und das Land zu einer *terra* des englischen *imperium* machen zu wollen, als gravierender Fehler, da sich hier im Gegensatz zu Wales dank Persönlichkeiten wie Wallace und Bruce ein beharrlicher Widerstand regte, der trotz aller Feldzüge und temporärer Schaffung englischer Verwaltungseinrichtungen auf Dauer nicht zu brechen war. Die Bestrebungen zur Vernichtung der Unabhängigkeit Schottlands, die für Eduard schließlich geradezu zu einer Obsession wurden, scheiterten nicht nur, sondern hatten für Eduard gravierende wirtschaftliche und politische Konsequenzen, da er wegen des ständig wachsenden Geldbedarfs zu Konzessionen gegenüber dem Adel und dem Parlament gezwungen war und hierdurch Beeinträchtigungen der königlichen Prärogativen hinnehmen musste. Da zudem das Finanzwesen des Landes wegen der ständigen kriegerischen Aktivitäten extrem belastet war, wird sich Eduard auf dem Sterbebett bewusst gewesen sein, dass er seinem Sohn und Nachfolger nicht nur das ungelöste Problem einer „Befriedung" des schottischen *regnum*, sondern auch überbelastete Reichsfinanzen sowie exorbitante Zahlungsverpflichtungen im englischen *regnum* hinterließ, dessen Große sich nur widerstrebend und unter ständigen Pressionen der Fiskalpolitik des Monarchen gefügt hatten und für den neuen König zweifellos ein Element innenpolitischer Instabilität darstellten.

7. Der Niedergang des englischen Königtums und die Stärkung neuer politischer Kräfte im Inselreich (1307–1327)

Der dreiundzwanzigjährige Thronfolger Eduard (II.) wurde vom Tode seines Vaters auf dem Schottlandfeldzug überrascht, woraufhin er nach Carlisle eilte, um das *homagium* der anwesenden englischen Großen und kurz darauf in Dumfries den Treueid der schottischen Barone, die sich gegen Bruce als schottischen König entschieden hatten, entgegenzunehmen. Wie ungefährdet die Thronfolge war, verdeutlicht die Tatsache, dass Eduard keine Eile bezüglich der Krönung an den Tag legte und lediglich die Beamten anwies, bereits vor der Inthronisierung in den Verwaltungszeugnissen den Beginn seiner königlichen Herrschaft unmittelbar nach dem Tode des Vaters anzusetzen. Gleichzeitig entschied sich der Plantagenet für eine radikale politische Zäsur, indem er nicht nur den Schottlandfeldzug abbrach und die Verwaltung des schottischen Reich den *lieutenants* Aymer de Valence bzw. Johann von der Bretagne übertrug, sondern auch ein tiefgreifendes Revirement im Kreise der wichtigsten königlichen Funktionsträger vornahm, indem er die mächtigsten Beamten seines Vaters entließ und Vertraute aus der eigenen *wardrobe* einsetzte. So enthob Eduard den alten *treasurer* Walter Langton unter entwürdigenden Umständen des Amtes und ernannte Johann Langton zum *chancellor* sowie Johann Benstead zum Leiter der *wardrobe* und vertraute das Schatzamt Walter Reynolds sowie die Führung des *privy seal* Wilhelm Melton an. Zudem rief der König einflussreiche Gegner seines Vorgängers wie den Erzbischof von Canterbury, Robert Winchelsey, und den Bischof von Durham, Antonius Bek, aus dem Exil ins Inselreich zurück. Obwohl das politische Revirement die Unterstützung zahlreicher Großer im Lande fand, gerieten diese rasch mit Eduard in einen langwierigen Konflikt, der sich vordergründig an der Protektion königlicher Günstlinge entzündete, letztlich aber das Problem der Herrschaftspraxis des Monarchen und die baroniale Partizipation an politischen Entscheidungsprozessen betraf. Jahrelang rang der König mit den Großen insbesondere um die Förderung des gascognischen Ritters Peter (Piers) de Gaveston, zu dem er angeblich homosexuelle Beziehungen unterhielt und der durch sein parvenuhaftes Verhalten Ärgernis hervorrief, ohne jedoch nachweisbar als „Berater" des Monarchen maßgeblichen Einfluss auf politische Entscheidungen auszuüben.

Nach der Ernennung Peters zum Earl von Cornwall am 6. August 1307 sowie dessen Heirat mit der Nichte des Königs, Margarethe de Clare, wuchsen die Spannungen im Zusammenhang mit der Heirat des Herrschers, der noch vor der Inthronisation die zwölfjährige Isabella, die Tochter Philipps IV. von Frankreich, zu ehelichen wünschte und Gaveston zum Entsetzen der Barone als Regenten für die Zeit seiner Abwesenheit ernannte. Während die Heirat am 25. Januar 1308 in Boulogne harmonisch verlief und der Plantagenet dem Kapetinger das *homagium* für das Herzogtum Aquitanien sowie die Grafschaften Ponthieu und Montreuil leistete, kam es bei Eduards Krönung, die am 25. Februar 1308 in Westminster vom Bischof von Winchester, Heinrich Woodlock, durchgeführt wurde, zu Schwierigkeiten, da sich Isabella durch das Auftreten Gavestons – u. a. als Träger der St. Eduards-Krone – rangmäßig zurückgesetzt fühlte, was umgehend zu Verstimmungen am französischen Hof führte. Zudem veranlassten die Magnaten den König zur Ablegung eines veränderten Krönungseides, in dessen französischsprachiger Fassung Eduard nicht nur wie seine Vorgänger versprechen musste, den Frieden zu sichern, Gerechtigkeit zu üben und die Gesetze des Reiches zu achten, sondern im vierten Eidesteil zu erklären hatte, diejenigen Gesetze und rechtliche Verfügungen zu wahren, die die „Gemeinschaft des Reiches" (*„la communaute de vostre roiaume"*) künftig erlassen würde.[98] Obwohl die Geltungsdauer und der Wirkungsbereich dieser Verpflichtung unklar sind, stellte der Eid zweifellos eine königliche Selbstbeschränkungsverpflichtung gegenüber den Großen des Reiches bzw. dem Parlament dar, wodurch der politische Handlungsspielraum des Monarchen eingeschränkt und er von den künftigen, nicht näher präzisierten Entscheidungen der Repräsentanten der *communitas* weitgehend abhängig gemacht wurde.

Ähnliche baroniale Intentionen sind bei einer Parlamentssitzung seit dem 3. März 1308 in Westminster erkennbar, wo die Großen eine klare Trennung zwischen der Person des Monarchen und der Institution des Königtums sowie die Bindung der Barone des Reiches in ihrem Treueid an die Krone betonten, so dass sich die Magnaten berechtigt und verpflichtet sahen, in einer Konfliktsituation – wie etwa der angeblichen aktuellen Schmälerung der Kronrechte durch Gaveston – ihrerseits den Monarchen zur Wahrung der Rechte der Krone gegebenenfalls zu zwingen. Wegen des wachsenden parlamentarischen Drucks sah sich Eduard veranlasst, Gaveston im Sommer 1308 zum Verlassen der Insel und zum Aufenthalt in Irland zu bewegen. Gleichzeitig begann ein zäher und langwieriger

Kampf der Barone mit dem König – vordergründig um die Person des angeblichen Liebhabers des Monarchen, letztlich aber um die Formen königlicher Herrschaftspraxis. Hierbei gelang es Eduard, nach Erlaß des *Statute of Stamford* im Juli 1309[99] die zeitweise Rückkehr Gavestons durchzusetzen und durch Stärkung der *wardrobe* ein wichtiges Herrschaftsinstrument zu entwickeln, mit dessen Hilfe er an baronial dominierten Verwaltungseinrichtungen wie *exchequer* und *chancery* vorbei agieren und etwa durch den Einsatz von *wardrobe*-Geldmitteln eigenständig Söldner anwerben konnte. Dennoch erhoben die Großen bereits auf der Parlamentssitzung am 8. Februar 1310 erneut schwere Vorwürfe gegen den König, der sich von schlechten Beratern (d.h. Gaveston) beeinflussen lassen würde, die Abgaben der *communitas* verschwendete und den Verlust Schottlands tatenlos hingenommen hätte. Daher forderten die Barone ultimativ eine „Regierungsreform", die durch eine gewählte Kommission vorbereitet und durchgeführt werden sollte. So kam Eduard nicht umhin, der Einsetzung einer Reformkommission von 21 *Ordainers* zuzustimmen, zu denen neben dem Erzbischof von Canterbury und sechs Bischöfen acht Earls und sechs Barone gehörten, die im März 1310 mit der Arbeit begannen und im August 1311 ihre *Ordinances* vorlegten.

Gleichzeitig sah sich der König genötigt, den Vorwürfen der außenpolitischen Inaktivität zu begegnen, obwohl er nicht die kriegerische Politik seines Vaters fortsetzen wollte. Daher entwickelte Eduard – abgesehen von Schottland – zumindest auf dem Kontinent diplomatische Aktivitäten, indem er sporadische Kontakte zu den deutschen Monarchen Albrecht I. bzw. Heinrich VII. und zum französischen Königshof pflegte, während die Spannungen im aquitanischen Herzogtum infolge der ständigen Appellationen von Vasallen an das Hofgericht sowie von Klagen über angebliche Übergriffe von Kronbeamten des Kapetingers anhielten. Eine Pazifizierungspolitik betrieb der Monarch hingegen nicht gegenüber Schottland, wo es Robert I. nach dem Tode Eduards I. gelungen war, seine Macht sowohl gegenüber den englischen Verwaltern als auch gegenüber oppositionellen Großen zu stabilisieren, nachdem er zuerst die Comyns (1308) und später die McDougals (1309) besiegt hatte, so dass sich Angehörige beider Familien seinen Sanktionen durch die Flucht an den englischen Hof entziehen mussten. Erst nach diesen Erfolgen Roberts entschloss sich Eduard zum Eingreifen und brach im September 1310 – ohne größere Unterstützung durch die englischen Barone – nach Schottland auf, wo er bis nach Linlithgow vordringen konnte, dann aber in Berwick überwintern musste, weil er wegen der bewährten schottischen Taktik, offene Feldschlachten zu vermeiden und sich auf eine Art „Guerillakrieg" zu konzentrieren, keine entscheidenden militärischen Siege erringen konnte. Daher zog sich der König im Juli 1311 aus Schottland zurück, woraufhin Robert die Initiative ergriff und seit August 1311 systematische Raub- und Verwüstungszüge nach Northumberland und in andere englische Nordprovinzen durchführte, so dass die politische Lage in diesen Regionen weitgehend destabilisiert wurde und sich die Bewohner zu beträchtlichen Geldzahlungen an den Schotten sowie zum Abschluss eigener Waffenstillstandsvereinbarungen mit Robert gezwungen sahen.

Der Fehlschlag des Schottland-Zuges trug zu einer weiteren politischen Schwächung des Plantagenets bei, der seit August 1311 im Parlament mit den Forderungen der Reformer in 41 *Ordinances* konfrontiert wurde, die sowohl personelle als auch strukturelle Veränderungen in der Praxis der Herrschaftsausübung des Monarchen betrafen.[100] Die personellen Änderungspostulate richteten sich zuerst gegen Gaveston, der einer Vielzahl an Vergehen beschuldigt wurde – u.a. schlechte Beratung des Königs, Einsetzung „ausländischer" Berater zu Lasten der englischen Großen, Entfremdung königlicher Einkünfte usw. – Beschuldigungen, die zumeist unhaltbar waren und vorrangig propagandistischen Zwecken dienten. Zudem suchte man Vertraute des königlichen Günstlings auszuschalten, außer Heinrich de Beaumont und dessen Schwester Isabella de Vescy den italienischen Bankier Amerigo dei Frescobaldi, von dem der Plantagenet finanziell abhängig war und der angeblich beachtliche Geldsummen ins Ausland zum Schaden des englischen Reiches transferiert haben sollte. Wichtiger waren dagegen die *Ordinances* mit struktureller Reformperspektive bezüglich der königlichen Herrschaftsausübung, da nicht nur das repressive Verhalten der königlichen Beamten und der rücksichtslose Zwangsankauf von Lebensmitteln (*purveyance)* beklagt, sondern auch die – seit Eduard I. betriebene – exzessive Erhebung von Steuern und Zöllen, insbesondere die *magna custuma* sowie die *maltolt*, bemängelt wurde. Hinzu kam grundsätzliche Kritik an der königlichen Finanzpraxis und der Rolle der *wardrobe*, die – ebenso wie die Benutzung des *privy seal* – baronialer Kontrolle unterworfen werden sollte. Gleiches galt für die königlichen Spitzenbeamten wie *chancellor, treasurer* usw., die wie die nachgeordneten königlichen Funktionsträger ausschließlich nach Beschluss der Barone im Parlament bestimmt werden sollten. Noch gravierender war die Verfügung, dass der Monarch weder eigenmächtig einen Krieg erklären noch das Reich ohne Erlaubnis der Großen im Parlament verlassen durfte, die für den Fall seiner Abwesenheit den Regenten zu bestimmen hatten. Schließlich wurde der Plantagenet verpflichtet, ein- bis zweimal pro Jahr ein Parlament einzuberufen, wobei zu betonen ist, dass eine eigenständige Rolle der *Commons* in diesen Parlamenten nicht vorgesehen war und ausschließlich die Barone als parlamentarische Akteure in Erscheinung zu treten gedachten. Am Ende der ersten Session der Parlamentssitzung im Oktober 1311 wurden die *Ordinances* beschlossen und gesiegelte Kopien der Texte in alle Grafschaften und Kathedralen zur Verkündigung gesandt, gefolgt von einem zweiten Teil an Beschlüssen, die vom Parlament am 12. und 18. November 1311 verkündet wurden. Zweifellos stellten die *Ordinances* den Versuch dar, verfassungsrechtlich restaurative Tendenzen von Seiten der Barone durchzusetzen, die einerseits darum bemüht waren, ihren alleinigen Anspruch auf Beratung des Monarchen und damit auch auf maßgebliche Mitwirkung an politischen Entscheidungsprozessen im Reich gegen eine mögliche Einflussnahme „fremder" oder gar „ausländischer" Berater durchzusetzen. Andererseits ging es den Baronen mit der Ausschaltung der *wardrobe* um die umfassende Kontrolle der gesamten Finanz- und Steuerpolitik, so dass letztlich der Monarch in allen wichtigen politischen Entscheidungen von der Genehmigung des Parlamentes abhängig gemacht und hierdurch die Konzeption einer Art „parlamentarischer Monarchie" geschaffen wurde, die mit der Entmachtung des Königs ihres Gleichen im zeitgenössischen Abendland suchte.

Es ist nicht verwunderlich, dass Eduard um eine baldige Revision dieser Beschlüsse bemüht war, zumal sich Thomas von Lancaster, der über fünf Earldoms gebot und riesige Ländereien in den nördlichen Midlands, Lancashire und Yorkshire besaß, besonders bei der Durchsetzung der *Ordinances* engagierte, die ihm die Wahrung seines übermächtigen Einfluss im Reich und die Durchsetzung eigener Interessen gegen den Monarchen ermöglichten. Während der Plantagenet die Vertreibung der Frescobaldi tatenlos hinnahm, die unter Verlust ihrer ausstehenden Geldforderungen u. a. gegenüber der Krone das Land fluchtartig verließen, zeigte sich der König am Schicksal seines Günstlings Gaveston interessierter, der am 3. November 1311 nach Frankreich abreisen musste, dort bald Repressionen von Seiten des französischen Monarchen und Bruders der englischen Königin Isabella ausgesetzt war und nach Flandern floh, wo ihn Philipp weiter verfolgen ließ. Nachdem der Plantagenet Gaveston wahrscheinlich bereits im Dezember 1311 die Rückkehr ins Inselreich gestattete hatte und um dessen Rehabilitierung bemüht blieb, wuchs der Zorn der Barone auf Earl Peter und den König beträchtlich. Beide hatten sich nach Nordengland zurückzogen, um in York ein neues Machtzentrum im Zugriff auf wichtige Verwaltungsbeamte in Kanzlei und Schatzamt aufzubauen. Im Gegenzug schlossen sich die mächtigsten Großen des Landes – wie die Earls von Arundel, Hereford, Pembroke und Warwick – in einer Schwurgemeinschaft zur Verteidigung der parlamentarischen Beschlüsse zusammen, um gegebenenfalls sogar militärisch gegen den Monarchen und seinen Favoriten vorzugehen. Hierzu übernahmen einige Magnaten die Kontrolle über die wichtigsten Regionen des Inselreiches, während andere unmittelbar gegen Eduard vorgehen sollten. Die größte militärische Aktion führte Lancaster durch, der auf Newcastle vorrückte und den königlichen Hof am 4. Mai 1312 zur Flucht zwang, so dass sich Eduard – unter Zurücklassung des mitgeführten Schatzes sowie zahlreicher Juwelen – nach York begeben musste, während Gaveston nach Scarborough floh, wo er von den Earls von Pembroke und Surrey belagert wurde. Diese zwangen Earl Peter rasch zur Aufgabe, indem sie ihm eidlich die persönliche Unversehrtheit und eine parlamentarische Prüfung seines Falles zusicherten. Beim Abtransport des Günstlings kam es zum Bruch der erteilten Zusagen, indem sich der Earl von Warwick der Person Gavestons bemächtigte und ihn mit Beteiligung der Earls von Arundel, Hereford und Lancaster des Verrates beschuldigte, woraufhin diese die Hinrichtung des Favoriten beschlossen. Peter wurde am 19. Juni 1312 bei Blacklow Hill auf dem Besitz Lancasters von zwei walisischen Soldaten aus dessen Truppe exekutiert; die enthauptete Leiche übergab man Oxforder Dominikanern, die wegen der fortbestehenden Exkommunikation des Hingerichteten eine Beisetzung auf unbestimmte Zeit verschieben mussten. Die Tötung des Earls erwies sich bald für die beteiligten Großen als Fehlschlag, da zahlreiche andere Barone die Hinrichtung als widerrechtlich betrachteten, so dass sich Lancaster, Hereford, Warwick u. a. nach einem Schuldeingeständnis im Oktober 1313 dem König unterwerfen mussten. Dieser verfügte daraufhin eine Amnestierung für ca. 470 Opponenten, während das Problem einer Gültigkeit der *Ordinances* weiter ungeklärt blieb.

Auch außenpolitisch konnte Eduard seine Position verbessern, da es nach dem Tode Gavestons nicht nur zu einem Ausgleich mit dem französischen Herrscher, sondern auch zu guten Kontakten zum neuen König von Navarra, Ludwig (X.), und zu einer einvernehmlichen Lösung mit Papst Clemens V. über die gascognischen Einkünfte gekommen war. Problematisch blieben hingegen die schottisch-englischen Beziehungen, da König Robert in Anbetracht der innenpolitischen Schwäche Eduards den militärischen Druck auf die Grenzprovinzen bzw. die Regionen nördlich des Forth erhöht und wichtige Festungen wie Perth und Dumfries genommen hatte. Nachdem Bruce die Kontrolle über Galloway und die Isle of Man (Mai 1313) erlangt hatte, konnte er sich nach der Einnahme von Roxburgh und Edinburgh auf den Kampf um verbliebene wichtige Festungen in englischem Besitz, insbesondere Stirling, konzentrieren. Hier hatte sein Bruder Eduard Bruce mit dem Herren von Stirling, Philipp Mowbray, eine Übergabe der Verteidigungsanlage für den Fall vereinbart, dass der englische König nicht bis zum Johannistag 1314 (24. Juni) Entsatz für die Besatzung geschaffen hätte. So kam es zur militärischen Konfrontation mit Eduard, der begleitet u. a. durch die Earls von Gloucester, Hereford und Pembroke im Juni 1314 von Berwick mit einem stattlichen Heer aufbrach und – unterstützt durch eine Begleitflotte – über Edinburgh Richtung Stirling Castle vorrückte, wo er termingerecht am 23. Juni 1314 anlangte. Am folgenden Tage kam es bei Bannockburn zu einer Entscheidungsschlacht mit den zahlenmäßig weit unterlegenen schottischen Truppen unter Führung Roberts, der sich bei den schweren Kämpfen nicht nur durch persönliche Tapferkeit auszeichnete, sondern dem englischen Monarchen auch taktisch überlegen war. So gelang es den schottischen Kriegern erstmals, in offener Feldschlacht ein englisches Heer zu besiegen, das schwere personelle und materielle Verluste hinnehmen musste; der Plantagenet sah sich zu überstürzter Flucht zuerst nach Stirling Castle und dann nach Dunbar veranlaßt, wo er unerkannt ein Schiff bestieg und mit wenigen Begleitern nach Berwick floh. Die Bedeutung der Schlacht bei Bannockburn, die man noch heute mitunter in der englischen Forschung als überaus „schimpflich" bezeichnet, war zweifellos groß, wird jedoch nicht selten für die englische und schottische Geschichte überbewertet. Sicherlich wurde eine weitere Stabilisierung der englischen Herrschaft über das schottische *regnum* verhindert und hierdurch die Unabhängigkeit Schottlands gesichert sowie die Position Roberts gestärkt. Auch wird die psychologische Wirkung der Schlacht auf beiden Seiten beachtlich gewesen sein, da den Schotten erstmals ein wichtiger Sieg gelungen war, der nicht mit ihrer herkömmlichen defensiven Strategie und Taktik errungen wurde. Dennoch blieben zentrale Probleme ungelöst, wie etwa eine Etablierung der neuen Dynastie, ein Friedensschluss mit Eduard oder gar die Anerkennung Roberts als König durch den Plantagenet, so dass der Schotte zu einer Fortsetzung der Kämpfe gezwungen war. Bruce entschloss sich, seine Strategie partiell zu modifizieren und durch Gefolgsleute sowohl weit reichende Verheerungszüge nach Nordengland durchführen zu lassen als auch gegenüber Eduard eine zweite Front aufzubauen, indem der schottische König und sein Bruder Eduard in Irland intervenierten und dort englische Truppen zu binden sowie irischen Nachschub für die schottischen Garnisonen des Plantagenet zu verhindern suchten.

Noch gravierender waren die innenpolitischen Konsequenzen der Niederlage für Eduard, der von den *Ordainers* für Bannockburn verantwortlich gemacht und auf der Parlamentssitzung am 9. September 1314 in York erneut zur Beachtung der *Ordinances* sowie zur Neubesetzung aller wichtigen Führungspositionen im Verwaltungs- und Rechtssystem des Landes gezwungen wurde, so dass Vertrauensleuten der *Ordainers* bzw. Lancasters in *chancery*, *treasury* und *wardrobe* dominierten; zudem wechselte man im Herbst 1314 fast alle *sheriffs* aus. Nachdem auch wichtige Gefolgsleute des Königs aus dem Rat entfernt und auf der Parlamentssitzung am 27. Januar 1316 in Lincoln die Machtausübung des Monarchen von der Mitwirkung eines Rates unter maßgeblicher Mitwirkung Lancasters abhängig gemacht worden war, besaß dieser eine politische Schlüsselrolle und maßgeblichen Einfluss auf die Administration im gesamten Lande. Da Lancaster aber in der Folgezeit darauf verzichtete, selbst an den Parlamentssitzungen teilzunehmen und den Kontakt zu den baronialen Standesgenossen zu pflegen, geriet er zunehmend in eine Isolation, die durch seine rücksichtslose Machtpolitik gegenüber anderen Großen des Landes verstärkt wurde. Zudem entwickelte sich eine Konkurrenz der Herrscherhöfe des Earls von Lancaster und des englischen Königs, die beide um die Vormacht im Reiche rangen und sich gegenseitig in einer Zeit der schweren innen- und außenpolitischen Krisen behinderten. Seit 1314 wurde die Insel nämlich – wie die übrigen Territorien des Abendlandes – von schweren Überschwemmungen und Naturkatastrophen heimgesucht, die Missernten, Hungersnöte und Seuchen mit gravierenden Konsequenzen vor allem für die einfache Bevölkerung zur Folge hatten. Obwohl sich die *Ordainers* zumindest zeitweise bemühten, die verheerenden Folgen der Missernten mit extremer Inflation etc. durch Preisregulierungen zu mildern, hielt die ökonomische Krise im Reich mindestens bis zum Jahre 1316 an. Der König sah in dieser Lage hingegen keine Notwendigkeit zum Handeln und gab sich vielmehr lieber den Freuden höfischen Lebens hin – vielfach sogar zur Empörung der baronialen Standesgenossen, die durch ihre zahlreichen Privatfehden zur Verschärfung der Krise beitrugen.

Zusätzlich erschwert wurde die politische Lage durch die ange-
spannten englisch-schottischen Beziehungen, da Bruce nach der
englischen Verweigerung einer Friedenslösung nach Bannockburn
kontinuierliche Angriffe auf Yorkshire und Lancashire ausführen
ließ und durch seinen Bruder Eduard, der im April 1315 auf einer
Parlamentssitzung in Ayr für den Fall der Kinderlosigkeit Roberts zu
dessen Nachfolger auf dem schottischen Thron bestimmt worden
war, in Irland eine zweite Front gegen die Engländer eröffnete.
Hierbei fand er die Unterstützung des Königs von Tyrone, Domnal
O'Neill, der später (ca. 1317) als angeblicher Sprecher des „*Gaelic
Ireland*" in seiner berühmten „*Remonstranz*" gegenüber dem Nachfolger Petri die Berechtigung und Legitimität des Widerstandes der
Iren gegenüber den englischen Invasoren betonte: Diese hätten
unter Vorspiegelung falscher Tatsachen irrtümlich vom Papst die Erlaubnis zur Unterwerfung der Insel erhalten und müssten im Blick
auf das Freiheitsrecht der Iren daher von diesem zum Verlassen Irlands aufgefordert werden.[101] Bruce, der mit seiner Landung primär
eigene machtpolitische Ziele verfolgt und die Erlangung der irischen Hochkönigswürde erstrebt haben dürfte, konnte anfangs militärische Erfolge verzeichnen, da er nach dem Sieg über den Earl
von Ulster im September 1315 bei Connor sowie nach Verwüstungszügen durch Meath und Leinster auch den *justiciar* Edmund
Butler schlagen konnte. Nachdem zahlreiche mächtige Familien
wie die De Lacys in Meath auf die schottische Seite übergetreten
waren, gelang es Bruce, im Mai 1316 bei Dundalk die Würde des
Hochkönigs von Irland zu erlangen, um anschließend in Ulster die
schottische Herrschaftsstabilisierung fortzusetzen und sogar mit der
Durchführung von Parlamentssitzungen zu beginnen. Doch bald
machte die anhaltende Hungersnot auf der Insel Verstärkungen erforderlich, die König Robert zwar im Dezember 1316 seinem Bruder zuführte, ohne jedoch eine Verbesserung der sozialen Lage zu
erreichen, zumal die Rivalität unter den konkurrierenden irischen
Familien anhielt und der neue englische *lieutenant* Roger Mortimer
von Wigmore seit Frühjahr 1317 Erfolge gegen die durch Hunger
geschwächten Anhänger von Bruce verzeichnen konnte. So fand
das Unternehmen von Bruce, der im Konflikt mit einem anglo-irischen Heer unter Führung von Johannes de Bermingham bei Faug-
hart am 14. Oktober 1318 getötet wurde, ein rasches Ende, während das Herrschaftssystem der Engländer auf der „Grünen Insel"
weiter destabilisiert und der Prozess einer allmählichen Annäherung
der Anglo-Iren an die Kelto-Iren beschleunigt wurde. Auch auf
dem dritten Konfliktfeld, das Bruce im Kampf gegen Eduard nun-

mehr in Wales durch die Konstituierung einer länderübergreifenden „keltischen Allianz" zu eröffnen suchte, konnte der Schotte nur temporäre Erfolge verzeichnen, da lediglich in Glamorgan nach dem Tode des Earls von Gloucester, Gilbert de Clare, 1315 lokale Konflikte zwischen einem einflussreichen walisischen Großen aus Senghennydd, Llewelyn Bren, und dem königlichen Beauftragten für Glamorgan, Payne de Turberville, entstanden und im Angriff Brens auf Caerphilly Castle eskalierten. Doch nach der raschen Rekrutierung von Truppen durch Eduard und dem Eingreifen zahlreicher Lords aus angrenzenden Gebieten wurde die Revolte bereits im März 1316 niedergeschlagen und deren Hauptanführer hingerichtet.[102] Gravierender waren hingegen die politischen Konsequenzen des Aufstandes für die Waliser, da der König die Verwaltung in Glamorgan noch 1316 anwies, verstärkt die Umsiedlung von Walisern in Bergregionen vorzunehmen, während englischen Siedlern die wirtschaftlich wertvolleren und besser zu verteidigenden Territorien in den Ebenen vorbehalten sein sollten – Maßnahme, die sicherlich nicht zu einer Befriedung der Gesellschaft in Glamorgan beitrugen.

Problematisch blieben auch die Beziehungen Eduards zum französischen Königshof, wo Philipp IV. gegen Ende seiner Regierungszeit Auseinandersetzungen mit oppositionellen Ligen im Reich und Konflikten innerhalb der königlichen Familie ausgesetzt war. Zuerst regelte der Monarch die Streitigkeiten seiner drei Söhne mit ihren Ehefrauen wegen deren angeblichen bzw. wirklichen Ehebrüchen mit großer Härte, indem er die Liebhaber seiner Schwiegertöchter, Philipp und Gautier d'Aulnay, am 19. Mai 1314 in Pontoise öffentlich hinrichten und Margarethe von Burgund, die Gattin des Thronfolgers, Johanna von Burgund, die Gemahlin Philipps (V.), und Blanca von Burgund, die Frau Karls (IV.), inhaftieren ließ; dennoch konnte Ludwig (X.) nach dem Tode des Vaters am 29. November 1314 diesem ohne Schwierigkeiten auf dem französischen Thron nachfolgen. Unverändert übten oppositionelle Gruppen im Lande am König Kritik, die rücksichtslose Fiskalpolitik, die Erhebung immer neuer Steuern, herrisches Auftreten königlicher Verwaltungsbeamter mit der Einschränkung überkommener Herrschaftsrechte baronialer Amtsträger und Münzverschlechterungen beklagten. Zudem schlossen sich oppositionelle Adlige und Städte nach dem misslungenen Flandern-Feldzug (1314) zuerst in regionalen, später in landesweiten Bündnissen zusammen, so dass Ludwig seinen Gegnern in verschiedenen Regionen des Reiches durch die Gewährung wichtiger Privilegien – den *Chartes aux Bourguignons*,

Normands etc. – entgegenkommen musste. Grundsätzlich ähnlich strukturiert waren die Konflikte, die der französische Monarch mit seinem englischen Lehnsmann in der Gascogne ungeachtet des Vertrages von Paris führte, da in der Vereinbarung weder die gegenseitigen Grenzen noch die Kompetenzen von Lehnsherrn und Lehnsmann genau festgelegt worden waren. So entstanden im Zusammenhang mit der Tätigkeit der Funktionsträger des Herzogs bzw. des Königs Auseinandersetzungen, die durch angebliche Übergriffe kapetingischer Beamter, ihre Konfiskationen etc. weiter verschärft wurden. Hinzu kamen ständige Appellationen an das königliche Gericht, die systematisch das Ansehen und die Macht des Herzogs in der Gascogne schmälerten, ohne dass durch die Einsetzung von Untersuchungskommissionen eine gütliche Einigung herbeigeführt werden konnte. Da der Plantagenet nach dem Tode Philipps IV. dem Nachfolger die Leistung des *homagium* verweigerte, konnte nur durch das Eingreifen der Königin sowie erfahrener Gesandter erreicht werden, dass Ludwig die bestehenden Vereinbarungen über die Gascogne als weiterhin gültig betrachtete, die Leistung des *homagium* durch den englischen König prolongierte und hierdurch eine Zuspitzung des Konfliktes vermied.

Das Verhalten des Plantagenets gegenüber dem französischen Königshof ist um so unverständlicher, als Eduard wachsendem innenpolitischen Druck ausgesetzt war, da sich seit ca. 1316 unabhängig vom Lager Lancasters eine Adelsgruppierung entwickelte, die mit einer gewissen Affinität zum königlichen Hof eigenständige politische Ziele verfolgte und u. a. von den Earls von Hereford bzw. Pembroke, Humphrey de Bohun und Aymer de Valence, sowie den Rittern Roger d'Amory, Hugo Audley, Bartholomew de Badlesmere und Hugo Le Despenser dem Jüngeren gebildet wurde, ohne eine abgeschlossene *Middle Party* zwischen Eduard und Lancaster darzustellen. Nachdem ein Versuch, von päpstlicher Seite zwischen den konkurrierenden Lagern im Jahre 1317 zu vermitteln, ebenso gescheitert war wie das Unternehmen des Monarchen, einen weiteren Heerzug gegen Schottland trotz der Behinderungen von Seiten Lancasters durchzuführen, kam es nach der spektakulären Eroberung Berwicks durch schottische Truppen am 2. April 1318 zu einem Ausgleich zwischen den konkurrierenden Gruppen im Inselreich. In einem Vertrag am 9. August 1318 in Leake (Nottinghamshire) vereinbarten Lancaster und Vertreter der Gruppe um Pembroke nicht nur die Amnestierung von Lancaster sowie seiner Anhänger und die Beachtung der *Ordinances* etc., sondern auch eine Reform der Herrschaftsorganisation, indem ein ständiges Gremium aus 17 Personen – acht Bischöfe, je vier Earls und Barone und ein von Lancaster zu benennender Banneret – mit der Verpflichtung zur ständigen Kontrolle königlicher Aktionen eingesetzt wurde.[103] Diese Vereinbarung, der Eduard ohne weitere Konsultation zustimmen musste, wurde vom Parlament in York (Oktober–Dezember 1318) gebilligt bzw. durch die Ernennung weiterer Kommissionsmitglieder ergänzt und mit dem Auftrag zu einer umfassenden Reform des königlichen Haushaltes verbunden, wodurch die Handlungsfreiheit des Monarchen weiter eingeschränkt zu werden drohte.[104] Dieser verhielt sich nach den genannten Verfügungen wie üblich, indem er zwar einige „schlechte Berater" – wie Roger d'Amory, Hugo Audley und Wilhelm Montagu – entließ, aber gleichzeitig um den Aufbau eines neuen Stabes von Vertrauten bemüht war. Erschwert wurde die Lage Eduards seit Juni 1319 durch Misserfolge in der Abwehr schottischer Angriffe auf Yorkshire, wobei sogar die königliche Familie bedroht wurde, und durch den folgenden Abschluss eines zweijährigen Waffenstillstands mit Bruce. Da der Fehlschlag des Schottland-Unternehmens jedoch vor allem Lancaster angelastet und dessen Machtposition weiter geschwächt wurde, konnte es der Plantagenet wagen, nicht nur eigenmächtig Vertraute zum *chancellor, treasurer of the exchequer, keeper of the privy seal, chamberlain* und *steward* des Haushaltes zu ernennen, sondern nach Ernennung Pembrokes zum *keeper of the realm* die lange verschobene Reise an den französischen Herrscherhof anzutreten. Hier war eine Thronkrise nach dem überraschenden Tode Ludwigs X. († 5. Juni 1316) entstanden, wobei sich der Bruder des verstorbenen Monarchen, Philipp von Poitiers, nicht nur anfangs als Regent für Frankreich und Navarra, sondern später sogar mithilfe einer großen Zahl an Fürsten seine Königskrönung in Reims (am 9. Januar 1317) durchsetzen und im Februar 1317 auf Dauer eine weibliche Erbfolge auf dem französischen Thron ausschließen konnte. Nach der Bewältigung weiterer innenpolitischer Konflikte kam es 1320 zu einer Begegnung Philipps mit dem englischen Königspaar in Amiens, wo Eduard in der dortigen Kathedrale am 29. Juli das *homagium* für das Herzogtum Aquitanien leistete. Erst später monierten Berater des französischen Monarchen, der Plantagenet habe nur das *homagium*, nicht aber auch die notwendige *fidelitas* (den Treueid) geleistet, was Eduard unter Hinweis auf die Form seiner bereits 1308 erfolgten *homagium*-Leistung zurückwies, ohne aber anhaltende Konflikte um die rechtliche und politische Interpretation des Lehnsverhältnisses zwischen den beiden Herrschern in der Folgezeit verhindern zu können.

Nach der Rückkehr des Plantagenets ins Inselreich schien das Land zumindest zeitweise befriedet, doch schon bald entwickelte sich eine neue innenpolitische Krise – wie zu Zeiten Gavestons um die Rolle königlicher Günstlinge, nunmehr insbesondere bezogen auf Hugo Le Despenser (IV.) den Jüngeren, der einen beherrschenden Einfluss auf den König erlangte und wie Gaveston homosexueller Beziehungen zu Eduard verdächtigt wurde. Noch unkluger als sein Vorgänger in der Position eines Günstlings begann Despenser, der mit Eleonore, der ältesten von drei Schwestern des bei Bannockburn gefallenen Earls von Gloucester, Gilbert de Clare, verheiratet war und über seine Gattin beträchtliche Ländereien besonders in den *Welsh Marches* erhalten hatte, konsequent seinen Besitz zu vergrößern, ohne hierbei Konflikte mit den Gatten der beiden anderen Miterbinnen, Roger d'Amory und Hugo Audley, zu scheuen. Nachdem Despenser sogar das Earldom von Gloucester sowie die Lordship von Gower für sich beansprucht hatte, kam es zum Konflikt mit den *marcher-lords*, die sich gegen die angeblichen Rechtsbrüche des Monarchen sowie seines Favoriten verschworen und bereits im Frühjahr 1321 entscheidende militärische Erfolge in Glamorgan verzeichnen konnten. Unterstützung erhielten die Verbündeten durch den Earl von Lancaster, der unzufriedene Große vor allem aus den nördlichen Midlands um sich sammelte und seit Juni 1321 eine Art „eigenes Parlament" einberufen ließ. So musste sich Eduard nach der Drohung Pembrokes, ihn gegebenenfalls abzusetzen, in Anwesenheit zahlreicher Truppenkontingente oppositioneller Barone in London auf einer Parlamentssitzung in Westminster am 15. Juli 1321 bereit erklären, die Despensers als „üble Ratgeber" zu verbannen, die *Ordinances* zu akzeptieren und Lancaster sowie etwa 500 seiner Anhänger zu amnestieren. Die Günstlinge verließen daraufhin umgehend das Land, wobei sich der Vater auf den Kontinent begab, während der Jüngere mit königlicher Billigung Zuflucht im Bereich der Cinque Ports suchte und in der Folgezeit zur Störung des Wirtschaftsverkehrs mit der Insel Kaperfahrten im Kanal unternahm. Der König schien am Ende des Bürgerkrieges zwar weiter politisch geschwächt, doch erfolgte seit dem Herbst 1321 im Zusammenhang mit persönlichen Auseinandersetzungen zwischen der Königin und dem Herren von Badlesmere ein überraschender Umschwung, denn Eduard gelang es binnen weniger Wochen, die Koalition der feindlichen Barone zu sprengen, mächtige Earls wie die Herren von Arundel, Pembroke und Surrey für sich zu gewinnen und mit einem beachtlichen Heer gegen Lancaster vorzurücken, woraufhin auch führende englische

Kleriker den Monarchen unterstützten. Während Lancaster den Vormarsch des Königs auf seine Besitzungen widerstandslos hinnahm und sogar nicht davor zurückschreckte, ein Bündnis mit den Schotten gegen den englischen Herrscher zu schließen, kam es nach dem Abfall zahlreicher Gefolgsleute Lancasters am 16. März 1322 bei Boroughbridge zum entscheidenden Gefecht, das mit dem Sieg der königlichen Truppen und der Gefangennahme von Lancaster, Mowbray, Clifford und anderer oppositioneller Großer endete. Der Monarch ließ es sich nicht nehmen, Earl Thomas in einer Gerichtsverhandlung in der Halle des Schlosses von Pontefract, einem wichtigen Besitz Lancasters, mit seinen Gefährten als Verräter verurteilen zu lassen. Nachdem dieser am 22. März 1322 in der Nähe der Burg enthauptet worden war, vollendete Eduard seinen Triumph, indem er am 2. Mai 1322 eine Parlamentssitzung in York durchführen ließ, in der nicht nur die Despensers offiziell wieder zurückgerufen, sondern auch die *Ordinances* aus dem Jahre 1311 grundsätzlich aufgehoben wurden, soweit sie die Rechte des Monarchen ungesetzlich beeinträchtigten.[105] Dennoch wurden *Ordinances* nicht grundsätzlich abgeschafft, sondern es wurde festgelegt, dass wichtige Angelegenheiten bezüglich des Reiches bzw. des Königs im Parlament nur im Konsens mit den „*Prelatz, Countes, et Barons* [...] *et per le Commun du Roialme*"[106] entschieden werden sollten, ohne dass hierbei den *Commons* eine besondere Rolle beigemessen wurde. Zudem beschloss das Parlament auf Veranlassung des Herrschers die Berücksichtigung alter *Ordinances*, die einer Reform der Verwaltung dienlich waren und die in neuer Form wieder erlassen wurden. Obwohl Eduard jahrelang gegen die Verfügungen der *Ordainers* gekämpft hatte, bewies er dennoch nach dem Sieg über seine gefährlichsten Widersacher bemerkenswerten politischen Weitblick, indem er – nach Sicherung der Prärogativen des Königtums und seiner Handlungsfreiheit – Kernforderungen der Gegner nach einer Strukturreform der Verwaltung aufnahm und sie später partiell in den Reformen u.a. des *exchequer* realisierte.

Andererseits nutzte der König seinen Sieg zu harten Sanktionsmaßnahmen, die im Juli 1322 u.a. durch eine Untersuchungskommission unter Leitung des Kanzlers geregelt wurden und zu einer Ausschaltung der baronialen Opposition führten, verbunden mit einer großen Veränderung in der personellen Herrschaftsstruktur im Lande. Konsequent wurde eine Vielzahl an Königsgegnern (ca. 120) inhaftiert, vertrieben oder hingerichtet sowie ihr Besitz wegen Verrats eingezogen, so dass der Monarch beachtlichen Landbesitz neu vergeben und zu Patronagemaßnahmen nutzen konnte. Hierdurch gelang es Eduard, wichtige, dem Hofe bislang fern stehende Barone für sich zu gewinnen und zugleich die politischen Kräfteverhältnisse im Reich zu seinen Gunsten zu verändern. Hierbei konzentrierte der Herrscher seine Förderung auf einen eng begrenzten Kreis von Anhängern, indem er u. a. Andreas Harclay wegen seines Einsatzes gegen Lancaster zum Earl von Carlisle ernannte und die Herren von Arundel und Richmond mit Besitzungen der *Contrariants* versah. Übermäßige Dotierungen erhielten hingegen – wie bereits die Zeitgenossen kritisierten – die Despensers, indem der König den älteren Despenser im Mai 1322 zum Earl von Winchester erhob und ihm umfangreiche Landschenkungen gewährte, die dessen Besitzungen in den Midlands, Wiltshire, Surrey und Sussex abrundeten, während er dem jüngeren Despenser zwar das erstrebte Earldom verweigerte, ihn aber um so reicher mit Besitzungen in Südwales und den Marken beschenkte, so dass sich schließlich fast der gesamte Süden von Wales in der Verfügungsgewalt der Despensers befand. Bei aller Kritik an den Patronagemaßnahmen Eduards – insbesondere für seine Günstlinge – wird jedoch zumeist die Tatsache übersehen, dass der Hauptnutznießer der gigantischen Neuverteilung des Besitzes der *Contrariants* der König selber war, da Eduard die überwiegende Mehrzahl der eingezogenen Territorien für die Krone bewahrte und nicht neu vergab. Damit stieg der Umfang des Kronbesitzes nach 1322 geradezu sprunghaft an, so dass der Monarch in der Folgezeit jährlich mehr Einkünfte aus den neu eingezogenen Ländereien der *Contrariants* verzeichnen konnte als aus seinem gesamten bisherigen Territorialbesitz. Da Eduard zum Leidwesen vieler Zeitgenossen nur geringe Neigung zeigte, auswärtige Kriege zu führen, reduzierte sich das Ausgabenvolumen des Königs drastisch, so dass er eine dauerhafte Verbesserung der bislang desolaten finanziellen Lage der Krone anstreben konnte. Dies geschah bereits auf der Parlamentssitzung in York 1322, als der Monarch weitgehende steuerliche Konzessionen erreichte, indem u. a. die 1311 abgeschaffte *nova custuma* mit der Besteuerung des Handels ausländischer Kaufleute wieder eingeführt wurde. Zudem konnte Eduard in der Folgezeit die steuerlichen Einkünfte aus dem Wollhandel beachtlich steigern und hierdurch die Geldreserven der Krone kontinuierlich vergrößern. Schließlich nahm der Monarch im Verwaltungswesen tiefgreifende Reformen vor, die besonders beim *exchequer* – etwa bei der Klassifizierung der Verwaltungszeugnisse – und bezüglich der Kompetenzen der *wardrobe* sowie der Funktionsweise des Haushaltes eine große Effizienzsteigerung zur Folge hatten. In dieser Weise gelang es Eduard, sich auf Dauer aus der ökonomischen Abhängigkeit vom Parlament bzw. von den Baronen zu befreien und auf Bitten um Gewährung zusätzlicher Steuern, erkauft durch weit reichende politische Konzessionen wie zur Zeit Eduards I., zu verzichten. So konnte er die Kosten für die folgenden Feldzüge in Schottland und in Frankreich aus eigenen Mitteln bestreiten, wobei er nach der Vertreibung der Frescobaldi Unterstützung bei den Florentiner Bankiers Bardi fand.

Nach dem innenpolitischen Sieg konnte sich der Plantagenet auf die Klärung der Beziehungen zum schottischen Monarchen konzentrieren, der unverändert Raubzüge gegen die englischen Nordprovinzen durchführte, ohne dass hierbei weitergehende strategische Ziele, wie die dauerhafte Eroberung englischer Territorien, erkennbar gewesen wären. Auch Eduard, der Robert beharrlich die Anerkennung als schottischer König verweigerte, hielt an der alten englischen Strategie einzelner militärischer Strafaktionen fest und bereitete daher eine neue Invasion vor, die er im August 1322 mit der Überschreitung des Tweed begann. Und wie so oft zuvor, zog sich Robert in die Berge zurück, nachdem er alle verfügbaren Ressourcen – wie Korn und Getreide – in den Grenzregionen vernichtet hatte, so dass Eduard wegen Versorgungsmangels binnen kürzester Zeit gezwungen war, die Invasion abzubrechen und mit einem durch Hunger sowie Krankheiten dezimierten Heer den Rückzug ins englische *regnum* anzutreten. Wie üblich reagierte Robert mit anhaltenden Angriffen auf die Grenzregionen, in denen einzelne Große – wie der Earl von Carlisle – ihr Heil in eigenmächtigen Friedensverhandlungen suchten, die der englische König jedoch unterband und seinerseits im Mai 1323 in Bishopthorpe einen Waffenstillstand für 13 Jahre vereinbarte.[107] Zwischenzeitlich war dem Plantagenet nur ein kleiner diplomatischer Erfolg gelungen, da er die flämischen Verbündeten von Bruce im April 1323 zu einer Vertreibung aller Schotten aus Flandern veranlassen, hingegen die Akzeptanz von Bruce als schottischem König durch den Nachfolger Petri nicht verhindern konnte.

In der Folgezeit widmete sich der Monarch verstärkt außenpolitischen Aktivitäten, indem er zuerst mit Philipp V. und nach dessen Tode († 2./3. Januar 1322) mit dem Nachfolger Karl IV. eine rege Korrespondenz führte, die neben Beschwerden wegen Schiffskaperungen und später wegen der „*excessibus in Aquitania*"[108] eine mögliche Kooperation der Herrscher im Kampf sowohl gegen die verbliebene Lancaster-Opposition als auch gegen die Flamen und Schotten betraf und im Abschluss eines Ehebündnisses enden sollte, das jedoch nicht zustande kam. Aus geopolitischen Gründen wandte sich Eduard danach den christlichen Fürsten auf der Iberischen Halbinsel zu, wobei Jakob II. von Aragón besondere Beachtung fand, da er nicht nur seinen Territorialbesitz beachtlich vergrößern und u. a. durch die Übereinkunft von Elche sichern konnte, sondern auch intensive außenpolitische Aktivitäten im Mittelmeerraum entwickelte. Die politische Bedeutung Jakobs, der Korsika und Sardinien als päpstliche Lehen erhalten hatte und zunehmend in die Konflikte mit Genua und Pisa involviert wurde, wuchs für Eduard, nachdem der Aragonese u. a. die Eheschließung seiner Tochter Maria mit dem Infanten Peter von Kastilien (1312) und seiner Tochter Elisabeth mit dem deutschen König veranlaßt hatte. So forcierte der Plantagenet seit 1321 Gespräche mit dem Aragonesen über eine Eheverbindung und über den Abschluss eines *foedus*, das verstärkt Bezug zu den Entwicklungen in der Gascogne erhielt und seit 1324 ausdrücklich gegen den französischen König gerichtet sein sollte. Wichtigster Partner auf englischer Seite für derartige Heiratspläne blieb der Thronfolger, der zuerst mit einer Tochter des Aragonesen verheiratet werden sollte; später plante man die Verbindung eines *nepos* Jakobs mit der englischen Königstochter Johanna. Welch große geopolitische Bedeutung iberische Herrscher für Eduard besaßen, verdeutlicht die Tatsache, dass der Plantagenet parallel zu den Eheverhandlungen mit Jakob auch entsprechende Gespräche mit dem kastilischen Hof führte. Dort war die politische Lage aber bedeutend ungünstiger, da nach dem frühen Tode von Ferdinand IV. († 7. September 1312) dessen zweijähriger Sohn Alfons XI. den Thron besteigen musste, für den – ungeachtet der Einflussnahme seiner Großmutter Maria de Molina – drei Tutoren bis zur Volljährigkeit (1312 – 1325) die Regentschaft führten. Trotz anhaltenden Bürgerkrieges zwischen mächtigen Familien des Landes wie den Haro und Lara sowie zwischen den *ricos hombres*, die miteinander und mit dem Monarchen um die Vergrößerung ihrer politischen und wirtschaftlichen Macht rangen, führte Eduard 1325 intensive Verhandlungen wegen eines Ehebündnisses, das zuerst die Heirat des englischen Thronfolgers mit Eleonore, der Schwester Alfonsos, und später zusätzlich – außer einem *foedus* – noch die Ehe zwischen dem kastilischen Monarchen und Eleonore, der Tochter Eduards, betreffen sollte. Von beiden Projekten nahm der englische König aber bereits im Januar 1326 ebenso wieder Abstand wie von Plänen, mit dem Königshaus in Portugal ein Ehebündnis einzugehen.

All diese hektischen außenpolitischen Bündnisaktivitäten Eduards, die sämtlich ohne Erfolg blieben, standen im Zusammenhang zuerst mit dem Krieg gegen den schottischen Monarchen und danach mit den wachsenden Spannungen zum neuen französischen König Karl IV. Dieser war nach dem Tode seines älteren Bruders Philipp († 2./3. Januar 1322), der keine männlichen Nachkommen hinterließ, am 21. Februar 1322 in Reims gekrönt worden, woraufhin Karl nach Auflösung der Ehe mit Blanca von Burgund am 21. September 1322 Maria von Luxemburg, die Tochter Kaiser Heinrichs VII., heiratete. Da Maria bereits im März 1324 kurz nach der Geburt des Sohnes Philipp starb, der nach der Taufe ebenfalls verschied, verband sich Karl schließlich in dritter Ehe am 5. Juli 1325 mit Johanna von Évreux. Abgesehen von diesen Eheproblemen erwiesen sich die Beziehungen des Kapetingers zu dem Plantagenet als schwierig, den er im Juli 1323 durch Gesandte zur Huldigung in Amiens im Frühjahr 1324 aufgefordert hatte, jedoch dessen Bitte um Aufschub mit Rücksicht auf einen angeblichen neuen Schottlandfeldzug entsprach. Nachdem sich der Ton in der Kommunikation zwischen den beiden Herrscherhöfen – u. a. durch die Ablösung des kooperationsbereiten Beraters Heinrich de Sully und den Einsatz des konfliktfreudigen Karl von Valois – verschärft hatte, kam es seit dem Herbst 1323 zu einer Verstärkung der Spannungen infolge eines lokalen Konfliktes im Agenais wegen der Errichtung von *Bastides*, die Bedeutung für den Landesausbau besaßen. Insbesondere beim Bau einer derartigen Siedlung im Priorat Saint-Sardos des Benediktinerklosters Sarlat, das unter dem besonderen Schutz der französischen Krone stand, gab es Schwierigkeiten, so dass sich eine Interdependenz zwischen den territorialen Interessen lokaler Großer der Region und dem Bestreben des aquitanischen Herzogs bzw. englischen Königs entwickelte, ein weiteres Vordringen des kapetingischen Einflusses in diesen Räumen zu unterbinden.[109] Nachdem es am 16. Oktober 1323 um Saint-Sardos zwischen Beauftragten des französischen und englischen Herrschers zum Kampf gekommen war, versuchten beide Monarchen anfangs, eine weitergehende militärische Auseinandersetzung zu vermeiden. Da sich Eduard – trotz intensiver diplomatischer Aktivitäten u. a. der Earls von Kent und Pembroke – in der Folgezeit weigerte, dem französischen König weder bei der Regelung der Streitigkeiten um Saint-Sardos entgegenzukommen noch Karl das geforderte *hominium* zu leisten, entstand am kapetingischen Hof der Eindruck einer Interdependenz der Ereignisse mit dem Ziel einer Herrschaftsdestabilisierung in Frankreich.

Daher entschloss sich der Kapetinger, zuerst rechtlich gegen die Beauftragten Eduards vorzugehen, indem er u. a. dessen Prokurator am Pariser Parlement inhaftieren ließ, um danach Sanktionen gegen die Festlandsbesitzungen seines englischen Lehnsmanns zu verhängen. Eduard wurde nicht nur die Grafschaft Ponthieu abgesprochen, sondern auch der Angriff gegen dessen gascognischen Besitzungen begonnen, indem der Kapetinger im Sommer 1324 Karl von Valois mit Truppen ins Agenais entsandte. Dieser konnte rasch Erfolge durch Eroberung großer Teile der Grafschaft sowie der Gironde-Region erringen, so dass außer den großen Zentren Bordeaux und Bayonne lediglich einige kleinere Städte im englischen Besitz blieben. Der Heerführer Eduards in der Gascogne, der Earl von Kent, war lediglich in der Lage, im Anschluss an die vergebliche Verteidigung von La Réole gegen den Valois im September 1324 einen Waffenstillstand von sechs Monaten zu erreichen. Die anschließenden Friedensverhandlungen, die von päpstlichen Vermittlungsbemühungen begleitet wurden, zogen sich – u. a. auf Betreiben der Despensers – wegen der Weigerung Eduards hin, die Insel aus Furcht vor einem Umsturz zu verlassen, so dass schließlich die englische Königin auf päpstliches Betreiben als Gesandte benannt wurde. Diese Nomination war um so erstaunlicher, da nicht nur die persönlichen Beziehungen des Königspaares wegen der Favoritenrolle Despensers zerrüttet schienen, sondern Isabella im Frühjahr 1324 unter Hinweis auf ihre Herkunft aus dem kapetingischen Herrscherhaus als Sicherheitsrisiko für den Fall einer drohenden französischen Invasion bezeichnet worden war. Um eine mögliche Unterstützung kapetingischer Invasoren durch die Königin auszuschließen, hatte man der Monarchin ihre die Besitzungen in England genommen und die französischen Bediensteten inhaftiert. Dennoch übernahm die Königin die Mission und landete Mitte März 1325 in Begleitung des Earls von Kent auf dem Kontinent, um Ende Mai die Verhandlungen mit ihrem Bruder zu beginnen; Eduard ließ währenddessen ihre gesamte Korrespondenz sowie ihre Botschaften ins Inselreich systematisch überwachen. Bereits kurz darauf konnte die Königin dem Gatten den Entwurf für einen Friedensvertrag zustellen, den der Plantagenet am 13. Juni 1325 grundsätzlich akzeptierte. Hiernach sollte Eduard die Gascogne sowie Ponthieu restituiert bekommen, während er selbst am 15. August in Beauvais das erforderliche *hominium* für seine Festlandsbesitzungen zu leisten hatte; die Streitigkeiten um das Agenais und die Festung La Réole wurden einer gerichtlichen Klärung vorbehalten. Da sich Eduard jedoch auf Betreiben Despensers mehrfach und unter verschiedenen Vorwänden weigerte, sein Land zu verlassen und die Huldigung zu leisten, unterbreitete der Kapetinger einen Kompromissvorschlag, wonach der Thronfolger an Stelle des Vaters die Zeremonie durchführen sollte. Daraufhin investierte der englische Monarch den zwölfjährigen Thronfolger am 10. September 1325 mit den französischen Ländereien, so dass dieser zwei Tage später in Begleitung von Heinrich de Beaumont und Walter Stapledon die Reise an den französischen Königshof beginnen konnte, wo er in Bois-de-Vincennes am 21. September 1325 das *hominium* leistete,[110] jedoch noch nicht das geforderte *relevium* in Höhe von 60.000 Pfund zahlte. Daraufhin unterblieb in der Folgezeit die vereinbarte Rückgabe der eingezogenen Territorien durch Karl, so dass ein latenter Konflikt mit dem englischen König fortbestand.

Mit den Entscheidungen, nicht nur seine gedemütigte und zunehmend eigene Ziele verfolgende Gattin, sondern auch den Thronfolger an den französischen Hof zu schicken, hatte Eduard eine bemerkenswerte politische Kurzsichtigkeit bewiesen, deren Konsequenzen er bald spüren sollte. Dies wurde spätestens im November 1325 deutlich, nachdem Walter Stapledon, der Bischof von Exeter, die Hofhaltung Isabellas in Frankreich verlassen und dem Plantagenet nicht nur von der Weigerung der Königin, ins Inselreich zurückzukehren, sondern auch von deren Liebesbeziehung zu Roger Mortimer berichtet hatte. Isabella selbst erklärte im Januar 1326 ihre Entschlossenheit, erst nach der Entfernung der Despensers vom englischen Hof zu ihrem Gatten zurückzukehren; bis zu diesem Zeitpunkt betrachtete sie sich demonstrativ als Witwe. Ihren ältesten Sohn bezog sie mit in die Planungen ein, so dass dieser ebenfalls nicht nach England zurückkehrte und zunehmend in die Funktion eines politischen Instrumentes im Machtkampf seiner Eltern geriet. Der englische Monarch war erwartungsgemäß nicht in der Lage, seine Familienmitglieder gewaltsam zur Rückreise zu zwingen, so dass er lediglich brieflich und propagandistisch seine Position im In- und Ausland zu stärken versuchte, jedoch nur mit geringem Erfolg. Zudem betrachteten nicht nur der Nachfolger Petri, sondern auch Karl von Frankreich mit Befremden die Rolle der Despensers, die in zunehmendem Maße den König beherrschten, sich hemmungslos materiell bereicherten und schließlich mit Eduard ein Schreckensregiment im Lande ausübten, das mitunter als *tyranny* bezeichnet wurde. In welchem Maße sich der Kapetinger für seine bedrängte Schwester einsetzte, die er nominell als durch ihren Gatten vom Königshof Vertriebene betrachtete, ist umstritten, wobei die problematische Liebesbeziehung Isabellas zu Mortimer sicherlich nicht zu einer politischen Stärkung ihrer Position am französischen Königshof beigetragen haben dürfte. Wahrscheinlich wird Karl trotz möglicher außenpolitischer Vorteile gegenüber England auf eine aktive Unterstützung der Pläne seiner Schwester verzichtet haben; ob der Kapetinger hingegen Isabella wegen der Liebesaffäre vom Hof bzw. aus seinem Lande vertreiben ließ, ist unklar.

So begab sich die Königin auf Betreiben des Grafen von Valois an den Hof des Grafen Wilhelm III. von Holland, Hennegau und Seeland, der mit Johanna – der Schwester Philipps von Valois – verheiratet war, eine geschickte Heiratspolitik betrieb und eine Ehe seiner zweiten Tochter Philippa mit dem Prinzen von Wales anzustreben schien. Die dynastische Verbindung zum Hause Plantagenet gelang schließlich durch die Verlobung Eduards (III.) mit Philippa, wobei deren Mitgift zum Teil zur Finanzierung des Invasionsheeres herangezogen wurde. Dieses sollte unter der Führung Johanns von Hennegau und Mortimers stehen, so dass die Königin bei dem Umsturzprojekt dank ihres Liebhabers das persönlich Angenehme mit dem Nützlichen verbinden konnte. Der englische Monarch versuchte hingegen verzweifelt, der drohenden Invasionsgefahr durch Verteidigungsmaßnahmen auf der Insel und durch temporäre außenpolitische Aktivitäten zu begegnen, indem er angebliche und wirkliche Sympathisanten Isabellas – wie den hennegauischen Grafen – verfolgen ließ. Zudem verfügte er im Juni 1326, dass alle Untertanen des französischen Königs auf englischen Territorien zu ergreifen seien, woraufhin Karl IV. mit Vergeltungsmaßnahmen auf französischem Besitz reagierte und kriegerische Aktivitäten im gascognischen Grenzraum veranlasste. Bereits im April 1326 hatte der Kapetinger eine neue Allianz mit dem schottischen König in Corbeil geschlossen, worin sich die Monarchen gegenseitige Unterstützung in ihrem Kampf mit dem englischen König zusagten. Dieser versuchte vergeblich, einen Einfall in die Normandie einzuleiten, ohne jedoch die Invasionsvorbereitungen seiner Gattin behindern zu können.

Isabella hatte zahlreiche exilierte *Contrariants* um Mortimer sowie andere Opfer von Repressionen der Despensers um sich versammelt und mit hennegauischen Großen sowie Rittern aus dem Deutschen Reich ein Heer von ca. 1.500 Mann aufgestellt. Diese Truppe segelte auf zehn Fischerbooten am 23. September 1326 von Dordrecht nach Orwell in Suffolk, wo die Königin – ohne von der englischen Kanalflotte bedrängt zu werden – am folgenden Tage auf dem Besitz des Earls von Norfolk, Thomas von Brotherton, landete. Offensichtlich gut vorbereitet, sammelten sich rasch oppositionelle Große und ehemals Königstreue, die sich ebenso wie wichtige Kirchenfürsten – etwa der Erzbischof von Canterbury und die Bischöfe von Hereford und Lincoln – den Invasoren anschlossen. Der englische Monarch, der sich zur Zeit der Invasion in London aufhielt, konnte seinen Gegnern nur schwachen Widerstand entgegensetzen, wobei Eduard nun den bislang latenten Widerwillen gegen das Regime der Despensers zu spüren bekam, da kaum einer der Großen oder der königlichen Funktionsträger bereit war, für den Monarchen und seine Favoriten zu kämpfen. Nachdem sich auch die Bürgerschaft Londons gegen Eduard entschieden hatte, floh der König in Begleitung einiger Getreuer nach Westen, um dort Verstärkung zu suchen, während Isabella und ein wachsendes Heer von Anhängern beharrlich dem Fliehenden über Wallingford, Oxford, Gloucester nach Bristol folgten, wo sich der ältere Despenser ergeben musste. Am 27. Oktober 1326 wurde der Earl von Winchester vor Gericht gestellt, das ihn – in Adaption des Pseudo-Gerichtsverfahrens gegen Earl Thomas – u. a. wegen Verrat und ungerechtfertigter Tötung Lancasters zum Tode verurteilte und umgehend unter entwürdigenden Umständen hinrichten ließ. Der König selbst befand sich weiter auf der Flucht und reiste, nachdem sich seine Hoffnungen auf Unterstützung durch walisische Große nicht erfüllt hatten, zu Schiff nach Lundy und vielleicht sogar nach Irland. Widrige Witterungsumstände zwangen den Monarchen jedoch Ende Oktober zur Rückkehr und zur Landung in Cardiff, woraufhin er in Glamorgan und Gower umherirrte. Seine Verfolgung betrieb nunmehr Heinrich von Leicester mit Unterstützung ortskundiger Waliser, die Eduard mit seinen Begleitern – u. a. der jüngere Despenser, Robert Baldock und Simon von Reading – am 16. November 1326 in Neath Abbey oder in Llantrisant Castle aufspürten und gefangennahmen. Während der Plantagenet zuerst nach Monmouth und dann nach Kenilworth Castle gebracht bzw. dort inhaftiert wurde, verhängte man über seine gefangenen Anhänger schwere Strafen. So wurden einige sofort hingerichtet, während man den jüngeren Despenser – wie schon den älteren – am 24. November 1326 einer Art Gerichtsverfahren unterzog, in dem Hugo ähnlicher Vergehen wie sein Vater beschuldigt wurde; erwartungsgemäß endete das Verfahren mit der Verurteilung als Verräter und der grausamen Hinrichtung. Damit schien der Triumph Mortimers und der Königin vollkommen, die trotz oder gerade wegen des Sieges über ihren Gatten noch heute in englischsprachiger Literatur als *She-Wolf of France* bezeichnet wird.

Während die Zielsetzung der Invasoren ursprünglich nur in der Beseitigung des Regimes der Despensers bestanden hatte und auch entsprechend propagandistisch verkündet worden war, erhielt das Unternehmen spätestens nach der Gefangennahme des Monarchen eine völlig andere Dimension, da nun dessen Absetzung betrieben wurde. Im Gegensatz zur Königin, die sich deutlich von den weiteren Entwicklungen zurückzog, nahmen spätestens seit Oktober 1326 Mortimer und die übrigen *Contrariants* entscheidenden Einfluss auf das weitere Geschehen, indem am 26. Oktober in Bristol der Thronfolger zum Statthalter im Reich erklärt und in *writs* in seinem Namen zu einer Parlamentssitzung zuerst für den 15. Dezember 1326, dann für den 7. Januar 1327 geladen wurde. Da man anfangs in Westminster bestrebt war, den Anschein eines rechtmäßigen Vorgehens zu wahren und zumindest fiktiv im Namen Eduards II. zu handeln, bemühten sich die Anwesenden, den Monarchen zu einer persönlichen Teilnahme zu veranlassen, die dieser in Gesprächen mit den Bischöfen Orleton und Stratford erwartungsgemäß ablehnte. Daraufhin entschieden sich die führenden Teilnehmer der sog. „Parlamentssitzung" für die Absetzung Eduards mit Unterstützung und Legitimierung durch den *populus,* so dass Mortimer unter dem Druck der Londoner Bürgerschaft auf der Sitzung am 13. Januar in Anwesenheit der Königin und des Thronfolgers verkündete, die Großen des Reiches hätten auf einer vorangegangenen Versammlung die Deposition des Monarchen beschlossen. Diese Initiative wurde in den folgenden Tagen durch führende Geistliche in Predigtkampagnen unterstützt, indem u.a. der Primas der englischen Kirche die Absetzung des Königs durch die weltlichen und geistlichen Großen sowie durch das Volk von England deklarierte, in einer Predigt am 15. Januar 1327 über das Wort „*vox populi, vox dei*" ein derartiges Vorgehen sogar als Willen Gottes darstellte und durch eine Liste sog. „Artikel" mit angeblichen Vergehen Eduards rechtfertigte.[111] Da sich vereinzelt Widerstand gegen diese Kampagne regte und auch der Prinz von Wales nur nach einem offiziellen Verzicht des Vaters zur Thronbesteigung bereit war, sahen sich die Oppositionellen am 20. Januar 1327 zur Entsendung einer Delegation an den König gezwungen, die aus zahlreichen Bischöfen, Ordensleuten, Baronen, Earls und Vertretern der Städte gebildet war und sich als Repräsentationsgremium für die Stände des Reiches verstand. Erst unter massivem Druck und nach der Drohung, einen neuen Monarchen aus einem anderen Geschlecht zu wählen, erklärte sich der Plantagenet zum Thronverzicht zugunsten seines Sohnes bereit, woraufhin die anwesenden Großen das *hominium* widerriefen und man Eduard die Herrschaftsinsignien nahm sowie den königlichen Haushalt auflöste. So konnte Eduard (III.) am 1. Februar 1327 in Westminster gekrönt werden, nachdem ihn Heinrich von Leicester zum Ritter geschlagen hatte. Um möglichst rasch den

Bürgerkrieg zu beenden, wurde für den unmündigen König ein Regentschaftsrat unter Leitung des Earls von Leicester eingesetzt, während Mortimer die dominierende politische Figur im Hintergrund blieb und sich die Königin weitgehend aus dem politischen Geschehen zurückzog. Zudem verfügte man sowohl eine umfassende Restituierung von Besitzungen, die Opfern der Despensers entzogen worden waren, als auch die Verkündigung einer Amnestie, die vor allem den *Contrariants* zugute kam, während zur Sicherung der Kontinuität im Finanz- und Verwaltungswesen die Mehrzahl der Beamten in ihren Funktionen belassen wurde.

Dennoch blieb die Existenz des abgesetzten Monarchen für die neuen Machthaber ein gravierendes Problem, da Eduard II. und die wenigen, ihm verbliebenen Anhänger zumindest potentiell eine Gefahr für die Herrschaftsstabilität im Reiche darstellten. Diese Befürchtungen wurden nach der Verlegung des Königs von Kenilworth nach Berkeley Castle bestätigt, als im Juli 1327 ein Trupp Bewaffneter unter Führung des Dominikaners Thomas Dunheved das Schloss angriff und Eduard befreite. Er wurde jedoch rasch in Corfe (Dorset) gefasst und unter verschärften Bedingungen erneut inhaftiert. Nachdem ein weiterer Befreiungsversuch, nunmehr durch den walisischen Großen Rhys ap Griffith, fehlgeschlagen war, entschloss sich Mortimer zu einer endgültigen Lösung des Problems, indem man versuchte, den Herrscher – wie in zahlreichen legendarischen Berichten lebhaft geschildert – durch schlechte Behandlung und Ernährung zu vernichten; diese Bemühungen scheiterten jedoch wegen der körperlichen Robustheit des Monarchen. In der zweiten Phase des Unternehmens wandte man eine effizientere Methode an, indem Eduard von gedungenen Mördern unter Beteiligung von Thomas Gurney, Wilhelm Ogle und Johannes Maltravers in Berkeley Castle getötet werden sollte. Um bei dem Verbrechen keine äußerlichen Spuren am Körper Eduards zu hinterlassen und möglicherweise im Rekurs auf seine angeblichen homosexuellen Praktiken, drangen die Mörder wahrscheinlich am 21. September 1327 in die Zelle des Königs ein, zwangen ihn zu Boden, um danach dem Opfer ein Kuhhorn – andere Quellen sprechen von einer Trompete – in den Anus einzuführen und anschließend durch das Horn einen glühenden Eisenstab in den Leib zu stoßen.[112] Nach Verkündigung des angeblich natürlichen Todes Eduards stellte man dessen äußerlich unversehrte Leiche in Berkeley Castle aus und transportierte sie erst nach einem Monat unter Bewachung nach Gloucester, wo der Tote weitere zwei Monate aufbewahrt wurde, um schließlich am 20. Dezember 1327 in der dortigen Kathedrale die letzte Ruhe zu finden. Zwar wurden Gurney, Ogle und Maltravers drei Jahre später des Mordes angeklagt und die beiden Erstgenannten auch verurteilt, doch flohen die Beklagten rechtzeitig. Maltravers konnte sogar im Jahre 1351 wieder nach England zurückkehren, wo er rehabilitiert wurde und in der Folgezeit als angesehenes Parlamentsmitglied wirkte. Die Grabstätte Eduards II., die von seinem Sohn später in würdiger Form gestaltet wurde, entwickelte sich schon bald zu einer Wallfahrtsstätte für Gläubige, die den Monarchen als Wundertäter verherrlichten. Da der Erzfeind Eduards, Thomas von Lancaster, nach seiner Hinrichtung durch den Plantagenet ein ähnliches Schicksal erfahren hatte und sogar der Regentschaftsrat unter Eduard III. zeitweise die Kanonisierung Lancasters betrieb, entstand für die beiden politischen Rivalen nach ihrem gewaltsamen Tod in der englischen Öffentlichkeit das grundsätzlich ähnliche Bild eines „politischen Heiligen", der – aus höchst unterschiedlichen Motiven – gleichermaßen als „Märtyrer" verehrt wurde.

Die Darstellung Eduards in der Historiographie ist überaus uneinheitlich, wobei sich die Kritik der weltgeistlichen Autoren u.a. auf seinen nicht standesgemäßen Lebensstil bezog, da der König im Gegensatz zum älteren Eduard keine besondere Affinität zu ritterlichen Lebensformen und kriegerischen Aktivitäten besaß, sondern lieber Umgang mit Angehörigen „einfacher" Bevölkerungsschichten pflegte und sich auch für handwerkliche Arbeiten interessierte, die er zur Entspannung sogar selbst ausführte. Zudem besaß der Herrscher eine große Vorliebe für Dichtkunst und Theater, dagegen kein Interesse für Turniere und ähnliche ritterliche Kampfspiele. Während vielfach Anteilnahme am persönlichen Schicksal des Monarchen und an seinem grausamen Tod in den Chroniken gezeigt wurde, betraf scharfe Kritik hingegen seine Haltung gegenüber den Baronen sowie der Patronagepolitik, insbesondere seine Beziehungen zu Gaveston und den Despensers, die er mit Ehrungen und Geschenken überschüttete. Obwohl die Vorwürfe zweifellos als berechtigt erscheinen, ist dennoch zu bedenken, dass Eduard offensichtlich aufgrund einer spezifischen psychischen Disposition nur in der Lage war, zu einigen wenigen Personen seines Hofes ein besonderes Vertrauensverhältnis aufzubauen. Sie bevorzugte der König dann gegenüber anderen Großen, wobei er nicht selten persönliche Enttäuschungen und Rückschläge hinnehmen musste; dies betraf auch die angeblich intensive Patronage von „Fremden". Während besonders Mendikantenchronisten bezüglich der Verfassungsentwicklungen eine pro-baroniale Haltung einnahmen, ist zu berücksichtigen, dass Eduard wie keiner seiner königlichen Vorgänger radikale Einschränkungen der herrscherlichen Handlungsbefugnisse und Rechte durch Aktivitäten von Baronen bzw. des Parlamentes hinnehmen musste, obwohl der Plantagenet durchaus präzise Vorstellungen von den königlichen Prärogativen besaß und sie in ihrer ganzen Komplexität wahrzunehmen gedachte. Aus dem nahezu sakralisierten königlichen Selbstverständnis wird man auch die Radikalität erklären können, mit der Eduard in Phasen politischer Stärke seine Macht gegenüber dem *baronagium* und dem Parlament ausübte, wobei temporärer Herrschaftsmissbrauch (*tyranny*) und Rechtsbeugung durch den Monarchen unbestreitbar sind.

Zu wenig beachtet wurden bislang hingegen die Wirkungen der „Friedenspolitik", die Eduard zumindest auf dem Kontinent zu betreiben versuchte, während er bezüglich der „keltischen Reiche" und seines Oberherrschaftsanspruchs gegenüber Schottland an die Traditionen seines Vaters anknüpfte. Eduard II. war der erste Plantagenet, der die Sicherung der verbliebenen englischen Kontinentalbesitzungen nicht ausschließlich durch Krieg und Gewaltanwendung betrieb, sondern um einen diplomatischen Ausgleich mit den Kapetingern bemüht war. Die mangelnde Bereitschaft des Monarchen zur Kriegführung hatte nicht nur eine temporäre Sanierung der Kronfinanzen zur Folge, sondern befreite Eduard zumindest zeitweise von der Abhängigkeit von Baronen und Parlament bei zusätzlicher Steuerbewilligung sowie damit verbundener politischer Konzessionen. Insofern wird man die Herrschaft Eduards, dessen geringes Interesse für Krieg vielfach als persönliche Feigheit gedeutet wurde, nicht – wie so oft in der Forschung – als Zeit von *misgovernment*, *defeat* und *disgrace*, sondern auch als eine Friedensperiode betrachten dürfen, die dem Inselreich wenigstens zeitweise wirtschaftliche und politische Erholung ermöglichte und außenpolitisch Handlungsperspektiven eröffnete, die erst im Laufe des 15. Jahrhunderts in einer Neuordnung der Beziehungen zum französischen Königshof genutzt wurden.

8. Die Rolle Englands im europäischen Machtgefüge in der Epoche der Entstehung des Hundertjährigen Krieges (1327–1377)

Der gewaltsame Tod Eduards II. zwang die neuen Machthaber zu umgehenden Maßnahmen der Herrschaftssicherung, so dass trotz der Krönung Eduards III. am 1. Februar 1327 durch den Erzbischof von Canterbury und der Heirat des Monarchen mit Philippa von Hennegau am 24. Januar 1328 in York die Herrschaftsgewalt im Lande – formal wegen der Unmündigkeit des Königs – bei einem Regentschaftsrat blieb, der indirekt von Mortimer und der Königinwitwe beherrscht wurde. Nachdem Isabella und ihr Liebhaber das Wohlwollen zahlreicher Große durch Besitzrestitutionen gewonnen hatten, widmeten sie sich der Beilegung der schwelenden außenpolitischen Konflikte, zumal der schottische Herrscher unverändert militärischen Druck durch konzertierte Angriffe sowohl in Irland als auch in den englischen Nordprovinzen ausübte. So entschlossen sich die Regenten sowohl zu einem Waffenstillstand in Irland als auch zu einem Friedensschluss mit Bruce, der erstmals von ihnen als unabhängiger Monarch anerkannt wurde und dessen Königtum von Gottes Gnaden sowie ohne jeglichen Oberherrschaftsanspruch des englischen Königs bestand. Zudem akzeptierte man den Verlauf der Grenze, wie sie zur Zeit König Alexanders III. existiert hatte, während sich Bruce lediglich zur kompensatorischen Zahlung von 20.000 Pfund in drei Jahresraten für Kriegsschäden bereit finden musste. Zur Bestärkung der Vereinbarung sah man die Heirat des vierjährigen schottischen Königssohnes David mit der jüngeren Schwester Eduards, Johanna vom Tower, vor. Der Vertrag wurde am 17. März 1328 von dem todkranken König Robert in Holyrood bestätigt und am 4. Mai desselben Jahres auf einer Sitzung des englischen Parlamentes in Northampton ratifiziert,[113] während die Hochzeit des kindlichen Paares am 16. Juli 1328 in Berwick in Abwesenheit der beiden Monarchen stattfand. Obwohl in der Vereinbarung erstmals den veränderten Gegebenheiten in den englisch-schottischen Beziehungen seit der Herrschaft Eduards I. Rechnung getragen und angesichts des beharrlichen Widerstandes der Schotten in einem *War of Independence* auf die Verwirklichung eines expansiven *Britannia*-Herrschaftskonzeptes verzichtet wurde, stieß der Vertrag als *turpis pax* bei vielen englischen Zeitgenossen und insbesondere bei König Eduard auf scharfe Ablehnung, der so schnell wie möglich eine Revision der „Verzichtspolitik" Isabellas und Mortimers anstrebte. Der Eindruck zu großer Konzessionsbereitschaft der Regenten wurde durch ihr Entgegenkommen gegenüber dem französischen König verstärkt, gegen den Eduard II. seit Juli 1326 wenig wirkungsvoll Krieg geführt hatte, so dass Isabella und ihr Liebhaber im März 1327 einem Friedensvertrag in Paris zustimmen mussten. Der englische Herrscher konnte sich lediglich einen schmalen Küstenstreifen südlich der Mündung der Charente bis etwa zu den Pyrenäen sichern, während Karl über große Teile des Agenais und des Bazadais verfügen durfte; zudem hatte Eduard ein *relevium* von 60.000 livres tournois sowie weitere 50.000 livres tournois als Kompensation für Kriegsschäden zu zahlen.[114] Nachdem Karl in der Folgezeit zahlreiche Engländer aus dem französischen *regnum* verbannte und viele gascognische Große in das kapetingische Lager wechselten, verhinderte nur der überraschende Tod des Kapetingers im Februar 1328 eine weitere Eskalation der Spannungen mit dem englischen Hof.

Parallel zu den erwähnten außenpolitischen Stabilisierungsmaßnahmen betrieb Mortimer im Inselreich die konsequente Stärkung der eigenen Machtposition durch ungehemmte persönliche Besitzerweiterung insbesondere in Wales und in den *Marches*, so dass er dort rasch zum größten Territorialherrn aufstieg. Nachdem er auf einer Parlamentssitzung am 16. Oktober 1328 in Salisbury die Gründung eines neuen Earlsdoms in den Marken erreicht und sich den Titel eines Earls der *March of Wales* verschafft hatte, wuchs der Widerstand unter den englischen Großen beträchtlich, zumal sich die Königin – ebenfalls nach Erweiterung des eigenen Vermögens und Territorialbesitzes – zunehmend aus den politischen Angelegenheiten zurückzog. Die innenpolitischen Konflikte eskalierten seit Januar 1329, als Mortimer zuerst das Earldom von Leicester angriff und im März 1330 nach einer politischen List den Earl von Kent wegen Hochverrats verurteilen und hinrichten ließ. Daraufhin griff der junge König ein, überwältigte mit einigen Vertrauten im Oktober 1330 des Nachts Mortimer sowie seine Mutter Isabella in Nottingham und nahm den Earl gefangen. Dieser wurde umgehend nach London gebracht, auf einer Parlamentssitzung in Westminster am 26. November 1330 wegen Hochverrates verurteilt und am 29. November mit einem Gefolgsmann erhängt, während man die Königin schonte und ihr den ungehinderten Aufenthalt im Lande gestattete, so dass Isabella bis zum Tode 1358 ein standesgemäßes Leben, aber ohne politische Aktivitäten führen konnte.

Eduard III. konnte in der Folgezeit rasch seine Herrschaft innenpolitisch stabilisieren, da er die Unterstützung zahlreicher Großer des Landes erhielt, so dass sich der Plantagenet außenpolitischen Problemen, insbesondere der Neuregelung der Beziehungen zu Schottland nach dem als „entwürdigend" empfundenen Vertrag von Edinburgh-Northampton, widmen konnte. Hierfür erwies sich der Tod Roberts I. am 7. Juni 1329 als günstig, da dessen Sohn und Thronfolger David (II.) erst fünf Jahre alt war, für den zuerst Thomas Randolph, Earl von Moray, und später Donald, Earl von Mar, als *guardian* Schottlands die Regentschaft führten. Hinzu kam wachsender politischer Druck durch den Sohn des exilierten Königs Johannes, Eduard Balliol, und die *disinherited*, die unter der Herrschaft von Bruce ihre Besitzungen sowie Titel verloren hatten und ins Ausland geflohen waren, nun aber die Rückkehr betrieben, wobei der englische Herrscher als natürlicher Verbündeter erscheinen musste. Dieser konnte zwar mit Rücksicht auf den Vertrag von Edinburgh-Northampton in Schottland nicht offen intervenieren, dennoch hinderte er weder führende *disinherited* – wie Heinrich de Beaumont, Earl von Buchan, Gilbert de Umfraville, Earl von Angus, und David de Strathbogie, Earl von Athol – noch Balliol, der 1330 aus der Picardie an den englischen Hof gekommen war, an den Vorbereitungen für einen gewaltsamen Sturz des jungen Königs David zugunsten des Sohnes von Johannes I. So konnte ein kleines Invasionsheer mit Balliol und zahlreichen *disinherited* in Kinghorn am 6. August 1332 landen und nach kleineren Gefechten ein zahlenmäßig stärkeres Heer unter Führung des Regenten Donald am 11. August 1332 bei Dupplin Moor nahe Pearth vernichtend schlagen, wobei auch der Earl von Mar fiel, dem in der Regentschaft zuerst Andreas Moray und dann Archibald Douglas folgten. Nach der Krönung Balliols am 24. September 1332 in Scone kam es zu der erwarteten Herrschaftsübernahme durch die *disinherited* und umfangreichen Besitzrestitutionen, während Eduard als Gegenleistung für seine Unterstützung von Balliol im November 1332 in Roxburgh die Anerkennung als Oberlehnsherr und der Verzicht auf wichtige Ländereien einschließlich der strategisch bedeutenden Festung Berwick zugesichert wurde. Somit erfolgte in Roxburgh zwar der Verzicht auf die über Jahrzehnte mühsam erkämpfte Unabhängigkeit des schottischen *regnum* sowie seines Monarchen von englischen Oberlehnsherrschaftsansprüchen, gleichzeitig wurde der englische König aber zunehmend in schottische Konflikte verwickelt, die sein politisches Handeln in der Folgezeit maßgeblich bestimmen sollten.

Dies zeigte sich bereits im März 1333, als schottische Große unter Führung von Archibald Douglas den Vasallenkönig zur Flucht nach England zwangen, so dass Eduard im Mai persönlich in den Machtkampf eingriff und nach dem Sieg über ein schottisches Heer bei Halidon Hill am 19. Juli 1333 die *Scottish Patriots* zumindest zeitweise schwächen konnte. Balliol musste erneut den Einsatz des englischen Monarchen honorieren, indem er Eduard im Vertrag von Newcastle am 12. Juni 1334 weitere beachtliche territoriale Konzessionen gewährte und u. a. auf acht Grafschaften in den Lowlands verzichtete,[115] die auf Dauer an die englische Krone kamen und durch die Einrichtung von *sheriffdoms* schon bald in das englische Verwaltungs- und Herrschaftssystem einbezogen wurden. Nachdem Balliol am 18. Juni den Plantagenet erneut als ligischen Oberherrn anerkannt und für sein Königreich das *homagium* geleistet hatte, schien der Triumph der beiden Eduards vollkommen, so dass der junge König David mit seiner Gattin Johanna im Mai 1334 in die Normandie gebracht werden musste, wo das Herrscherpaar freundliche Aufnahme durch den französischen Monarchen und Aufenthalt in Château Gaillard fand. Eduard und sein Vasall hatten aber wieder nur zeitweise einen Erfolg errungen, da die Widerstände in Schottland gegen die englischen Herren anhielten, so dass der Plantagenet seit dem Winter 1334/35 zahlreiche Schottland-Züge durchführen musste – etwa im Sommer 1335 bis nach Perth, 1336 gefolgt von einem Feldzug bis nach Inverness und 1338 nach Berwick. Wie schon bei früheren englischen Monarchen, so erwies sich das strategisch-taktische Konzept Eduards als unbrauchbar, da er die schottischen Gegner wie üblich zu keiner Entscheidungsschlacht stellen konnte und sich erneut mit einer Art „Guerillakriegführung" konfrontiert sah, der er militärisch nicht gewachsen war. So kam es bald zur erneuten Entmachtung Balliols, der bereits 1336 nach England geflohen war, wo er sich bis zum Tode 1364 im Exil aufhielt, während David nach zahlreichen militärischen Erfolgen seiner Anhänger 1341 in das schottische *regnum* zurückkehren konnte. Als Zwischenergebnis von etwa einem Jahrzehnt englischer Schottland-Politik wird man somit konstatieren dürfen, dass sich Eduard III. – wie bereits sein Großvater – zu immer neuen Heerzügen gezwungen sah, die nicht nur kostspielig waren, sondern – außer einigen Waffenstillstandsvereinbarungen – auch keine dauerhafte Sicherung der englischen Oberherrschaft zur Folge hatten. Durch die Wiederaufnahme des Suzeränitätsanspruchs gegenüber dem schottischen *regnum* und durch spätere Versuche zu einer Unterwerfung des Landes kam es vielmehr für Eduard III. zu einer dauerhaften Belastung seiner Innen- und Außenpolitik, verbunden mit gravierenden wirtschaftlichen Problemen der Krone.

Als belastend für die Schottland-Politik Eduards erwies sich auch die zunehmende Verknüpfung der politischen Entwicklungen in Schottland und Frankreich, wo es nach dem Tode Karls IV., der überraschend am 1. Februar 1328 ohne männlichen Erben gestorben war, zu Problemen bei der Thronfolgeregelung kam. Da der Kapetinger nur eine schwangere Witwe hinterlassen hatte, stellte sich die Frage der Thronfolge in Frankreich im Jahre 1328 mit noch größerer Intensität als bereits 1316 und 1322. Nachdem die französischen Großen in diesen Jahren bereits generell Frauen ein Recht auf die Thronfolge abgesprochen hatten, tauchte mit dem Aussterben des kapetingischen Hauses nun das Problem auf, ob der Ausschluss von Frauen von der Thronfolge auch für deren Nachkommen Gültigkeit besitzen sollte. Diese Rechtsfrage hatte zudem große außenpolitische Bedeutung, da im Falle der Möglichkeit einer Übertragung von Thronrechten durch Frauen der englische Monarch über seine Mutter Isabella als Enkel bzw. direkter männlicher Nachfahre Philipps IV. die am besten begründeten Ansprüche auf den französischen Thron besessen hätte, während konkurrierende Rechte nur noch Philipp, der Sohn Karls von Valois und gradfernerer Agnat, sowie Philipp von Évreux geltend machen konnten, der Sohn des Stiefbruders von Philipp IV., Ludwig von Évreux. In der Folgezeit wurden neben erbrechtlichen Argumenten, später bestärkt durch die Berufung auf die *Lex Salica*, auch außenpolitische Überlegungen berücksichtigt, da die französischen Barone bei einer möglichen Bewerbung des Plantagenets gegebenenfalls einen „landesfremden" Fürsten zum König von Frankreich hätten wählen müssen. Eine Entscheidung gegen einen „auswärtigen" Fürsten, dessen Herrschaft nur unzureichend im französischen *regnum* fundiert zu sein schien, wird man möglicherweise sogar im Zusammenhang mit einem sich allmählich entwickelnden „nationalen Ideengut" bei den französischen Großen sehen dürfen. Deshalb entschieden sich die französischen Magnaten für den Valois Philipp (VI.) als Regenten, der – nachdem die Königinwitwe am 1. April 1328 einer Tochter, Blanca, das Leben geschenkt hatte – politische Tatsachen schuf und sich am 29. Mai in Reims zum König krönen ließ. Hierdurch geriet er zwar in große Abhängigkeit von den baronialen Wählern, dennoch widmete er sich umgehend der Stabilisierung seiner Herrschaft, indem er zuerst Nachfolgeregelungen in Navarra zugunsten Johannas von Évreux traf und sich selbst den Zugriff auf die Champagne bzw. das Brie sicherte, um danach in die flämischen Wirren einzugreifen.

Hier befand sich Graf Ludwig von Nevers in einem schweren Kampf gegen rebellierende Bauern sowie die Brügger Stadtbevölkerung, die die enge Bindung des Grafen an den französischen König und dessen Wirtschaftspolitik missbilligten, so dass der Landesherr nicht zögerte, den französischen Monarchen um Hilfe zu bitten. Nachdem Philipp in der Grafschaft einmarschiert war und mit Unterstützung der Grafen Wilhelm I. von Hennegau und Wilhelm V. von Jülich ein Bauernheer unter Führung von Nikolaas Zannekin in der Schlacht bei Cassel am 23. August 1328 vernichtet und bereits zuvor Graf Ludwig Waren englischer Kaufleute beschlagnahmt hatte, griff Eduard III. in das Geschehen ein und verhängte am 12. August 1336 ein Wirtschaftsembargo. Hierbei untersagte er sowohl den Export englischer Wolle nach Flandern als auch später den Import ausländischer Tuche in das englische *regnum* – Wirtschaftssanktionen, die den flämischen Herrscher weitgehend unberührt lassen, die Kaufmannschaft der Grafschaft hingegen empfindlich treffen mussten. Daraufhin verstärkte sich der Widerstand gegen den Grafen, so dass Jakob van Artevelde am 3. Januar 1338 zum Leiter der kommunalen Opposition gewählt wurde und sich im Frühjahr 1338 weitere flämische Kommunen, insbesondere Brügge und Ypern, der Revolte anschlossen. Daher musste Ludwig 1339 erneut an den französischen Königshof fliehen, während die Opposition unter Artevelde die Herrschaft übernehmen und vor allem eine neue Außen- und Wirtschaftspolitik initiieren konnte. Hierzu gehörte ein rascher Ausgleich mit Brabant, Holland und besonders mit England; der Flame erreichte im Laufe des Jahres 1338 zuerst die Aufhebung des Wollembargos und später die Anerkennung der flämischen Neutralität im Konflikt mit dem französischen Monarchen.

In diesem Zusammenhang ist zu betonen, dass die geschilderten Konflikte in Flandern wie in Schottland außenpolitisch nicht nur miteinander in Beziehung standen, sondern auch Einfluss auf die eskalierenden Auseinandersetzungen zwischen dem englischen und französischen König besaßen. Dies wurde bald nach dem Flandernzug Philipps deutlich, der Eduard zur Leistung des *homagium* auffordern ließ, worauf dieser im Mai 1329 nach Amiens reiste und dort dem französischen Herrscher in Anwesenheit der Monarchen von Böhmen, Mallorca und Navarra den einfachen Lehnseid leistete. Aufgrund rechtlicher Bedenken über den Charakter des Eides suchte Eduard im März 1331 erneut Philipp auf und erkannte in einer Vereinbarung vom 9. März 1331 in Saint-Germain-en-Laye seine Verpflichtung zur Leistung eines ligischen *homagium* an, womit der

Verzicht auf seine Ansprüche auf den französischen Thron verbunden war. Dennoch wuchsen in der Folgezeit die Spannungen zwischen den beiden Monarchen, zumal Eduard innenpolitische Gegner Philipps, insbesondere Robert von Artois, an seinem Hof aufnahm, der im Erbstreit um die Grafschaft Artois von dem Valois des Landes verwiesen worden war. Zudem begann der Plantagenet mit dem Aufbau eines komplexen kontinentalen Bündnissystems, indem er 1332 seine Schwester Eleonore mit Graf Rainald II. von Geldern verheiratete und sich seit 1335 – wie schon sein Großvater – auf die Konstituierung eines Bündnisgeflechtes mit niederländisch-rheinischen Fürsten konzentrierte. Hierzu ließ er u. a. dem Grafen von Jülich Vollmachten ausstellen, Soldverträge mit den Grafen von Geldern und Hennegau, dem Herzog von Brabant und dem Erzbischof von Köln zu schließen. Nach langwierigen Verhandlungen gelang es seit April 1337 erst dem Bischof von Lincoln, Heinrich Burghersh, Bündnisse in größerer Zahl u. a. mit dem Markgrafen Wilhelm I. (V.) von Jülich, den Grafen Adolf VIII. von Berg, Rainald II. von Geldern, Wilhelm I./II. von Hennegau, Adolf II. von der Mark sowie zahlreichen Angehörigen des niederrheinischen Adels zu vereinbaren, ergänzt durch Soldvereinbarungen mit weiteren deutschen Adligen.

Diese Bündnisaktivitäten erhielten seit dem 24. Mai 1337 noch größere Bedeutung, nachdem der französische König Aquitanien konfisziert und zur Begründung notorische Verstöße Eduards gegen seine Verpflichtungen als Lehnsmann des französischen Monarchen und die Förderung Roberts von Artois durch den englischen Hof angeführt hatte. Bereits im Juni 1337 erschienen Beauftragte Philipps bei dem aquitanischen Seneschall, Oliver de Ingham, der unter Hinweis auf die Unrechtmäßigkeit des königlichen Vorgehens militärischen Widerstand leistete. In der Folgezeit kam es zu vereinzelten Belagerungsmaßnahmen, doch war keine Seite zu einem entscheidenden militärischen Erfolg in der Lage, zumal keiner der Könige persönlich in Aquitanien intervenieren wollte. So forcierten beide Monarchen ihre Bündnisaktivitäten, wobei der Valois den Adel der Freigrafschaft Burgund, den Grafen von Bar, den Dauphin von Vienne, den Bischof von Lüttich, Adolf II. von der Mark, und die luxemburgischen Fürsten Johann von Böhmen sowie dessen Sohn Karl umwarb, während Eduard sich um den römisch-deutschen Kaiser Ludwig IV. bemühte, der erst im Dezember 1336 mit Philipp VI. einen Vertrag bezüglich zu wahrender kaiserlicher Neutralität abgeschlossen hatte. Der Wittelsbacher war seinerseits infolge der schweren Auseinandersetzungen mit dem Papsttum über die

Legitimität seiner königlich-kaiserlichen Herrschaft sowie die Unterstützung von antipäpstlichen Kräften im Zusammenhang mit dem sog. „Theoretischen Armutsstreit" innenpolitisch geschwächt und um einen Ausgleich mit der Kurie bemüht. Dennoch schloß er am 23. Juli 1337 in Frankfurt einen Subsidienvertrag mit Eduard, der 400.000 Goldflorenen zahlen und nach Kräften für den Wiedergewinn entfremdeter Reichsrechte sorgen sollte, während Ludwig für zwei Monate 2.000 Panzerreiter zur Verfügung zu stellen und den Plantagenet später zum Generalvikar im Reich zu ernennen hatte, um Eduard die Rechtsgrundlagen für die Aufbietung von Reichsvasallen in den Grenzregionen zu schaffen; etwa ein Jahr später wurde dem englischen König dieses Amt in der Tat übertragen.

Nachdem im Sommer 1337 das kontinentale Bündnissystem Eduards konstituiert zu sein schien, stand einem Beginn der militärischen Aktivitäten des englischen Herrschers auf dem Festland nichts mehr im Wege. Bezeichnenderweise scheint der Monarch jedoch erst zu diesem Zeitpunkt eine realistische Überprüfung der von ihm eingegangenen finanziellen Verpflichtungen gegenüber den Bündnispartnern in Relation zu seiner verfügbaren finanziellen Kapazität vorgenommen zu haben – eine Bestandsaufnahme mit ernüchternden Ergebnissen. Der Plantagenet war bei gründlicher Kalkulation nicht einmal ansatzweise in der Lage, den eingegangenen Zahlungsverpflichtungen zu entsprechen, so dass der geplante Feldzug auf dem Kontinent umgehend verschoben werden musste. Ungeachtet englischer Vorbehalte gegenüber den Geldforderungen der „habsüchtigen Deutschen" erwies sich somit die Wirksamkeit des jahrelang vorbereiteten außenpolitischen Bündnissystems Eduards aufgrund unzureichender finanzieller Kalkulationen des Monarchen als ernsthaft gefährdet, noch ehe die Kampfhandlungen auf dem Kontinent begonnen hatten. In der Folgezeit war Eduard daher vorrangig bemüht, die wichtigsten kontinentalen Verbündeten gesandtschaftlich zu vertrösten und zugleich propagandistisch seinen Herrschaftsanspruch gegenüber dem Valois zu betonen, indem er am 7. Oktober 1337 den Herzog von Brabant und andere Vertraute bevollmächtigte, das französische *regnum* aufgrund seiner erbrechtlichen Ansprüche in Besitz zu nehmen und dort die volle Regierungsgewalt auszuüben. Zudem begann er den Titel „*rex Angliae et Franciae*" zu führen, während Philipp von Valois als derjenige tituliert wurde, „*der vorgibt, König von Frankreich zu sein*".[116] Obwohl unklar bleibt, ob der Plantagenet ernsthaft seinen Anspruch auf den französischen Königsthron erhob und der hieraus resultierende Hundertjährige Krieg nur ein „erweiterter Bürgerkrieg" zwischen der königlichen Zentralgewalt und Regionalfürsten war, so ist dennoch unstrittig, dass Eduard zur Legitimierung seines Vorgehens gegen Philipp und zur Abwendung ähnlicher Aktionen französischer Fürsten gegen den englischen Lehnsherren geradezu gezwungen war, die Rechtmäßigkeit des Thronanspruchs Philipps in Frage zu stellen. Dennoch veränderten sich die Konflikte mit anfangs feudalen Wesensmerkmalen bald zu dynastischen Auseinandersetzungen, die sich gegen Ende des 14. Jahrhunderts dann zunehmend in einen Krieg zwischen Ländern und Völkern verwandelten.

Ungeachtet der erwähnten Propagandaaktionen unterblieben seit dem Herbst 1337 jegliche größeren Kampfhandlungen an der geplanten nördlichen Front, während sich französische Seeleute auf Angriffe gegen englische Schiffe im Kanal und Plünderungszüge gegen die Kanalinseln sowie küstennahe Städte in Sussex und Hampshire beschränkten; in der Gascogne hingegen blieben die Beauftragten des englischen Monarchen in ihrem Kampf gegen die Valois weitgehend auf sich gestellt. Während sich Philipp weiter defensiv verhielt, wurde die Lage Eduards auf der Insel durch ständige Angriffe der Schotten erschwert, die unter Führung von Andreas Moray immer mehr Burgen mit englischer Besatzung in ihre Gewalt bringen konnten, so dass sich David II. entschloss, am 2. Juni 1341 gemeinsam mit Königin Johanna aus dem französischen Exil nach Schottland zurückzukehren und die Vertreibung der englischen Truppen aus dem schottischen *regnum* selbst zu Ende zu führen. Hiergegen konnte Eduard kurzfristig nichts unternehmen, da er vorrangig um die Behebung seiner finanziellen Nöte wegen der Bündnisverpflichtungen bemüht war, um endlich den Feldzug auf dem Kontinent beginnen zu können. Dies gelang schließlich, nachdem er seinen achtjährigen Sohn Eduard, Herzog von Cornwall, zum Regenten in England ernannt und sich der Neutralität der wichtigsten flämischen Städte sowie des Genter Bürgerführers Jakob van Artevelde versichert hatte, so dass Eduard in Begleitung der Königin sowie zahlreicher Großer am 22. Juli 1338 in Antwerpen landen konnte, wodurch die erste Phase des Hundertjährigen Krieges eröffnet wurde.

Aufgrund finanzieller Schwierigkeiten war der Monarch erneut nicht zu sofortigen militärischen Aktivitäten in der Lage, so dass er sich auf diplomatische Maßnahmen und den Ausbau seines Bündnissystems durch die Anwerbung zahlreicher rheinischer und westfälischer Bürger und Kaufleute als Gefolgsleute konzentrierte. Insbesondere bemühte er sich um den Kaiser, mit dem er Anfang September in Koblenz zusammentraf und die Zahlung von noch ausstehenden 320.000 fl. bis zum 21. März 1339 versprach, während Ludwig die Stellung von 2.000 Rittern bis zum 8. Mai 1339 im Raum von Cambrai und die Ernennung Eduards zum Generalvikar „*per Alemaniam et Galliam ac universas earum provincias sive partes*"[117] zur Wahrung bzw. Wiedergewinnung von Reichsrechten im Kampf gegen den französischen König zusagte. Damit erhielt erstmalig ein ausländischer Monarch – wenn auch temporär – das Reichsvikariat mit einer klaren außenpolitischen Zielsetzung, obwohl der römische Kaiser und deutsche König im Amte sowie im Deutschen Reich anwesend war. Trotz aller propagandistischen und diplomatischen Aktivitäten schob Eduard den Beginn der Kampfhandlungen ständig hinaus, da er den Bündnispartnern nur Teilsummen zahlen konnte und hierdurch immer neue Verzögerungen und wachsenden Unwillen bei den Verbündeten hervorrief. Neue Kreditaufnahmen und sogar die Verpfändung eines Teils des englischen Kronschatzes, der zu diesem Zwecke nach Deutschland gebracht worden war, konnten hieran wenig ändern. Erst im September 1339 rückte das englisch-niederländische Heer von Valenciennes in der Grafschaft Hennegau ein und begann am 26. September 1339 mit der Belagerung der Stadt Cambrai, wobei die Mehrzahl der rheinisch-niederländischen Bündnispartner – ohne den Kaiser – ihren Dienstverpflichtungen nachgekommen zu sein scheint. Bereits am 8. Oktober brach der Plantagenet die Belagerung ab, um Richtung Westen auf französisches Gebiet nach Thiérache vorzudringen und dort Ende Oktober die Truppen des französischen Königs zur Schlacht zu stellen. Da zahlreiche Soldritter Eduards den Kampf gegen ihren französischen Lehnsherrn verweigerten und beide Monarchen ihrerseits auf eine offene Entscheidungsschlacht verzichteten bzw. sich kampflos nach Avesnes bzw. St. Quentin zurückzogen, blieb das gesamte militärische Unternehmen für Eduard – abgesehen von den üblichen Plünderungen und Zerstörungen gegnerischer Besitzungen – weitgehend ergebnislos. Lediglich diplomatisch konnte der Plantagenet in der Folgezeit einen Erfolg verbuchen, da er seine Beziehungen zu den flämischen Städten wie Gent, Brügge und Ypern auf Betreiben Van Arteveldes gegen Gewährung der vollen Handelsfreiheit verbesserte und erreichte, dass ihm diese in Gent nach Zusage militärischer Hilfe am 26. Januar 1340 als König von Frankreich huldigten. Daraufhin trat Eduard die Rückreise an und landete am 21. Februar 1340 in Harwich, nachdem er auf Betreiben seiner Gläubiger die Königin mit ihren Kindern faktisch als Geiseln für die vollständige Bezahlung seiner finanziellen Verpflichtungen auf dem Kontinent zurückgelassen hatte.

Der englische Herrscher blieb bis zum Sommer 1340 im Inselreich, wo er sich unverändert um eine Lösung seiner finanziellen
Probleme bemühte, zumal italienische Bankiers wie die Bardi und
Peruzzi, die Eduards Kriege bislang mit finanziert hatten, bereits im
Sommer 1339 wegen der zweifelhaften Zahlungsmoral des Monarchen ruiniert waren. Bei den weiteren Aktivitäten des Plantagenets,
neue Geldgeber zu finden, erhielten deutsche, insbesondere westfä-
lische Hansekaufleute eine Schlüsselrolle, wobei Gläubiger wie Ti-
demann Limberg, Hildebrand Sudermann, Conrad Klepping u. a.
beträchtliche Geldsummen gegen Entschädigung aus den englischen
Zolleinnahmen bereitstellten und für die Auslösung verpfändeter
englischer Reichsinsignien, wie der *magna corona*, und der königlichen Juwelen Sorge trugen. Die hiermit verbundenen Gewinne der
deutschen Kreditgeber waren beträchtlich; zudem dienten die nach
England transferierten Darlehensgelder der Finanzierung des hansi-
schen Englandhandels. Bis in die 50er Jahre zählten die deutschen
Hansekaufleute zu den wichtigen Finanziers Eduards, der sich zudem der Unterstützung englischer Kaufleute versicherte, die verstärkt in Konsortien zusammengeschlossen waren und so große Finanzkraft erlangten. Ungeachtet der kostspieligen Kredite blieb der
Plantagenet bei der Finanzierung seiner kriegerischen Kontinental-
unternehmen weiterhin auf die Unterstützung der Großen des Reiches und des Parlamentes angewiesen, mit dem Eduard geschmeidi-
ger als sein Großvater umging. Dennoch zeigten sich insbesondere
die *Commons* nach den Versuchen Eduards, in den *Walton Ordinances*
(1338) alle wichtigen finanziellen Ressourcen des Reiches für den
Krieg zu erschließen und auch den Wollexport zu monopolisieren,
seit 1339 bei der Bewilligung weiterer Steuern sehr zurückhaltend.
Im Bewusstsein, als gewählte Vertreter der *boroughs* und *shires*
zusammen mit den Baronen die „Gemeinschaft des Reiches" zu
repräsentieren, setzten die als eigene Kammer tagenden *Commons*
auf drei Parlamenten (1339–1340) den Erlaß von vier großen Statuten durch, in denen u. a. das Recht festgeschrieben wurde, dass jegliche Steuererhebung im englischen *regnum* nur aufgrund eines Beschlusses von *Commons* und Lords im Parlament erfolgen durfte.
Zudem wurde die Einsetzung von *commissioners* zur Beseitigung
von Missständen im Rechtswesen sowie die Etablierung eines Rates
von Großen veranlaßt, der für das Parlament eine politische Kontrolle der königlichen Herrschaftsausübung wahrzunehmen hatte.
Schließlich erzwang das Parlament, das seit 1341 jährlich einberufen
werden sollte, von Eduard die Zusage, dass ungeachtet seines An-
spruchs auf den französischen Königsthron das englische Reich und

Volk niemals der Herrschaft des französischen Königs unterworfen werden dürfte.[118] Spätere Versuche des Monarchen, die weit reichenden parlamentarischen Beeinträchtigungen der königlichen Prärogativen rückgängig zu machen, blieben ebenso erfolglos wie seine propagandistischen Bemühungen, die militärischen Misserfolge auf dem Kontinent auf mangelnde Leistungsbereitschaft der königlichen Verwaltung und insbesondere des Kanzlers bzw. Erzbischofs Johannes Stratford von Canterbury zurückzuführen.

Nach diesen politischen Konzessionen und nach Bewältigung der größten finanziellen Schwierigkeiten mithilfe von Hansekaufleuten konnte Eduard – ungeachtet schottischer Beutezüge u. a. nach Northumberland, zahlreicher Kaperzüge normannischer Seefahrer im Kanal, von Angriffen auf englische Küstenstädte wie Dover, Folkestone, Portsmouth und Southampton und trotz angeblicher Pläne des französischen Thronfolgers für eine Invasion des Inselreiches – im Juni 1340 zu einem erneuten Heerzug gegen Philipp VI. aufbrechen. Dabei gelang es dem Plantagenet nach der Überfahrt von Harwich, die französische Flotte unter Befehl von Hugo Quiéret und Nicolaus Béhuchet in der Mündung des Zwin bei Sluis zu überraschen und weitgehend zu vernichten. Der anschließende Landfeldzug Eduards verlief weniger erfolgreich, da der Monarch seine militärischen Kräfte aufteilte und eine Heeresgruppe unter Führung Roberts von Artois St. Omer angreifen ließ, während Eduard selbst sich mit den restlichen Truppen der Eroberung von Tournai widmete. Da diese Unternehmungen rasch scheiterten und beide Monarchen aufgrund ihrer ähnlichen Defensivtaktik erneut einer Entscheidungsschlacht auswichen, wuchs die Unzufriedenheit und Kriegsmüdigkeit im englisch-niederländischen Heer, so dass die beiden Könige einer Friedensinitiative der verwitweten Gräfin von Hennegau, der Schwester des französischen Königs und der Mutter der englischen Monarchin, entsprachen und am 25. September 1340 in Espléchin einen Waffenstillstand schlossen. Diese Vereinbarung, die weitgehend von deutschen Gefolgsleuten beider Kontrahenten getroffen wurde, sah sowohl die Anerkennung des territorialen Status Quo als auch die Ablehnung möglicher Interventionen von päpstlicher Seite vor.

Ungeachtet des Waffenstillstandes blieb Eduard zur baldigen Fortsetzung des Krieges entschlossen, wobei er – nach einem ergebnislosen Winterfeldzug nach Lothian gegen König David 1341/1342 – seine geostrategischen Ziele modifizierte und die Erbfolgeauseinandersetzungen in der Bretagne zur Eröffnung einer weiteren Front gegen Philipp zu nutzen suchte. Nachdem Herzog

Johann III. im April 1341 kinderlos gestorben war, erhoben Johann de Montfort, ein Sohn Arthurs II. aus dessen Ehe mit Jolande de Dreux, und Karl von Blois, der mit Johanna de Penthièvre – einer Nichte des verstorbenen Herzogs – verheiratet war, gleichermaßen Ansprüche auf die bretonische Nachfolge. Da Karl die Unterstützung des Valois sowie des Pariser Parlement erhielt und Montfort in Nantes gefangen genommen wurde, intervenierte Eduard aufgrund geostrategischer Überlegungen, indem er im Juni 1342 zuerst Truppenkontingente zur Unterstützung der bedrängten Johanna entsandte und im Oktober schließlich selbst eingriff. Wie üblich beschränkte sich der englische König auf Verheerungszüge durch das Herzogtum mit der Eroberung einiger wichtiger Städte wie Vannes, woraufhin der Valois mit Truppen in der Region erschien. Da beide Monarchen wieder nicht an einer ernsthaften militärischen Auseinandersetzung interessiert waren, kam es am 19. Januar 1343 unter Vermittlung päpstlicher Legaten zum Abschluss eines Waffenstillstandes – unter Einschuss Schottlands sowie der Niederlande – bei Malestroit, so dass der Plantagenet bald ins Inselreich zurückreisen konnte. Obwohl die Machtkämpfe zwischen den rivalisierenden Prätendenten noch etwa zwei Jahrzehnte anhielten und dank der Aktivitäten bedeutender Heerführer wie Bertrand du Guesclin und Thomas Dagworth wechselnde Erfolge zu verzeichnen waren, verzichteten beide Könige in der Folgezeit auf weiteres persönliches Eingreifen. Während der Valois bald in wachsende Schwierigkeiten bei der Beschaffung von Geldmitteln zur Fortführung des Krieges – u. a. wegen der Erhebung monopolistischer Steuern (*gabelle*) und erzwungener Darlehen – geriet, eröffnete der Plantagenet – ungeachtet der eigenen ungelösten Finanzprobleme – ein weiteres Konfliktfeld, indem er im Juni 1345 Heinrich de Grosmont, Earl von Derby, und Walter Manny mit Truppenmacht nach Bayonne entsandte, um auch in der Gascogne den militärischen Druck auf Philipp zu erhöhen. In den folgenden Monaten führten die englischen Beauftragten erfolgreich *chevauchées* mit der Eroberung zahlreicher Festungen wie Bergerac und La Réole durch, worauf Philipp mit der Entsendung des Thronfolgers Johann reagierte, der aber zwei weitere englische Verwüstungszüge – zuerst durch die Saintonge bis ins Zentrum des Poitou, dann in den gascognischen Raum – nicht verhindern konnte. Letztlich bewirkten die Verwüstungszüge nur eine temporäre Destabilisierung der Valois-Herrschaft und keine dauerhaften Erfolge.

Dennoch war Eduard entschlossen, die politischen Pressionen auf Philipp weiter zu erhöhen, indem er eine grundlegende Revision seines außenpolitischen Bündnissystems vornahm, weil zahlreiche niederländische und niederdeutsche Reichsfürsten aus dem Bündnisverband ebenso wie der Kaiser ausgeschieden waren, der bereits im Januar 1341 das Bündnis mit Eduard zugunsten einer Vereinbarung mit dem Valois – in der Hoffnung auf dessen Intervention am päpstlichen Hof für einen Ausgleich mit dem Wittelsbacher – verlassen und dem Plantagenet das Reichsvikariat entzogen hatte. Zudem war Ludwig nach dem Scheitern der Rekonziliationsbemühungen mit Clemens VI. abgesetzt und der Luxemburger Karl (IV.) zum König gewählt worden, der in engen Beziehungen zum französischen Hof stand und zunächst nicht für Eduard als Bündnispartner verfügbar war. Da auch zahlreiche andere deutsche Reichsfürsten infolge Tod – wie Herzog Rainald II. von Geldern und Graf Wilhelm II. von Hennegau und Holland – oder Wechsel ins Valois-Lager – wie die Erzbischöfe von Mainz und Trier sowie Herzog Johann III. von Brabant – dem Plantagenet keine Unterstützung leisteten, entschied sich dieser zu einem radikalen Strukturwandel in seiner Bündnispolitik. Er wandte sich von den deutschen Reichsfürsten und ihren teuren Soldverträgen ab und verpflichtete statt dessen in *indentures* eine Vielzahl von deutschen Rittern zu bloßen militärischen Dienstleistungen, ohne sie damit als eigenständige Partner in ein außenpolitisches Bündnissystem einzubeziehen. Da er hierdurch seine finanziellen Belastungen zu reduzieren hoffte, beschloss Eduard – nach Sicherung der Unterstützung durch Flandern bzw. Jakob van Artevelde – im Juli 1346 die erneute Überfahrt auf den Kontinent. Während angeblich bis zuletzt der Interventionsraum – Bretagne oder Gascogne – geheim blieb, landete der Plantagenet – angeblich auch für seine Truppen überraschend – am 12. Juli 1346 bei Saint-Vaast-de-la-Hougue, um von dort in die Normandie vorzudringen, wo er bald Unterstützung durch unzufriedene Große des Landes, insbesondere durch Gottfried d'Harcourt, erhielt. Der weitere Feldzug, bei dem Eduard rasch über Caen zur Seine vorrückte, verlief in der üblichen Form der *chevauchées*, ohne dass der Monarch ernsthaft um dauerhafte territoriale Eroberungen bemüht gewesen wäre.

Daraufhin griff König Philipp ein und nahm nach Abwendung einer Bedrohung von Paris die Verfolgung Eduards Richtung Somme auf, wo es nördlich von Abbeville zur Konfrontation beider Heere kam, bei welcher der Plantagenet konsequent auf seiner Defensivtaktik beharrte und nahe Crécy eine starke Verteidigungsposition aufbaute. Da der Valois seine teilweise undisziplinierten Ritter nicht von einem weitgehend planlosen Angriff auf die englischen

Stellungen abhalten konnte, kam es am Nachmittag des 26. August 1346 zu einer schweren Schlacht, in deren Verlauf die Angriffe der genuesischen Armbrustschützen und die zahlreichen Attacken des französischen Ritterheers, unterstützt durch eine Vielzahl deutscher Adliger, vor allem im Geschosshagel der englischen Langbogenschützen zusammenbrachen. So musste Philipp schließlich seine Niederlage trotz zahlenmäßiger Übermacht eingestehen und vom Schlachtfeld fliehen, wo eine Vielzahl an adligen Gefallenen zurückblieb – außer dem blinden König Johann von Böhmen auch der Herzog Rudolf von Lothringen, die Grafen Karl von Alençon, Johann von Auxerre, Ludwig von Blois, Ludwig von Flandern sowie zahlreiche andere Große. Trotz des überwältigenden Sieges schätzte Eduard seine Lage realistisch ein und beschränkte sich auf die Schaffung eines kontinentalen Brückenkopfes, indem er Ende August 1346 auf Calais vorrückte und am 4. September mit der Belagerung begann. Sie endete erst am 4. August 1347 mit der Kapitulation der Bürger, deren Hinrichtung lediglich durch die Opferbereitschaft der berühmten und literarisch vielfach verherrlichten „sechs Bürger von Calais" unter Führung von Eustache de St.-Pierre sowie durch die Intervention der Königin Philippa abgewendet wurde. So konnte der Plantagenet einen beachtlichen politischen Erfolg verzeichnen, da durch die Eroberung von Calais, wo sich verstärkt englische Siedler niederließen, ein wichtiger kontinentaler Hafen gewonnen wurde, der für über zweihundert Jahre ein strategisch bedeutender Brückenkopf des Inselreiches bleiben sollte. Der Triumph Eduards wurde durch weitere militärische Erfolge vergrößert, da der schottische König nach Angriffen auf Cumberland und Westmorland auf Betreiben des französischen Monarchen und in Erfüllung seiner Beistandspflichten im Rahmen der *Auld Alliance* Anfang Oktober 1346 von Perth nach Durham vordrang, hierbei aber nicht nur auf massiven Widerstand englischer Großer, insbesondere des Erzbischofs von York, stieß, sondern am 17. Oktober 1346 in einer Schlacht bei Neville's Cross unter schweren Verlusten unterlag und sogar selbst gefangen genommen sowie anschließend im Tower zu London inhaftiert wurde.[119] Als weiteren Erfolg konnte der Plantagenet im Juni 1347 die Gefangennahme Karls von Blois durch Dagworth bei La-Roche-Derrien in der Bretagne verzeichnen, so dass er am 28. September 1347 in Calais einem von päpstlichen Beauftragten vermittelten Waffenstillstand zustimmen und am 12. Oktober auf die Insel zurückkehren konnte.

Der unterlegene französische Monarch sah sich mit wachsender Kritik in seinem Reich konfrontiert, da vor allem die Ständevertre-

ter mit der Kriegführung und der angeblich zu großen Konzessionsbereitschaft gegenüber dem Plantagenet unzufrieden waren. Zudem
war seit 1346 durch einen Aufstand rebellischer Großer gegen Herzog Odo IV. in der Grafschaft Burgund mit Unterstützung Eduards
ein weiteres Konfliktfeld für Philipp eröffnet worden. Wenig günstig verliefen auch die Entwicklungen in Flandern, wo nach der Ermordung Jakob van Arteveldes am 17. Juli 1345 ein Bürgerkrieg
ausbrach, den der neue Graf Ludwig (II.) von Male nach dem Tode
seines Vorgängers in Crécy und der Herrschaftsübernahme im November 1346 nicht sofort beenden konnte. Zwar hatte der Graf seinem Lehnsherrn bereits im September 1346 in Amiens gehuldigt
und sich durch Flucht der geplanten Heirat mit Isabella, der ältesten
Tochter Eduards, entzogen; dennoch kam es am 25. November
1348 in Dünkirchen zu einem Frieden mit Eduard und sogar zu
dessen Zustimmung für die anschließende gewaltsame Herrschaftsübernahme Ludwigs in der Grafschaft, der in der Folgezeit eine
neutrale Haltung im französisch-englischen Konflikt einnahm. Er-
freulicher gestalteten sich hingegen anfangs die Beziehungen des
Valois zum Deutschen Reich, denn im Machtkampf zwischen Kaiser Ludwig IV. und dem Luxemburger Karl (IV.) hatte dieser im
Mai 1347 mit Johann, dem Sohn Philipps VI., einen Freundschaftsvertrag geschlossen,[120] während Eduard sich vergeblich um die Erneuerung seines Bündnisses mit Ludwig dem Bayern bemühte, der
überraschend am 11. Oktober 1347 einem Herzinfarkt auf der Bä-
renjagd in Puch erlag. Damit kam es zu einem Umbruch im politischen Kräftegefüge in Mittel- und Westeuropa, da die Wittelsbacher
Partei nicht nur die Wahl eines neuen Königs betrieb, sondern einige Kurfürsten veranlasste, dem englischen Monarchen wahrscheinlich im November 1347 die deutsche Königskrone anzutragen und
diesen am 10. Januar 1348 zu wählen. Während die Plantagenet die
Offerte dilatorisch behandelte, reagierte der Luxemburger umgehend, indem er dem englischen Herrscher ein Bündnis anbot, in
welchem er zwar eine direkte Beteiligung an dessen Kampf gegen
den Valois ablehnte, jedoch mögliche gemeinsame militärische Aktivitäten nicht ausschloss und zusicherte, auf eigene Bündnisse mit
Feinden des Plantagenets zu verzichten und seine Untertanen nicht
daran zu hindern, den englischen König zu unterstützen. Da Eduard
weiterhin Soldverträge mit deutschen Rittern abschließen und hierdurch die militärische Schlagkraft stärken konnte, ein Erfolg seiner
Thronkandidatur im Deutschen Reich aber mehr als fragwürdig zu
sein schien, entschloss sich der englische König, die Offerte der
Kurfürsten abzulehnen und am 23. April 1348 das Bündnisangebot

Karls IV. anzunehmen, der das Abkommen am 24. Juni ratifizierte.[121] Obwohl Eduard glaubte, einen potentiellen Bündnispartner im Kampf gegen den Valois gewonnen zu haben, kam es bereits nach den gescheiterten Verhandlungen über die Heirat des verwitweten Luxemburgers mit einer Tochter Eduards und nach der Eheschließung Karls mit der Wittelsbacherin Anna von der Pfalz Anfang 1349 zu einer erneuten Abkühlung der Beziehungen zum englischen Herrscherhof.

Eine baldige Fortsetzung des Krieges der westeuropäischen Monarchen wurde durch den Ausbruch der Bubonen- bzw. Lungenpest verhindert, die von Mittelasien – u.a. durch infizierte Rattenflöhe übertragen – über die Krim wahrscheinlich durch Genuesen 1347 auf dem Seeweg nach Italien (Venedig, Genua) und Südfrankreich (Marseille) eingeschleppt wurde, von wo sich die Seuche Anfang 1348 weiter nordwärts in Frankreich ausbreitete und schließlich im August 1348 ins Inselreich nach Weymouth gelangte. Über Bristol und Oxford erreichte die Pest im November 1348 London, um sich von dort in den folgenden Monaten auf der gesamten Insel auszubreiten; Irland war seit August 1349 und Schottland etwa seit Beginn des Jahres 1350 betroffen. Durch die verheerenden wirtschaftlichen und gesellschaftlichen Auswirkungen der Pest wurden auch die Kriegspläne der westeuropäischen Monarchen tangiert, da die enorme Mortalitätsquote von mindestens 30 Prozent der Gesamtbevölkerung nicht nur Verluste der Krone bei Steuereinkünften zur Folge hatte und Auswirkungen auf Löhne und Preise besaß, sondern es den Monarchen zumindest zeitweise unmöglich machte, aufgrund des Personalmangels neue Armeen zu rekrutieren und Söldner anzuwerben. So mussten sich die Könige auf Betreiben von Kurienvertretern bis zur Mitte der 50er Jahre darauf beschränken, Friedensverhandlungen zu führen, die aufgrund der Unvereinbarkeit der Verhandlungspositionen scheiterten. Ungeachtet dieser Gespräche setzten die Kontrahenten in verschiedenen französischen Provinzen ihre lokalen Auseinandersetzungen fort, so etwa in der Bretagne, wo nach dem Tode von Dagworth Walter Bentley den Kampf gegen die Anhänger des im Tower inhaftierten Karl von Blois weiterführte. Auch in Südwestfrankreich kam es zu erneuten militärischen Konflikten, da Earl Heinrich von Lancaster seine Verwüstungszüge über das Poitou und Périgord bis ins Agenais ausdehnte. Schließlich erfolgte noch eine Ausweitung der Kämpfe durch das Eingreifen des Kastiliers Alfons XI., der sich – mit Rücksicht auf sein Engagement im Kampf gegen die Muslime (um Granada und Algeciras) – bislang um Neutralität im Hundertjährigen

Krieg bemüht hatte. So erklärte sich Alfons einerseits 1347 zum Einsatz seiner Flotte zugunsten von Philipp VI. bereit, während er andererseits im Januar 1348 ein Ehebündnis mit dem Plantagenet vereinbarte, dessen Tochter Johanna den kastilischen Thronfolger Peter (I.) heiraten sollte. Da deren möglicher Sohn als König von Kastilien vorgesehen war, eröffneten sich bemerkenswerte Perspektiven für eine künftige Intensivierung der kastilisch-englischen Beziehungen. Der Pest-Tod der englischen Prinzessin in Bordeaux am 2. September 1348 auf ihrer Reise nach Kastilien machte jedoch derartige bündnisstrategische Planungen gegenstandslos. Wahrscheinlich infolge starker Widerstände von Seiten kastilischer Großer gegen das englische Bündnis und nach erneuten Konflikten zwischen Bayonne und kastilischen Seeleuten aus Häfen der Biskaya kam es daher seit dem Frühjahr 1349 zu einer außenpolitischen Neuorientierung von Alfons, der Teile der kastilischen Flotte gemeinsam mit normannischen Seefahrern englische Schiffe im Kanal angreifen ließ und den französischen Marschall Guy de Nesle unterstützte. Die Pressionen gegenüber englischen Seefahrern eskalierten in der Folgezeit in solchem Maße, dass Eduard, der über keine größere eigene Flotte verfügte, persönlich intervenierte. Nachdem kastilische Schiffe kontinuierlich den Warenverkehr von der Gascogne nach England gestört hatten, griff der Plantagenet, der sich auf der Rückreise von Sluis auf die Insel befand, am 29. August 1350 vor Winchelsea eine überlegene kastilische Flotte an, die er – dank des Einsatzes der Langbogenschützen und seiner dem Landkrieg entsprechenden Kampfestechnik – so weitgehend zerstören konnte, dass der neue kastilische König Peter I. (*el Cruel*) nach dem überraschenden Pest-Tod Alfonsos XI. († 27. März 1350) am 1. August 1351 mit Eduard einen zwanzigjährigen Waffenstillstand abschloss.

Zumindest am französischen Königshof war die Bereitschaft zu einer baldigen Wiederaufnahme des Kriegs nicht allzu stark ausgeprägt, da Philipp VI., der nach dem Tode seiner Gattin Johanna am 19. Januar 1350 Blanca, die Tochter König Philipps von Navarra, geheiratet hatte, am 22. August 1350 in der Abtei Coulombs verstarb, woraufhin sein Sohn Johann (II.) ohne Schwierigkeiten die Nachfolge antreten und am 26. September 1350 in Reims zum König gesalbt werden konnte. Der neue Monarch bemühte sich um Sicherung der Herrschaftskontinuität, indem er die wichtigsten Berater und Fachleute des Vaters an seinen Hof übernahm; lediglich den Connétable Raoul de Brienne, Graf von Eu und Guines, ließ er am 22. Oktober 1350 hinrichten und durch den Günstling Karl de la Cerda ersetzen. Ebenfalls aufsteigen konnte Karl (II. – *el Malo*), der als Sohn Philipps III. von Navarra und Johannas von Évreux ähnlich wie der englische Monarch mütterlicherseits Ansprüche auf die französische Krone erheben konnte, sich aber mit der Würde des Grafen von Évreux und Königs von Navarra bescheiden musste. Der Valois versuchte zwar, Karl im Februar 1352 durch die Heirat mit seiner Tochter Johanna an das Königshaus zu binden; dennoch zögerte der Navarrese nicht, die eigene Machtexpansion im französischen Reich durch die Ermordung De la Cerdas in L'Aigle (Orne) im Januar 1354 zu fördern, so dass sich Johann zu einem Friedensvertrag mit Karl im Februar 1354 in Mantes bereit finden musste. Zusätzlich erschwert wurde die Lage des Valois durch Pressionen des Plantagenets, der Johann in Vereinbarungen in Guines am 6. April 1354 zu erheblichen territorialen Konzessionen zwingen wollte. Zwar versuchte der Valois in der Folgezeit, die innenpolitische Lage durch Preis- und Lohnstabilität in einer Ordonnanz zu sichern und das Heerwesen einer tiefgreifenden Umbildung zu unterziehen, doch scheiterten diese Reformversuche rasch. Zudem setzte Karl von Navarra seine Intrigen fort, indem er im Winter 1354/55 in Avignon mit Johann von Gent (*John of Gaunt*), einem Sohn des englischen Königs, Verhandlungen über einen gemeinsamer Zangenangriff auf Johann in der Normandie sowie in Guyenne führte, wobei er für den Fall des Sieges sogar eine Aufteilung des französischen Reiches zwischen sich und dem Plantagenet geplant haben soll.

Nachdem König Eduard im Anschluss an gescheiterte Verhandlungen am 1. Juni 1355 die Wiederaufnahme der Kampfhandlungen verkündet hatte, drangen er und der Herzog von Lancaster mit Unterstützung durch den Sohn Karls II., Philipp von Navarra, in die Normandie ein, wandten sich jedoch aufgrund anhaltenden Widerstands bald Calais zu, so dass der geplante Zangenangriff nicht zustande kam. Während die Unternehmung in die Normandie bereits im Ansatz scheiterte, begann der Prinz von Wales im September 1355 mit großen *chevauchées*, die ihn bis nach Narbonne sowie Carcassonne führten und schwere Verwüstungen anrichteten. Im folgenden Jahr setzte der Thronfolger – der „*Schwarze Prinz*" genannt – seit Juli seine verheerenden Züge fort, die über das Périgord, Limousin, Berry bis in die Touraine reichten und wahrscheinlich eine Kooperation mit den Truppen Lancasters ermöglichen sollten. Dieser war im Juni 1356 erneut in der Normandie gelandet, hatte dort die Unterstützung zahlreicher oppositioneller Großer erhalten und konnte sogar bis in die Bretagne vordringen, wo er Johann von

Montfort als seinen Statthalter einsetzte. Dennoch wurde das entscheidende strategische Ziel – eine Vereinigung seiner Truppen mit dem Heer des Prinzen an der Loire – nicht erreicht, worauf sich Eduard nach Süden zurückzog. König Johann war es – nach Inhaftierung seines Schwiegersohnes Karl II. von Navarra im April 1356 – in Anbetracht der ungeheuren Verwüstungen durch die englischen Truppen gelungen, von den nordfranzösischen Ständen – mit Konzessionen gegenüber dem *prévôt des marchands* Étienne Marcel – eine gewaltige Steuerbewilligung in Höhe von 5 Mill. Tournosen zur Anwerbung von Truppen zu erlangen und in Chartres ein beachtliches Heer aufzustellen, mit dem er sich umgehend an die Verfolgung des englischen Thronfolgers machte. Etwa nach einer Woche gelang es Johann, Eduard den weiteren Rückweg nach Süden abzuschneiden, worauf sich dieser am 19. September 1356 in Maupertuis bei Poitiers dem zahlenmäßig deutlich überlegenen französischen Heer zur Schlacht stellte. Hierbei war Johann weder in der Lage, seine taktischen Planungen zu realisieren noch das Reiterheer zu diszipliniertem Einsatz zu führen, so dass zahlreiche französische Große frühzeitig flohen und der König nicht nur eine schwere Niederlage hinnehmen, sondern sich nach tapferem persönlichen Einsatz und in Erfüllung ritterlicher Verhaltensnormen in englische Gefangenschaft begeben musste. Während der Plantagenet den Tod von nur 40 Mann beklagen musste, hatte der Valois über 2.400 Gefallene und die Gefangennahme von ca. 2.000 Mann – unter ihnen sein Sohn Philipp sowie Dutzende Adlige – zu verzeichnen; lediglich dem Dauphin Karl war noch rechtzeitig die Flucht vom Schlachtfeld gelungen. König Johann wurde zuerst nach Bordeaux und im April 1357 nach London gebracht, wo ihn der Plantagenet ehrenvoll behandelte und mit höfischen Vergnügungen unterhielt.

Die erneute Niederlage eines französischen Monarchen im Kampf gegen den Plantagenet und insbesondere das Verhalten des Adels, der sich dem Vorwurf der Feigheit und Unfähigkeit ausgesetzt sah, führte im französischen *regnum* zu einer schweren Krise. Nach Abschluss eines Waffenstillstandes am 23. März 1357 wurde der Statthalter und spätere Regent Karl (V.) zunehmend von einer Adelsfronde um den inhaftierten Karl von Navarra und durch Vertreter der Pariser Kaufmannschaft um *prévôt* Marcel bedroht, gefolgt von der gewaltsamen Befreiung Karl von Navarras im November 1357 und der Ermordung der beiden wichtigsten königlichen Berater, der Marschälle Johann de Conflans und Robert de Clermont, im Louvre im Februar 1358 durch Anhänger des *prévôt* Marcel. Obwohl sich der Valois weiteren Pressionen durch die Flucht aus Paris entzogen und den Adel von der Picardie bis zur Champagne um Unterstützung ersucht hatte, kam es seit Mai 1358 zu einer Eskalation der innenpolitischen Spannungen durch den Aufstand wohlhabender Bauern gegen ihre Grundherren (*Jacquerie*) im Beauvaisis und von dort über die Picardie und Champagne bis nach Lothringen, wobei die Teile der Landbevölkerung, die besonders unter den Folgen der Pest sowie der Verheerungen durch den Krieg mit den Engländern gelitten hatten, wie schon zuvor das Pariser Bürgertum tiefgreifende Reformen forderten, die sich nunmehr hauptsächlich gegen den Adel richteten. Da die Aufständischen mit Angriffen auf Besitzungen der Großen begonnen und hierbei die Unterstützung von Städten, später von Pariser Milizen unter Marcel, erhalten hatten, verbündeten sich führende Magnaten mit Karl von Navarra, der mit großer Brutalität den Aufstand unterdrückte und die Hauptstreitmacht der *Jacques* am 10. Juni bei Mello vernichtend schlagen konnte. Nachdem auch Marcel am 31. Juli bei einer Revolte in Paris den Tod gefunden hatte, konnte der Regent Anfang August wieder in der Hauptstadt einziehen und sich im Juli 1359 mit Karl von Navarra in Pontoise aussöhnen, so dass zumindest zeitweise eine Stabilisierung der Regentschaft gelungen zu sein schien.

Der englische König, der nach dem Sieg seines Sohnes bei Maupertuis außer dem schottischen Monarchen noch den französischen König als Gefangenen festhielt, war in Anbetracht der wachsenden Kriegsmüdigkeit in seinem Lande zur Aufnahme von Friedensgesprächen mit beiden inhaftierten Herrschern bereit. In Schottland hatte Balliol 1356 zwar gegen eine angemessene finanzielle Entschädigung zugunsten des englischen Monarchen auf den Thron verzichtet, doch führte Robert the Steward – ungeachtet eigener Thronansprüche – die Regentschaft für den inhaftierten Herrscher fort, obwohl vereinzelt Überlegungen angestellt wurden, auf eine Auslösung des Monarchen zugunsten eines anderen Prätendenten zu verzichten. Nach jahrelangen Verhandlungen und einer weiteren militärischen Intervention Eduards im Januar 1356 kam es schließlich am 3. Oktober 1357 in Berwick zu der Vereinbarung, dass David gegen Zahlung von 100.000 Mark binnen zehn Jahren sowie gegen Stellung zahlreicher hochrangiger Geiseln die Freiheit erlangen sollte.[122] Weitergehende Regelungen, etwa über englische Thronansprüche oder eine Klärung der Nachfolge des kinderlosen Davids, erfolgten hingegen nicht. So konnte der schottische König nach fast elfjähriger Gefangenschaft am 7. Oktober 1357 in sein Reich zukehren; seine letzten Herrschaftsjahre blieben vom Ringen um die Zahlung der Lösegeldraten, wachsende Steuerbedrückung des Landes und Rivalitäten mit Robert geprägt, der 1363 gegen den König rebellierte. Zudem konnte es Bruce nicht verhindern, dass nach seinem Tode 1371 Robert II. den schottischen Thron bestieg und Gründer einer neuen Dynastie wurde, die bis ins Jahr 1702 herrschen sollte.

Wesentlich komplizierter gestalteten sich die Verhandlungen des Plantagenets zur Freilassung König Johanns, der – im Gegensatz zum französischen Thronfolger – um eine Befreiung nahezu um jeden Preis bemüht war. So begannen bald nach der Inhaftierung des Valois Friedensverhandlungen, die sich über vier Jahre hinzogen und zur Abfassung von fünf verschiedenen Vereinbarungen führten, die alle nicht in vollem Umfang realisiert wurden. Nach einer Übereinkunft in Bordeaux im März 1357 kam es am 8. Mai 1358 zum ersten Vertrag von London, in dem Eduard von Johann sowohl die Überlassung eines beträchtlich vergrößerten Herzogtums Aquitanien sowie Poitou und Quercy in voller Souveränität als auch die Zahlung eines Lösegeldes in Höhe von vier Millionen Ecus zugesagt wurde. Trotz der großen territorialen Einbußen scheinen der Regent sowie führende französische Große die Vereinbarung Johanns akzeptiert zu haben. Der Plantagenet nutzte jedoch Schwierigkeiten bei der Zahlung der ersten Lösegeldrate sowie die erwähnten innenpolitischen Wirren in Frankreich zu einer Neufassung der Vereinbarung und zum Abschluss des zweiten Vertrages von London, der am 24. März 1359 von Johann gebilligt wurde.[123] Hiernach sollte der Plantagenet außer den in der ersten Vertragsfassung genannten Ländereien zusätzlich noch die Normandie, Maine, Anjou, Touraine und Boulogne zum souveränen Eigentum erhalten, so dass nahezu das halbe französische *regnum* dem Valois entzogen gewesen wäre, verbunden mit dem Verlust aller wichtigen Atlantikhäfen und gravierenden Konsequenzen für Handel und Verkehr. Damit wäre nicht nur das alte angevinische Reich wieder hergestellt, sondern auch das Königtum der Valois existentiell aufs schwerste bedroht gewesen; hieran änderte der in Aussicht gestellte Verzicht des Plantagenets auf seine französischen Thronansprüche wenig. Während König Johann um seiner persönlichen Freiheit willen zu derartigen Einbußen bereit zu sein schien, erwiesen sich der Regent und die französischen Stände als verantwortungsbewusster; sie lehnten unter Hinweis auf das *bonum commune* des Reiches und in deutlicher Trennung der Interessen des *regnum* von denen des Monarchen die Annahme der Londoner Vereinbarung ab. Der Plantagenet reagierte auf diese Stellungnahme mit erneuten Pressionen, indem er mit Unterstützung seiner vier Söhne in drei großen Heeresabteilungen seit November 1359 von Calais nach Südosten bis nach Reims vordrang, wo er sich wahrscheinlich zum französischen König krönen lassen wollte. Der Regent begegnete der englischen Invasion mit einer veränderten Strategie, indem er jegliche direkte militärische Konfrontation vermied, dem Plantagenet das offene Land überließ und sich auf die Verteidigung der Städte konzentrierte. Karl war mit dieser Strategie erfolgreich, so dass sich Eduard bereits im Januar 1360 ergebnislos von Reims abwandte, auf Paris marschierte und am 7. April 1360 mit der Belagerung begann, diese aber nach Schneestürmen binnen weniger Tage erfolglos abbrechen und sich zu weiteren Verhandlungen bereit erklären musste, die zu einem neuen Waffenstillstand und zum Abschluss des Vertrages von Brétigny führten. Dieser wurde am 10. Mai vom Regenten in Paris, am 15. Mai vom Schwarzen Prinzen in Louviers und schließlich am 14. Juni von den beiden Monarchen selbst beschworen.[124] Hierbei griff man – bei Konzessionen über die Höhe des Lösegeldes – im Wesentlichen auf territoriale Regelungen des ersten Londoner Vertrages zurück, indem Eduard außer der Gascogne Guyenne, Ponthieu, Guines und Calais in voller Souveränität besitzen und für die Freilassung Johanns drei Millionen Ecus – zahlbar in sechs Jahresraten – erhalten sollte, der bereits nach einer ersten Zahlung von 600.000 Ecus binnen vier Monaten die Freiheit erlangen konnte. Zur Sicherung der Einhaltung der Vereinbarungen erhielt der Plantagenet bedeutende Geiseln sowie wichtige Festungen als Pfänder, verzichtete im Gegenzug auf seine französischen Thronansprüche und sagte die Rückgabe der eroberten Territorien zu.

Obwohl sich die Zahlung des Lösegeldes über zwei Jahrzehnte hinzog, erlangte Johann nach Ratifikation der Vereinbarungen am 24. Oktober in Calais die Freiheit. Dieser fünfte Vertrag unterschied sich von der vorigen Fassung sowohl durch die Regelung, dass sämtliche territoriale Transaktionen nach lehnsrechtlichem Verfahren durch Übereignung vor Ort bis spätestens zum Ende November 1361 durchgeführt sein mussten, als auch durch die Auslassung der gegenseitigen Verzichtsklauseln, die in eigenen *littere cum clausula* als Sondervereinbarungen von den Monarchen bestätigt werden sollten. Zudem erklärte sich Eduard zur Aussöhnung mit dem flämischen Grafen, Johann zum Ausgleich mit Karl von Navarra bereit, während beide Herrscher eine gütliche Regelung der bretonischen Erbfolge anzustreben versprachen. Obwohl mit dem neuen Vertrag eine einvernehmliche Klärung der wichtigsten Konfliktpunkte gefunden zu sein schien, tauchten dennoch bald Schwierigkeiten bei der Realisierung der Vereinbarungen auf, da sich insbesondere Widerstand bei den Bewohnern der an England abzutretenden Gebiete regte und die Terminsetzung für die vollständige Durchführung der vereinbarten territorialen Transaktionen nicht realisierbar war, so dass beide Vertragsparteien von einer Ratifikation der Sondervereinbarung über die Verzichtsklauseln Abstand nahmen. Obwohl besonders in der französischen Forschung der Brétigny-Vertrag als „Triumph" der Valois-Diplomatie gefeiert wurde, sind Zweifel an dieser Beurteilung angebracht, da beide Vertragspartner mit der Vereinbarung unzufrieden und zu einer baldigen Revision entschlossen waren. Dies galt insbesondere für Eduard, der nur widerwillig territoriale Konzessionen eingeräumt hatte und wie Karl geneigt war, die fehlende Ratifikation der Verzichtserklärungen der Partner als rechtliche Handhabe für eine Revision des Vertrages zu nutzen. Auch in der Folgezeit erwies sich die Umsetzung der Vereinbarungen von Brétigny-Calais als schwierig, zumal zahlreiche adlige Geiseln, die sich in der Gewalt Eduards befanden, ungeduldig auf ihre Freilassung drängten. Während Johann sofort nach seiner Entlassung in Frankreich die königliche Herrschaftsgewalt in vollem Umfange und zu Lasten des Dauphins übernommen und sich im August 1362 nach Avignon zu Verhandlungen mit dem Papst über einen Kreuzzug begeben hatte, führten die französischen Geiseln in der Sorge, von den Standesgenossen in ihrem Schicksal „vergessen" zu werden, aus eigener Initiative mit dem Plantagenet Verhandlungen, die im November 1362 in einem – von Johann gebilligten – Vertrag gipfelten und gegen weitgehende Überlassung des Berry sowie Zahlung von 200.000 Ecus die Freilassung der verbliebenen Inhaftierten vorsahen.[125] Da die von Eduard geforderte Ratifikation der Vereinbarung durch die französischen Stände im Oktober 1363 scheiterte, wurden die zwischenzeitlich nach Calais verlegten Geiseln weiterhin festgehalten. Zum Eklat kam es schließlich durch das Verhalten Herzog Ludwigs von Anjou, der unter Bruch seines Ehrenwortes und mit dem Vorwand, eine Pilgerfahrt durchführen zu wollen, aus der Gefangenschaft geflohen war und hierdurch seinen Vater, König Johann, veranlasste, sich zur Wiederherstellung der „Ehre des Hauses Valois" erneut in englische Gefangenschaft zu begeben. Bei der oftmals als vorbildliches ritterliches Verhalten gewürdigten Aktion Johanns ist jedoch zu beachten, dass der Valois hierbei nicht nur als ehrbewußter Monarch, sondern vor allem als Stellvertreter für eine pflichtvergessene Geisel aus dem Königshause agierte und wahrscheinlich zudem in London bemüht war, durch weitere Verhandlungen einen Ausgleich mit Eduard zu finden. Diese Pläne erwiesen sich aber durch den überraschenden Tod des Valois am 8. April 1364 in London als gegenstandslos, dessen Leiche in würdiger Form nach Saint-Denis überführt und dort am 7. Mai beigesetzt wurde.

Während in Frankreich Karl V. komplikationslos die Nachfolge seines Vaters antreten und am 22. Mai 1364 in Reims gekrönt werden konnte, begnügte sich Eduard III. in der Folgezeit mit der Einhaltung des vereinbarten Friedens und der Stabilisierung seines außenpolitischen Bündnissystems, das u.a. durch die Niederlage Karls des Bösen gegen Bertrand du Guesclin am 16. Mai 1364 in der Schlacht bei Cocherel und den folgenden Rückzug des Navarresen in sein Königreich geschwächt wurde. Ungünstig entwickelten sich auch die Beziehungen zum flämischen Grafen, der seine Erbtochter Margarethe nicht mit dem fünften Sohn Eduards, Edmund von Langley, verheiratete, sondern mit Philipp dem Kühnen, dem Herzog von Burgund. Nur sporadische Kontakte Eduards bestanden zum Hof Kaiser Karls IV., dem der neue französische Monarch eng verbunden war, obwohl das luxemburgische Engagement bezüglich des Brabant-Limburger Erbes sowie die temporäre Hegemonialpolitik des Luxemburgers im Westen des Reiches zu Spannungen mit Karl V. führten. Nach der Niederlage Wenzels in der Schlacht von Baesweiler am 22. August 1371 zog sich der Kaiser jedoch weitgehend aus den luxemburgischen Besitzungen im Westen zurück und konzentrierte sich auf seine Expansionspolitik im Osten, die für den englischen Monarchen keinerlei Bedeutung besaß. Schwindend war der englische Einfluss auch in der Bretagne, wo im Erbfolgekrieg Karl von Blois bzw. Du Guesclin in der Schlacht von Auray am 29. September 1364 zwar Johann (V.) von Montfort unterlagen, der neue Herzog trotz seiner englandfreundlichen Haltung aber im Frieden von Guérande am 12. April 1365 die Lehnsoberhoheit des französischen Königs anerkennen und englische Soldtruppen zum Verlassen des Land nötigen musste.

Zwangsläufig richtete sich das Interesse des Plantagenet nach dem Frieden von Brétigny-Calais daher auf Südwestfrankreich, wo Eduard die zurückgewonnenen Gebiete im Fürstentum Aquitanien zusammengefasst und dem Schwarzen Prinzen übertragen hatte, der 1363 eine glänzende Hofhaltung in Bordeaux eröffnete. Wie schon in Zeiten der früheren Herzöge von Aquitanien, erweiterte sich der politische Kommunikationsraum des Prinzen bald stärker nach Süden, d.h. auf die iberischen Reiche, wo sich seit dem Tode Alfonsos XI. von Kastilien schwere Spannungen zwischen Peter IV. von Aragón und den Regenten für den noch unmündigen Peter I.

von Kastilien entwickelten. Insbesondere die Existenz von sieben unehelichen Söhnen, die Alfons XI. mit seiner Geliebten Leonor de Guzmán hatte, führte zu Konflikten mit den Regenten, der Königinwitwe Maria von Portugal und Juan Alfonso de Alburquerque, die angesichts der wachsenden Adelsopposition eine Stärkung der königlichen Stellung sowohl durch einen Ausgleich mit Aragón im Vertrag von Tarazona (1352) als auch mit Navarra, Portugal und England anstrebten. Schließlich erfolgte doch eine Hinwendung Kastiliens zu Frankreich, indem am 3. Juni 1353 in Valladolid die Hochzeit König Peters mit Blanca, der Tochter Herzog Peters von Bourbon, gefeiert wurde. Zu einer radikalen außenpolitischen Kehrtwendung kam es schließlich durch das befremdliche Verhalten König Peters gegenüber seiner jungen Frau, die er bereits drei Tage nach der Heirat verstieß, um zu seiner Geliebten Maria de Padilla nach Montalbán zurückzukehren. Dieses Vorgehen des Monarchen führte nicht nur zu einer tiefen Entfremdung zum französischen Königshof und zum Papsttum, sondern auch zu erneuten Adelsrevolten, maßgeblich betrieben durch Heinrich von Trastámara, einem Halbbruder Peters aus der Verbindung seines Vaters mit Leonor. Zwar konnte Peter die Aufstände niederschlagen und die Trastámara-Partei vertreiben, doch fand Heinrich in der Folgezeit Unterstützung in Aragón, während Kastilien die oppositionellen Infanten von Aragón unterstützte. Weiter verschärft wurden die Spannungen nach der Heirat Peters mit Johanna de Castro und nach der Inhaftierung Blancas von Bourbon, die 1361 starb – angeblich, wie man in Frankreich verbreitete, ermordet im Auftrage ihres Gatten.

So kam es 1356 zum Ausbruch der sog. *Guerra de los dos Pedros* um die Vormachtstellung auf der Iberischen Halbinsel, wobei nach Anfangserfolgen des Kastiliers u. a. in der Ersten Schlacht bei Nájera (24. April 1360) eine gesamteuropäische Ausweitung der Konflikte erfolgte, als Peter I. im Juni 1362 ein Bündnis mit Eduard III. schloß,[126] während sich Peter IV. im Vertrag von Uncastillo im August 1363 mit Karl II. von Navarra sowie Heinrich von Trastámara verband und später die Unterstützung durch den französischen König erbat. Diesem Hilfeersuchen sollte nach einer kurzen Friedensperiode infolge des Vertrages von Murviedro (Juli 1363) entsprochen werden, indem Karl V. Du Guesclin mit der Sammlung vagierender *compagnies* und deren Einsatz auf der Iberischen Halbinsel beauftragte, wodurch gleichzeitig ein schwieriges innenpolitisches Problem in Frankreich gelöst zu sein schien. Bereits im Winter 1365/66 rückte Du Guesclin mit großen Söldnerkontingenten auf die Iberische Halbinsel vor, nominell im Rahmen eines päpstlich geförderten Kreuzzuges gegen die Muslime in Südspanien. Zugleich hatte der Franzose, der am 29. März 1366 in Las Huelgas zum König von Granada gekrönt wurde, den Auftrag, sowohl Peter IV. als auch Heinrich von Trastámara zu unterstützen und den nach Frankreich geflohenen Thronprätendenten als Herrscher in Kastilien zu etablieren. Dies gelang überraschend schnell, so dass der Trastámara Anfang April 1366 in Burgos als Heinrich II. zum König von Kastilien gekrönt werden konnte, während Peter in die Gascogne floh und von Eduard im Vertrag von Libourne am 22. September 1366 eine militärische Hilfszusage erhielt, wofür Peter hohe finanzielle Entschädigungen und die Überlassung des Señorío von Vizcaya versprechen musste.[127] Spätestens jetzt waren die Machtkämpfe zwischen den iberischen Monarchen auch zu Stellvertreterkriegen im Rahmen des großen englisch-französischen Konfliktes geworden.

So rückten englische Truppen unter Eduard und Johann von Gent seit Februar 1367 über Pamplona in Navarra ein, um nach Kastilien bis Vitoria vorzudringen und danach in den Süden über Los Arcos und Logroño nach Nájera zu marschieren, wo es nach Vereinigung mit den Truppen Peters I. am 3. April 1367 zur Schlacht mit Heinrich II. kam. Dieser erlitt zwar gemeinsam mit Du Guesclin eine schwere Niederlage, konnte jedoch entfliehen und sich erneut nach Frankreich ins Exil begeben, während die siegreichen Fürsten schon bald miteinander in Streit gerieten, da sich Pedro weigerte, die Eduard zugesagten finanziellen und territorialen Konzessionen zu leisten. Zudem ließ el Cruel aus finanziellen Gründen zahlreiche gefangene Adlige gegen Zahlung hoher Lösegelder umgehend frei, so dass sich rasch eine adlige Opposition gegen Peter I. neu formieren konnte. Da der Schwarze Prinz bereits im September 1367 auf eine Fortsetzung des iberischen Heerzuges verzichtet hatte und krank in sein Fürstentum zurückgekehrt war, verlor der König die wichtigste Stütze seiner Macht, so dass es Trastámara im Herbst 1367 wagen konnte, wieder aus Frankreich nach Kastilien zurückzukehren und den Machtkampf mit Peter neu zu eröffnen. Der folgende Bürgerkrieg zog sich monatelang hin, wobei Heinrich bald erneut um Unterstützung bei dem französischen Monarchen nachsuchte, der vor allem am Einsatz der kastilischen Flotte im Kampf gegen Eduard interessiert war. So kam es am 20. November 1368 in Toledo zu einem neuen kastilisch-französischen Bündnis, woraufhin der Valois wieder Du Guesclin mit Söldnern zur Unterstützung Trastámaras entsandte. Dessen Einsatz trug schließlich zum Erfolg Heinrichs bei, der Peter nicht nur in wechselvollen Kämpfen am 14. März 1369 bei Montiel besiegen, sondern seinen Halbbruder dort am 23. März in eine Falle locken und eigenhändig ermorden konnte. Da Trastámara in der Folgezeit die verbliebenen Anhänger Peters rücksichtslos vernichtete und sich zugleich verstärkt auf die *nobleza nueva* stützen konnte, kam es in Kastilien zu einem dauerhaften Dynastiewechsel, der mitunter als Teil einer tiefgreifenden gesellschaftlichen *revolución Trastámara* verstanden wurde. Nachdem auch die beiden überlebenden Töchter Peters I., Konstanze und Isabel, ins Exil in die Gascogne geflohen waren, verloren Eduard III. und der Schwarze Prinz jeglichen potenten Bündnispartner auf der Iberischen Halbinsel, während sich Heinrich II. dauerhaft mit dem französischen Monarchen verband, der weiterhin auf die Unterstützung durch die kastilische Flotte zählen konnte.

Die konfliktreichen Entwicklungen auf der Iberischen Halbinsel sollten bald Konsequenzen für die englisch-französischen Beziehungen zeitigen, da der Schwarze Prinz nach der Rückkehr in das Fürstentum erhebliche Schwierigkeiten bei der Entlohnung seiner sich im September 1367 auflösenden Söldnerarmeen hatte, die in den folgenden Monaten marodierend bis nach Burgund und in die Normandie bzw. Bretagne vordrangen und nur mühsam vom König ausgeschaltet werden konnten. Der Prinz versuchte in der Zwischenzeit, sich finanziell zu sanieren und die prächtige Hofhaltung in Bordeaux u. a. durch Requirierungen und die Erhebung außerordentlicher Steuern (*fouage*) zu finanzieren. Dagegen regte sich bald Widerstand, im August bzw. September 1368 gefolgt von Klagen des Grafen Johann d'Armagnac und Arnaud d'Albret bei Karl V. Rechtsgrundlage für das Vorgehen der genannten Großen war die fortbestehende Suzeränität des französischen Königs über Aquitanien, da weder Johann noch Karl im Vertrag von Calais die Erklärung über den Souveränitätsverzicht bezüglich der fraglichen Territorien geleistet hatten. Nachdem der Valois vorsorglich entsprechende Rechtsauskünfte bei führenden Gelehrten an französischen und italienischen Universitäten eingeholt hatte und nach deren übereinstimmender Aussage in seiner Rechtsauffassung bestätigt worden war, entschloss sich Karl zum Konflikt, indem König Eduard der Felonie gegenüber seinem inzwischen verstorbenen Lehnsherren Johann angeklagt und der Schwarze Prinz im Januar 1369 vom Parlement in Paris vorgeladen wurde. Der englische Monarch und das Parlament in Westminster akzeptierten die folgende Kriegserklärung, so dass Eduard seit Juni 1369 wieder den Titel eines französischen Königs führte, woraufhin Karl V. im November 1369

Aquitanien für die Krone einzog. Der Kriegsausbruch traf den englischen Hof in einer überaus schwierigen Situation, da weder der Monarch noch der Schwarze Prinz und die wichtigsten englischen Heerführer aus Alters- bzw. Gesundheitsgründen zu einer effizienten Kriegführung in der Lage waren. So fanden die Herzöge Ludwig I. von Anjou und Johann von Berry bei ihren Angriffen auf englische Besitzungen von der Languedoc bzw. der Auvergne aus kaum Widerstand, zumal zahlreiche aquitanische Große auf die Seite der Valois wechselten. Hinzu kam, dass Karl V. konsequent eine Defensivstrategie im Kampf mit den Plantagenets verfolgte, indem er Du Guesclin und seinen Truppen jegliche größere Kampfhandlungen untersagt und sich auf überfallartige Attacken sowie die Verteidigung der befestigten Städte beschränkt hatte. Dieser Strategie vermochten die englischen Truppen nichts entgegen zu setzen, da sie unverändert auf der Durchführung von *chevauchées* beharrten, etwa 1370 durch entsprechende Züge Lancasters und Warwicks von Calais aus und später von Gaunt sowie vom Schwarzen Prinzen bis nach Limoges, die aber ein weiteres Vordringen der Truppen des Valois nicht verhindern konnten. Nach der Abreise Eduards, der im Januar 1371 schwer krank nach England zurückkehrte, brach die englische Herrschaft in Aquitanien zusammen; militärische Erfolge des Valois in der Normandie und im Poitou folgten rasch. Auch der Versuch von Johann Hastings, Earl von Pembroke, als neuer *lieutenant* in Südwestfrankreich einzugreifen, wurde bereits im Ansatz vereitelt, da die Truppen Johanns auf der Überfahrt bei La Rochelle von der kastilischen Flotte gestellt und am 23. Juni 1372 vernichtet wurden. Nachdem der kranke Eduard III. gemeinsam mit dem Schwarzen Prinzen u. a. seit August 1372 in einer letzten großen Anstrengung vergeblich versucht hatte, mit einer Flotte in Aquitanien zu intervenieren, erwiesen sich auch die Bestrebungen Lancasters, durch die Heirat mit Konstanze, der Tochter Peters I., im September 1371 die Herrschaft Trastámaras in Kastilien zu destabilisieren, als verfehlt, da Johann vorläufig nicht auf der Iberischen Halbinsel eingreifen konnte und sich seit Januar 1372 mit der Führung des Titels eines Königs von Kastilien und León begnügen musste. Mit dem Wunsch, eigene Thronansprüche in Kastilien zu realisieren, unternahm Lancaster schließlich seit August 1373 einen Heerzug, der nach strapaziösem Marsch durch die Champagne, Burgund und Auvergne bereits im Januar 1374 ergebnislos in Bordeaux endete, so dass er sich zum Abschluss eines Waffenstillstandes mit Du Guesclin in Périgueux bereit finden musste. So verblieben lediglich die Küstenräume um Bayonne und Bordeaux in englischem Besitz, während – nach der Vertreibung Johanns von Montfort durch Du Guesclin aus der Bretagne – im Norden nur Calais, Bayonne, St.-Sever und z. T. das Bordelais der Herrschaft des Valois entzogen waren. Eduard III. kam deshalb nicht umhin, Verhandlungen mit König Karl zuzustimmen, die seit März 1375 in Brügge unter Leitung Johanns von Gent bzw. Philipp dem Kühnen geführt wurden und im Juni 1375 in einer Waffenstillstandsvereinbarung endeten, die bis Juni 1377 Gültigkeit hatte.

Die Entwicklungen auf dem Kontinent führten seit Beginn der 70er Jahre zu wachsender Unzufriedenheit im Inselreich, zumal Eduard III. nach dem Tode von Königin Philippa († 15. August 1369) zunehmend unter den Einfluss von höfischen Beratern sowie seiner Geliebten, Alice Perrers, zu geraten schien und auch die Söhne des Monarchen miteinander rivalisierten. Einen Höhepunkt fand die oppositionelle Bewegung – verstärkt durch Kirchenkritiker wie Johann Wyclif – im *Good Parliament*, das am 28. April 1376 in Westminster zusammentrat und auf Antrag der *Commons* verschiedene Höflinge und Finanziers des Königs wegen Misswirtschaft und Bestechung anklagte. Erstmals fungierten die *Commons* als selbstständige Körperschaft und traten bei den Verhandlungen mit einem eigenen, gewählten *speaker*, dem Ritter Peter de la Mare, vor den Lords auf, die als Richter in dem Verfahren wirken sollten, das später als *impeachment* – nämlich die öffentliche Anklage eines Hofbeamten wegen Amtsvergehen – bekannt wurde. Obwohl der Schwarze Prinz während der Sitzungsperiode verstarb († 8. Juni 1376) und Lancaster eine dominierende Rolle erlangte, veranlassten die Parlamentarier nicht nur die Bestrafung prominenter Hofbeamter wie Wilhelm Latimer und die Entfernung der königlichen Geliebten vom Hof, sondern erzwangen auch die Einsetzung eines Komitees von 12 Großen, ohne deren Rat der Monarch künftig keine wichtigen politischen Entscheidungen treffen durfte.[128] Damit schränkte das *Good Parliament*, das sich am 10. Juli 1376 auflöste, ähnlich wie bereits das *Mad Parliament* und die Verfügungen der *Ordainers* nachhaltig die königlichen Prärogativen ein. Während Eduard III. zunehmend gesundheitlich verfiel, konnte Lancaster weitgehend das politische Geschehen bestimmen und eine konkrete Realisierung der vom *Good Parliament* getroffenen Beschlüsse verhindern. Bereits auf der nächsten Parlamentssitzung, die am 27. Januar 1377 begann, wurde die Mehrzahl der Verfügungen des vorangegangenen Parlamentes revidiert; dies betraf auch die Personalbeschlüsse, insbesondere bezüglich Alice Perrers, die weiterhin ungehindert Zugang zum kranken König besaß. Ähnlich wie zahlreiche Höflinge verließ die Geliebte den Monarchen aber in der Todesstunde, so dass Eduard einsam am 21. Juni 1377 in Sheen starb. Würdevoll verlief hingegen die Überführung des Leichnams nach London, wo der Monarch am 5. Juli 1377 in der Westminster Abbey beigesetzt wurde.

Das Bild Eduards bei den zeitgenössischen Historiographen ist als uneingeschränkt positiv zu bewerten, da sie den König geradezu als ritterlichen Heros ohne Fehl und Tadel feierten und seine zahlreichen militärischen Siege als göttliche Bestätigung der Rechts- und Herrschaftsansprüche des Plantagenets würdigten. Der Monarch erschien – wie sein Großvater – als Verkörperung chevaleresker Ideale und gleichsam als Nachfolger von König Arthur und seines legendären Gefährtenkreises, nachvollzogen in der ca. 1348 erfolgten Gründung des Hosenbandordens, dem außer Eduard und dem Schwarzen Prinzen 24 ausgezeichnete Ritter gleichsam als zwei konkurrierende Turniergemeinschaften angehörten. Die arthurianische *table ronde* pflegte ihre ritterlichen Lebensformen durch Turniere und in zahlreichen Heerzügen auf dem Kontinent und stand zunehmend in Konkurrenz zu dem 1352 von Johann II. gegründeten Sternenorden, der mit seinen ca. 500 Mitgliedern andere Ziele – u. a. die engere Bindung einer Vielzahl von Feudaladligen an ihren Oberherren – verfolgte. Gravierend war im weiteren Verlauf des Hundertjährigen Krieges das Aufkommen „patriotischer" bzw. „nationalistischer" Kräfte, die sich rasch in der zeitgenössischen Geschichtsschreibung beider Länder manifestierten und dazu beitrugen, dass sich die Kämpfe zwischen dem Plantagenet und dem Valois von feudalen Auseinandersetzungen über dynastische Konflikte bis zu einem Krieg zwischen Ländern und Völkern wandelten und immer größere Teile der „Zivilbevölkerung" aktiv in die Auseinandersetzungen einbezogen wurden.

Die bemerkenswerte Fähigkeit Eduards, nicht nur die ritterliche Elite in seiner arthurianischen Tafelrunde als treue königliche Gefolgschaft zusammenzuführen, sondern auch einen dauerhaften Konsens mit dem *baronagium* zu wahren, zeigte sich besonders in seinen geschickten Patronagemaßnahmen gegenüber zahlreichen Baronen und den Mitgliedern der eigenen Familie. So konnte der König zumindest in der Hauptphase seiner Herrschaft von ca. 1330 bis 1360 die Mitglieder der adligen Oberschicht weitgehend geschlossen für die Unterstützung seines politischen und militärischen Wirkens gewinnen; Gleiches gilt für den hohen Klerus, der wie die Kurie in keinerlei größere Konflikte mit Eduard verwickelt wurde, zumal dieser kein Interesse an zeitgenössischen kirchenreformerischen Bewegungen wie dem Wyclifismus zeigte. Entgegen der gängigen These von den notorischen Familienzwisten der Plantagenets ist für Eduard zu konstatieren, dass er mit seiner Gattin und den zwölf Kindern dank geschickter *appanage policy* und Heiratspolitik weitgehend harmonisch zusammenlebte und die Söhne zu einer aktiven Unterstützung seines politischen Handelns veranlassen konnte. Es war zweifellos das Verdienst des Königs, zumindest in den 60er Jahren die Familienangehörigen und alle wichtigen Mitglieder der adligen Oberschicht zu gemeinschaftlichem Handeln zu veranlassen und größere Rebellionen zu verhindern. Hierzu trug sicherlich das wachsende Ansehen bei, das Eduard wegen seiner chevaleresken Existenz und der eindrucksvollen militärischen Erfolge im gesamten Abendland besaß, so dass England etwa für drei Jahrzehnte zu einer der wichtigsten europäischen Mächte aufstieg und sogar zunehmend auf der Iberischen Halbinsel politisch Einfluss zu nehmen vermochte.

An dem einheitlich positiven Bild des Königs bei den Zeitgenossen erscheint hingegen aus neuzeitlicher Sicht Kritik angebracht, die u. a. die längerfristigen Auswirkungen der Herrschaft Eduards auf die Gesellschaft Englands im 14. und 15. Jahrhundert betrifft. Sicherlich wird man mit der älteren Forschung konstatieren dürfen, dass der Plantagenet in erster Linie Heerführer und weniger „Staatsmann" war. Unbestreitbar sind auch die großen militärischen Erfolge, die Eduard und der Schwarze Prinz errangen, die aber nur temporäre Bedeutung besaßen und einen Machtverfall des englischen Monarchen seit den 60er Jahren nicht verhindern konnten. Die Vorliebe Eduards und seiner adligen Gefolgsleute für ritterliche Kriegführung und insbesondere für *chevauchées* hatte zwar verheerende Wirkungen auf die ökonomischen Ressourcen des Gegners, bewirkte jedoch keine dauerhaften Territorialgewinne für den englischen König. Die Fixierung auf diese Kampfesweise und die Unfähigkeit des Monarchen sowie seiner Militärführer, einen Wandel in ihrer Strategie und Taktik herbeizuführen, erklärt maßgeblich den späteren Machtverlust des Herrschers in Schottland und Frankreich. Zudem sind Zweifel an dem oftmals betonten Rekurs auf angebliche Rechtsansprüche des Königs zur Legitimierung seiner kriegerischen Aktionen gegen die Valois angebracht, da Eduard zwar ständig auf der Durchsetzung angeblicher Herrschafts- bzw. Thronrechte in Frankreich beharrte, letztlich aber vorrangig an der Rekuperation verlorener Territorien des angevinischen Reiches interessiert war, weshalb er bei entsprechenden Konzessionen von Seiten der Valois ohne Umschweife zum Verzicht auf seine Rechtsansprüche auf den französischen Thron – etwa im Frieden von Brétigny-Calais – bereit war. Hinzu kam eine Unfähigkeit zu wirklichkeitsbezogener Finanzplanung und -wirtschaft, da Eduard ohne Rücksicht auf seine finanziellen Möglichkeiten insbesondere bei der Konstituierung eines kostspieligen außenpolitischen Bündnisgefüges monetäre Verpflichtungen einging, die er noch nicht einmal ansatzweise erfüllen konnte und die daher die Funktionsfähigkeit des Bündnissystems von Beginn an in Frage stellten. Die Folgen der Fehlkalkulationen waren eine ungeheure Überschuldung des Landes und die Beschädigung des Ansehens Eduards als Finanzpartner, der die in- und ausländischen Gläubiger immer wieder vertrösten musste und hierbei sogar deren finanziellen Ruin billigend in Kauf nahm. Andererseits führte die fragwürdige Finanzpolitik des Herrschers seit den 60er Jahren – verstärkt durch den gesundheitlichen Verfall Eduards – zu einer kontinuierlichen Stärkung des Parlamentes, das die Gewährung von Sondermitteln für den König von dessen politischen Konzessionen abhängig machte, so dass spätestens nach dem *Good Parliament* durch die Einsetzung eines parlamentarischen Kontrollgremiums etc. eine radikale Einschränkung der königlichen Prärogativen erfolgte. Im Blick auf die häufig beschriebenen Phänomene von „*debt*" und „*division*", die das politische Leben in England beim Tode des Monarchen maßgeblich beeinflussten, wird man die oftmals panegyrische Verherrlichung Eduards als Inkarnation chevaleresker Ideale somit nur als ein Element eines viel komplexeren und nicht uneingeschränkt positiven Bildes der Persönlichkeit des Königs betrachten dürfen.

9. Innen- und außenpolitische Krisen des Inselreiches und die Machtentfaltung des Parlaments (1377–1399)

Obwohl der Prinz von Wales und designierte Thronfolger beim Tode seines Großvaters erst zehn Jahre alt war und drei mächtige Söhne Eduards III. – außer Johann von Gent noch Edmund, Earl von Cambridge, und Thomas, Earl von Buckingham – für die Herrschaftsübernahme zur Verfügung standen, verlief die Thronbesteigung und Krönung Richards am 16. Juli 1377 bemerkenswert unproblematisch, obwohl große Aversionen gegen Gaunt bei der hohen Geistlichkeit u.a. wegen seiner kirchenkritischen Haltung und der Unterstützung Wyclifs bestanden. Während die Söhne Eduards III. bei der folgenden Neuordnung des Herrschaftsapparates unberücksichtigt blieben, setzte man zuerst ein *continual council* von zwölf Repräsentanten verschiedener gesellschaftlicher Gruppen zur Erledigung der laufenden Regierungsgeschäfte (bis 1380) ein, gefolgt von einem durch die *Commons* etablierten *executive council* von neun Großen, ohne dessen Zustimmung keine wichtige politischen Entscheidungen mehr getroffen werden durften. Zudem sollten zumindest während der Minderjährigkeit Richards alle wichtigen Funktionsträger im Reich – wie *chancellor, treasurer* etc. – vom Parlament bestimmt und ebenso kontrolliert werden wie die Budgetverwaltung, deren Aufsicht man zwei Londoner Kaufleuten als parlamentarische *treasurer* übertrug. Besondere Überwachung musste hierbei die Verwendung von Sondersteuern etwa für Kriegsausgaben erfahren, da sich die Konflikte mit dem französischen Monarchen zuspitzten, der die Schwierigkeiten in der englischen Heerführung nach dem Tode Eduards nutzte und unmittelbar nach dem Ende des Waffenstillstandes am 24. Juni 1377, d.h. drei Tage nach der Thronbesteigung des unmündigen Richards II., die Kampfhandlungen wieder aufnahm. Der Valois begann seit Ende Juni 1377 mit einer Offensive an drei Fronten, nämlich an der englischen Südküste, bei Calais und in Aquitanien, wobei zuerst der französische Admiral Johann de Vienne von Juni bis September 1377 mit Unterstützung eines kastilischen Flottenverbandes zwei Verheerungszüge gegen englische Häfen von Rye bis Plymouth unternahm, gefolgt von Landoperationen in Kent und Essex. In einem zweiten Unternehmen kämpfte Vienne mit seiner Flotte bei Calais, das zur selben Zeit von Land durch den Herzog von Burgund angegriffen wurde, jedoch dem militärischen Druck standhielt, so dass die Belagerer bald abziehen mussten. Den dritten Teil der koordinierten Offensive des Valois begann der Herzog von Anjou, der zwar seit Juli 1377 mit seinem Heer das Dordogne-Tal hinunter marschierte und verschiedene Städte wie Bergerac und Condat erobern sowie Bordeaux belagern konnte, jedoch bereits im Oktober das Unternehmen abbrechen und sich zurückziehen musste, so dass sämtliche konzertierten französischen Heerzüge bis zum Ende des Jahres 1377 keine nachhaltigen Erfolge zeitigten. Dennoch riefen vor allem die kastilisch-französischen Invasionen geradezu einen Schock auf der Insel hervor, so dass das *council* und die Parlamentarier umgehend beschlossen, die englische Künste intensiver durch neue Festungen zu schützen und die militärischen Auseinandersetzungen verstärkt weiter auf dem Kontinent zu führen. Daher wurde seit Herbst 1377 der lange vernachlässigte Aufbau einer eigenen großen Flotte und der Gewinn von strategisch wichtigen Festungen im französischen Küstenraum forciert. Zudem unternahm Buckingham Anfang November einen ersten, vergeblichen Versuch, die kastilisch-französische Flotte zu stellen, im April bzw. Juli 1378 gefolgt von einer Kampagne von Arundel, Salisbury und Lancaster, die sich nach erneuten Fehlschlägen, die gegnerische Flotte zu einer Entscheidungsschlacht zu zwingen, der bretonischen Küste und insbesondere St. Malo zuwandten, das der anhaltenden Belagerung jedoch trotzte, so dass Herzog Johann schließlich erfolglos abrücken musste.

Eine Überhöhung erhielten diese machtpolitischen Auseinandersetzungen durch den Ausbruch des Abendländischen Schismas, nachdem am 8. April 1378 Erzbischof Bartholomaeus Prignano von Bari als Urban VI. in Rom zum Papst gewählt worden war, woraufhin zahlreiche französische Kardinäle die Ewige Stadt verließen und am 20. September 1378 in Fondi Kardinal Robert von Genf, einen Vetter des französischen Königs, als Clemens VII. zum Nachfolger Petri erklärten, der 1379 seinen Sitz in Avignon wählte. Das hieraus resultierende Schisma zerriss nicht nur auf Dauer die abendländische Kirche in zwei Obedienzen, sondern verband sich auch mit politischen Konflikten, wie dem Hundertjährigen Krieg. So entschied sich der *king's council* bereits 1378 – wie später Fürsten in Flandern sowie Ober- und Mittelitalien – für den römischen Papst in der Annahme, dass Urban nicht wie seine Vorgänger in Avignon unter dem Einfluss des französischen Hofes stehen würde, während der französische Königshof – ähnlich wie die Herrscher in Kastilien, Aragón, Navarra und Schottland – Clemens VII. unterstützte. Die Fortsetzung des Schismas bis 1417 bzw. 1449 trug sowohl zu einem Erstarken des Konziliarismus als auch zu einem nachhaltigen Ansehensverlust des Papsttums bei.

Ungeachtet dieser kirchenpolitischen Entwicklungen sowie der militärischen Rückschläge versuchte in der Folgezeit die englische Führung, ihrerseits verschiedene koordinierte Offensiven gegen den Valois in unterschiedlichen geopolitischen Räumen zu eröffnen – zuerst in Navarra. Dessen König befand sich unverändert in Konflikt mit Karl V., der im April/Mai 1378 die französischen, insbesondere die normannischen Besitzungen des Navarresen durch Du Guesclin besetzen ließ, gefolgt von Angriffen Trastámaras auf südliche Teile von Navarra, so dass Karl sich seinem einzigen Verbündeten, dem englischen Herrscher, zuwenden und diesen im Sommer 1378 persönlich um Hilfe ersuchen musste, die ihm gegen Überlassung der Festung Cherbourg am 23. Juni 1378 gegen „*le Bastard Henri, occupant a present le dit Roiaume d'Espaigne*"[129], auch gewährt wurde. Ein Heer, das unter Führung von Thomas Trivet im Herbst 1378 nach Bordeaux segelte, um von dort zu Lande in das navarresische Königreich vorzudringen, kam jedoch für einen Kampf mit Trastámara zu spät, so dass man sich nach dem Entsatz von Pamplona auf einen Plünderungszug in kastilisches Territorium bis nach Soria beschränkte und schon bald in die Gascogne zurückzukehrte. Nachdem englische Versuche, den aragonesischen Monarchen für eine Unterstützung des Navarresen zu gewinnen, fehlgeschlagen waren, sah sich Karl II. am 31. März 1379 zum Abschluss des Vertrages von Briones gezwungen, in dem er sich zur Ausweisung aller englischer bzw. gascognischer Truppen aus Navarra und zum Abbruch seiner Beziehungen zum englischen Königreich sowie zum Verzicht auf Ehebündnisse mit Richard II. verpflichten musste. Da Karl zudem zahlreiche Städte und Burgen zum Pfand an Heinrich II. zu übereignen hatte, erlangte dieser eine Art „Schutzherrschaft" über Navarra und intensivierte sein Streben nach einer kastilischen Hegemonialstellung auf der Iberischen Halbinsel, so dass dort Karl II. und Johann von Gent bei der Verfolgung eigener Herrschaftsinteressen vorläufig gescheitert waren. Hieran änderte auch der Tod König Heinrichs nichts, der im Mai 1379 in S. Domingo de la Calzada starb und in Toledo beigesetzt wurde.

Die Auseinandersetzungen um den König von Navarra und seine französische Besitzungen standen seit 1378 in enger Beziehung zu den Entwicklungen in der Bretagne, da Karl V. eine weitere Stabilisierung oder gar Ausweitung der englischen Herrschaft – wie bereits in Cherbourg geschehen – nicht hinzunehmen bereit war. Obwohl sich Herzog Johann V. von Montfort seit 1372 im englischen Exil befand, führte der Wunsch Karls V., die Bretagne seiner direkten Herrschaft zu unterstellen und am 18. Dezember 1378 zu konfiszieren, in völliger Fehleinschätzung der Mentalität der Bewohnerschaft zu starkem Widerstand im Herzogtum. Nachdem sich bereits am 25. April 1379 eine Liga von Großen konstituiert hatte, die auf der Autonomie des Herzogtums beharrten und angeblich sogar „nationale" Empörung gegen die Okkupationspläne des Valois äußerten, erhielt der exilierte Montfort bald darauf von den Oppositionellen das Angebot zur Rückkehr in die Bretagne und zur erneuten Übernahme der herzoglichen Gewalt. Dennoch blieb Johann, der bereits am 3. August die Rückreise in das Herzogtum angetreten hatte, militärisch schwach und auf englische Unterstützung angewiesen. Sie sollte Anfang Dezember durch ein Truppenkontingent unter Johann Arundel geleistet werden, aber dessen Flotte wurde in Stürmen im Kanal vollständig vernichtet. Dieser erneute Fehlschlag führte im Januar 1380 zu einer schweren Regierungskrise in England, in deren Verlauf die Mitglieder des *continual council* vom Parlament gewissermaßen als „Sündenböcke" entlassen sowie ein verkleinertes, neu besetztes *council* konstituiert und der bisherige Kanzler Richard Scrope durch den Erzbischof von Canterbury, Simon Sudbury, abgelöst wurde. Trotz anhaltender Unzufriedenheit und Klagen über die hohen Kosten der kontinentalen Garnisonen stellte das Parlament aber weitere Geldmittel zur Intervention in der Bretagne bereit, so dass der Earl von Buckingham am 24. Juli 1380 mit beachtlicher Truppenmacht nach Calais übersetzen konnte. Befremdlicherweise wählte er nicht den direkten Weg durch die Normandie in die Bretagne, sondern begann – wahrscheinlich nach dem Vorbild der großen *chevauchées* der 60er Jahre – mit einem ausgedehnten Verwüstungszug an die Somme, rückte dann über Troyes östlich von Paris vor und landete nach aufreibenden Märschen über Anjou im Oktober 1380 in Rennes, wo er sich ins Winterquartier begab. Die unerwartete Länge des Feldzuges Buckinghams warf schwere finanzielle Probleme auf, so dass der Kanzler im November die *Commons* in einer Parlamentssitzung in Northampton um weitere Geldmittel bitten musste, die nach intensiver Diskussion schließlich in Form einer dritten *poll tax* (binnen vier Jahren) gewährt wurden. Als verhängnisvoll für die weitere innenpolitische Entwicklung sollten sich sowohl die Höhe der *nova taxa* von 1 Shilling pro Person als auch die Ungerechtigkeit der Bemessungsformen und die Brutalität der Kollektoren erweisen, die seit

Januar 1381 auf zunehmende Verweigerung und wachsenden Widerstand in der Bevölkerung stießen. Zwischenzeitlich war es jedoch in Frankreich nach dem Tode Karls V. († 16. September 1380) und der Thronbesteigung seines gleichnamigen unmündigen Sohnes zu gravierenden politischen Veränderungen gekommen, da sich die regentschaftliche Regierung, die für Karl VI. von seinen vier herzoglichen Onkeln – Ludwig I. von Anjou, Johann I. von Berry, Ludwig II. von Bourbon und Philipp von Burgund – gebildet wurde, für eine radikale Änderung der Haltung gegenüber dem bretonischen Herzog entschied. Nachdem bereits im Januar 1381 ein Ausgleich mit Montfort erfolgt war, forderte dieser den sofortigen Abzug der im Winterquartier liegenden englischen Truppen, so dass sich Buckingham am 28. April 1381 gedemütigt auf die Überfahrt nach England machen musste und Johann von Montfort im zweiten Vertrag von Guérande am 4. April 1381 die Anerkennung als bretonischer Herzog fand.

Von diesen bretonischen Vorgängen hatte die politische Führung in England keine Kenntnis, so dass man beharrlich um die weitere Finanzierung des Buckingham-Feldzuges und die Eintreibung der dritten *poll tax* bemüht war. Hierbei kam es zuerst in Essex, bald darauf in Kent zu einer offenen Revolte: So rückte seit dem 5. Juni 1381 eine immer größer werdende Zahl an Kentishmen von Dartford über Rochester nach Maidstone, wo Wat Tyler – wahrscheinlich ein ortsansässiger Dachdecker – am 7. Juni die Führung des Unternehmens übernahm. Über Canterbury, aus dessen erzbischöflichem Gefängnis man den redegewandten Priester Johann (John) Ball befreite, rückte die Menge am 11. Juni auf London vor, um sich anschließend mit den Essexmen in Mile End bzw. Blackheath vor der Stadt zu versammeln. Hier hielt Ball wahrscheinlich am 12. Juni seine berühmte Predigt zum bekannten Dictum: *„Whan Adam dalf, and Eve span, / Wo was thanne a gentilman?"*[130], indem er seine Gefährten nicht nur zum Kampf für ihre Freiheit, sondern sogar zur Tötung der Feudalherren sowie der Rechtsgelehrten und Beamten des Königs aufrief. Ähnlich sozialrevolutionäre Forderungen unterblieben jedoch in den anschließenden Verhandlungen mit dem Monarchen in Greenwich, von dem man vergeblich die Hinrichtung der „Verräter" in seiner Umgebung, d.h. der führenden Beamten im Reich sowie Johanns von Gent, forderte. Anschließend rückten die Bauern zu den Mauern der Stadt London vor, drangen am 13. Juni mithilfe einiger kommunaler Sympathisanten ein und begannen mit heftigen Ausschreitungen. Diese richteten sich geplant sowohl gegen verhasste Adlige wie Lancaster, dessen Savoy-

Palast zerstört wurde, als auch gegen Niederlassungen von Advokaten bzw. königlichen Beamten sowie gegen erzbischöfliche Archive, wo man systematisch Besitzurkunden und Privilegien verbrannte. Während die Verwüstungen anhielten, erstrebten Tyler und die übrigen Rebellenführer unverändert persönliche Verhandlungen mit dem König, der am 14. Juni in Begleitung zahlreicher Großer in Mile End mit bemerkenswertem Mut den Bauern entgegentrat und ihre Forderungen entgegennahm. Wahrscheinlich aus taktischen Gründen akzeptierte der vierzehnjährige Monarch umgehend die Petitionen der Rebellen, die u. a. Abschaffung der Leibeigenschaft und Gewährung persönlicher Freiheit, geregelte Arbeitsverträge und Standardzins von 4 Pence pro Acre forderten, woraufhin entsprechende Zusagen gemacht und noch in Mile End diesbezügliche Urkunden ausgefertigt wurden. Diese Konzessionen hinderten die Rebellen nicht, mit Unterstützung von Londonern weiterhin Gefängnisse zu öffnen und Plünderungen sowie Massaker zu begehen, denen einige Große, wie der *treasurer* Robert Hales und der *chancellor* Sudbury, und reiche Ausländer, wie z. B. flämische Kaufleute, zum Opfer fielen. Auf einem erneuten Treffen Hunderter Rebellen am 15. Juni in Smithfield mit dem Monarchen wiederholte Tyler in modifizierter Form die Forderungen u. a. nach Abschaffung der Leibeigenschaft, Enteignung kirchlichen Besitzes und Gleichheit aller Menschen unterhalb des Königs, woraufhin Richard erneut zustimmte. Bei einem folgenden Handgemenge wurde Tyler jedoch tödlich verletzt, so dass der jugendliche Herrscher in bemerkenswerter Kaltblütigkeit zur De-Eskalation des Konfliktes selbst die Führung der Bauern übernahm, die ihm widerstandslos folgten und in ihre Heimatdörfer zurückkehrten. Durch den mutigen Einsatz des Monarchen wurde damit die unmittelbare Gefahr für das Königshaus und für die Stadt London abgewendet, auch wenn die Rebellionen im Umland sowie in verschiedenen Provinzen des Landes – wie East-Anglia, Hertfordshire und Yorkshire – noch bis Anfang Juli 1381 anhielten. Letzte Widerstände von Bauern und Textilarbeitern wurden durch den Bischof von Norwich, Heinrich Despenser, am 25./26. Juni in der Schlacht von North Walsham unterdrückt. Ebenfalls im Juni hatten der König und die Großen des Reiches begonnen, zumindest die Rädelsführer der Revolte zur Rechenschaft zu ziehen und im ganzen Land Strafverfahren durchzuführen, in deren Verlauf auch Johann Ball in St. Albans am 15. Juli in Anwesenheit des Monarchen gehängt und geviertelt wurde. Bezeichnenderweise erklärte Richard seine gesamten, urkundlich verbrieften Reformzusagen an die Rebellen für erzwungen und daher für nichtig, wozu er sich später die Zustimmung des Parlamentes verschaffte.

Spätestens Anfang August 1381 waren die unmittelbaren Spuren der Rebellion auf der Insel getilgt, die Wirtschafts- und Sozialordnung im Lande stabilisiert und die verhassten Steuergesetze – abgesehen von der *poll tax* – wieder in Kraft. Insbesondere das Verhalten des Königs nach der Niederschlagung der Revolte wird wenig dazu beigetragen haben, die Ursachen der Rebellion zu beseitigen, die nicht monokausal – etwa im marxistischen Sinne als „Klassenkampf" – zu erklären ist. Auch ist die *Peasants' Revolt* nicht als einmaliger revolutionärer „Ausbruch", sondern vielmehr als Höhepunkt einer bereits längerfristig erfolgenden Bewegung des Widerstandes und der Rebellion gegen als ungerecht empfundene Wirtschafts- und Sozialstrukturen und ungerechtfertigte Steuerbelastungen im Inselreich zu sehen. Hinzu kamen langfristige Auswirkungen der Pest mit einem dramatischen Bevölkerungsrückgang, repressive Lohngesetzgebung wie dem *Statute of Labourers*, eskalierende Konflikte zwischen Grundherren und Lohnarbeitern und insgesamt eine schwere Krise des agrarischen Produktions- und Wirtschaftssystems. Bei der *Peasants' Revolt* spielten jedoch weniger soziale Unterschichten als etablierte, aufstiegsorientierte Bauern und z.T. auch Städter eine führende Rolle, deren Forderungen – abgesehen vom Protest gegen die *poll tax* – nicht von Beginn an revolutionär, sondern – trotz großer Zweifel an den führenden Funktionsträgern des Reiches – eher restaurativ unter Akzeptanz der Institution Monarchie sowie der Wertschätzung der Person des Königs erscheinen. Erst im Verlauf der Unruhen kamen – ausgehend von Wünschen nach Wiederherstellung einer „gerechten" Rechts- und Sozialordnung – revolutionäre Postulate hinzu, wie z.B. die Forderung nach Gleichberechtigung aller Menschen, aber auch nach Enteignung kirchlichen Besitzes. Bei dieser Radikalisierung der Bewegung ist sicherlich Johann Ball mit den Vorstellungen eines christlichen Egalitarismus große Bedeutung beizumessen, der wegen seiner kirchenkritischen Predigten schon bald von den Zeitgenossen fälschlicherweise mit den Ideen Wyclifs in Verbindung gebracht wurde. Schließlich wird man die *Peasants' Revolt* stärker im Zusammenhang mit revolutionären Bewegungen in ganz Europa sehen müssen, da ähnliche Revolten seit Mitte des 14. Jahrhunderts z.B. im Deutschen Reich (Bürgerkämpfe u.a. in Braunschweig, Köln, Lübeck), in Frankreich (Jacquerie), in Italien (Ciompi in Siena, Florenz) und in den Niederlanden (Gent) mit höchst unterschiedlichen sozio-politischen Konsequenzen erfolgten.

Nach der Niederschlagung der Unruhen unternahm der englische Hof außenpolitische Initiativen, die dem Kampf gegen die Valois und gegen den „Schismatikerpapst" Clemens VII. sowie seine Anhänger auf dem Kontinent dienten. Auf intensives Betreiben Urbans kam es zu Bündnisverhandlungen mit dem deutschen König Wenzel, der sich von einer Kooperation mit den Plantagenets eine Förderung seiner Italienpläne bzw. bei der Erlangung der Kaiserkrone und Unterstützung gegen den Urbanisten Karl von Durazzo im Kampf um das Königreich Neapel versprach. Daher ratifizierte der Luxemburger am 1. September 1381 ein dreiteiliges Vertragswerk, das neben einem Handelsabkommen und einer gegenseitigen Bündnisvereinbarung eine Übereinkunft für die Heirat zwischen Richard II. und der Schwester des deutschen Königs, Anna, beinhaltete.[131] Während die Höhe der Mitgift nicht genau geregelt wurde, gewährte Richard dem deutschen König ein beachtliches Darlehen, das dieser zur Finanzierung seines Romzuges zu verwenden gedachte. Am 20. Januar 1382 nahm der Bischof von London, Robert Braybrooke, in der Westminster Abbey die Trauung des Paares vor, zwei Tage später gefolgt von der Krönung Annas durch den Erzbischof von Canterbury, Wilhelm Courtenay. Doch schon bald erfüllten sich die Hoffnungen nicht, die der englische Hof mit dieser Ehe verbunden hatte, da Wenzel kein Interesse an der Beendigung des Schismas zeigte. Zudem weigerte er sich, das Bündnis mit Richard als Beistandspakt gegen Karl VI. zu verstehen, da der deutsche Monarch auch nach der Bestätigung des Vertrages 1383 beharrlich die Bindung an das französische Königshaus durch die von seinem Vater geschlossenen Verträge betonte und sich lediglich zur Vermittlung zwischen den verfeindeten Herrschern bereit erklärte. Nach diesem Fehlschlag bemühte sich die englische Führung in anderer Weise darum, die Regentschaft für Karl VI. zu einer möglichen Schwächung des Valois zu nutzen, wobei sich besonders Lancaster und sein Bruder Edmund von Langley engagierten und zugleich eigene politische Interessen auf der Iberischen Halbinsel zu verfolgen suchten. Gaunt und Langley, der seit 1372 mit Isabella, der jüngeren Tochter Peters I. von Kastilien, verheiratet war, favorisierten einen Angriff auf den Valois von der Guyenne mit Unterstützung aus den iberischen Reichen, insbesondere von Seiten Ferdinands I. von Portugal, der nach dem Tode Heinrichs II. für eigene Interessen in Kastilien zu intervenieren beabsichtigte. Da Kanzler Sudbury vom Northampton Parlament im November 1380 die Bereitstellung beträchtlicher Geldmittel erreichte, konnte Langley Ende Juni 1381 mit einem kleinen Heer von Plymouth abreisen und Mitte Juli in Lissabon landen, wo es bald zur Verlobung der Erbtochter Ferdinands, Beatrix, mit dem Sohn des Earls, Eduard, kam, während der gemeinsame Feldzug gegen Kastilien erst im Dezember begonnen wurde. Dieser verlief wenig erfolgreich, zumal der Trastámara seinerseits in portugiesisches Gebiet vordrang und einige Städte in der Grenzregion besetzte, so dass im Juli 1382 bei Badajoz eine denkwürdige Lösung des Konfliktes erfolgte: Während sich die einander gegenüberstehenden Heere zum Erstaunen der Engländer einer Schlacht entzogen und rasch abrückten, hatten zwischenzeitlich der kastilische und portugiesische Herrscher in bilateralen Verhandlungen ohne Kenntnis Langleys einen Friedensschluss vereinbart, der sowohl die Auflösung der Verlobung zwischen Eduard und Beatrix als auch die künftige Ehe der portugiesischen Erbtochter mit Ferdinand, dem zweitältesten Sohn des kastilischen Königs, vorsah. Da der Earl als Vertragspartner völlig ausgeschaltet blieb und erst spät von der hinter seinem Rücken getroffenen Vereinbarung erfuhr, musste er das gesamte Unternehmen abbrechen und gedemütigt sowie unverrichteter Dinge nach England zurückreisen, wo er am 24. November 1382 landete. König Johann hingegen, der nach dem Tode seiner Gattin Eleonore am 17. Mai 1383 Beatrix selbst heiratete, bestärkte weiterhin seine Hegemonialansprüche, indem er mit Ferdinand im Vertrag von Elvas am 2. April 1383 weit reichende Regelungen für eine mögliche kastilische Nachfolge auf dem portugiesischen Thron traf. Die Expansionsbemühungen Trastámaras stießen nach dem Tode Ferdinands I. am 22. Oktober 1383 ebenso wie die Unternehmungen der portugiesischen Königin Eleonore, für ihre Tochter Beatrix den Thron zu beanspruchen, auf den Widerstand des portugiesischen Adels und der Städte, die ein Ende der politischen Eigenständigkeit Portugals und die Schaffung eines kastilischen Großreiches befürchteten. So konnte der Großmeister des Avís-Ordens nach blutigem Bürgerkrieg und Abwehr einer kastilischen Invasion 1385 als Johann I. den Thron besteigen und eine neue Dynastie konstituieren. Earl Edmund hatte auf diese Entwicklungen in Portugal keinen Einfluss mehr, so dass sich sein Unternehmen als schwerer Fehlschlag erwies, der die im Inselreich bestehenden Vorurteile über Fürsten der iberischen Reiche wegen angeblicher Treulosigkeit etc. weiter verstärkte.

Noch gefährlicher für die englischen Positionen auf dem Kontinent waren die Entwicklungen in Flandern, wo seit 1379 schwere Kämpfe zwischen dem Grafen Ludwig und den einflussreichen Städten, insbesondere Gent, tobten, wobei Philipp van Artevelde seit Januar 1382 eine Führungsrolle zukam. Nachdem ihm am 3. Mai ein Sieg über den Grafen und die Einnahme von Brügge gelungen war, erfolgte eine Ausweitung des Konfliktes, da beide Gegner auswärtige Verbündete zu gewinnen suchten, indem Ludwig, der nach Lille geflohen war, seinen Schwiegersohn Herzog Philipp und der Regent den englischen König um Hilfeleistung baten. Im Gegensatz zu Richard entsprach Karl VI. sofort dem Hilfeersuchen seines Schützlings und rückte mit Truppen in Flandern ein, wo es am 27. November 1382 bei West-Rozebeke zu einer Entscheidungsschlacht mit dem Bürgerheer kam, das zusammen mit dem Regenten Artevelde vernichtet wurde. Nach einem blutigen Strafgericht, in dessen Verlauf sich alle wichtigen Städte bis auf Gent dem Grafen und seinen französischen Beschützern ergaben, lag die Hoffnung auf einen erneuten Machtwechsel in der Grafschaft auf dem englischen Monarchen, der durch die dortige Stärkung des französischen Einflusses ökonomische Konsequenzen infolge einer Gefährdung des englischen Wollexports und eine geostrategische Bedrohung durch den Zugriff der Valois auf flämische Häfen befürchten musste. Aber erst im Oktober 1382 fand sich das Parlament auf Betreiben des Bischofs von Norwich bereit, in Flandern eine militärische Intervention zu unterstützen, die mit Billigung Papst Urbans als „Kreuzzug" gegen die Clementiner deklariert und finanziert wurde. Mit großem Enthusiasmus am 16. Mai 1383 begonnen, verlief das Unternehmen anfangs erfolgreich, da es Bischof Despenser gelang, von Calais über Gravelines nach Dünkirchen vorzudringen, wo er am 24. Mai einen Sieg über flämische und französische Kontingente errang; doch bereits im Sommer kam der Vormarsch der „Kreuzfahrer" bei der erfolglosen Belagerung von Ypern zum Stillstand. Nachdem Karl im August 1383 eine starke Armee bei Arras zusammengezogen hatte, trat Despenser, der mit seinen Heerführern zerstritten war und einen offenen Kampf mit dem Valois vermied, umgehend den Rückzug an, so dass sämtliche, zwischenzeitlich eroberte Städte wieder in gräfliche Hand fielen und der Bischof bereits im Oktober 1383, ohne dauerhafte Erfolge errungen zu haben, auf die Insel zurückkehren musste. Hier wurde Despenser mit seinen Truppenführern auf der Sitzung des Parlamentes am 26. Oktober 1383 durch den Kanzler einem *impeachment*-Verfahren unterzogen und zum Entzug der Temporalien verurteilt, während man die Kapitäne Elmham und Trivet inhaftierte. Das Desaster des „Kreuzzuges", der nominell gegen den Clementiner Graf Ludwig gerichtet war, faktisch aber in seinen verheerenden Kriegsauswirkungen die „urbanistischen" Städte in Flandern traf, wurde nach dem Tode Ludwigs de Male am 30. Januar 1384 durch die Thronfolge seines Schwiegersohnes Philipp des Kühnen weiter vergrößert, der außer Flandern noch die Grafschaft Burgund, Artois, Nevers und Rethel in Besitz nehmen konnte. Nachdem es Herzog Philipp am 18. Dezember 1385 in Tournai gelungen war, auch mit Gent Frieden zu schließen, schien die flämische Grafschaft fest in den burgundischen Herrschaftsbereich eingebunden und auf Dauer englischer Einflussnahme entzogen zu sein. Hieran konnte ein 1387 geschlossener Bündnisvertrag Richards mit Herzog Wilhelm III. von Geldern, der in Konflikt mit dem Herzog von Brabant und damit indirekt zugleich mit dem Burgunderfürsten stand, wenig ändern. So erwiesen sich die Auseinandersetzungen zwischen Geldern und Brabant sowie die hiermit verbundene, indirekte Involvierung Englands als Hindernis für einen Ausgleich mit dem französischen Herrscher.

Die zahlreichen außenpolitischen Rückschläge der letzten Jahre hatten im Inselreich eine Polarisierung in der politischen Führung zur Folge, wobei der Monarch und seine Berater mit ihren Bemühungen um einen Frieden mit dem französischen Königshof auf den Widerstand zahlreicher Großer stießen, die nicht zuletzt aus eigenen wirtschaftlichen und sozialen Interessen um eine Fortsetzung des Krieges gegen die Valois bemüht waren und in dieser Haltung u.a. durch die Entwicklung der englisch-schottischen Beziehungen bestärkt wurden. Auch der schottische König, der bereits am 28. Oktober 1371 die *Auld Alliance* erneuert und seit dem Sommer 1377 die weitere Zahlung des Lösegeldes für David II. an den englischen Herrscher eingestellt hatte, sah sich wie Richard II. nicht in der Lage, den kriegswilligen Großen seines Landes entschlossen entgegen zu treten, so dass es bis zum Ende des Waffenstillstandes mit den Plantagenets am 2. Februar 1384 zu zahlreichen schottischen Raubzügen in englische Grenzprovinzen kam. Eine Verschärfung der Konflikte erfolgte seit dem Frühjahr 1384, nachdem Robert II. am 20. August 1383 einen Beistandspakt mit Karl VI. geschlossen hatte,[132] der in einer konzertierten Militäraktion das Inselreich sowohl von Norden als auch durch Invasionen von See im Süden angreifen wollte. Zwar marschierte der Herzog von Lancaster zur Repression der schottischen Marodeure bereits im März 1384 in Schottland ein und belagerte Edinburgh, doch musste er sich rasch wieder zurückziehen. Im Gegenzug landeten im Sommer 1384 einzelne französische Ritter in Schottland, im Mai 1385 gefolgt von einem größeren Truppenkontingent unter Führung des Admirals Johann de Vienne, der gemeinsam mit dem schottischen Monarchen das englische

Reich angreifen sollte. Nachdem Robert seine Teilnahme an dem Heerzug überraschend verweigert hatte, scheiterte das geplante Gemeinschaftsunternehmen schnell an der Unvereinbarkeit der schottischen bzw. französischen Kriegstaktik und am Eingreifen des – immer noch unmündigen – englischen Herrschers, der eher widerwillig im Juli 1385 in Newcastle letztmalig das englische Lehnsheer aufbot und gemeinsam mit seinen Onkeln Cambridge und Buckingham in Schottland einmarschierte. Während die französische Ritterschaft wie gewohnt, aber vergeblich eine offene Feldschlacht mit dem Heer des Plantagenets suchte, wandten die schottischen Heerführer ihre bisherige Defensionstaktik an, indem sie einer Entscheidungsschlacht auswichen, sich nach Norden zurückzogen und das offene Land Richard überließen. Erwartungsgemäß war der Plantagenet nur zu einer temporären Verheerung von Teilen Südschottlands in der Lage, so dass er bald wegen Nahrungsknappheit und Krankheiten in seinem Heer den Rückzug antreten musste. Militärisch erwies sich der Feldzug somit als erster schwerer Rückschlag für den Plantagenet, der auch nicht die folgenden Verwüstungszüge der schottisch-französischen Heeresverbände bis nach Carlisle verhindern konnte. Die *Auld Alliance* hingegen wurde wegen der Mentalitätsunterschiede der Partner und ihrer verschiedenen Vorstellungen von einer ritterlichen Kriegführung zumindest temporär belastet.

Während Karl VI. ungeachtet des Fehlschlages in Schottland versuchte, den Druck auf Richard zu verstärken und eine Invasion der Insel vorzubereiten, verfolgte die englische Führung unverändert das Konzept eines Mehrfrontenkrieges gegen den Valois, indem einerseits die Verteidigung der in englischem Besitz befindlichen Städte an der Gironde bzw. von Bordeaux intensiviert, andererseits der Herzog von Lancaster in seinen erneuten Bemühungen zur Eröffnung einer weiteren Front von der Iberischen Halbinsel aus unterstützt wurde. Trotz der negativen Erfahrungen Langleys entschied sich der Herzog zu einer nochmaligen Intervention in Portugal, indem er die dortigen Kämpfe zwischen dem kastilischen Monarchen und Johann von Portugal nutzte, der die kastilischen Invasoren am 14. August 1385 bei Aljubarrota erfolgreich zurückschlagen konnte. Zusätzlich versuchte der portugiesische König, seine Herrschaft durch den Vertrag von Windsor vom 9. Mai 1386 mit Richard II. zu stabilisieren, der die neue portugiesische Dynastie anerkannte, während Avís gegen potentiellen Landgewinn in Kastilien den Anspruch Lancasters auf den kastilischen Thron militärisch zu unterstützen versprach. In Vollzug dieses Bündnisvertrages, aber auch zur Durchsetzung seiner eigenen Thronansprüche in Kastilien sowie zur Stärkung der Urbanisten auf der Iberischen Halbinsel, segelte Herzog Johann am 9. Juli 1386 mit einer beachtlichen Flotte nach Galizien, wo er am 25. Juli in La Coruña landete und mit der Eroberung wichtiger Städte der Region begann. Doch bereits gegen Ende des Jahres waren die Geldmittel Lancasters zur Bezahlung der Truppen weitgehend verbraucht, so dass der Herzog bei der Fortführung des Unternehmens vollständig auf die Unterstützung durch König Johann angewiesen war. Dieser erklärte sich zwar nach einem Treffen mit Gaunt im November 1386 und nach Abschluss des Vertrages von Ponte do Mouro zu einem gemeinsamen Militärunternehmen in Kastilien ebenso bereit wie zu einer dynastischen Verbindung durch seine Heirat mit Philippa, der Tochter Lancasters. Doch scheiterte die Mitte März 1387 begonnene Invasion beider Herrscher in Kastilien bereits nach sechs Wochen infolge der Defensionstaktik Johanns I. Trastámara, der eine offene Schlacht mit den Angreifern vermied, gut befestigte Städte wie Valladolid und Zamora verteidigte und den Invasoren durch eine Strategie der „verbrannten Erde" rasch die Existenzgrundlagen entzog. Nach Konflikten zwischen den Koalitionären mussten die Invasionstruppen, ohne direktes Eingreifen Trastámaras, schon Ende Mai den Rückzug antreten, während der Kastilier geschickt eine Verhandlungslösung der Konflikte anbot.

Aufgrund seiner desolaten Situation kam auch Lancaster nicht umhin, im Juni mit Gesandten Johanns von Kastilien in Trancoso Friedensverhandlungen aufzunehmen, die im Juli 1388 durch den Vertrag von Bayonne abgeschlossen wurden.[133] Hierbei verzichtete der Herzog gegen Zahlung von 600.000 Goldfranken sowie einer jährlichen Rente von 40.000 Franken für sich und seine Nachkommen auf die kastilischen Thronansprüche unter Anerkennung der Legitimität der Herrschaft Trastámaras. Zur Bekräftigung der Vereinbarung wurde die Eheschließung des kastilischen Thronfolgers Heinrich (III.) mit Katharina von Lancaster vereinbart, die man bei der Heirat im September 1388 reich dotierte. Obwohl sich die Vertragspartner verpflichteten, gemeinsam für den baldigen Abschluss eines Friedens bzw. zumindest eines Waffenstillstandes zwischen Richard II. und Karl VI. zu wirken, behielt Johann von Kastilien das Recht, gemäß bestehender Verträge dem Valois weiterhin Kontingente der kastilischen Flotte zur Verfügung zu stellen. Damit wurden zwar die dynastischen Verbindungen der Plantagenets nach Kastilien gestärkt, zumal Katharina (Catalina) nach dem überraschenden Unfalltod ihres Schwiegervaters am 9. Oktober 1390 den kastilischen Thron besteigen konnte. Dennoch blieben die politischen Ergebnisse der iberischen Unternehmung Lancasters eher dürftig, da er sich seine Thronansprüche hatte abkaufen lassen und enttäuscht im November 1389 in Plymouth landete. Wie bereits Edmund von Cambridge, so scheiterte Lancaster sowohl wegen fehlender finanzieller Ressourcen für einen solch langwierigen Heerzug als auch wegen des notorischen Unverständnisses der Mentalität des einheimischen Adels und der Bevölkerung Kastiliens, die ihn eben nicht, wie Gaunt erwartete, mit offenen Armen als „Befreier" empfingen, sondern den ausländischen Herzog, der keinerlei Verständnis für Sprache und Kultur des Landes zeigte, zugunsten eines einheimischen Fürsten ablehnten.

Die Abwesenheit Lancasters von der Insel gab einigen oppositionellen Adligen unter Führung von Thomas, Herzog von Gloucester, und Richard Fitz Alan, Earl von Arundel, Gelegenheit, ihre eigene Position im Reich zu stärken und eine offensivere Haltung gegenüber den Valois zu erzwingen. Anlässe zu offener Opposition gegen Richard und seine engsten Berater boten die erwähnte drohende französische Invasion und zusätzliche Subsidienforderungen an das Parlament, das im Oktober 1386 die Gewährung weiterer Geldmittel für die Krone von der Entlassung der wichtigsten Vertrauten des Königs – des *chancellor* Michael de la Pole und des *treasurer* Johann Fordham – abhängig machte. Richard betrachtete diese Forderung zu Recht als Beeinträchtigung seiner königlichen Rechte und als Beginn eines Machtkampfes mit einer Gruppierung von Adligen, die nicht nur für sich mehr Einflussnahme auf den jungen Monarchen und aus privaten Gründen eine Fortsetzung des Krieges mit Frankreich wünschten, sondern auch andere Vorstellungen von der Rolle des Parlamentes im Reich vertraten. So eskalierte der Konflikt mit Richard, der sich nach Eltham zurückgezogen hatte, überaus rasch und endete mit einer Absetzungsdrohung durch die Oppositionellen, woraufhin der König nachgab und im Oktober auf einer Parlamentssitzung der Abberufung von *chancellor* und *treasurer* nach einem *impeachment* zustimmte. Eine weitere Einengung der königlichen Handlungsfreiheit erfolgte anschließend durch die Einsetzung eines vierzehnköpfigen *council*, in dem u.a. Arundel, Gloucester und York Mitglieder waren und das zunächst für ein Jahr alle wesentlichen Finanz- und Personalentscheidungen des Monarchen genehmigen musste.[134]

Es hätte den Oppositionellen bewusst sein müssen, dass Richard aufgrund seines herrscherlichen Selbstverständnisses keinesfalls eine derartige Entmachtung durch das Parlament und eine Adelsfronde hinzunehmen bereit war. So ist es nicht verwunderlich, dass der König seit Februar 1387 versuchte, sich durch eine Reise in die Midlands bzw. nach Nordengland dem Einfluss der Oppositionellen zu entziehen und dort Unterstützung durch Königstreue zu erlangen. Zugleich traf der Monarch Gegenmaßnahmen, die auf rechtlicher und militärischer Ebene erfolgten, wobei verfassungsrechtlich die Bemühungen Richards von besonderer Bedeutung waren, im August 1387 in Shrewsbury bzw. Nottingham ein Gutachten von den wichtigsten Richtern des Landes über die Rechtmäßigkeit der erwähnten Parlamentsbeschlüsse einzuholen. Erwartungsgemäß bestätigten die Rechtskundigen sowohl die uneingeschränkte Gültigkeit der königlichen Rechte als auch die Illegalität des Vorgehens der Parlamentarier im Jahre 1386, die – abweichend von diesbezüglichen Regelungen durch Eduard III. – als „Verräter" bezeichnet wurden. Während der König das Gutachten geheim zu halten versuchte, begab er sich im November 1387 in Begleitung der wichtigsten Getreuen – u.a. Brembre, Burley, Suffolk, Tresilian, Vere und Erzbischof Alexander Neville von York – nach London, um die Oppositionellen zur Rechenschaft zu ziehen. Das Vorgehen des Monarchen, der offensichtlich eine gewaltsame Ausschaltung zumindest der Adelsfronde anstrebte, zeigte erneut eine völlige Fehleinschätzung der bestehenden Kräfteverhältnisse, da die Gruppe von Adligen um Arundel, Gloucester und Warwick nicht nur von den Aktivitäten des Königs, die als „Verschwörung" gegen das Parlament betrachtet wurden, Kenntnis hatte, sondern als *lords appellant* in Waltham Cross am 14. November 1387 die fünf wichtigsten Günstlinge des Herrschers in einer *accusatio* des Verrates anklagten und zugleich ein militärisches Vorgehen vorbereiteten. Zur Begründung warfen sie den Vertrauten Richards vor, diesen falsch beraten und sich durch Unterschlagung im Amt bereichert zu haben.[135] Während die Anklage auf der nächsten Parlamentssitzung behandelt werden sollte, forcierten die Oppositionellen den politischen Konflikt mit Richard, der angesichts der Bedrohung durch die Fronde zwar einem Prozess gegen seine Gefolgsleute formal zustimmen musste, gleichzeitig aber die Vertrauten zur Flucht außer Landes aufforderte und De Vere zur Rekrutierung eines Heeres von Königstreuen veranlasste, das dieser in Chester zusammenzog. Bei dem Versuch des Herzogs von Irland, mit seinem Heer von den Midlands an die Themse vorzudringen und Richard zu entsetzen, wurde De Vere von den Truppen der *appellants* bei Oxford gestellt und an der Radcot Bridge am 20. Dezember 1387 geschlagen, woraufhin er auf den Kontinent floh. Nach der Niederlage der Königstreuen erschien die Lage des Monarchen als aussichtslos, zumal die siegreiche Adelsfronde im Dezember 1387 nach dem Einmarsch in London ernsthaft die Absetzung Richards erwog. Schließlich begnügten sich die *appellants* damit, den König zur Zustimmung bezüglich der Anklage seiner Favoriten zu zwingen, die auf der nächsten Sitzung des Parlamentes im Februar 1388 erfolgte. Das *Merciless Parliament*, das sich diesen Beinamen redlich verdiente, verurteilte in Anwesenheit des Herrschers sowohl die Richter, die für Richard in Nottingham das Rechtsgutachten erstellt hatten, als auch alle wichtigen Vertrauten des Königs als „Verräter" zumeist auf der Grundlage der Beschuldigungen, die die *appellants* im November 1387 erhoben hatten. Da zahlreiche Günstlinge Richards zwischenzeitlich geflohen bzw. verurteilt waren, blieb der Monarch in der Folgezeit aller wichtiger Vertrauter beraubt und der Herrschaft des *council* unterworfen, das faktisch die Regierungsgeschäfte führte. Daher wird man die Rebellion der Adelsfronde, die bei dem parlamentarischen Verfahren auch nicht vor rechtlich verbrämten Morden an politischen Gegnern zurückschreckte, zweifellos als erfolgreich bezeichnen dürfen. Hierdurch gelangte zumindest zeitweise eine neue Adelsgruppierung an die Macht, die sich bislang nur unzureichend bei der Patronage des Monarchen berücksichtigt sah, eine Einschränkung der königlichen Prärogativen zugunsten von Rechten des Parlamentes billigte und oftmals aus eigenen Interessen eine Fortsetzung des Krieges gegen die Valois forderte. An dieser dominanten Stellung der *appellants* und an der temporären Entmachtung des Königs änderte auch die Ankunft des Herzogs von Lancaster wenig, der im November 1389 von seinem Kastilien-Unternehmen ins Inselreich zurückkehrte.

Ungeachtet der Kriegsbereitschaft einiger führender Großer begann mit dem Auftreten Lancasters in England eine langjährige Friedensepoche, wie sie das Inselreich seit Jahrzehnten nicht mehr kannte. Maßgeblichen Anteil an dieser Entwicklung wird man dem Monarchen zusprechen müssen, der sich mit der Beeinträchtigung seiner königlichen Rechte aufgrund der Verfügungen des *Merciless Parliament* abgefunden zu haben schien, andererseits auf einem *council* am 3. Mai 1389 seine Mündigkeit und die Übernahme der vollen königlichen Gewalt erklärte, ohne hierbei auf Widerstand der Großen zu stoßen. In der Folgezeit baute der Herrscher eine neue Gefolgschaft auf und war bemüht, u. a. auch Mitglieder der Ritterschaft bzw. des Landadels durch verstärkte Einbeziehung in das Herrschafts- und Rechtssystem für sich zu gewinnen. Ferner arbeitete Richard konsequent auf ein Ende der kontinentalen Kriege hin, indem er zumindest den Abschluss von Waffenstillständen mit Frankreich und Kastilien veranlasste. Nach verschiedenen Grenzkriegen mit den Schotten, die am 5. August 1388 in der Schlacht bei Otterburn einen beachtlichen Sieg über ein englisches Heer unter Heinrich Percy (*Hotspur*) verzeichnen konnten, kam es trotz erneuter Oberlehnsherrschaftsansprüche durch die englische Krone im Juni 1389 ebenfalls zu einem Waffenstillstand, der auch vom neuen schottischen König Robert III. akzeptiert wurde. Abgesehen von den üblichen Besitzstreitigkeiten unter verschiedenen Großen und anhaltenden Auseinandersetzungen um Lollarden bzw. ihre adligen Förderer konnte sich das Inselreich in den 90er Jahren wirtschaftlich regenerieren und zumindest zeitweise eine soziale Befriedung erlangen, die nachhaltig durch Richard gefördert wurde.

Eine kurze Unterbrechung fand die Friedenszeit im Inselreich durch den überraschenden Beschluss des Königs, nach Irland zu reisen, das seit Ausbruch des Hundertjährigen Krieges bei den englischen Monarchen wenig Beachtung gefunden hatte. Infolge mangelnder Präsenz der englischen Zentralgewalt und ihrer Stellvertreter war nicht nur deren Stellung, sondern auch die Position der englischen „Kolonisatoren" in Irland deutlich geschwächt worden. Diese Tendenzen wurden nach den großen Bevölkerungsverlusten infolge der verschiedenen Pestwellen seit 1348 noch verstärkt, so dass sich die englischen „Kolonisatoren" zu einer stärkeren Annäherung an die kelto-irischen Großen veranlaßt sahen, die die Herrschaftsstruktur des Landes durch die Konstituierung zahlreicher *lordships* prägten. Zum eigenen Machterhalt sahen sich daher die anglo-irischen Großen zu einer kontinuierlichen Annäherung an die kelto-irischen Fürsten gezwungen, verbunden mit einer Akkulturation der englische „Kolonisatoren", die sich kelto-irischen Lebensweisen bis hin zur Kleiderwahl und zum Verzicht auf die Verwendung ihrer eigenen Sprache anpassten, während die kelto-irischen Großen ihrerseits Elemente englischer Herrschafts- und Lebensformen adaptierten. Die hiermit verbundene Veränderung des Gesellschaftsgefüges wurde vom englischen Hof seit langem als bedenklich betrachtet und etwa von Eduard III. durch das Statut von Kilkenny (1366) bekämpft, in dem zur Sicherung der „kulturellen Identität" der englischen „Kolonisatoren" u. a. das Verbot der Verwendung irischer Sprache und irischen Rechts verfügt wurde.[136] Dennoch konnten auch die Plantagenets die eingetretene gegenseitige Annäherung und partielle Durchdringung zweier ursprünglich völlig verschiedener Kulturen nicht mehr rückgängig machen. Möglicherweise gaben eskalierende Konflikte zwischen irischen

Clans, die das Land mit jahrelangen Bürgerkriegen verwüsteten, Anlass für eine Intervention Richards, der damit vielleicht auch den drängenden Erwartungen zahlreicher englischer Barone bezüglich eines erfolgreichen Militärunternehmens unter seiner Führung zu entsprechen suchte. So setzte der Plantagenet mit einem stattlichen Heer Ende September 1394 von Haverfordwest nach Waterford über, marschierte nach kurzen Gefechten mit McMurrough in Dublin ein und begann mit einer Pazifizierungskampagne, indem er durch militärische Aktionen besonderes in Leinster und Ulster zahlreiche kelto-irische Große veranlasste, die Oberherrschaft des englischen Königs anzuerkennen und sich diesem zu unterwerfen. Zudem war Richard bestrebt, die Gruppe der kelto-irischen Fürsten zu spalten, indem er „kooperationsbereite" Magnaten für die Krone zu gewinnen und den anglo-irischen Fürsten gleichzustellen suchte, die dann gemeinsam gegen widerspenstige irische „Rebellen" vorgehen und die im Namen des Königs eroberten Territorien als Lehen erhalten sollten. In Anbetracht der Stärke des englischen Heeres waren zahlreiche kelto-irische Fürsten tatsächlich bereit, Richard in Dublin das *homagium* zu leisten, der daraufhin einige Führer – wie O'Connor, O'Brien und sogar McMurrough – in einer bislang im Lande unbekannten Zeremonie zu Rittern schlug. Mit dieser Politik des Ausgleichs glaubte Richard das Land befriedet zu haben, so dass er am 15. Mai 1395 die Rückreise nach England antreten konnte. Roger, Earl von March, den der Plantagenet als *lord-lieutenant* in Irland zurückgelassen hatte, musste jedoch bald erkennen, dass die anglo-irischen und kelto-irischen Barone weder zu Repressionsmaßnahmen gegen angebliche „Rebellen" noch zur Erfüllung ihrer Lehnsverpflichtungen gegenüber der englischen Krone bereit waren, so dass bald Kämpfe zwischen den rivalisierenden Clans ausbrachen.

Möglicherweise war das Irlandunternehmen Richards nur Teil eines umfassenden Pazifizierungsplanes, den der Plantagenet in der Folgezeit zu realisieren beabsichtigte, indem er innenpolitisch durch eine Ausgleichspolitik zahlreiche Barone und Angehörige des Ritterstandes als Anhänger zu gewinnen vermochte, während die weiter in Opposition verharrenden *appellants* Arundel und Gloucester zunehmend in gesellschaftliche Isolation gerieten. Außenpolitisch strebte Richard vorrangig nach einer dauerhaften Beilegung der Konflikte mit dem französischen Königshof, an dem nach Ausbruch der Geisteskrankheit Karls VI. 1392 verschiedene politische Fraktionen konkurrierten, wobei sich Herzog Philipp von Burgund aufgrund seiner Wirtschaftsinteressen in Flandern kooperationsbereiter zeigte als Herzog Ludwig von Orléans, der einen Ausgleich mit England zu verhindern suchte. Dennoch kam es nach langen Verhandlungen am 9. März 1396 in Paris zum Abschluss eines 28-jährigen Waffenstillstandes, gefolgt von der Heirat Richards, dessen erste Gattin Anna am 7. Juni 1394 zur großen Bestürzung des Monarchen verstorben war, mit Isabella, der siebenjährigen Tochter Karls VI.[137] Vereinbarungsgemäß trafen die beiden Könige am 26. Oktober 1396 zwischen Guisnes und Ardres zusammen, wo Richard seine kindliche Braut in Empfang nahm, um mit ihr am 4. November in Calais die Hochzeit zu feiern. Die Eheschließung fand schon bei den Zeitgenossen große Beachtung und vielfach auch Widerspruch, da interessierte gesellschaftliche Gruppierungen in beiden Reichen an einer Friedenslösung nicht zuletzt aus wirtschaftlichen und sozialen Gründen kein Interesse hatten. Um so bemerkenswerter ist die Entschlossenheit beider Monarchen und ihrer Berater, zumindest für eine Generation ein Ende der Kriegshandlungen herbeizuführen, obwohl zentrale Probleme – wie die Stellung Aquitaniens und des 1390 neu ernannten Herzogs Gaunt im französischen Reichsverband und die Frage der Lehnsoberhoheit des französischen Monarchen – ungelöst blieben und man lediglich den Status Quo festschrieb. Trotz der Vereinbarungen mit den Valois sicherte sich Richard gegen einen möglichen neuen Krieg mit Karl durch flankierende außenpolitische Maßnahmen ab, indem er wie seine königlichen Vorgänger eine diplomatische Einkreisung Frankreichs betrieb und ungeachtet der innenpolitischen Wirren im Deutschen Reich seit 1397 sowohl mit dem späteren deutschen König, Pfalzgraf Ruprecht III. bei Rhein, als auch mit zahlreichen Fürsten des Reiches Lehns- bzw. Soldverträge schloß. Erneut führten die Vereinbarungen u. a. mit Erzbischof Friedrich III. von Köln, Graf von Saarwerden, dem Grafen Friedrich III. von Moers, zahlreichen Gefolgsleuten des Pfalzgrafen und später Herzog Wilhelms III. von Jülich-Geldern im Westen des Reiches zur Konstituierung eines komplexen Bündnisgeflechtes, das von dem englischen König mit hohem Finanzaufwand aufrechterhalten wurde und ausschließlich gegen das französische Reich gerichtet war. Eher propagandistischer Natur scheinen hingegen chronikalische Nachrichten von angeblichen Bestrebungen Richards gewesen zu sein, in Konkurrenz zu Wenzel und Ruprecht nach der deutschen Königskrone bzw. der Kaiserwürde gestrebt zu haben.[138]

Die Erfolge des Plantagenets bei den Bemühungen um innen- und außenpolitische Stabilisierung seiner Herrschaft veranlassten ihn offenbar im Sommer 1397, ungeachtet vereinzelter parlamentarischer Kritik u. a. an der Prachtentfaltung des Hofes, den offensichtlich lange Jahre gehegten, aber konsequent verborgen gehaltenen Plan der Rache an den *appellants* und einer verfassungsrechtlichen Reaktionsbewegung zur umfassenden Wiederherstellung königlicher Rechte zu realisieren. Hierbei ging der Monarch mit bemerkenswerter Heimtücke zu Werk, indem er seine Hauptgegner Arundel, Gloucester und Warwick mit anderen Großen zu einem Gastmahl nach Westminster einlud und dabei Warwick wegen angeblicher Beteiligung an einer Verschwörung gefangen nehmen und in Schloss Carisbrooke inhaftieren ließ, um sich später auch Arundels und Gloucesters zu bemächtigen. Während der Herzog von Gloucester, Thomas von Woodstock, außer Landes gebracht und Anfang September in Calais wahrscheinlich ermordet wurde, ließ der Monarch die beiden übrigen Inhaftierten sowie den Erzbischof von Canterbury im September 1397 wegen ihrer Opposition seit 1386 gegen den König und wegen ihrer Aktivitäten im Zusammenhang mit dem *Merciless Parliament* 1388 als Hochverräter anklagen und von acht Gefolgsleuten einem ähnlichen Verfahren unterziehen, wie dies die *appellants* seiner Zeit mit den königlichen Getreuen hatten durchführen lassen. Nachdem Arundel hingerichtet, Warwick auf die Isle of Man verbannt und Erzbischof Thomas von Canterbury mit päpstlicher Hilfe zwangsweise nach St. Andrews versetzt worden war, hatte Richard somit ohne größere innenpolitische Widerstände ein Jahrzehnt nach den Untaten gegenüber den Königstreuen durch das *Merciless Parliament* an seinen Hauptfeinden blutige Rache genommen, deren oppositionelle Gruppierung nahezu vollständig vernichtet und den Justizmord an königlichen Gefolgsleuten von 1388 mit einem Justizmord an seinen Gegnern 1397 vergolten.

Der Monarch begnügte sich jedoch nicht mit der Ausschaltung seiner innenpolitischen Gegner, sondern betrieb in der Folgezeit eine umfassende Restauration königlicher Rechte und einen Rachefeldzug gegen wirkliche oder potentielle Gegner seiner Herrschaft. Gleichzeitig bemühte sich Richard, die eigenen Anhänger durch reiche Belohnungen enger an sich zu binden und seine Klientel ständig zu vergrößern, was ihm bei den Mitglieder der alten Adelshäuser nur in geringem Maße gelang. Einen wichtigen verfassungsrechtlichen Erfolg konnte der Plantagenet aber schon auf der nächsten Sitzung des Parlamentes verzeichnen, das seit dem 27. Januar 1398 in Shrewsbury tagte und nicht nur alle Beschlüsse des *Merciless Parliament* (1388) ebenso wie die Verurteilung Suffolks (1386) annullierte und das Rechtsgutachten von Nottingham

(1387) über die königlichen Prärogativen bestätigte, sondern auch die Verurteilung und Hinrichtung der Despensers (1326) für widerrechtlich erklärte.[139] Im Bewusstsein einer – schon von den Baronen ein Jahrzehnt zuvor betonten – Parallelität der rechtlichen Entwicklungen rekurrierte Richard somit auf Konflikte des Parlamentes mit Eduard II., um bereits die Ursprünge einer angeblich verderblichen verfassungsrechtlichen Fehlentwicklung aufzuzeigen, die zu einer – nach seiner Ansicht – inakzeptablen Einschränkung königlicher Rechte und zu einer Missachtung der monarchischen Stellung durch Parlament und Adel während der eigenen Regierung geführt hatte. Im Streben nach Wiederherstellung umfassender königlicher Herrschaftsrechte gelang Richard auf derselben Parlamentssitzung am 31. Januar ein weiterer Erfolg, da ein Gremium von 18 Persönlichkeiten eingesetzt wurde, das stellvertretend alle relevanten Entscheidungen in Abstimmung mit dem Monarchen treffen sollte. Mit dieser Entscheidung hatte sich das Parlament seiner wichtigsten Rechte selbst begeben und letztlich die eigene Existenzberechtigung in Frage gestellt, da der König – wie dies in den folgenden Monaten geschah – ausschließlich mit dem Parlamentsausschuss verhandelte, der selbstverständlich den herrscherlichen Wünschen entsprach, ohne dass die Notwendigkeit zur Einberufung weiterer Sitzungen des gesamten Parlamentes bestand. Bezeichnenderweise trat das nächste *parliamentum* erst am 30. September 1399, d.h. nach der Abdankung Richards II., in Westminster zusammen.

Im Kontext der verfassungsrechtlichen Restauration 1398 sind auch Repressionsmaßnahmen zu sehen, die Richard in der Folgezeit gegen alle diejenigen durchführen ließ, die in irgendeiner Weise an königsfeindlichen Aktivitäten seit 1386 beteiligt waren. Während vielfach in der Forschung die Maßnahmen des Monarchen seit dem Frühjahr 1398 als *tyranny* oder als Ausdruck von Größenwahn betrachtet wurden, ist eine Analyse der wirklichen Geschehnisse aufgrund der zweifelhaften Angaben der Quellen nur schwer möglich, da diese vielfach aus der Sicht der späteren Sieger, d.h. der Lancaster-Partei, verfasst wurden und oftmals der Rechtfertigung der Absetzung bzw. der Ermordung Richards dienten. Unzweifelhaft erscheint hingegen, dass der Plantagenet unter seinen Gegnern kein Blutbad anrichtete oder diese in größerer Zahl außer Landes trieb, sondern sich auf ökonomische Repressionsmaßnahmen beschränkte, angebliche oder wirkliche Gegner mit Geldbußen belegte und Widerspenstige zur Ausstellung von finanziellen Blankoanweisungen zwang, um sich so das Wohlverhalten dieser Personen zu sichern. Zunehmend entwickelten der König und seine Klientel einen immer luxuriöseren Lebensstil, verbunden mit einer wachsenden Verletzlichkeit des Monarchen, der nicht bereit schien, Kritik an der eigenen Person und seinen Maßnahmen hinzunehmen, so dass sogar die *sheriffs* mit der strafrechtlichen Verfolgung von Kritikern des Herrschers beauftragt wurden. Daher dürfte wegen dieser königlichen Maßnahmen im Inselreich in allen Bevölkerungsschichten und besonders im alten Adel rasch ein Klima der Unsicherheit und der Repression entstanden sein, das die Position des Monarchen nachhaltig schwächte und zumindest unterschwellig das Missfallen an seinem Handeln bestärkte.

Die latente Opposition wurde durch eklatante Fehlentscheidungen des Königs seit dem Herbst 1398 gestärkt, als Richard in einem Streit zwischen den beiden mächtigen Großen Heinrich Bolingbroke, Earl von Derby und Herzog von Hereford, und Thomas Mowbray, Herzog von Norfolk, wegen einer Konspirationsbeschuldigung beide Rivalen des Landes verwies und Bolingbroke nach dem Tode Johanns von Gent († 3. Februar 1399) aufgrund eines Beschlusses des Parlamentsausschusses am 18. März das väterliche Erbe vorenthalten bzw. später unter Königstreuen verteilen ließ und den Fürsten lebenslang verbannte. In völliger Fehleinschätzung ging Richard offensichtlich davon aus, dass dieser eine derartige Enterbung widerstandslos hinnehmen und sich bis zum Ende seiner Tage im französischen Exil aufhalten würde – was selbstverständlich nicht geschah, da der Herzog umgehend damit begann, Kontakt zu oppositionellen Großen im Inselreich aufzunehmen und gewaltsamen Widerstand gegen die königliche Entscheidung zu leisten, die auch bei zahlreichen englischen Baronen auf Ablehnung stieß. Eine weitere gravierende Fehlentscheidung traf Richard schließlich im Jahre 1399, nachdem er vom Tode des Earls von March im Kampf gegen Angehörige des O'Byrne-Clans bei Carlow am 20. Juli 1398 Kenntnis erhalten und umgehend eine Strafexpedition nach Irland beschlossen hatte. Ungeachtet der sich im Inselreich formierenden Opposition und ihrer Kontakte zu dem exilierten Herzog von Hereford trat Richard am 29. Mai 1399 die Reise nach Irland an, wo er am 31. Mai in Waterford mit Truppen landete. Befremdlicherweise befanden sich im Heereskontingent des Plantagenets fast alle Vertrauten und Gefolgsleute, so dass sich die Oppositionsbewegung im Inselreich jetzt nahezu ungehindert entwickeln konnte. Während Richard von Kilkenny nach Leinster vorrückte und McMurrough vergeblich zur Schlacht zu stellen versuchte, hatte Hereford seine Kontakte zu englischen Großen verstärkt, die zu einer Unterstützung des Herzogs im Kampf gegen den Plantagenet bereit zu sein schienen. Nachdem Bolingbroke von der Ankunft seines Gegners in Irland Kenntnis erhalten hatte, beschloss Heinrich, den Entscheidungskampf zu eröffnen, indem er sich – nur in Begleitung von Thomas Fitz Alan, Earl von Arundel, sowie etwa 100 Gefolgsleuten und ohne französische Unterstützung – nach Boulogne begab, um von dort die Invasion zu beginnen und Anfang Juli in Ravenspur zu landen. Umgehend erhielt der Sohn Gaunts Unterstützung nicht nur aus den ehemaligen Besitzungen seines Vaters, sondern auch von Magnaten in Yorkshire und den Midlands sowie aus Westmorland und Northumberland. In der Folgezeit konnte der jüngere Lancaster seine Anhängerschaft durch geschickte Propaganda vergrößern, indem er öffentlich u. a. in Doncaster erklärte, nur die schlechten Berater am Hofe entfernen und sein ihm zustehendes Erbe in Besitz nehmen, den Monarchen jedoch nicht stürzen zu wollen. Diese Deklamationen standen in klarem Gegensatz zum späteren Verhalten des Herzogs, der konsequent gegen die verbliebenen Königsanhänger und gegen die Mitglieder des Parlamentskomitees vorging, die mit dem Herzog von York als *keeper of England* Ende Juli 1399 nur schwachen Widerstand leisteten. Während Bolingbroke durch Exekutionen von Königstreuen, die in ihrem Kampf gegen die Invasoren weitgehend auf sich gestellt blieben, seine Herrschaft weiter ausdehnte, erhielt Richard in Irland erst am 10. Juli von Wilhelm Bagot Kenntnis von den Entwicklungen in England. Der Monarch entschied sich zur sofortigen Rückkehr in sein Reich, zumal der Feldzug gegen irische „Rebellen" dank deren geschickter Kampfestaktik und wegen geringer königlicher Geldmittel zwischenzeitlich weitgehend fehlgeschlagen war. Infolge fehlender Transportkapazität verzögerte sich die Abreise Richards, der daraufhin den Earl von Salisbury zur Rekrutierung von Truppen nach Nordwales voraus sandte. Nachdem der Monarch wahrscheinlich am 24. Juli 1399 in Haverfordwest (Dyfed) gelandet war, scheint er zumindest zeitweise einen Entscheidungskampf gegen seinen Vetter angestrebt zu haben, wobei der Plantagenet – wie die späteren Lancaster-Repressionsmaßnahmen zeigen – unverändert auf eine gewisse Anhängerschaft im Lande zählen konnte. Dennoch schlugen Versuche Richards fehl, von Chester – als *principality* wichtiges königliches Machtzentrum – mit Johann von Montagu gemeinsam gegen Bolingbroke vorzugehen, so dass der Monarch ebenso wie der Earl von Salisbury die wenig einsatzfreudigen Truppen entließ, auf einen Entscheidungskampf verzichtete und sich mit Johann nach Conwy zurückzog. Nach den vergeblichen Bemühungen Richards, seinen Gegnern von dort zu entfliehen, nutzte Herzog Heinrich dieses dilatorische Verhalten und rückte auf Conwy vor, wo er Richard stellen konnte.

Die folgenden Geschehnisse, insbesondere das Verhalten des Königs, sind nicht genau rekonstruierbar, da darüber zumeist tendenziöse, Lancaster-freundliche Berichte vorliegen. Angeblich erklärte sich der Monarch freiwillig zur Abdankung bereit, da ihm die Schonung seines Lebens unter Wahrung der königlichen Dignität zugesagt worden war. Seinerseits hatte er versprochen, Bolingbroke das Erbe zu restituieren, dessen *stewardship* auf der nächsten Parlamentssitzung zu akzeptieren und fünf königliche Berater einem Hochverratsprozess unterziehen zu lassen. Auf der Basis dieser Vereinbarung soll sich der Herrscher – wieder angeblich aus freiem Willen – am 19. August in Flint in die Gewalt seines Vetters begeben haben, der ihn mit ausgesuchter Höflichkeit empfing, Richard aber danach in den Tower nach London überführen ließ. Die Abdankung und Inhaftierung des Monarchen stellte zweifellos einen großen Sieg Bolingbrokes dar, letztlich war dies aber nur ein Teilerfolg auf dem Wege zum englischen Thron, den er – entgegen seinen früheren Erklärungen – zweifellos von Beginn der Revolte angestrebt hatte. Vorrangig erschien nun die Erlangung einer Unterstützung durch das Parlament, das Heinrich zum 30. September 1399 nach Westminster einberufen ließ; Anfang September veranlasste er zusätzlich die Konstituierung eines Ausschusses gelehrter Persönlichkeiten, die das Handeln Richards als Monarch prüfen und mögliche Vergehen aufzeigen sollten. Aufgrund der schwierigen Quellenlage lassen sich auch die Geschehnisse bei der ersten Parlamentssitzung in Abwesenheit des rechtmäßigen Königs nur unzureichend rekonstruieren. Wahrscheinlich ist, dass sich bereits am 29. September 1399 ein Ausschuss von Großen in den Tower zum Monarchen begab und ihn – sicherlich wieder durch massiven Druck – zu einer schriftlichen Erklärung seiner Abdankung veranlasste, die am folgenden Tage in Westminster Hall von dem Rechtsgelehrten Johannes Burbach den versammelten Repräsentanten (*status et populus*) verlesen wurde. Zusätzlich trug man eine Liste von angeblichen Vergehen des Herrschers vor, die von der erwähnten Gelehrtenkommission erarbeitet worden war und die die Unwürdigkeit Richards für das Königtum begründen sollte. Wunschgemäß erklärte daraufhin die Versammlung den Monarchen als ungeeignet für das Amt und daher für abgesetzt, worauf Bolingbroke öffentlich seinen eigenen Anspruch auf den Thron erklärte, da Richard II. über keinen leiblichen Erben verfügte; bezeichnenderweise machte Heinrich dabei erbrechtliche

Ansprüche als Nachfahre Edmunds von Lancasters bzw. Heinrichs III. geltend. Hierauf erfolgte die Inthronisation des neuen Monarchen, der zur weiteren Stabilisierung seiner Herrschaft eine rasche Krönung nach der nächsten Parlamentssitzung anstrebte.

Somit war Bolingbroke um den Schein eines korrekten Rechtsverfahrens ebenso bemüht wie um die Rezeption zeitgenössischer Theorien über die „Kunst königlicher Herrschaft" und die Idoneität eines Monarchen, indem – ebenfalls nach dem Beispiel des Verfahrens gegen Eduard II. – „rationale Begründungen" im Sinne von Rechtsbrüchen und Fehlverhalten des Herrschers argumentativ für die Rechtfertigung der Absetzung Richards herangezogen wurden. Schließlich war der Herzog bestrebt, das dynastische Ende des Familienzweiges der Plantagenets in der Nachfolge Eduards I. zu konstatieren, während er selbst seinen Herrschaftsanspruch über den Bruder Eduards I., Edmund von Lancaster, begründete. Zugleich überging Heinrich mögliche Thronansprüche konkurrierender Prätendenten wie des Earls von March, Edmund Mortimer, den Richard als Nachfolger gewünscht hatte. Schließlich versuchte Bolingbroke, die Rolle des Parlamentes sowohl bei der Absetzung Richards als auch bei der Durchsetzung seines eigenen Thronanspruches möglichst gering darzustellen, um in der Öffentlichkeit nicht den Eindruck entstehen zu lassen, er verdanke die königliche Würde ausschließlich dem *parliamentum*. Einen vorläufigen Abschluss fand die Revolte Bolingbrokes in der anschließenden Sitzung des Parlamentes, das am 6. Oktober 1399 in Westminster zusammentrat und ein umfassendes Restaurationsprogramm zu verwirklichen begann. Hierzu gehörten die Aufhebung der Parlamentsbeschlüsse von 1397/98 und die Erneuerung der Verfügungen des *Merciless Parliament* sowie die Wiedereinsetzung der *appellants*-Anhänger. Zudem entschloss man sich, außer den Gefolgsleuten des gestürzten Monarchen, die ihrer durch Richard erlangten Ämter und Besitzungen beraubt sowie rechtlich belangt wurden, auch den König selbst zur Rechenschaft zu ziehen, der dann am 27. Oktober zu lebenslangem Kerker verdammt wurde. Schließlich versuchte Bolingbroke, die neue Dynastie auf Dauer zu etablieren, indem er seinen gleichnamigen ältesten Sohn zum Prinzen von Wales und Thronfolger ernennen ließ, gefolgt von dessen Erhebung zum Fürsten von Aquitanien. Dennoch war die Herrschaft Heinrichs IV., der am 13. Oktober mit großem Pomp zum König gekrönt wurde, innenpolitisch nicht hinreichend stabilisiert, da führende oppositionelle Große und Anhänger Richards, wie Huntingdon, Kent, Rutland und Salisbury, am 17. Dezember 1399 eine Verschwörung zum

Sturz Heinrichs begannen, jedoch bald am entschlossenen Widerstand des Königs sowie der Londoner Bevölkerung scheiterten und zu Beginn des kommenden Jahres hingerichtet wurden. Mit dieser Gegenrevolte war auch das Schicksal des inhaftierten Monarchen besiegelt, der schon durch seine bloße Existenz eine ständige Bedrohung für Heinrich IV. darstellte und potentieller Ausgangspunkt künftiger Revolten sein konnte. Daher ließ Bolingbroke den Rivalen vom Tower in London über verschiedene andere Gefängnisse nach Pontefract Castle verlegen, wo er etwa Mitte Januar 1400 unter ungeklärten Umständen, aber wahrscheinlich auf Veranlassung des neuen Königs, zu Tode kam. Damit schien das wichtigste Hindernis für eine dauerhafte Stabilisierung der Herrschaft Heinrichs IV. beseitigt, der den Leichnam seines Vorgängers auf dem Transport nach London vielfach öffentlich ausstellen ließ, um hierdurch Gerüchten vom Fortleben Richards entgegen zu treten. Schließlich gewährte Heinrich dem letzten Plantagenet in der Nachfolge Eduards I. ein prachtvolles Begräbnis in King's Langley; 1413 ließ Heinrich V. die sterblichen Überreste des unglücklichen Monarchen in die Westminster Abbey umbetten.

Das Bild Richards in der zeitgenössischen Historiographie wandelte sich noch zu Lebzeiten des Monarchen vor allem unter dem Eindruck seiner *tyranny* der letzten Jahre, wobei man „traditionelle" Vorstellungen von einem standesgemäßen Leben – z.B. mit Vorlieben für Jagd und Falknerei – mit „modernen" Elementen verband – etwa Interesse für edle Kleidung, anspruchsvolle Küche und Luxus im Alltag mit der Errichtung von Badehäusern etc. für den Herrscher. Übereinstimmend wurden angebliche charakterliche Schwächen des Plantagenets bemängelt, der sein Wort gegenüber den Großen, aber auch der einfachen Bevölkerung – wie in der Revolte 1381 – nicht hielt, geldgierig das Land mit ungerechtfertigten Abgaben bedrückte und vor allem nicht dem Rat der älteren Barone, sondern junger Berater wie De Vere folgte, zu dem ihm homosexuelle Beziehungen unterstellt wurden. Kritikwürdig erschien sein geringes Interesse an Krieg und Heerzügen, da Richard selbst nur militärische Unternehmungen nach Schottland und Irland durchführte, jedoch keinen Feldzug gegen die Valois unternahm. Insbesondere der Verzicht auf langwierige Kriegszüge in Frankreich wurde als inakzeptable Konzessionsbereitschaft Richards betrachtet, der damit zahlreichen Angehörigen der Oberschicht die Grundlagen für ein standesgemäßes Leben und reiche materielle Einkünfte infolge von Beute etc. entzog. Hinzu kam wachsende Unzufriedenheit mit den Ergebnissen der übrigen militärischen Unternehmungen insbesondere von Gaunt und Langley, die den Kampf gegen die Valois kontinuierlich bis auf die Iberische Halbinsel ausgedehnt hatten und dort kostspielig, aber erfolglos eigene Herrschaftsinteressen verfolgten.

Noch kritischer wurde das historiographische Bild Richards gegen Ende seiner Herrschaftszeit, indem man ihm zu Recht Tyrannei und Willkürherrschaft vorwarf, die schließlich zu seinem Sturz führen sollten. Als Hauptproblem erkannte man richtig die Unvereinbarkeit der Vorstellungen des Plantagenets und insbesondere der *appellants* von dem königlichen Amt sowie den Rechten des Parlamentes, wobei Richard unverändert auf der Würde seines Königtums dank göttlicher Gnade sowie den königlichen Prärogativen beharrte, nachhaltig betont durch die wachsende Bedeutung von Zeremoniell und Protokoll am Herrscherhof. Aufgrund seines eher „traditionellen" herrscherlichen Selbstverständnisses waren die Einschränkung königlicher Rechte durch die *appellants* und die Ausweitung der Kompetenzen des Parlamentes für Richard völlig unerträglich, so dass der Monarch mit bemerkenswerter Beharrlichkeit und Verbissenheit jahrelang Pläne zu einem Revirement schmiedete, die er dann mit großer Härte und Grausamkeit gegen Ende seiner Herrschaft realisierte. Trotz aller berechtigter Klagen über Rechtsbrüche und Rechtsbeugung des Königs ist jedoch auf die Tatsache hinzuweisen, dass die *tyranny* Richards im Gegensatz zu Repressionsmaßnahmen früherer englischer Monarchen nicht mit riesigen Massakern oder Blutbädern unter den Gegnern verbunden war, die vom letzten Plantagenet zumeist nur materiell geschädigt oder zur Flucht ins Ausland gezwungen wurden. Dennoch erscheint der Sturz Richards – angeblich zum „Wohle der Nation" – im Blick auf seine Willkürherrschaft und Terrormaßnahmen als geradezu unabweisbar, zumal er durch unzureichende Patronage und Förderung einiger weniger Favoriten die Unterstützung sowohl im Adel als auch bei der einfachen Bevölkerung verloren hatte. Bei diesem Fehlverhalten des Monarchen in den letzten Regierungsjahren wird man vielleicht auch Auswirkungen von geradezu traumatisierenden Erfahrungen in der Jugend im Umgang zuerst mit den Regentschaftsräten, danach mit innenpolitischen Gegnern wie den rebellierenden Bauern 1381 berücksichtigen müssen, denen der vierzehnjährige König allein gegenüberstand und die er mit bemerkenswertem Mut – wenn auch unter Rechtsbrüchen – überwinden konnte. Hieraus mag seine spätere mangelnde Bereitschaft zur Kommunikation mit der Mehrzahl von Angehörigen der politischen Führung ebenso resultiert haben wie die enge Bindung an einige wenige Getreue, die ihn – im Gegensatz zu Eduard II. – auch bis zum Lebensende nicht im Stich ließen.

Zudem ist seine Zurückhaltung gegenüber Krieg und militärischer Gewaltanwendung, die bis heute als Zeichen von Schwäche und herrscherlicher Unfähigkeit betrachtet wird, vielleicht sogar als persönliche Stärke des Monarchen zu werten, der offensichtlich im Gegensatz zu den adligen Standesgenossen permanenten Krieg mit Frankreich vor allem zur Sicherung der eigenen materiellen Existenzgrundlagen für politisch unrealisierbar sowie nicht mehr zeitgemäß hielt und sich daher für eine konsequente Friedenspolitik entschied. Abgesehen von den Irland- und Schottland-Feldzügen sowie den Aktivitäten Gaunts und Langleys verschaffte Richard durch die mutige Bereitschaft zum Ausgleich mit den Valois seinem Land eine längere Friedensperiode, in der sich das Inselreich wirtschaftlich und gesellschaftlich regenerieren konnte; hinzu kam eine Blütezeit der von Richard geförderten Literatur (*Ricardian Poetry*). Zugleich sanierte der Plantagenet den königlichen Schatz und befreite sich mit einer Politik der Kostenreduktion sowohl von drückenden Schulden, die ihm sein königlicher Vorgänger hinterlassen hatte, als auch vom Zwang zu ständigen Bitten an das Parlament um Gewährung von Sondermitteln, die wie üblich nur gegen entsprechende politische Konzessionen zugesagt wurden. Das politische Endziel Richards bestand somit in der Schaffung einer umfassenden Friedensordnung, indem innenpolitisch alle divergierenden politischen und gesellschaftlichen Kräfte des Reiches auf das Königtum hingeführt und miteinander versöhnt werden sollten, während außenpolitisch Perspektiven und Konfliktlösungsmodelle entwickelt wurden, die besonders den Interessen seiner adligen Standesgenossen und Heerführer zuwider liefen und die man nach langen Jahren erneuter Kriegführung erst im 15. Jahrhundert wieder aufgriff. Obwohl Richard innenpolitisch bei der Schaffung eines umfassenden Friedens nicht zuletzt an seiner eigenen Politik der Patronage bestimmter gesellschaftlicher Gruppierungen bzw. Einzelpersonen sowie der Ausgrenzung anderer Gruppen scheiterte, ist seinen innen- wie außenpolitischen Konzeptionen eine gewisse „Modernität" nicht abzusprechen. Ebenfalls als „modern" wird man das Bemühen des Königs um Prägung bzw. Formung seines Bildes als Herrscherpersönlichkeit in der Kunst der Zeit betrachten können, bei der eine Vorwegnahme renaissancehafter Elemente erfolgt zu sein scheint.

10. Grundprobleme von Gesellschaft und Wirtschaft sowie des Bildungswesens in England (vom 11. bis zum frühen 15. Jahrhundert)

Die Eroberung durch die Normannen bewirkte keine sofortigen radikalen Veränderungen in den angelsächsischen Siedlungsstrukturen, zumal auch Grundelemente der bestehenden Verwaltungsorganisation in den Dörfern und Städten mit Siedlungsschwerpunkten im Süden und Osten der Insel durch die neuen Herren übernommen wurden, die erst allmählich mit dem Landesausbau in Niederungs- und Waldgebieten begannen. Nach Angaben des *Domesday Book* von 1086, in dem Wilhelm I. u. a. die Werte der Güter sowie die Leistungen an die Krone zusammenstellen ließ, gab es ca. 13.000 ländliche Siedlungen und Dörfer, deren Grundbesitz nach Erobererrecht an die ca. 170 Familien der Kronvasallen (*in capite tenentes*) sowie von diesen an deren ca. 6.000 ritterliche Gefolgsleute als Lehen ausgegeben wurde und der Versorgung der Oberschicht zur Erfüllung ihrer feudalen, d.h. zumeist militärischen, Dienstpflichten diente. Aufgrund der Feudalisierung der Gesellschaft bildeten sich adlige *manors* aus, in denen Teile des Grundbesitzes unmittelbar vom Feudalherren bewirtschaftet, hingegen viel größere Ländereien an Bauern weiter verliehen wurden, die hiermit ihre Existenz bestritten und gemäß ihrer Rechtsstellung entsprechende Dienstleistungen zu erbringen hatten. Neben den *manors* bestanden unverändert Dörfer (*vills*) fort, in denen oftmals freie Bewohner ohne Grundherrn lebten und in alten Verwaltungs- und Rechtseinrichtungen wie den Hundertschaften mitwirkten, während die Angehörigen der Grundherrschaften den Verwaltungs- und Rechtsverfügungen des jeweiligen *manor*-Herren unterlagen. Infolge verbesserter Erträge sowie wachsender Einkünfte aus den *manors* bei fallenden Löhnen für die *famuli* und im Zusammenhang mit Veränderungen in der Form der Kriegführung seit Heinrich II. mit verstärktem Einsatz von Söldnern und einer Ablösung der feudalen Militärpflichten durch Geldzahlungen (*scutagium*) begannen sich die grundherrschaftlichen Strukturen zu verändern, indem sich Adlige seit ca. 1150 zunehmend vom Kriegsdienst abwandten und der Verwaltung ihrer Besitzungen widmeten. Hierbei wurde der Umfang der eigenbewirtschafteten Ländereien durch Zusammenlegung von *manors* vergrößert und deren Betrieb durch den Einsatz von *bailiffs* zur Steigerung der Überproduktion mit anschließendem Verkauf intensiviert, während sich die weiterhin praktizierte Ausgabe von Ländereien an Bauern gegen Zahlung festgelegter Verpachtungssätze als weniger günstig, da stark inflationsabhängig, erwies. Zusätzliche Möglichkeiten der Ertragssteigerung ergaben sich für die Grundherren im Zusammenhang mit Veränderungen im Rechts- und Sozialstatus der ländlichen Bevölkerung, die niemals über allodialen Besitz verfügte, wobei die wenigen freien Bauern unverändert unter königlichem Schutz und Recht standen, deshalb aber nicht zwangsläufig ökonomisch besser gestellt waren. Außer den *bordarii* und *cottarii* – Handwerkern und Tagelöhnern ohne bzw. mit geringem Besitz – bildeten die *villani* eine wichtige Gruppe, die rechtlich sowie wirtschaftlich an den Grundherrn gebunden war und nach dessen Gutdünken Dienstleistungen erbringen und Abgaben leisten musste, wobei sogar eine Veräußerung des Landes mit den darauf befindlichen unfreien Bewohnern durch den Herren möglich und üblich war. Blieben *villani* und freie Bauern nicht auf Dauer streng voneinander getrennt, sondern näherten sich standesmäßig u. a. durch *conubium* einander an, so erwies sich die Lage der Lohnarbeiter (*famuli*) als weit ungünstiger, da sie über keinerlei Zugang zu Landbesitz verfügten und allein auf den Verkauf ihrer Arbeitskraft angewiesen waren, deren Wert infolge des rasanten Bevölkerungsanstieges seit dem 12. Jahrhundert kontinuierlich fiel. Da das Überangebot an *villani* dagegen stieg und die Grundherren die Löhne ständig verkleinern konnten, wuchsen deren Profite beachtlich, verstärkt seit dem 13. Jahrhundert durch Veränderungen in den agrarischen Produktionstechniken mit Einführung der Dreifelderwirtschaft, agrartechnischen Innovationen wie dem Pflug mit Radvorgestell und schollenwendendem Streichbrett und dem Einsatz von Pferden mit Kummet statt Ochsen als Zugtieren.

So blieb insbesondere für die Gruppe der Lohnarbeiter – abgesehen vom Aufstieg im persönlichen Dienst für den Grundherren – kaum eine andere Chance zur Verbesserung ihrer sozialen und wirtschaftlichen Lage als die Abwanderung in die Städte, deren Zahl und Größe je nach Region schon seit der Zeit der Angelsachsen stark differierte, während London unverändert das wichtigste Handelszentrum und Winchester die bedeutendste Verwaltungsmetropole des Landes waren. Erneut führten die demographische Entwicklung seit der Herrschaft Heinrichs II. sowie verstärkte Arbeitsteilung und -spezialisierung zum Aufblühen des Städtewesens und zur Entstehung von ca. 170 neuen *boroughs* zwischen ca. 1100 bis 1300, nachhaltig gefördert durch königliche Privilegierung. Wie auf dem Kontinent fungierten die Städte auf der Insel als

Zentren für Handel, Gewerbe und Verwaltung, wobei sich die Monarchen im Vergleich zum Festland deutlich zurückhaltender bei der Gewährung bürgerlicher Selbstverwaltungsrechte zeigten. So kam es in England selbst im königlicherseits besonders geförderten London niemals zur Ausbildung einer Kommunalverfassung mit umfassenden Rechten der Bürger, wie sie etwa die oberitalienischen Städte seit dem 12. Jahrhundert besaßen. Die englischen Könige gewährten als Stadtherren – abgesehen von der Verleihung eigener kommunaler Gerichtsbarkeit sowie weniger Selbstverwaltungskompetenzen – in erster Linie wirtschaftlich nutzbare Herrschaftsrechte, bei deren Nutzung die Kaufleute und Gilden besondere Bedeutung und eine wirtschaftlich dominante Position erlangten; dies galt auch für die Durchführung der immer wichtiger werdenden überregionalen Messen. Wie in kontinentalen Städten, so war in den englischen Kommunen die Gesellschaft vielfältig differenziert, obwohl ebenfalls eine Dominanz der reichen Gildekaufleute gegenüber den Handwerkern sowie den übrigen städtischen Einwohnern und Randgruppen bestand. Der Oberschicht in den englischen Kommunen gelang es auch, durch den verstärkten, privilegial gewährten Zugriff auf die Zölle und Abgaben (*firma burgi*) die wirtschaftliche Potenz der Städte zu steigern und den Handel auszuweiten, der unter den Angevinen durch intensivere Verbindungen mit West- und Südwestfrankreich sowie dem Mittelmeerraum aufblühte und seit Heinrich II. insbesondere zu einer Steigerung des Weinimports aus Anjou, Poitou und der Gascogne – mit Auswirkungen auf die Lebensgewohnheiten der Inselbewohner – führte. Noch größeren Einfluss auf die Wirtschaft Englands hatten – abgesehen von Umsatzsteigerungen im Gewerbesektor seit dem 12. Jahrhundert – die traditionell engen Verbindungen zur flämischen Tuchindustrie, die ihrerseits abhängig vom englischen Wollexport war, der kontinuierlich durch eine Intensivierung der Schafweidewirtschaft gesteigert wurde – mit gravierenden Konsequenzen für die gesamte Wirtschaftsstruktur Englands. Während sich seit dem 12. Jahrhundert eine eigene englische Tuchindustrie für den Lokal- und Regionalmarkt ausbildete, entwickelte sich Rohwolle zum wichtigsten Exportgut des Landes, das hierdurch in eine wachsende ökonomische Abhängigkeit von den Tuchproduzenten in Flandern geriet, die ihrerseits – wie vielfach geschehen – durch Embargo- und Boykottmaßnahmen der englischen Monarchen unter Druck gesetzt werden konnten. Unverändert lag der Fernhandel in England bis zum 13. Jahrhundert ausschließlich in den Händen auswärtiger Kaufleute, zuerst deutscher und flämischer Herkunft, später aus Frankreich und Italien, konsequent mit Privilegien durch die Angevinen gefördert, die bewusst keine englischen Fernhändler privilegierten und um des ökonomischen Vorteils erhöhter Steuerabgaben der ausländischen Händler an die Krone nicht zum Aufbau eines Fernhandels englischer Provenienz beitrugen. Erst seit dem 13. Jahrhundert gelang es englischen Händlern, insbesondere beim Weinhandel Marktanteile zu gewinnen. Eine ähnliche Feststellung gilt für die immer stärker wachsende Geldwirtschaft sowie das Kreditwesen auf der Insel, das sich auf Betreiben der Könige zuerst fast ausschließlich in den Händen von Juden befand, die eine Sonderrolle in den sozio-ökonomischen Entwicklungen in England spielten.

Nach der normannischen Eroberung ins Inselreich gekommen, standen die Juden in einem engen Abhängigkeitsverhältnis zu den Monarchen und erhielten gegen beachtliche Abgaben außer freiem Niederlassungsrecht sowie Freizügigkeit weitgehende Autonomie für ihre Gemeinden mit eigener Gerichtsbarkeit und die Freiheit, mit beliebigen Waren zu handeln, wobei schon bald eine Konzentration auf Geldgeschäfte in den Städten erfolgte. Ausgehend von London verbreiteten sich jüdische Gemeinden zuerst nach Cambridge und Oxford, gefolgt von Norwich, Lincoln, Winchester und schließlich bis nach Newcastle, so dass Juden im 12. Jahrhundert in allen größeren Städten, die zumeist königliche Burgen besaßen und oftmals auch Bischofssitz waren, nachweisbar sind.[140] Hierbei entwickelten sich enge Beziehungen zu den Kirchenfürsten, die gebildete Juden in ihre *familiae* aufnahmen, rege Glaubensdisputationen führten und das Hebräisch-Studium von Christen förderten. Da sich die Juden auf der Insel im Gegensatz zum Kontinent nicht in den Schutz der Barone begaben, erwies sich die enge Bindung an die Monarchen als entscheidend, die sie als „königliches Eigen" betrachteten und unter ihren Schutz stellten, wofür sie beträchtliche Abgaben verlangten und das Recht auf ein besonderes Zugriffsrecht auf jüdische Kapitalien in Anspruch nahmen. Daher mussten Juden, die sich in unmittelbarer Nähe zum herrscherlichen Hof befanden, jeder Zeit mit Forderungen der Monarchen nach Geldbeschaffung rechnen, die sich rasch zu einem Hauptgeschäft entwickelte. Infolge der ständig wachsenden königlichen Geldforderungen sahen sich die Juden bald zur Konstituierung von Finanzierungskonsortien gezwungen, die zunehmend den Geldmarkt in England beherrschten und gleichsam eine Kartellfunktion in der Finanzwirtschaft erlangten. Seit Heinrich II. erkannten die englischen Monarchen die finanzpolitische Bedeutung des Netzes von jüdischen Konsortien, indem sie diese für eigene finanzielle Transaktionen nutzten, so dass

Juden zunehmend eine Art „Agententätigkeit" für die königliche Schatzkammer ausüben und insbesondere finanzielle Außenstände der Krone eintreiben mussten. Hierdurch wurde die Bindung der Juden an die Krone gestärkt und zugleich die Isolierung von den übrigen Bevölkerungsgruppen im Lande, besonders von den Baronen, intensiviert, die neben der hohen Geistlichkeit und Bürgern zu Hauptschuldnern jüdischer Geldverleiher wurden. Ursachen des wachsenden Geldbedarfs waren nach Intensivierung der Geldwirtschaft prunkvolle Hofhaltungen, Kosten für militärische Unternehmungen mit Einsatz von Soldtruppen und aufwendige Bautätigkeit unter Verwendung teurer Steinmaterialien vor allem durch die Geistlichkeit.

Der wirtschaftliche Erfolg der Juden weckte bald Neid unter der übrigen Bevölkerung, so dass zahlreiche Ausschreitungen begangen und 1144 erstmals in Norwich Ritualmordbeschuldigungen erhoben wurden, die trotz ihrer Absurdität auch in der Folgezeit ständig zu Verfolgungen führten. Einen ersten Höhepunkt fanden die Pogrome nach der Krönung Richards I. im September 1189, der wie schon Heinrich II. in vielfältiger Weise am Reichtum der Juden zu partizipieren versuchte und diese einerseits als nicht waffenfähige Bevölkerungsgruppe (nach der *Assize of Arms* 1181) verstärkt unter seinen Schutz stellte, andererseits in 27 Städten *archae* einrichten ließ, in denen jeweils zwei Ausfertigungen der jüdischen Schuldbriefe deponiert werden sollten. Damit erhielten die königlichen Beamten einen genauen Überblick über die Finanztätigkeit der Juden sowie deren wirtschaftliche Leistungsfähigkeit, während zugleich die Vernichtung jüdischer Schuldscheine bei weiteren Pogromen verhindert werden sollte. Die Krone war also weniger daran interessiert, Verfolgungen von Juden grundsätzlich zu verhindern, sondern vielmehr bestrebt, aufgrund der Dokumente in den *archae* mögliche finanzielle Ansprüche von Juden auch nach deren Ermordung zu eigenen Gunsten verfolgen zu können. Bald darauf ließ Richard I. ein eigenes Schatzamt für die Juden (*Scaccarium Iudeorum*) mit administrativen und richterlichen Funktionen einrichten, das als zentrales Kontrollorgan für die Verwaltung der *archae* diente, von *custodes* bzw. *warden* geleitet wurde und in Verbindung mit dem vom König eingesetzten *Presbyter Iudeorum* stand, der die Interessen der Judenschaft des Reiches zu vertreten hatte.

Während sich das Verhältnis zwischen Christen und Juden in England nach den Pogromen von 1189/90 kontinuierlich verschlechterte und der Haß auf jüdische Geldverleiher wegen der wachsenden Verschuldung großer Bevölkerungsgruppen, insbesondere der Gentry, wuchs, intensivierten die englischen Könige seit Johann ihre Fiskalpolitik gegen die Juden, die hemmungslos ausgebeutet und unter immer neuen Vorwänden zu Sonderabgaben gezwungen wurden. Da die Krone auch vor der temporären Beschlagnahme jüdischer Privatvermögen – z.B. zur Kriegsfinanzierung – nicht zurückschreckte und Johann z.b. im Jahre 1210 die gesamte jüdische Oberschicht zur Erpressung von Vermögensabgaben inhaftieren ließ, waren die jüdischen Finanziers, um die Abgaben an den König leisten zu können, ihrerseits zur Erhebung immer höherer Zinssätze und zu härteren Praktiken im Geldgeschäft gezwungen. Deshalb stiegen die finanziellen Belastungen der christlichen Schuldner ebenso wie ihr Haß auf die jüdischen Gläubiger. Indirekt beuteten die Monarchen durch ihre Abgaben- und Steuerpolitik somit nicht nur die Juden, sondern auch deren christliche Schuldner aus. Zusätzlich verschärft wurden die Spannungen nach Erlaß der *Magna Carta* (1215) mit Konzessionen bezüglich der Schuldentilgung durch den Adel und im selben Jahr durch Beschlüsse des Vierten Laterankonzils, das außer Regelungen für die jüdische Geldleihe die berüchtigte Kennzeichnungspflicht für Juden verfügte, um deren Durchsetzung sich besonders der Erzbischof von Canterbury, Stephan Langton, seit 1218 bemühte. Hieran schloß sich eine Kette an Repressionsverfügungen gegen Juden an, denen im Anschluss an frühmittelalterliches Kirchenrecht u.a. der Neubau von Synagogen, der Verkauf von Fleisch an Christen und die Anstellung von Christen in jüdischen Betrieben verboten wurde; hinzu kamen seit den 30er Jahren verstärkte Missionsaktivitäten von Christen, die u.a. 1232 bei London eine *domus conversorum* zur Aufnahme jüdischer Konvertiten errichten ließen. Auch der Zugriff der Krone auf jüdisches Vermögen wurde seit Heinrich III. infolge seiner kostspieligen Außenpolitik intensiviert, da er nicht nur einzelne reiche Juden wie Aaron von York, sondern die gesamte Judenschaft in England in solchem Maße finanziell auspresste, dass diese – wenn auch vergeblich – um Ausreisegenehmigung bat. Damit begann die letzte Phase des Leidens der Juden im Inselreich, da Heinrich seinem Bruder Richard von Cornwall gegen Zahlung von 5.000 Mark jährlich die finanzielle Nutzung der englischen Judenschaft überlassen hatte, die dieser an italienische Bankiers und Steuereintreiber weiter verkaufte, so dass die Juden seit den 50er Jahren zu einem beliebig veräußerbaren Handels- und Ausbeutungsobjekt wurden.

Den Schlusspunkt in dieser Entwicklung setzte Eduard I., der sich der Juden nach deren faktischem finanziellem Ruin infolge der exorbitanten Geldforderungen der Krone entledigen wollte. So ließ er 1275 die *Statutes of Jewry* im Parlament verkünden, in dem Juden die Geldleihe gegen Zins verboten und statt dessen eine Tätigkeit in Handel und Gewerbe verordnet wurde.[141] Da Juden in diesen Wirtschaftsbereichen wegen der Dominanz christlicher Zünfte und Gilden keine Betätigungsmöglichkeit erhalten konnten und der König zudem u.a. durch die Einführung einer *poll tax* für alle Juden über 12 Jahren den finanziellen Druck erhöhte, betrieben zahlreiche Juden zur Existenzsicherung heimlich nicht nur ihre Zinsgeschäfte weiter, sondern begannen auch mit Münzmanipulationen, wodurch die Währungsstabilität und Kaufkraft innerhalb wie außerhalb des Reiches beeinträchtigt wurde. Nachdem der Monarch bereits 1278 eine erste Untersuchung durchführen und zahlreiche jüdische Untertanen hinrichten ließ, veranlasste er 1287 die Inhaftierung aller Juden im Reich, die erst gegen Zahlung von 12.000 Pfund Silber wieder freikamen. Da die Mehrzahl der verarmten jüdischen Untertanen für die Krone keinen Profit mehr versprach, verfügte Eduard am 18. Juli 1290 die Vertreibung aller Juden aus dem Reich bis zum Allerheiligenfest (am 1. November 1290) „ohne Hoffnung auf Rückkehr". Mit bemerkenswerter Schnelligkeit erfolgte der Abtransport der ca. 3.000 bis 16.000 Juden, die sich noch in 15 Städten aufhielten, zu Schiff nach Frankreich und Deutschland. Damit war zum ersten Mal in der Geschichte die gesamte jüdische Bevölkerung eines christlichen Reiches von der politischen Führung des Landes, d.h. „staatlicherseits", vertrieben worden – mit „dauerhaftem Erfolg", da abgesehen von einzelnen Juden bis zum 17. Jahrhundert keine rechtlich anerkannten jüdischen Gemeinden im Inselreich nachweisbar sind. Obwohl die Beurteilung der politischen und wirtschaftlichen Bedeutung der Vertreibung unverändert umstritten ist, lässt sich dennoch konstatieren, dass die englische Judenschaft durch die hemmungslose Ausbeutung durch die Krone systematisch ruiniert und damit die „*royal milch-cow*"[142] vernichtet wurde. Die jüdischen Finanziers waren nicht in der Lage, den exorbitanten Geldbedarf der Monarchen auf Dauer zu befriedigen, so dass diese im großen Stil nicht nur ihre Einnahmen aus Zöllen und Wollexporten verpfänden, sondern zunehmend Kredite bei finanzstarken italienischen Bankiers und Finanzkonsortien aufnehmen mussten. Diese reichen Konsortien erfüllten schneller und effizienter als jüdische Geldverleiher die Finanzwünsche der Könige, die sich der entbehrlich gewordenen und ruinierten Juden in einem herrscherlichen Gewaltakt bedenkenlos entledigten.

Eine wesentlich konstruktivere Rolle spielten die englischen Monarchen hingegen bei Aufbau und Entwicklung des Bildungs-

bzw. Universitätswesens des Inselreiches, dessen Kultur seit der normannischer Eroberung durch Dreisprachigkeit geprägt wurde und dessen anglonormannische Oberschicht chevalereske Lebensformen pflegte, während die Könige bald Elemente geistlicher Bildungstraditionen mit der Wertschätzung von Schriftlichkeit zum Aufbau eines komplexen Finanz- und Verwaltungssystems nutzten, das im zeitgenössischen Abendland auch wegen seiner Effizienz ohne Vorbild war. So ist für die englischen Herrscher seit Heinrich II. ein wachsendes Verständnis für die Bedeutung von Bildung und Wissenschaft als Grundlage einer zeitgemäßen Ausübung königlicher Herrschaft, insbesondere durch ein effizientes Verwaltungswesen, konstatierbar, indem die Könige – in deutlichem Gegensatz etwa zu den deutschen Monarchen – seit Beginn des 13. Jahrhunderts konsequente Förderungsmaßnahmen für die Generalstudien ihres Landes trafen. Auf deren Entstehung hatten – anders als auf dem Kontinent – Kloster- oder Kathedral-Schulen keinen entscheidenden Einfluss, während seit den 70er Jahren des 12. Jahrhunderts in England wie auf dem Festland Artes- und Theologie-Schulen florierten. Hierbei gelang es Oxford, das über eine günstige Lage im Schnittpunkt wichtiger Verkehrswege in der Nähe des königlichen Palastes in Woodstock verfügte, eine Führungsrolle zu erlangen, die es später gemeinsam mit Cambridge zu einer Monopolstellung ausbaute, so dass sich bis zum Ende der Herrschaft der Plantagenêts keine anderen, konkurrierenden Generalstudien auf der Insel entwickeln konnten. Die älteste englische Universität – Oxford – entstand wie die Hochschulen der ersten Gründungsgeneration in Paris und Bologna *ex consuetudine* Ende des 12. Jahrhunderts, d.h. ohne genau datierbaren Gründungsakt, während die Universität Cambridge um 1209 in einer späteren Fundationswelle geschaffen wurde. Bereits Heinrich I. zeigte im Rahmen seiner Urbanisierungsmaßnahmen Interesse an Oxford und seinen Schulen, gefolgt von dem Plantagenet Heinrich II., der angeblich im Rahmen des Becket-Konfliktes englische Theologiemagister und -studenten im Ausland, d.h. vor allem in Frankreich, unter Strafandrohung zur Rückkehr auf die Insel aufforderte. Daher lässt sich seit den 60er-70er Jahren des 12. Jahrhunderts eine dauernde Ansiedlung zahlreicher Dozenten und Studenten in Oxford konstatieren, verbunden mit einer allmählichen Ausbildung eigener Studienfächer und Fakultäten. So gab es um 1200 in Oxford wahrscheinlich ein Studienangebot für die Artes und die höheren Fakultäten wie kanonisches bzw. ziviles Recht und Theologie, während eine Ämter- oder Hochschulverfassung für diese Zeit noch nicht erkennbar ist.

Deutlicher werden die Umrisse der wachsenden Hochschule seit 1209 im Zusammenhang mit Konflikten zwischen *town and gown*, d. h. Auseinandersetzungen zwischen Studenten und der Stadtbevölkerung, woraufhin die Dozenten den Lehrbetrieb in Oxford einstellten, zahlreiche Professoren mit Studenten nach Cambridge abwanderten und dort ihre Lehrtätigkeit fortsetzten. In Oxford appellierten die Konfliktparteien an die Obrigkeiten, indem die Bürger König Johann und die Hochschule den Papst um Hilfe baten. Hierbei hatte die Stadt unter den folgenden Konflikten Johanns mit den Baronen und dem Papst zu leiden, da sich der Monarch nach der Exkommunikation dem Nachfolger Petri 1213 unterwerfen und nach der Schlacht bei Bouvines (1214) sowie der Gewährung der *Magna Carta* (1215) eine Schwächung seiner königlichen Macht hinnehmen musste. So gelang es Innozenz III. wie zuvor in Paris, Einfluss auf die Hochschulentwicklung in England zu nehmen, indem er die Universität gegen die Bürger schützte und den Studenten wichtige Privilegien – u. a. durch deren Unterstellung unter die geistliche Gerichtsbarkeit und zur Sicherung ihrer materiellen Lebensbedingungen – gewährte. Ähnlich wie in Paris waren die Studierenden in Oxford Angehörige des geistlichen Standes und unterlagen als solche der Gerichtsbarkeit des zuständigen Bischofs von Lincoln, der seine Gewalt durch einen Kanzler ausüben ließ. Im Gegensatz zu Paris blieb aber die päpstliche Intervention in Oxford geringfügig, da die englischen Monarchen seit Heinrich III. verstärkten Zugriff auf die englischen Hochschulen ausübten und hierbei das Papsttum weitgehend auszuschalten versuchten. Dies zeigte sich einerseits bei der Gestaltung des Lehrangebotes, da im Gegensatz zu Paris, wo von 1215 bis 1255 das Studium der naturphilosophischen Schriften des Aristoteles durch das Papsttum verboten war, an den englischen Hochschulen keine derartigen Einschränkungen bestanden und eine ungehinderte Beschäftigung mit der aristotelischen Naturphilosophie, verbunden mit einer stärkeren Hinwendung zu den Naturwissenschaften, erfolgte. Andererseits erkannten die englischen Könige die Bedeutung von Studium und Wissenschaft, die sie seit 1213 durch Privilegien förderten und auch die materiellen Lebensbedingungen für die Scholaren verbesserten. Konsequent stellte sich Heinrich III. bei erneuten Kämpfen zwischen Bürgern und Studenten auf die Seite der Universität, indem er 1248 eine kollektive Haftung der Stadt bei künftigen Angriffen auf Studierende und 1255 die Einsetzung einer bürgerlichen Schutzkommission für die Studenten verfügte. Auch bei folgenden Gewaltausbrüchen in Oxford, etwa 1297/98 und 1355 (*St. Schola-*

stica's Day), entschied sich die Krone gegen die Bürger, die eine kontinuierliche Schmälerung ihrer Rechte hinnehmen mussten, während der Universitätskanzler eine Stärkung seiner Position verzeichnen konnte. Da der Bischof von Lincoln darauf verzichtete, die Universität seiner Kontrolle zu unterwerfen und den Kanzler frei agieren ließ, erlangte dieser nicht nur wie in Paris die Erlaubnis, die Lehrlizenz nach Prüfung des Kandidaten zu erteilen, sondern seit den 40er Jahren auch umfassende weltlich-rechtliche Kompetenzen. Hierbei konnte er dem königlichen *sheriff* Weisungen für straffällige Scholaren erteilen, seine Gerichtsbarkeit partiell auf Bürger der Stadt ausweiten und zum Schutz der Studierenden Regelungen im Alltagsleben treffen – wie Festsetzung der Preise für Brot und Bier. Später verbesserte sich die Stellung des Kanzlers weiter, da die Universitätsmitglieder das Recht erhielten, den Leiter der Institution – zumeist ein Doktor der Theologie, seltener des Kirchenrechts – aus ihrem Kreis zu wählen, so dass sich dieser noch intensiver für die Belange der Universität und ihre Autonomie einsetzen konnte.

Diese wurde durch Krone und Papsttum vor allem gegenüber den lokalen Gewalten geschützt und manifestierte sich in der Konstituierung einer *universitas magistrorum et scholarium* mit eigenen Statuten und dem Recht zur eigenständigen Regelung von Lehrformen und -inhalten. Außer einer Autonomie im Finanz- und Wirtschaftswesen besaßen die Professoren die Befugnis, den Zugang zu ihrer Korporation zu regeln und deren Unabhängigkeit u.a. durch die Leistung eines Gehorsamseides ihrer Mitglieder zu sichern. Während in Oxford faktisch – im Gegensatz zu Bologna – die Dozenten alle wichtigen Ämter der Hochschule besetzten, entwickelten sich innerhalb der Universität einzelne Fakultäten, von der „niederen" Fakultät der Artes bis zu den „höheren" des weltlichen bzw. kirchlichen Rechts und der Theologie sowie oftmals auch der Medizin. Am *studium generale* erfolgte ein weitgehend autonom geregelter Studienbetrieb für eine Vielzahl an auswärtigen Studierenden, die in Oxford ihre Examina ablegten und als Magister die – in Oxford nicht schriftlich approbierte – *licentia ubique docendi* erhielten. Innerhalb der Artes-Fakultät waren die ständisch stark differenzierten Studierenden zumeist auf „landsmännischer Basis" in *nationes* organisiert, in Oxford die *australes* (Scholaren aus dem Süden der Insel) und die *boreales* (Studenten aus dem Norden), während Studierende aus anderen Regionen wie Schotten, Waliser und Iren diesen Gruppierungen zugeschlagen wurden. Obwohl es wegen anhaltender Streitigkeiten zwischen den *nationes* 1274 zu deren Abschaffung kam, blieb das Nationenprinzip zumindest indirekt auch in der Folgezeit in Oxford erhalten, da sowohl die Prokuratorenstellen als auch alle anderen wichtigen Universitätsämter – ausgenommen die Kanzlerwürde – nach Nationen-Proporz besetzt wurden. Nicht betroffen wurden von diesen Regelungen die zahlreichen Kollegien in Oxford und Cambridge, wo es bis ca. 1300 nur sechs bzw. ein College gab, während zur selben Zeit in Paris 19 Kollegien bestanden. Seit der Gründung von Merton College (1263–64), gefolgt von Balliol (1261–66) und University-College (um 1280), entstanden immer neue Säkularkollegien als fromme Stiftungen, die zur Beherbergung und zum Unterhalt einiger, zumeist armer Studenten dienen sollten. Erst gegen Ende des 14. Jahrhunderts entwickelten die Kollegien unabhängig von der Universität einen eigenständigen Lehrbetrieb, indem sie vor allem die Eliten heranbildeten, die Krone und Kirche benötigten. So führte die Entstehung der Universitäten auch in England zu einem Wandel der Bedeutung von Bildung und Wissenschaft in der Gesellschaft, in der nun sogar Bürgersöhne dank ihrer auf der Hochschule erworbenen fachlichen Kompetenzen Karrieren in der Kirche und in der königlichen Verwaltung machen konnten. Da bereits im ersten Drittel des 13. Jahrhunderts 30 Prozent der Bischofsstühle in England von Magistern besetzt wurden, sind Tendenzen zu einer Professionalisierung in hohen Kirchenämtern unübersehbar, gefolgt von vergleichbaren Entwicklungen im Bereich der königlichen Verwaltungs- und Herrschaftspraxis. Obwohl geburtsständische Elemente bei der Besetzung höchster Verwaltungsämter auch weiterhin eine Rolle spielten, erkannten die englischen Herrscher die Bedeutung einer soliden fachlichen Ausbildung – insbesondere im Recht – für ihre Verwaltungsbeamten, so dass sie die Hochschulen vor allem aus eigenen Interessen förderten. Da sie den Universitäten zudem ein hohes Maß an Autonomie zusicherten, sammelten sich an den englischen Hochschulen insbesondere in Theologie und Philosophie die führenden Denker, die das geistige Leben ihrer Zeit prägten.

Vielfach wird das frühe 14. Jahrhundert im Inselreich als „Epoche der Katastrophen" bezeichnet, die nach klimatischen Temperaturerhöhungen mit verheerenden Unwettern sowie Missernten begannen, denen 1315–17 Hungersnöte folgten und die zum Stagnieren bzw. Rückgang der seit dem 12. Jahrhundert kontinuierlich gewachsenen Population führten. Später brachen schwere Seuchen bei Schafen und Rindern aus, so dass viele Bauern Vermögensverluste und landwirtschaftliche Ertragsrückgänge hinnehmen mussten und kleine Pächter infolge Preissteigerungen existentiell bedroht waren. Diese „Agrarkrise" – nach marxistischer Auffassung Teil einer umfassenden „Feudalkrise" – wurde durch den Ausbruch der Pest im Inselreich 1348 verstärkt, die wahrscheinlich binnen weniger Monate ca. 40–50 Prozent der Bevölkerung vernichtete und zu einem tiefen demographischen Einbruch führte, der infolge späterer Pestwellen (1360/61, 1369, 1375 u.ö.) sowie anderer Seuchen mit zahlreichen Opfern erst im Laufe des 15. Jahrhundert teilweise kompensiert wurde. Insbesondere für das *manor*-System waren die Auswirkungen der Pest gravierend, da die Herren nicht länger auf ein Überangebot billiger Lohnarbeiter zurückgreifen und die Binnenkolonisierung weiter forcieren konnten. Nach den Bevölkerungsverlusten bestand damit ein Überangebot an kultiviertem Land und ein solch großer Mangel an Arbeitskräften, dass sogar eine Bewirtschaftung des *demesne*-Landes schwierig wurde. Da ganze Landstriche und Ortschaften infolge des Bevölkerungsmangels unbesiedelt blieben (Flur- bzw. Ortswüstungen), stieg der Wert der Arbeitskraft der überlebenden Pächter und Landarbeiter beträchtlich. Sie forderten nicht nur höhere Löhne, sondern auch grundlegende Änderungen der sozio-ökonomischen Rahmenbedingungen ihrer Tätigkeit und lehnten z.B. die Pacht von mit Frondiensten belasteten Ländereien ab. Die Mehrzahl der Grundherren, die in Konkurrenz um freie Pächter standen, musste daher Pachtraten senken, höhere Agrarlöhne zahlen und den Pächtern rechtliche Konzessionen gewähren, während einige Große versuchten, ihre unfreien Pächter unter Rekurs auf ihren Rechtsstatus (*villeinage*) zu höheren Leibeigenschaftsdiensten zu zwingen und die Pachtzahlungen wieder in persönliche Dienstleistungen zurückzuverwandeln – mit mäßigem Erfolg, da sich die Dorfbevölkerung diesen Forderungen infolge steigender Mobilität durch Abwanderung zu anderen, konzessionsbereiteren Grundherren sowie in die Städte entziehen konnte.

Obwohl in der Forschung umstritten ist, ob diese Entwicklungen im Rahmen der „*transformation of the west*" zu einer Verbesserung der wirtschaftlichen Lage der Landbewohner oder doch zu deren allmählicher Pauperisierung geführt haben, bleibt unbestreitbar, dass die Grundherren auf diese Krisenphänomene mit aktuellen politischen Gegenmaßnahmen und mit Aktionen zu langfristigen Strukturveränderungen reagierten. So veranlassten sie seit 1349 die politische Führung des Landes zu dirigistischen Eingriffen in das Lohn-Preis-Gefüge, indem das Parlament nach einer restriktiven *Ordinance* für Lohnarbeiter 1351 das *Statute of Labourers* verabschiedete, in dem nach grundsätzlicher Bestätigung der Leistungspflichten von Pächtern gegenüber ihren *manor*-Herren sowohl die Höhe von Preisen und Löhnen auf dem Niveau vor der Pest, d. h. im Jahre 1346, festgeschrieben, als auch rigide Arbeitsverpflichtungen für Männer bis zum 60. Lebensjahr sowie Einschränkungen der Mobilität von Lohnarbeitern im ländlichen Bereich verfügt wurden.[143] Da man zur Durchsetzung dieser Anordnungen spezielle Bevollmächtigte bzw. später Richter einsetzte, kam es zu massiven Widerständen in der Bevölkerung, die 1381 in der *Peasants' Revolt* ihrem angestauten Unmut über diese Maßnahmen sowie über ihre missliche wirtschaftliche Lage Luft machte. Da die Regulierungsmaßnahmen nicht den gewünschten Erfolg hatten und ein allmählicher Niedergang des *manor*-Systems infolge der sich öffnenden „Schere" zwischen stagnierenden Erlösen für landwirtschaftliche Produkte und steigenden Kostenpreisen für die großen Grundherren unvermeidbar war, wandten sich diese vom kostenintensiven System des *demesne-farming* ab und gaben verstärkt ihr Land an Angehörige der Gentry sowie an Bauern gegen günstige Pachtverträge aus (*tenure at will, copyhold*). Damit war eine Stabilisierung der grundherrlichen Einkünfte und eine Verbesserung der rechtlichen sowie wirtschaftlichen Lage der freien wie unfreien Landbewohnerschaft verbunden. Hinzu kamen Veränderungen im Anbau, indem die großen Herren mehr Gerste zum Bierbrauen sowie Gemüse produzieren ließen und sich zur Einsparung von Personalkosten der Viehzucht, besonders von Schafen, und der Wollproduktion zuwandten – mit gravierenden Konsequenzen für die Agrarlandschaft durch die Entvölkerung ganzer Landstriche und die Zerstörung intakter Dorfgemeinschaften infolge der Entstehung von *enclosures*.

Die zahlreichen Landbewohner, die sich diesen Entwicklungen durch die Übersiedlung in benachbarte Städte entzogen, glichen deren Bevölkerungsverluste nach der Pest rasch aus, wobei London unverändert die größte Stadt des Reiches und dessen Herrschafts- bzw. Verwaltungszentrum blieb. Die Zahl der übrigen Städte auf der Insel stieg zwar unverändert an, diese waren jedoch regional konzentriert und klein mit geringer Bevölkerungszahl. Zudem blieben Stadt und Umland durch lokalen und regionalen Güteraustausch eng verzahnt, wobei viele Kommunen ländlichen Charakter besaßen und reiche Städter ihre Kapitalien in ländlichem Besitz anlegten. Dagegen gelang es den englischen Städten auch im Spätmittelalter nicht, wegen der engen Bindung an die Krone eine solch weitgehende Autonomie zu erreichen, wie sie italienische Stadtstaaten oder sogar deutsche Reichsstädte bereits im Hochmittelalter erlangt hatten. Dennoch erreichten viele Städte im 14. Jahrhundert durch herrscherliche *charters* die Anerkennung ihrer „fünf Rechte", zu denen u. a. der freie Besitz mit Erbrecht, das Recht auf Statutenerlass sowie Siegelführung gehörten. Zudem konnten die Kommunen gegen jährliche Zahlungen der Abgaben an den Monarchen Kontrolle über ihre rechtlichen und finanziellen Angelegenheiten wahrnehmen, Regelungen über die *firma burgi* treffen, *writs* ohne Mitwirkung königlicher Beamter realisieren und eine gewisse Selbstverwaltung durch Einsetzung des *mayor* sowie eines 12- oder 24-köpfigen *council* ausüben, das zumeist von der bürgerlich-kaufmännischen Oberschicht besetzt wurde, später ergänzt durch Repräsentanten der Handwerkerschaft. So bestimmte die Oligarchie der kaufmännischen *potentes* im Verein mit den Gilden das politische und wirtschaftliche Leben der Städte, die dank gewachsener wirtschaftlicher Kraft seit Eduard I. Repräsentanten ins Parlament entsenden und seit 1325 kontinuierlich am parlamentarischen Leben teilhaben konnten; nach 1340 konstituierten die Vertreter der Städte mit den Rittern der Grafschaften die einflussreichen *Commons*, in denen im 15. Jahrhundert sogar Nicht-Bürger als Repräsentanten agierten. Infolge der interessensgeleiteten oligarischen Herrschaft der Kaufmannschaft sowie der Gilden kam es zwar zu Konflikten um die Stadtverfassung und parteiische Herrschaftsausübung, jedoch niemals zu solch schweren Unruhen wie etwa den Zunftkämpfen und Gesellenaufständen in deutschen Städten des Spätmittelalters. Unverändert blieben englische Städte – vielfach durch königliche Verwaltung (*borough*) oder kirchliche Einrichtungen (*city*) geprägt – trotz konjunktureller Rückschläge um 1300 vorrangig Zentren von Wirtschaft und Handel, wobei der Export neben Rohstoffen wie Blei, Eisen, Kohle und Zinn vor allem Wolle und Textilprodukte betraf, die über Häfen an der Ost- und Süd-Küste ausgeführt wurden. Infolge der engen Verbindung von Handel und Finanzgeschäft sowie des Interesses der Krone am Prosperieren des Wollhandels, dessen Zolleinnahmen seit 1275 einen wesentlichen Teil der königlichen Einkünfte darstellten, erhielt die Wollproduktion und -verarbeitung die Bedeutung einer Schlüsselindustrie, wobei das gegenseitige Abhängigkeitsverhältnis von englischen Rohstofflieferanten und flämisch-niederländischen Tuchproduzenten politischen Belastungen nach Ausbruch des Hundertjährigen Krieges – insbesondere durch mehrfache Verhängung von Handelsembargos von Seiten englischer Monarchen – unterlag. Seit dem 14. Jahrhundert erfolgte ein gravierender Wandel in der Wirtschaftsstruktur Englands, das sich von der Rohstoffproduktion abwandte und verstärkt Halbfertig- bzw. Fertigprodukte herstellte und exportierte. Hierbei ging der Wollexport kontinuierlich zurück, während die Produktion einheimischer Tuche, deren Export im Vergleich zur Wollausfuhr nur gering besteuert wurde, in Städten wie Bristol, Coventry, Exeter, Salisbury und York rapide anstieg. In Anbetracht der wachsenden Nachfrage dehnte sich die Tuchherstellung von den Kommunen – insbesondere in Westengland, East-Anglia und Yorkshire – zunehmend auf das Land aus, wo durch intensiven Einsatz von Wasserkraft in Walkmühlen und infolge niedriger Löhne, etwa für Nebentätigkeiten von Pächterfamilien, kostengünstiger produziert werden konnte. So kam es – begünstigt durch Strukturkrisen in der flämischen Textilproduktion – zu kontinuierlichen Umsatzsteigerungen beim Vertrieb billiger englischer Tuche, die sowohl auf dem heimischen Markt als auch auf dem Kontinent guten Absatz fanden, während unverändert große Mengen von Rohwolle exportiert wurden.

Hierbei wahrten ausländische Kaufleute bis zur Mitte des 14. Jahrhunderts ihre Vormachtstellung, zumal sie unverändert durch die englischen Monarchen gegenüber einheimischen Händlern privilegiert wurden, so dass die Fremden beim Import von Wein aus der Gascogne, Tuchen aus Flandern sowie beim Export von englischer Rohwolle auf den Kontinent dominierten. Eine Sonderrolle spielten die Kaufleute der Hanse, die mit ihrer Interessengemeinschaft von Händlern und Städten zumeist aus dem niederdeutschen Raum eigenständige Außenhandelsziele verfolgte und insbesondere Eduard III. durch die Gewährung großer Darlehen im Hundertjährigen Krieg unterstützte. Hierdurch sicherten die Hanseaten sich nicht nur eine privilegierte Stellung im Außenhandel, sondern auch ihre Position im englischen Kreditgeschäft in Konkurrenz zu italienischen und später englischen Finanziers. Infolge der ständigen Geldnöte der Krone wegen steigender Kriegskosten kam es seit ca. 1350 zu einem Wandel in der englischen Wirtschaftspolitik, als Eduard III. erstmals eine speziell auf Wirtschaftsziele ausgerichtete Handelspolitik initiierte und im Rahmen der Förderung der englischen Tuchindustrie monopolistischen Tendenzen von Seiten englischer Kaufleute entsprach. So räumte der Monarch gegen entsprechende finanzielle Kompensation im Tuchexport den *Merchant Adventurers* einen Vorrang ein, die sich – in Handelskompagnien zusammengeschlossen – in allen wichtigen englischen Städten niederließen und Privilegienschutz durch den König sowie lokale Stadtherren erhielten, wobei vom Herrscher ein stärkeres Engagement der Kaufleute bei der Kriegsfinanzierung angestrebt wurde. Ähnliche monopolitische Ziele verfolgten die *Merchants of the Staple*,

die den Wollhandel beherrschten und Eduard III. zur besseren fiskalischen Nutzung des Exportes für die Einrichtung eines Stapels zur
Konzentration des Wollexportes gewinnen konnten. Nachdem
bereits Eduard I. in Dordrecht bzw. Antwerpen und Eduard II. in
St. Omer einen Stapel errichtet hatten, entschloss sich Eduard III.
auf Betreiben der *Merchants*, zur Steigerung der Steuereinnahmen
einen besonderen Stapel auf dem Festland einzurichten, wo die
Wolle zentral gelagert, versteuert und verkauft wurde; nach Antwerpen und Brügge erhielt – entgegen der *Ordinacio Stapularum* von
1353 – Calais 1363 einen Stapel und zugleich das Monopol der
englischen Wollausfuhr.[144] Mit dieser weit reichenden wirtschafts-
politischen Entscheidung verbesserte der König die fiskalische Kontrolle des Wollexports, während die englischen Stapel-Händler ihre
Position gegenüber der Konkurrenz der Hanse stärkten, die zwar
ebenfalls Stapel – u. a. in Brügge – unterhielt, jedoch infolge mangelnder bündnishafter Geschlossenheit nur unter Schwierigkeiten
die Wahrung ihrer Privilegien seit ca. 1350 zuerst in Konflikten mit
Flandern, danach mit Dänemark sichern konnte (Friede von Stral-
sund 1370). Seit ca. 1370 gelang es den *Merchants* – nach der Ausweitung ihrer Aktivitäten auf den Mittelmeerraum – wegen der
Strukturschwächen der Hanse und der Sonderinteressen des Deutschen Ordens bzw. der preußischen Städte auch in das hansische
Kerngebiet der Ostsee vorzudringen und eine Monopolstellung für
den Import englischen Tuches aufzubauen. Dabei spitzten sich die
Konflikte um die Wahrung hansischer Privilegien sowie der Subsidien und des *poundage* zu, so dass es trotz der Einigung im Vertrag
zu London (22. März 1437) zu offenen Konflikten mit der Kape-
rung der Baienflotte und militärischen Aktionen Lübecks gegen
England kam. Zwar gelang der Hanse im Frieden von Utrecht
(28. Februar 1474) die erneute Durchsetzung ihrer Privilegien, dennoch war der Niedergang der Hanse infolge der intensivierten
Staatlichkeit in den *regna* und hiermit verbundenen tiefgreifenden
Veränderungen im europäischen Wirtschaftssystem bei gleichzei-
tigem Aufstieg der *Merchant Adventurers* – mit Dominanz der Londoner – zu Monopolisten im englischen Tuchhandel unvermeidlich. Welch enge Verbindung von Handel und Seefahrt sich hierbei
in England entwickelte, verdeutlichen u. a. die ca. 1436 in einem
„*Poem on the use of sea power*" erhobenen Forderungen nach einer
expansiven Politik zur Sicherung einer englischen Vormachtstellung
auf See und zur Wahrung englischer Handelsinteressen.[145] In diesem
wie in anderen volkssprachlichen Werken manifestierte sich das
große Selbstbewusstsein des englischen Bürgertums, das eine eigen-

ständige Kultur in Literatur, bildender Kunst und Architektur entwickelte, wobei die große finanzielle Potenz der Städter auch Grundlage für hervorragende Entwicklungen im Bereich der sakralen Architektur mit dem Neubau bzw. Ausbau bedeutender Kathedralen und der Konzeption spezifischer Stilformen wie *Decorated Style* und *Perpendicular Style* bildete.

Während die Wirtschaftspolitik der englischen Monarchen seit dem 14. Jahrhundert auf Betreiben führender Fernhandelskaufleute des Inselreiches expansive Züge aufwies und neue Handelsräume zu erschließen suchte, verlief die Entwicklung im englischen Bildungswesen zur selben Zeit gegenläufig mit starken Tendenzen zur Selbstbeschränkung und Abgrenzung gegenüber kontinentalen Einflüssen. Dies zeigte sich weniger im Bereich der Elementar- und Grammatikschulen, deren Zahl im 14. Jahrhundert sprunghaft wuchs und die vielen Schülern auch aus niederen sozialen Schichten durch die Vermittlung elementarer Kenntnisse in Grammatik sowie von Lese- und Schreibfertigkeiten in Latein bzw. der Volkssprache den Zugang zu weiterführenden Bildungseinrichtungen eröffneten. Hierzu zählten insbesondere die Rechtsschulen, die das Studium des Römischen Rechtes behinderten und zunehmend die Schulung von Juristen im *common law* in London an den *inns of court* übernahmen, die vor allem künftigen Beamten im Königsdienst eine spezifische, an den Universitäten nicht vermittelte Ausbildung erteilten. Nachdem Eduard I. 1292 die Ausübung weltlicher Gerichtsbarkeit durch Geistliche untersagt hatte, wurde im Zusammenhang mit der Juristen-Ausbildung an den vier *inns of court* im London Temple die Entstehung eines eigenen Standes von Anwälten sowie laikaler Richter in königlichen Diensten gefördert, die an den großen Gerichtshöfen des Landes wie *court of common pleas* und *court of the king's bench* wirkten und die Einflussnahme geistlicher Juristen in ihren Wirkungsbereichen erfolgreich verhinderten.

Ähnliche Tendenzen sind im englischen Universitätswesen feststellbar, das unverändert von den Hochschulen in Oxford und Cambridge dominiert wurde. Im Gegensatz zum 13. Jahrhundert, als viele Professoren an den englischen Generalstudien ihre Ausbildung an Universitäten auf dem Kontinent – insbesondere in Paris – erhalten hatten, bestand seit ca. 1300 die Tendenz zu einer Konzentration der Ausbildung ausschließlich an englischen Hochschulen, wodurch der kulturelle Austausch mit kontinentalen Universitäten beeinträchtigt wurde. Unverändert dominierten bis zum 14. Jahrhundert die Dozenten aus den „supranationalen" Bettelorden das geistige Leben an der theologischen Fakultät Oxfords, die von den Wirren um die Lehren des Thomas von Aquin in Paris sowie den dortigen Zensurmaßnahmen von 1270 bzw. 1277 kaum berührt wurde. Ungeachtet der folgenden Auseinandersetzungen um die Lebensform den Mendikanten sowie ihrer Existenzberechtigung und ihrer Bedeutung für die universitären Autonomiebestrebungen (Bettelordensstreit) wuchs das Ansehen Oxfords in der Theologie dank der Tätigkeit berühmter Mendikantentheologen wie Johannes Duns Scotus und Wilhelm von Ockham, wobei sich verstärkt Rivalitäten zwischen den Bettelorden bemerkbar machten und es zur Ausbildung konkurrierender Lehrschulen in den Orden kam. Dennoch stieg die Zahl der Studierenden Oxfords weiter, die man in Absprache mit Cambridge in bestimmten Regionen des Inselreiches rekrutierte, so dass auch verschiedene Säkularkollegien (vier im 14. Jahrhundert) gegründet werden konnten, die zumeist geistlicher Aufsicht unterstanden. Ähnliche Entwicklungen sind in Cambridge festzustellen, das in engen Beziehungen zum Königtum stand und nach der Gründung von King's Hall (vor 1316), deren Mitglieder auf Veranlassung Eduards III. aus der *royal chapel* rekrutiert wurden, erstmalig eine institutionelle Verbindung einer universitären *hall* zum herrscherlichen Hof erlangte. Spätestens seit der Mitte des 14. Jahrhunderts begann der Einfluss Oxforder Theologen, die unverändert Naturphilosophie und Mathematik sowie die Verwendung von Methoden aus Logik und Physik schätzten, allmählich zu schwinden – u.a. infolge des Ausbruchs des Hundertjährigen Krieges und der hiermit verbundenen Unterbrechung der wissenschaftlichen Kommunikation zwischen den englischen und kontinentalen Universitäten, gefolgt von personellen Einbrüchen durch die Pest und schließlich von Obedienzstreitigkeiten nach Ausbruch des Großen Schismas, bei dem sich die englischen Hochschulen wie die politische Führung gegen die unter französischem Einfluss stehenden Päpste in Avignon aussprachen. Hinzu kam der Verlust der „Monopolstellung" der Universitäten Oxford und Paris durch die Gründung zahlreicher neuer theologischer Fakultäten insbesondere an Hochschulen im Deutschen Reich, gefolgt von erneuten „Schulstreitigkeiten" – nunmehr um die *via antiqua* und die *via moderna*.

Entscheidend für den Ansehensverlust der Oxforder Theologie war hingegen das Auftreten Johann Wyclifs und später seiner lollardischen Anhänger, der nach Ausbruch des Schismas vor allem die Missstände in der Kirche sowie die Verweltlichung des Papsttums kritisierte und hiermit auf große Resonanz bei der politischen Führung – auch bei Angehörigen des Königshauses – stieß, zumal diese seit ca. 1350 in repressiven Statuten gegen die Pfründenpolitik der Päpste sowie gegen Appellationen an die Kurie vorgegangen war.[146] Abgesehen von der radikalen Kritik an Macht und Reichtum der Kirche sowie der Forderung nach Rückkehr zu Lebensformen der Ur-Kirche als Gemeinschaft armer Gläubiger, die bereits die Franziskanerspiritualen postuliert hatten und deshalb als „Ketzer" verfolgt worden waren, stieß besonders die Abendmahlslehre Wyclifs mit seiner Ablehnung der traditionellen Transsubstantiationslehre auf Missbilligung, verbunden mit seiner Kritik an Institutionen der Kirche sowie ihrer Sakramentenlehre, wobei die Lehre von der Bibel als alleiniger Grundlage des Glaubens – ähnlich wie später bei Luther – in den Vordergrund trat. Die Forderung *sola scriptura* hatte nicht nur die Ablehnung der gesamten Weihe- bzw. Kirchenhierarchie mit Leugnung des kirchlichen Lehrprimates, sondern auch das Postulat nach Übertragung der Vulgata in die Volkssprache zur Folge; so schufen Anhänger des Gelehrten ca. 1382 eine erste Fassung und ca. 1390 eine *late version* der sog. Wyclif-Bibel mit der ersten vollständigen Übertragung der Hl. Schrift ins Englische. Während Wyclif trotz aller kirchlicher Verurteilungen dank des Schutzes durch englische Große seinen Lebensabend friedlich auf seiner Pfarre in Lutterworth verbringen konnte († 31. Dezember 1384), setzten die schweren Konflikte um seine Ideen erst zu Beginn des folgenden Jahrhunderts mit voller Wucht ein. Schon bald breitete sich seine Lehre auf dem Kontinent aus und gelangte – möglicherweise mit Förderung durch Königin Anna – bis nach Böhmen, wo es zu einer Rezeption durch Hieronymus von Prag und Jan Hus kam. Das Konstanzer Konzil verdammte 1415 die Lehren Wyclifs, während seine Anhänger zuvor in England vergeblich einen Aufstand gegen Heinrich V. unternommen hatten. Die akademische Wirkungsstätte Wyclifs – Oxford – litt besonders unter den Auseinandersetzungen um den Gelehrten bzw. später um seine lollardischen Anhänger, so dass die Universität über Jahrzehnte unter Häresieverdacht stand, während sich Cambridge zu Lasten Oxfords als „Hort der Rechtgläubigkeit" profilieren und die Unterstützung reicher Gönner bei der Neugründung zahlreicher Kollegien erlangen konnte. Hieran vermochten auch verzweifelte Versuche Oxfords, durch die Schaffung von Kollegien – wie 1427 z.B. des Lincoln College – speziell für die Ausbildung von Gelehrten zur Bekämpfung der lollardischen „Häresie" beizutragen, wenig zu ändern.

Diese innergesellschaftlichen Konflikte, aber auch die politischen Folgen des Hundertjährigen Krieges besaßen erhebliche Auswirkungen auf das kulturelle Leben im Inselreich, insbesondere auf die mittelenglische Literatur, die in lokalen Sprachzentren gepflegt wurde und von verschiedenen Dialekten – z.B. in Kent, den Midlands und im Norden – geprägt blieb. Der Verlust der englischen Festlandsbesitzungen hatte auch für die anglofranzösisch-sprachige Oberschicht die Konsequenz, sich stärker den englischen Mittel- und Unterschichten und ihrer Sprache zuzuwenden, so dass es bis zum frühen 14. Jahrhundert zu einer Annäherung und später sogar Durchdringung der kulturell unterschiedlich geprägten Volksgruppen kam. Sichtbarer Ausdruck dieses lang anhaltenden Verschmelzungsprozesses war das wachsende Interesse auch der Oberschicht für Literatur in mittelenglischer Sprache, für die sich erst allmählich eigene „Standards" entwickelten und für welche die Vorbildlichkeit des Lateinischen bzw. Französischen bestehen blieb. Daher erhielten nicht zufällig die immer zahlreicheren Übersetzungen französischer bzw. anglonormannischer und später sogar italienischer Vorlagen große Bedeutung im Prozess des Kulturtransfers, indem z.B. Geoffrey Chaucer († ca. 25. Oktober 1400) den Rosenroman übertrug und nach einer Vorlage Boccaccios *Troilus and Criseyde* schuf, während Johann Gower († 1408) seine Hauptwerke in drei Sprachen verfasste – *Mirour de l'omme* in Französisch, *Vox clamantis* in Latein und *Confessio amantis* in Mittelenglisch. Das wachsende Interesse an englischer Literatur wurde zudem durch die erwähnte Verbesserung der Lesefähigkeit großer Bevölkerungsgruppen nach dem Entstehen zahlreicher Grammatikschulen gefördert, so dass auch diese sozialen Schichten Gefallen an – stark moralisierenden – Ritterromanzen und Werken aus dem Kreis der Artusepik fanden (*Sir Perceval of Gales, Sir Gawayne and the Grene Knyght, Alliterative morte Arthure*). Gleiches gilt für die große Zahl lyrischer Werke, die häufig eine religiöse Thematik besaßen (Meditations- bzw. Reflexionslyrik) und eine Ergänzung durch mystische Prosatraktate unter franziskanischem Einfluss sowie Mysterienspiele und „allegorische Moralitäten" erfuhren, während die Versdichtung im 15. Jahrhundert intensiver vom Vorbild Chaucers geprägt wurde. Stellte das 14. Jahrhundert und insbesondere die Regierungszeit des oft verunglimpften Richard II. eine literarische Blütezeit (*Ricardian Poetry*) mit dem Schaffen Chaucers, Gowers und Langlands dar, so sind die volkssprachlichen Zeugnisse mit zeitkritischen Bezügen von besonderem historischen Interesse – außer den berühmten *Canterbury Tales* etwa Werke der *Complaint*-Dichtung, der politischen Lyrik und der Ständekritik. Auch Ansätze zur Gesellschafts- und Kirchenreform wurden sichtbar – wie etwa in Wilhelm Langlands *Vision of Piers Plowman* oder dem lollardischen Schrifttum, während die vermehrt auftretende Briefliteratur – z.B. *letters* der Familien Cely, Paston, Plumpton und Stonor – wertvolle Hinweise zur Sozial- und Mentalitätsgeschichte der Zeit bietet. In welch großem Maße der Hundertjährige Krieg Auswirkungen auf das kulturelle Leben des Inselreiches besaß, verdeutlichen die Entscheidungen, im Parlament und vor Gericht (1362) Englisch zu sprechen, und die wachsende Antipathie breiter Bevölkerungsgruppen gegen alles „Französische" bzw. Zeugnisse französischer Kultur. Hiermit verbunden war ein steigendes Interesse von niederen Bevölkerungsschichten, deren Mitglieder als Fußsoldaten oder Bogenschützen auf dem Kontinent kämpften, an Darstellungen der Kriegsgeschehnisse und der „Heldentaten" englischer Großer bzw. Heere in diesem Konflikt. Somit wurde nicht nur das Bewusstsein von der eigenen kulturellen Identität verändert, sondern auch die Ausbildung eines englischen „Nationalgefühls" gefördert, das zumindest im 14. Jahrhundert eine weitere Fundierung durch die Vorstellung der berechtigten Existenz eines hegemonialen „*First English Empire*" erfuhr.[147]

11. Schluss: Das Ende der Plantagenets und der Aufstieg der Häuser Lancaster und York (1399–1500)

Eine umfassende Gesamtwürdigung des politischen Handelns der Plantagenets ist wegen der Komplexität der Entwicklungen kaum möglich; dennoch sollen im Folgenden einige wesentliche Grundzüge und Hauptelemente verdeutlicht werden, die die politischen Aktivitäten dieser Monarchen und ihre Stellung in Europa bis ins Spätmittelalter bestimmt haben. Auszugehen ist hierbei von der Konstituierung des anglonormannischen Reiches, dessen König seine Herrschaft sowohl auf der Insel stabilisieren als auch gegenüber der Öffentlichkeit in England und vor den Monarchen der übrigen christlichen Reichen des Abendlandes legitimieren musste. Hierbei tauchten vor allem drei Hauptprobleme auf, die nicht nur das Handeln Wilhelms I., sondern auch der späteren anglonormannischen bzw. angevinischen Könige bestimmen sollten – 1) die innenpolitische Sicherung der Herrschaft im Inselreich unter Einbeziehung der Kirche, 2) die Wahrung der Einheit des neu geschaffenen *regnum* mit seinen kontinentalen und insularen Reichsteilen und 3) die Expansion der eigenen Herrschaft insbesondere durch eine Oberherrschaft gegenüber den benachbarten „keltischen Reichen", d. h. zumindest Wales, Schottland und Irland. Bei der innenpolitischen Sicherung der neu gewonnenen Herrschaft konnten Wilhelm I. und seine königlichen Nachfolger in England unter Berufung auf das Eroberrecht nicht nur Anspruch auf den gesamten Territorialbesitz des unterworfenen Inselreiches erheben, sondern auch unter Einsatz des Lehnsrechtes ein zentralistisches Herrschafts- und Verwaltungssystem etablieren, in das sogar die Kirche einbezogen wurde. Deren machtpolitische Funktionalisierung durch die anglonormannisch-angevinischen Herrscher bis ins 13. Jahrhundert führte spätestens seit dem sog. Investiturstreit zu schweren Konflikten in England zwischen geistlicher und weltlicher Gewalt, die aber im Vergleich zu mitteleuropäischen *regna* bis ins Spätmittelalter in beachtlichem Umfang Herrschaft über ihre „Landeskirche" ausüben konnte. Dabei vermochte die englische Krone auch die Kirche trotz scharfer Auseinandersetzungen beständig zu Steuerleistungen heranzuziehen. Noch intensiver geschah dies im weltlichen Bereich durch das erwähnte zentralistische Verwaltungs- und Finanzsystem, das stetig wachsende Steuereinkünfte sicherte und hierdurch den

Monarchen rationales Planen politischer Machtausübung möglich machte. Dieses System wurde von allen späteren Herrschern im Inselreich konsequent ausgebaut und mit der Einrichtung zentraler Institutionen wie dem *exchequer* etc. mit einem zunehmend professionalisierten Beamtenapparat zu einem wichtigen Instrument entwickelt, das Herrschaftskontinuität wahrte und königliche Machtausübung auch in Abwesenheit des ständig im Lande herumreisenden Monarchen ermöglichte. Hinzu kam die Einführung eines komplexen Rechtssystems zur Eindämmung von Gewaltanwendung im Rechtsleben, insbesondere des adligen Fehdewesens, mithilfe des *common law*, wobei bereits Heinrich II. sein Reich unter die „Herrschaft des Rechtes" stellte, sich selbst als König hingegen nicht an diese Rechtsnormen gebunden sah und *per voluntatem* regierte, so dass man von einem angeblichen „angevinischen Despotismus" sprach.

Hiermit verbunden war ein Fundamentalkonflikt um die Formen der königlichen Herrschaftsausübung, der eine weitere „Konstante" im politischen Geschehen des Inselreiches bis ca. 1400 darstellte. Bereits seit den anglonormannischen Monarchen bestand ein Spannungsverhältnis zwischen dem Anspruch der Herrscher auf uneingeschränkte Machtausübung bzw. Wahrung der königlichen Prärogativen und den Forderungen der Barone sowie anderer einflussreicher gesellschaftlicher Kräfte, die später im Parlament agierten und Einflussnahme auf politische Entscheidungsprozesse sowie Partizipation an der Herrschaftsausübung verlangten. Alle Plantagenets sahen sich als Herrscher von Gottes Gnaden, gleichsam als „sakrale Personen" und seit Heinrich II. sogar mit übernatürlichen Kräften u. a. zur Heilung von Gebrechen ausgestattet. Die königliche Dignität war unantastbar und wurde in wachsendem Maße in einem Herrscherkult verherrlicht, wobei eine deutliche Konkurrenz zu den kapetingischen Monarchen und ihrer wesentlich weiter entwickelten Herrschaftsideologie bestand – besonders sichtbar in England im Kult um den hl. Eduard und in der Entwicklung Westminsters zum sakralen Zentrum der englischen Königsherrschaft bzw. des Reiches. Zudem machten die Plantagenets vielfach ihren Hof zu einem kulturellen Zentrum, übten Patronage in den Schönen Künsten sowie in der Literatur mit der Förderung des Artus-Kults aus und entwickelten – wie z. B. Eduard III. – im Hosenbandorden idealtypische Formen ritterlichen Lebens, ohne dass jedoch die Existenz einer spezifischen „angevinischen Kultur" angenommen werden kann. In Konkurrenz zu den Monarchen forderten die Barone des *regnum* eine Herrschaftspartizipation, noch intensiviert im

Zusammenhang mit den seit König Johann ständig steigenden Steuerforderungen der Monarchen, die dem Parlament und später den *Commons* wachsende politische Bedeutung zukommen ließen. Da sowohl die Könige als auch die Barone bzw. die Parlamentsmitglieder jeweils auf ihren Positionen und Postulaten beharrten, kam es seit dem 12. Jahrhundert im Inselreich zu einem komplexen verfassungsrechtlichen Entwicklungsprozess, wobei abhängig von den konkreten Machtverhältnissen jede Partei so weit wie möglich ihre Forderungen durchzusetzen versuchte. Wie in einem „System kommunizierender Röhren" blieb die verfassungsrechtliche Entwicklung auf der Insel daher von jeweiligen Extremformen der Herrschaftsausübung gekennzeichnet, wobei der jeweilige Monarch in günstiger Lage in *personal rule* völlig uneingeschränkt die königlichen Herrschaftsrechte wahrzunehmen versuchte und die Gegenseite unterdrückte, während die Barone bzw. das Parlament nicht zögerten, in einer Phase der Schwächung königlicher Macht umfassende Herrschaftskompetenzen an sich zu ziehen, alle Maßnahmen des Monarchen durch parlamentarische Gremien zu bestimmen und somit eine vollständige Kontrolle über den Herrscher zu erlangen – wie z. B. in der Zeit Heinrichs III. oder Eduards II. geschehen. In Ausnahmefällen zögert das Parlament sogar nicht, an der Absetzung des Monarchen mitzuwirken – u. a. angeblich wegen mangelnder Ideoneität und Rechtsbrüchen, wie bei Eduard II. und Richard II. Trotz der erwähnten Extremformen königlicher bzw. parlamentarischer Herrschaftsausübung bei gleichzeitiger Ausschaltung der politischen „Gegenseite" ist dennoch ein kontinuierlicher Entwicklungsprozess zu konstatieren, in dem nicht nur eine Transformation des Parlamentes zu einer zentralen politischen Institution des Reiches und die Etablierung der *Commons* als eigenständige Kraft erfolgte, sondern sich auch neue Formen politischer Kooperation zwischen Königtum und Parlament entwickelten und die Monarchen – wie etwa Eduard III. – durch die Zusammenarbeit mit den dort vertretenen Gruppen von *knights* bzw. *shires* sowie niederem Klerus in einen politischen Dialog mit breiten Schichten des englischen Volkes eintreten konnten. Nicht unbeachtet bleiben sollten bei diesem Entwicklungsprozess parlamentarischer Mitwirkung an politischer Herrschaftsausübung konkurrierende Modelle einer umfassenden Gesellschaftsreform – etwa in der Konzeption einer „Friedensordnung" im englischen *regnum,* wie sie Richard II. entworfen hatte, jedoch nicht zu realisieren vermochte.

Ein weiteres Strukturelement, das die politischen Entwicklungen im Reich der Plantagenets bestimmte, ist im Streben der Monarchen nach Sicherung der Einheit ihres *regnum* zu sehen, wobei derartige Tendenzen bereits unter den anglonormannischen Herrschern erkennbar sind, da schon Wilhelm I. um den Zusammenhalt der kontinentalen und insularen Bestandteile seines Reiches bemüht war. In der Folgezeit wurden sogar herrschaftsideologische Konzeptionen unter Verwendung der *patria*-Idee bei Eadmer und anderen Historiographen entwickelt, die die Einheit des Reiches sichern und eine emotionale Bindung der Reichsangehörigen an das *regnum* fördern sollten. Dennoch war es Wilhelm I. selbst, der durch seine Erbfolgeregelung mit einer Teilung des *regnum Norm-Anglorum* die eigenen Stabilisierungsmaßnahmen konterkarierte. Die königlichen Söhne bis zu Heinrich I. waren hingegen bemüht, eine Wiederherstellung der Reichseinheit herbeizuführen, wobei sie in anhaltende Konflikte insbesondere mit dem französischen Suzerän verwickelt wurden. Ein weiteres retardierendes Element in dieser Entwicklung stellte die Erbfolgeproblematik nach dem Tode Heinrichs I. und die sog. „Anarchie" im Inselreich mit dem drohenden Zerfall der Reichseinheit und einer Stärkung der baronialen Kräfte auf der Insel dar, abgelöst nach der Thronbesteigung Heinrichs II. durch die Schaffung des angevinischen Reiches. Die Wahrung des Territorialbestandes des *regnum* bestimmte bis zum Ende der Regierungszeit König Johanns das politische Verhalten der angevinischen Monarchen, wobei es Heinrich II. nicht um die Realisierung einer „abstrakten Idee" eines *Angevin Empire*, sondern ausschließlich um die Wahrung von Rechten und Besitzungen ging, die er unter günstigen politischen Konstellationen erworben hatte und sichern wollte. Auch dieser Monarch gefährdete durch eigene Maßnahmen – u. a. unkluge Erbfolgeregelungen für die Söhne – sein Konzept einer *dynastic federation* und die Einheit des Reiches, dessen Bestand die königlichen Nachfolger Richard und Johann mit schwindendem Erfolg zu wahren suchten. Nach dem Zerfall des Reiches, der sowohl auf strukturelle Defizite der Herrschaftsorganisation als auch auf das Fehlverhalten Johanns zurückzuführen war, blieb seit Heinrich III. die Wiedergewinnung der an die französische Krone verlorenen englischen Festlandsbesitzungen bzw. mitunter sogar – wie unter Eduard III. – die partielle Wiederherstellung des angevinischen Reiches ein zentrales Anliegen der englischen Monarchen bis ins 15. Jahrhundert – wiederum eine „Konstante" im politischen Geschehen des Inselreiches. Alle englischen Herrscher waren somit bis zur Tudorzeit mit unterschiedlicher Intensität um eine Wiedergewinnung der verlorenen Festlandsterritorien bemüht. Erst seit Heinrich III. kam es zu einem Fundamentalkonflikt zwischen König und Baronen um die „Außenpolitik" der Monarchen, da sich die Magnaten im Gegensatz zum Herrscher mit dem Verlust dieser Gebiete abgefunden und ihre politischen Aktivitäten auf die Insel konzentriert hatten, so dass sie die diplomatischen und vor allem die militärischen Maßnahmen zur Rekuperation dieser Territorien weitgehend als „Privatangelegenheit" des Königs betrachteten und daher jegliche Mitwirkung an entsprechenden Aktionen zu vermeiden suchten. Dennoch beharrten die Monarchen auf dieser Rekuperationspolitik, so dass die Außenpolitik für alle angevinischen Könige im Zentrum ihres politischen Handelns stand. Zur Wiedererlangung der verlorenen Territorien waren die Monarchen zum Einsatz nahezu unbegrenzter Geldmittel bereit, deren Beschaffung die Könige nicht nur in gravierende finanzielle Schwierigkeiten brachte, sondern auch zu wichtigen politischen Konzessionen gegenüber den Baronen bzw. den Mitgliedern des Parlamentes zwang. Ausgehend vom Rechtsgrundsatz, dass *die Dinge, die alle betreffen, auch von allen beschlossen werden sollen*", nutzte das Parlament die fortgesetzten Steuerforderungen der Monarchen, um sich als autonome politische Kraft im englischen Reich zu etablieren und Herrschaftspartizipation zu erzwingen. Dennoch zögerte die Mehrzahl der Könige nicht, durch ihre kostenintensive Außenpolitik das englische *regnum* finanziell immer weiter auszupressen, neben den Baronen immer breitere Bevölkerungsschichten steuerlich zu belasten und oftmals beinahe einen „Staatsbankrott" durch Überschuldung herbeizuführen. Lediglich Eduard II. und Richard II. stellten diesbezüglich eine Ausnahme dar, da sie wegen ihrer geringen Neigung zu offensiver Außenpolitik mit kostenintensiven Heerzügen nicht nur die Kronfinanzen sanieren, sondern sich zumindest zeitweise aus der Abhängigkeit vom Parlament und seinen – nur gegen politische Konzessionen gewährten – Steuerbewilligungen befreien konnten.

Eine weitere „Konstante", die die politische Entwicklung im Inselreich bestimmte, bestand im Streben nach Expansion des eigenen Herrschaftsbereiches, insbesondere durch eine offensive Außenpolitik. Diese betraf außer einigen Territorien auf dem Kontinent – wie der Grafschaft Toulouse – insbesondere die „keltischen Reiche", d. h. Wales, Schottland und Irland. Wieder war es der Anglonormanne Wilhelm I., der zuerst entsprechende expansive und sogar imperiale Vorstellungen entwickelte, indem er – primär zur Legitimation der eigenen Macht als Eroberer – an angelsächsische Traditionen anknüpfte und u. a. durch die Verwendung der Titel „*Anglorum patriae basileus*" und „*rex totius Britanniae*" den Anspruch erhob, nicht nur Herrscher über *Anglia*, sondern über ganz *Britannia* – d. h.

zumindest über Wales, Schottland und Irland – zu sein.[148] Zwar war der Eroberer infolge der instabilen innenpolitischen Lage in England nicht zur sofortigen Realisierung der *Britannia*-Herrschaftskonzeption fähig, dennoch beharrten auch die übrigen anglonormannischen Monarchen zumindest auf einem Oberherrschaftsanspruch gegenüber den genannten Ländern. Dieser Anspruch wurde intensiver unter Heinrich II. umgesetzt, als er einen Versuch zur Unterwerfung Irlands unternahm, bei dem er Unterstützung durch das Papsttum erhielt, während Wales und Schottland erst im 13. Jahrhundert größere Beachtung durch die angevinischen Könige erlangten. Die politische Bedeutung der „keltischen Reiche" wuchs unter Eduard I., zumal die dortigen Fürsten in zunehmendem Maße zu Bündnispartner kontinentaler Gegner des Plantagenets wurden – besonders deutlich im Abschluss der *Auld Alliance* zwischen Schottland und Frankreich. Die intensiven Repressionsmaßnahmen des englischen Monarchen waren jedoch nur in Wales teilweise erfolgreich, während er am Widerstand des schottischen Adels scheiterte, der – aus seiner Sicht – in einem *War of Independence* um die Eigenständigkeit und Freiheit des Landes gegen die Bestrebungen Eduards kämpfte, Schottland zu einer bloßen *terra* oder einer „Provinz" des englischen *regnum* zu machen. Derartige Expansionsbemühungen wurden unter Eduard III. weiter verstärkt, der zudem bemüht war, die politische Unterwerfung der „keltischen Reiche" mit einer Vernichtung der Kultur und Identität dieser Völker zu verbinden – deutlich etwa im Statut von Kilkenny (1366) mit dem Verbot irischer Sprache sowie Gebräuche und irischen Rechts, von Ehen zwischen Iren und Engländern usw. Hiermit scheiterte der Plantagenet ebenso wie schottische und walisische Fürsten mit Bestrebungen, eine politische Kooperation der „keltischen Reiche" gegen den gemeinsamen englischen Feind herbeizuführen; insofern ist die verbreitete Ansicht nicht zutreffend, „*that the English monarchy had the power to take the whole of the British Isles more or less under its control*".[149] Dennoch wirkten die systematischen Repressionsmaßnahmen der englischen Herrscher, verbunden mit intensiven Bestrebungen zu einer „Kolonisierung" dieser Länder durch englische Siedler mit Verdrängung der einheimischen Bevölkerung, bis zum heutigen Tage nach.

Schließlich sind auch bei den *Bestimmungsfaktoren* und den *Mitteln bzw. Techniken politischen Handelns* der Plantagenets, insbesondere in der Außenpolitik, einige „Konstanten" feststellbar, da z.B. bei den *Bestimmungsfaktoren* der politischen Aktionen für alle angevinischen Herrscher unverändert die Insellage des Reiches ihre Bemühungen erleichterte, ein eigenes Herrschafts- und Verwaltungssystem aufzubauen, das die Wahrnehmung königlicher Macht mit einzigartiger Intensität ermöglichte. Einen weiteren Faktor stellten die großen ökonomischen Ressourcen der englischen Monarchen dar, die diese mit einem ständig ausgebauten Finanz- und Verwaltungssystem effizient zu nutzen suchten, ohne aber hierdurch ihren exorbitanten Geldbedarf wegen der kostenintensiven Innen- und Außenpolitik decken zu können, so dass immer größere Kreditaufnahmen zu einer ständig wachsenden Verschuldung zahlreicher englischer Monarchen führten. Einen anderen Bestimmungsfaktor politischen Handelns der angevinischen Könige bildeten die schwierigen Beziehungen zum französischen Suzerän, wobei die englischen wie französischen Monarchen gleichermaßen um die Erlangung innerer wie äußerer „Souveränität" in ihren Reichen bemüht waren; zusätzlich hatten sich die angevinischen Könige seit 1213 mit Oberlehnsherrschaftsansprüchen der Nachfolger Petri auseinander zu setzen. Da die englischen wie die französischen Herrscher gleichermaßen bestrebt blieben, die *suprema potestas* in ihrem jeweiligen Reich zu erlangen und *rex imperator in regno suo* zu sein, mussten sowohl die Forderung der französischen Monarchen zuerst nach Anerkennung ihrer Lehnsoberherrschaft und danach auf Verzicht auf die englischen Besitzungen im französischen *regnum* als auch die Ansprüche englischer Herrscher auf den französischen Thron seit der Zeit Eduards III. für den politischen Handlungspartner völlig inakzeptabel sein und zu schwersten Konflikten führen, die sich spätestens im Hundertjährigen Krieg manifestierten.

Auch bei den *Mitteln und Techniken*, die die angevinischen Herrscher in ihrem politischen Handeln – insbesondere in der Außenpolitik – verwendeten, ist eine Kontinuität erkennbar, da das Geschehen weniger von kriegerischem Konflikt als von friedlicher Kommunikation bestimmt wurde. Hierbei spielten Verhandlungen der Partner – entweder über Gesandte oder in persönlichen Gesprächen der jeweiligen Herrscher – eine wichtige Rolle; zudem besaß das zentralisierte Verwaltungs- und Archivsystem der englischen Monarchen eine große Bedeutung und gewährleistete die Sicherung einer politischen Handlungskontinuität in der Kommunikation mit bestimmten geopolitischen Räumen – wie etwa der Gascogne und Schottland – mit speziellen Archivfonds. Die rechtlichen Formen, in denen die Vereinbarungen und Übereinkünfte getroffen wurden, unterschieden sich zweifellos und ließen kontroverse inhaltliche Interpretationen durch die Vertragspartner offen, während etwaige „völkerrechtliche" Normen noch keine Relevanz besaßen. Zentrale

Bedeutung für die angevinischen Herrscher hatten auch Übereinkünfte mit auswärtigen Fürsten, die seit der Zeit Heinrichs II. immer
wieder in einem außenpolitischen Bündnissystem zusammengeschlossen wurden, in dem vor allem Große im französischen *regnum,*
Herrscher aus dem flämisch-niederländischen Raum und Fürsten aus
dem Deutschen Reich einschließlich des deutschen Königs von den
Angevinen in Bündnissen, Soldverträgen und später *indentures* zumeist für den Kampf gegen den französischen Monarchen zusammengefasst wurden. Die Konstituierung und Aufrechterhaltung dieses außenpolitischen Bündnissystems war für die Angevinen nicht
nur kostspielig, sondern blieb in seiner Wirksamkeit und Funktionsfähigkeit überaus fragwürdig, da zumeist ein kriegerischer Einsatz der
Bündnispartner unterblieb; die englischen Könige konnten lediglich
hoffen, ihre Verbündeten zumindest an einer Unterstützung der
französischen Gegner zu hindern und die Territorien der Bündnispartner in erster Linie als „Einflusssphären" zu betrachten. Dennoch
blieb der Einsatz von Geld als Instrument politischen Handelns von
entscheidender Bedeutung und die Beschaffung immer größerer Finanzmittel für die englischen Könige von eminenter Wichtigkeit.

Seit dem 13. Jahrhundert kam es zu einer Ausweitung der außenpolitischen Handlungsräume und Bündnisbemühungen der angevinischen Monarchen, unter denen besonders Heinrich III. mit seinen
„kosmopolitischen Ambitionen" und Aktivitäten im Deutschen
Reich sowie in Italien nicht zuletzt infolge fehlender Finanzmittel
scheiterte. Ähnliche Feststellungen gelten für die erneute Ausdeh-
nung der außenpolitischen Handlungsräume seit der Zeit Eduards
III. mit Unternehmungen englischen Prinzen auf der Iberischen
Halbinsel, die alle ebenfalls wegen Geldmangels fehlschlugen. Bei
diesen Aktivitäten wuchs die Bedeutung der Anwendung von Gewalt und Krieg zur Durchsetzung politischer Zielvorstellungen, die
verstärkt rechtlich wie herrschaftsideologisch legitimiert wurden. Da
die lehnsrechtlichen Heerpflichten seit dem 12. Jahrhundert in England zunehmend durch Geldzahlungen (*scutage*) abgelöst worden waren und die angevinischen Herrscher verstärkt auf den Einsatz von
Söldnern zurückgriffen, wuchsen die finanziellen Belastungen, die
anfangs auf den baronialen Lehnsleuten ruhten, zunehmend jedoch
auf breitere Bevölkerungsschichten ausgeweitet wurden. Gleiches
galt nach der Einführung von Dienstverträgen (*indentures*) der
Angevinen zuerst mit englischen Großen, später mit Fürsten auf dem
Kontinent für deren Einsatz mit Söldnertruppen zumeist im Kampf
gegen das französische Königshaus. Die politischen Implikationen
des immensen Geldbedarfs der englischen Monarchen und die Kon-

sequenzen der ständigen Steuerforderungen gegenüber den Baronen bzw. dem Parlament, die den König im 14. Jahrhundert zum Leben „of his own" aufforderten, wurden bereits erwähnt. Hinzu kam, dass seit Ausbruch des Hundertjährigen Krieges zahlreiche Barone in England, aber auch in Frankreich an der Perpetuierung der Konflikte persönlich interessiert waren, da ihnen die Kämpfe ritterliche Betätigung, ein standesgemäßes Leben und reiche Beute sicherten. Die Großen wurden in dieser Haltung durch die zeitgenössische Strategie und Taktik der Kriegführung auf dem Kontinent bestärkt, die weitgehend von *chevauchées* mit der Verheerung zumeist ländlicher Gebiete zur Vernichtung der materiellen Ressourcen des Gegners geprägt blieb. Während zahlreiche französische Provinzen die Hauptlast dieser Heerzüge zu tragen hatten, blieb das Inselreich – abgesehen von einigen französischen Invasionsversuchen sowie schottischen Verheerungszügen – von unmittelbaren Kriegsfolgen verschont. Mit der Änderung der Kriegstechnik und dem verstärkten Einsatz von Fußtruppen sowie Langbogenschützen auf englischer Seite wurden hingegen immer breitere Bevölkerungsschichten in das unmittelbare Kriegsgeschehen involviert, deren gesellschaftliches Selbstbewusstsein zahlreiche Schlachtenerfolge kontinuierlich stärkten. Noch gravierender war in diesem Zusammenhang die Bedeutung herrscherlicher Propaganda, da man zunehmend die ursprünglich lehnsrechtlichen bzw. dynastischen Konflikte zwischen dem englischen und französischen König nun als Kämpfe zwischen verfeindeten Völkern darstellte, deren militärisches Engagement durch ein wachsendes „Nationalgefühl" und die Förderung xenophobischer Tendenzen mit der propagandistischen Ablehnung alles „Französischen" bzw. „Englischen" intensiviert wurde. Erst im Anschluss an jahrzehntelange Kämpfe zwischen den beiden Ländern nach dem Sturz der Plantagenets kam es nach den Rosenkriegen zwischen den Häusern Lancaster und York und nach der endgültige Niederlage der Engländer im Hundertjährigen Krieg mit dem Aufstieg der Tudors zur politischen Selbstbeschränkung auf das Inselreich, bald gefolgt von einer europaweiten „Großmachtpolitik" der neuen Dynastie. Insgesamt wird man die Bedeutung der angevinischen Herrscher, die ihrem Reich zeitweise höchstes Ansehen im Abendland verschafften, für die mittelalterliche Geschichte Englands kaum überschätzen können, zumal Europa diesen Herrschern nicht nur eindrucksvolle Zeugnisse in Literatur und Kunst, sondern auch die Ausbildung wichtiger politischer Institutionen wie des Parlamentes verdankt; nicht vergessen werden sollte jedoch, mit welchen Opfern dies für das Land bzw. die Bevölkerung verbunden war.

Anmerkungen

[1] Vgl. zum Folgenden Chronica de gestis consulum Andegavorum, in: Chroniques des comtes d'Anjou et des seigneurs d'Amboise. Ed. *L. Halphen* et al. P 1913, 34 ff.

[2] *W.E. Kapelle*, The Norman Conquest of the North. Cha 1979, 120.

[3] Die Gesetze der Angelsachsen. I. Ed. *F. Liebermann*. Hal 1898, 521 ff.

[4] Councils I/2, 692 ff., nr. 115 f.

[5] Councils I/2, 763 ff., nr. 137.

[6] Richard von Hexham, Historia de gestis regis Stephani et de bello de standardo, in: Chronicles of the Reigns of Stephen, Henry II, and Richard I. III. Ed. *R. Howlett*. L 1886 (RS 82) 139–178, hier 177 f. (*zit. Howlett, Chronicles*); Aelred von Rievaulx, Relatio de standardo, ebd. 179–199.

[7] RRA III, 235, nr. 635.

[8] Rymer R I/1, 18.

[9] SR I, 4; Councils I/2, 828 f., nr. 152.

[10] Chronica Rogeri de Houdene. II. Ed. *W. Stubbs*. L 1869 (RS 51) (*zit. Howden*) 261; Stubbs 183 f.

[11] Hollister, Making (s. Lit. 13.2.2) 183.

[12] The Course of the Exchequer by Richard Son of Nigel. Ed. *C. Johnson* et al. O 1983.

[13] Howden II, 248, 289; Stubbs 170 ff., 179 ff.

[14] Kluxen, Verfassungsgeschichte (s. Lit. 13.2.2) 185 ff.

[15] Tractatus de legibus et consuetudinibus regni Angliae qui Glanvill vocatur. Ed. *G.D.G. Hall*. L 1965.

[16] Councils I/2, 877 ff., nr. 159.

[17] El reino de Castilla en la época de Alfonso VIII. I. Ed. *J. Gonzalez*. Ma 1960, 188 ff.

[18] The "Draco Normannicus" of Etienne de Rouen, in: Howlett, Chronicles II, 718 f.

[19] F.X. Martin, in: Cosgrove, New History (s. Lit. 13.2.1) 44 ff.

[20] Stones 2 ff., nr. 1.

[21] Rymer R I/1, 31 f.

[22] Gesta regis Henrici secundi Benedicti abbatis. I. Ed. *W. Stubbs*. L 1867 (RS 49) 249 f.

[23] Warren, Henry (s. Lit 13.2.4) 627.

[24] Howden III, 13.

[25] Stones 12 ff., nr. 2.

[26] *P. Rassow*, Der Prinzgemahl. Wei 1950, 1 ff.

[27] Rymer R I/1, 52 f.

[28] Rymer R I/1, 54; Chaplais, Doc. 14 f., nr. 5.

[29] Veterum scriptorum [...] collectio. I. Ed. *E. Martène* et al. P 1724, 995 ff.

[30] Chronica Regia Coloniensis, Rec. II. Ed. *G. Waitz*. H 1880, 154.

[31] Howden III, 167; Richardus Divisiensis, Chronicon de rebus gestis Ricardi I regis Angliae, in: Howlett, Chronicles III, 450.

[32] Rymer R I/1, 55.

[33] MGH Const. I, 502 ff., nr. 354.

[34] MGH Const. I, 504 f., nr. 355.

[35] Howden III, 232 ff.

[36] MGH Const. II, 1 f., nr. 1.

[37] Rymer R I/1, 79 f.

[38] Rymer R I/1, 86.

[39] Stones XLV ff.

[40] Zur Interpretation dieser Siedlungsmaßnahmen als mittelalterlichen „racialism" und „apartheid" vgl. F.X. Martin, in: Cosgrove, New History (s. Lit. 13.2.1) 147 f.

[41] Rymer R I/1, 84.

[42] MGH Const. II, 55, nr. 44.

[43] Zum Folgenden Councils II/1, 12 ff.

[44] Briefe von Innocenz III., in: PL 216, 881 f., nr. 79; 923 f., nr. 131.

[45] *Holt*, Northerners (s. Lit. 13.2.6) 8 ff.

[46] Brut y Tywysogyon. Ed. *T. Jones*. Ca 1952, 89 f.

[47] Holt, Carta (s. Lit. 13.2.6) 304 ff., App. III.

[48] SR I, 9 ff.; Holt, Carta (s. Lit. 13.2.6) 316 ff., App. IV.

[49] Dt. Übersetzung von *H. Wagner*, Magna Carta Libertatum. Be 1973, 37.

[50] Ebd. 33.

[51] Rogeri de Wendover Liber qui dicitur Flores Historiarum. III. Ed. *H.G. Hewlett*. L 1889 (RS 84) 147. (Reg.); Matthaei Parisiensis Chronica. VII. Ed. *H.R. Luard*. L 1883 (RS 57) (*zit. MP*) 331–341 (Reg.).

[52] So betonte der Johann-Biograph *R.V. Turner*: „Compared to Hitler, Stalin, or Pol Pot, he seems quite tame and / earlier generations' denunciations of him ludicrously disproportionate" – John (s. Lit. 13.2.6) 262 f.

[53] Engl. Übersetzung bei Gransden I, 343.

[54] SR I, 14 ff.

[55] Rymer R I/1, 148.

[56] Rymer R I/1, 150 f.

[57] SR I, 17 ff.

[58] MGH Const. II, 125, nr. 99.

[59] Tyerman, Who's (s. Lit. 13.2.2) 338.

[60] Rymer R I/1, 223 f.; MGH Const. II, 230 ff., nr. 188 ff.

[61] Rymer R I/1, 295 ff., 301 ff.

[62] MP V, 516.

[63] MGH Const. II, 479 ff., nr. 376 ff.; 490 ff., nr. 392 ff.

[64] Stubbs 369 ff., a–e.

[65] SR I, 8 ff.; Stubbs 389 ff., f.

[66] Rymer R I/1, 389 f.; Chaplais I/2, 617 ff., nr. 289 a–d.

[67] Rymer R I/1, 433 f.

[68] Rymer R I/1, 441 ff.; Stubbs 397 ff., a–d.

[69] SR I, 12 ff.

[70] SR I, 19 ff.

[71] Rymer R I/1, 473 f.

[72] Rymer R I/2, 508.

[73] SR I, 45 ff.

[74] SR I, 26 ff.

[75] Statute of Mortain – SR I, 51; Statute of Merchants – ebd. 53 f.; Statutes of Westminster II – ebd. 71 ff.; Statute of Winchester – ebd. 96 ff.; Statutes of Westminster III – ebd. 106 ff.

[76] Rymer R I/2, 545 ff.

[77] Chaplais I/2, 622 f., nr. 290; 685 f., nr. 309 a–b.

[78] MGH Const. III, 151–165, nr. 158–179.

[79] Chaplais II/2, 471 ff., nr. 248 a–b.

[80] SR I, 55 ff.

[81] Rymer R I/2, 665, 672 f.

[82] Zum Folgenden Rymer R I/2, 671 ff., 677 f., 687 ff.

[83] Stevenson I, 162 ff., nr. 108.

[84] Stones 126 ff., nr. 20.

[85] Rymer I/2, 894 f.

[86] MGH Const. III, 492 ff., nr. 512; 495 ff., nr. 517.

[87] Zum Folgenden Kern 279 f., nr. 309; Rymer R I/2, 850 ff.

[88] Rymer R I/2, 855 ff., 861 ff.

[89] APS I, 451 ff.

[90] „[...] ut quod omnes tangit ab omnibus approbetur". Stubbs 480.

[91] Councils II/2, 1150–1186.

[92] SR I, 114 ff.

[93] SR I, 136 ff.

[94] Stones 140 ff., nr. 23 f.

[95] Stones 162–218, nr. 28–30.

[96] Rymer R I/2, 952 ff.

[97] Stones 240 ff., nr. 33.

[98] Rymer R II/1, 36.

[99] SR I, 154 ff.

[100] SR I, 157 ff.

[101] Scotichronicon by Walter Bower. VI. Ed. *D.E.R. Watt*. Ab 1991, 384 ff., Chap. 26 ff.

[102] Rymer R II/1, 288 ff.

[103] RP I, 453 ff.

[104] SR I, 177 ff.

[105] SR I, 181 ff., 189 f.

[106] SR I, 189.

[107] APS I, 479 ff.; vgl. Stones 292 ff., 308 ff., nr. 38 ff.

[108] Rymer R II/1, 483 f., 488.

[109] *P. Chaplais*, The War of Saint-Sardos. L 1954.

110 Rymer R II/I, 607 ff.
111 Rymer R II/1, 650.
112 Saaler, Edward (s. Lit. 13.2.9) 140 f.
113 Stones 322–340, nr. 41a–c.
114 Rymer R II/2, 693 f., 700 f.
115 Rymer R II/2, 876 ff., 888.
116 Rymer R II/2, 1001 ff., 1004.
117 Das deutsch-englische Bündnis von 1335–1342. I. Ed. *F. Bock*. M 1956, 121, nr. 530.
118 SR I, 281–294, nr. 1–4, bes. 292, nr. 3.
119 Rymer R III/1, 91 ff.
120 MGH Const. VIII, 287 f., nr. 230; 307, nr. 248.
121 MGH Const. VIII, 502, nr. 474; 581–585, nr. 569–575; 625 f., nr. 613.
122 APS I, 518 ff.
123 Cosneau 1–32, nr. 1.
124 Rymer R III/1, 485 ff.
125 Rymer R III/2, 681–701.
126 Rymer R III/2, 656 f.
127 Rymer R III/2, 799 ff.
128 RP II, 321 ff.
129 Rymer R IV, 47.
130 Thomae Walsingham Historia Anglicana. II. Ed. *H.T. Riley*. L 1864 (RS 28/1) 184 f.
131 Rymer R IV, 132 ff., 136 ff., 142.
132 APS XII, 19.
133 The Treaty of Bayonne (1388). Ed. *J. Palmer* et al. Ex 1988.
134 SR II, 39 ff.
135 Zum Folgenden vgl. RP III, 216 ff.
136 Berry 430–468.
137 Chaplais I/2, 527–535, nr. 262 a–b; 562–574, nr. 270 a–e.
138 Annales Ricardi Secundi et Henrici Quarti, Regum Angliae, in: Johannis de Trokelowe et Henrici de Blaneforde [...] Chronica. Ed. *H.T. Riley*. L 1866 (RS 28/3) 199.
139 RP III, 355 ff., 369 ff.; vgl. SR II, 94 ff.
140 Vgl. Karte bei *H. Beinart*, Geschichte der Juden. Aug 1998, 57, nr. 48.
141 SR I, 221–221a.
142 Roth, History (s. Lit. 13.2.12) Chap. 3.
143 SR I, 307 ff., 311 ff.
144 SR I, 332 ff.
145 The Libelle of Englyshe Polycye. Ed. *G. Warner*. O 1926.
146 Vgl. SR I, 316 ff., 385 ff.; II, 68 ff., 84 ff.
147 *R.R. Davies*, The First English Empire. O 2000 (*zit. Davies*).
148 Berg, England (s. Lit. 13.2.3) 399 f.
149 Davies 29.

13. Quellen und Literatur[1]

13.1 Quellen

Verzeichnisse der wichtigsten englischen historiographischen Quellen bei *Gransden* I, 525ff.; II, 499ff. – Urkunden und Akten der königlichen Herrschaftsinstitutionen (Royal Charters and Acts, Exchequer Rolls, Chancery Rolls, Legal Records etc.) bei *Niedhart* 250–260.

Spezielle Quellensammlungen (Auswahl):
Acta Imperii Angliae et Franciae (1267–1313). Ed. *F. Kern.* Tü 1911 (*zit. Kern*). The Acts of the Parliaments of Scotland. Iff. Ed. *T. Thomson* et al. E 1814ff. (*zit. APS*). Anglo-Latin Satirical Poets and Epigrammists of the Twelfth Century. 2 Vols. Ed. *T. Wright.* L 1872. Calendar of Documents Preserved in France Illustrative of the History of Great Britain and Ireland. I. [918–1206]. Ed. *J.H. Round.* L 1899. Calendar of Documents Relating to Ireland [1171–1307]. 5 Vols. Ed. *H.S. Sweetman.* L 1875–86. Calendar of Documents Relating to Scotland [1108–1509]. 4 Vols. Ed. *J. Bain.* E 1881–88. Calendar of Entries in the Papal Registers Relating to Great Britain and Ireland: Papal Letters (1198–1492). 14 Vols. Ed. *W.H. Bliss* et al. L 1893–1960. *P. Chaplais*, English Medieval Diplomatic Practice. Part I/1–2. L 1982 (*zit. Chaplais*). Chartes des libertés anglaises, 1100–1305. Ed. *C. Bémont.* P 1892. Chronicles of the Revolution, 1397–1400. Ed./Transl. *C. Given-Wilson.* Man 1993. Councils and Synods with other Documents Relating to the English Church. 2 Vols. in 4 Parts. Ed. *D. Whitelock* et al. O 1964–81 (*zit. Councils*). Diplomatic Correspondence of Richard II. Ed. *E. Perroy.* L 1933. Diplomatic Documents. I. Ed. *P. Chaplais.* L 1964. (*zit.*

---

[1] *Verlagsorte*:
AA-Ann Arbor; Ab-Aberdeen; Alb-Albuquerque; Ald-Aldershot; Aug-Augsburg; Aus-Austin/T.; B-Berlin; Bal-Baltimore; Bas-Basingstoke; Be-Bern; Ber-Berkeley; Blo-Bloomington; Bo-Boston; Boc-Bochum; Bol-Bologna; Bri-Brighton; Burw-Burwash Weald; C-Cambridge; Ca-Cardiff; Cha-Chapel Hill; Chi-Chicago; C/M-Cambridge/M.; Da-Darmstadt; Det-Detroit; Du-Dublin; E-Edinburgh; EL-East Linton; Ex-Exeter; G-Genf; Gla-Glasgow; Glo-Gloucester; Gra-Graz; H-Hannover; Hag-The Hague; Hal-Halle; Har-Harlow; Hei-Heidelberg; Hil-Hildesheim; Hond-Hondarribia; Ips-Ipswich; Ith-Ithaca; K-Köln; L-London; Lee-Leeds; Lei-Leipzig; Leid-Leiden; Lin-Lincoln; M-München; Ma-Madrid; Man-Manchester; Mei-Meisenheim; Mü-Münster; NH-New Haven; NY-New York; O-Oxford; Oxf-Oxfordshire; P-Paris; Pa-Paderborn; Pai-Paisley; Phil-Philadelphia; Prin-Princeton; R-Roma; Sig-Sigmaringen; St-Stuttgart; StA-St. Andrews; Stan-Stanford; StG-St. Gallen; Str-Stroud; T-Toulouse; Tor-Toronto; Tü-Tübingen; Was-Washington; Wei-Weimar; Wie-Wiesbaden; Wo-Woodbridge; Wor-Worms.

Chaplais, Doc.). Documents Illustrative of the History of Scotland from the Death of King Alexander the Third to the Accession of Robert Bruce, 1286–1306. 2 Vols. Ed. *J. Stevenson*. E 1870 (*zit. Stevenson*). Documents of the Baronial Movement of Reform and Rebellion, 1258–1267. Ed. *R.F. Treharne* et al. O 1973. Edward I and the Throne of Scotland. 2 Vols. Ed. *E.L.G. Stones* et al. O 1978. English Historical Documents. II-IV. Ed. *D.C. Douglas* et al. L 1953–69. Foedera, conventiones, litterae et cujuscumque generis acta publica inter reges Angliae et alios quosvis imperatores etc. Ed. *T. Rymer*. 20 Vols. L 1704–35 (*zit. Rymer O*). 3rd Ed. 10 Vols. Hag 1739–45 (*zit. Rymer H*). Ed. Rec. Comm. 4 Vols. in 7 Parts. L 1816–69 (*zit. Rymer R*). Les grands traités de la Guerre de Cents Ans. Ed. *E. Cosneau*. P 1889 (*zit. Cosneau*). John of Gaunt's Register. (I) 2 Vols. Ed. *S. Armitage-Smith*. L 1911. (II) 2 Vols. Ed. *E.C. Lodge* et al. L 1937. Munimenta Academica. 2 Vols. Ed. *H. Anstey*. L 1868. Papsturkunden in England. 3 Vols. Ed. *W. Holtzmann*. B 1930–52. Parliamentary Texts of the Later Middle Ages. Ed. *N. Pronay* et al. O 1980. The Peasants' Revolt of 1381. Ed. *R.B. Dobson*. L [2]1983. Political Poems and Songs Relating to English History, from the Accession of Edward III to that of Richard II. 2 Vols. Ed./Trans. *T. Wright*. L 1859–61. Political Songs of England, from the Reign of John to that of Edward II. Ed./Trans. *T. Wright*. L 1839. Pontificia Hibernica. 2 Vols. Ed. *M.O. Sheehy*. Du 1962–65. Recueil des actes de Henri II [...]. 3 Vols. Ed. *L. Delisle* et al. P 1916–27. Regesta Regum Anglo-Normannorum. 4 Vols. Ed. *H.W.C. Davis* et al. O 1913–69. Suppl. *D. Bates*. O 1998 (*zit. RRA*). Regesta Regum Scottorum. Iff. Ed. *G.W.S. Barrow* et al. E 1960ff. Rôles Gascons. Iff. [1242ff.]. Ed. *F. Michel* et al. P 1885ff. Rotuli Parliamentorum. Iff. Ed. *J. Strachey* et al. L 1767ff. (*zit. RP*). Suppl. *H.G. Richardson* et al. L 1935. Rotuli Scotiae. 2 Vols. Ed. *D. Macpherson* et al. L 1814–19. Royal and Other Historical Letters Illustrative of the Reign of Henry III [...]. 2 Vols. Ed. *W.W. Shirley*. L 1862–66. Royal Writs in England From the Conquest to Glanvill. Ed. *R.C. van Caenegem*. L 1959. Select Documents of English Constitutional History, 1307–1485. Ed. *S.B. Chrimes* et al. L 1961. Statutes of the Realm. Iff. Ed. *A. Luders* et al. L 1810ff. (*zit. SR*). *E.L.G. Stones*, Anglo-Scottish Relations (1174–1328). L 1970 (*zit. Stones*). Statutes and Ordinances and Acts of the Parliament of Ireland. Ed. *H.F. Berry*. Du 1907 (*zit. Berry*). The Stonor Letters and Papers, 1290–1483. 2 Vols. Ed. *C.L. Kingsford*. L 1919. Suppl. L 1924. *W. Stubbs*, Select Charters and Other Illustrations of English Constitutional History [...]. Ed. *H.W.C. Davis*. O [9]1913 (*zit. Stubbs*). Unity, Heresy, and Reform, 1378–1460. Ed. *C.M.D. Crowder*. L 1977.

13.2 Literatur

13.2.1 *Atlanten, Bibliographien, Handbücher, Quellenkunden etc.*

M. Altschul, Anglo-Norman England, 1066–1154. C 1969. An Atlas of Irish History. Ed. *R.D. Edwards*. L [2]1981. An Atlas of Scottish History to 1707. Ed. *P. McNeill* et al. E [2]1996. An Historical Atlas of Scotland. Ed. *Dies.*

Repr. StA 1976. *P.W.A. Asplin*, Medieval Ireland. Du 1971. *G.E. Cokayne*,
The Complete Peerage of England, Scotland, Ireland, Great Britain and the
United Kingdom. 13 Vols. Ed. *V. Gibbs* et al. L 1910–59. *The Edinburgh Hi-
story of Scotland*: I. *A.A.M. Duncan*. E 1975. II. *R. Nicholson*. E 1974. Einführung in die englische Geschichte. Ed. *G. Niedhart*. M 1982 (*zit. Nied-
hart*). *G.R. Elton*, England, 1200–1640. L 1969. *The Governance of England*:
II. *W.L. Warren*. L 1987. III. *A.L. Brown*. L 1989. *M. Gilbert*, An Atlas of
British History. O ²1993. *A. Gransden*, Historical Writing in England. 2
Vols. L 1974–82 (*zit. Gransden*). *E.B. Graves*, A Bibliography of English History to 1485. O 1975. *D.J. Guth*, Late Medieval England, 1377–1485. C
1976. Handbook of British Chronology. Ed. *E.B. Fryde* et al. L ³1986.
Handbuch der europäischen Geschichte. II. Ed. *F. Seibt*. St 1987. *The Heli-
con History of Ireland*: II. *R. Frame*. Du 1981. III. *A. Cosgrove*. Du 1981.
A History of England: Ed. *C. Oman*. II. *H.W.C. Davis*. L 1905. III. *K.H.
Vickers*. L 1914. *A History of England*: Ed. *W.N. Medlicott*. IV. *F. Barlow*. L
⁴1988. *V. B. Wilkinson*. L ²1978. *The History of Wales*: II. *R.R. Davies*. O
1987. III. *G. Williams*. O 1987. *R.I. Jack*, Medieval Wales. L 1972. *The New
Cambridge Medieval History*: V. Ed. *D. Abulafia*. C 1999. VI. Ed. *M. Jones*. C
2000. *A New History of Ireland*: II. Ed. *A. Cosgrove*. O 1993. *The New History
of Scotland*: II. *G.W.S. Barrow*. L 1981. *The Oxford History of England*:
Ed. *G. Clarke*. III. *A.L. Poole*. O ²1955. IV. *F.M. Powicke*. O ²1962. V. *M.
McKisack*. O 1959. VI. *E.F. Jacob*. O 1961. *The Political History of England:*
Ed. *W. Hunt* et al. II. *G.B. Adams*. L 1905. III. *T.F. Tout*. L 1920. IV.
C. Oman. L 1910. *W. Rees*, An Historical Atlas of Wales [...]. L ²1972.
J. Schneider et al. Irland. Da 1989. *B. Webster*, Scotland from the Eleventh
Century to 1603. L 1975.

13.2.2 Zeitlich und thematisch übergreifende Darstellungen

A Military History of Ireland. Ed. *T. Bartlett* et al. C 1996. Auswärtige Politik und internationale Beziehungen im Mittelalter (13. bis 16. Jahrhundert).
Ed. *D. Berg* et al. Boc 2002. *G.W.S. Barrow*, The Kingdom of the Scots. L
1973. *A.D.M. Barrell*, Medieval Scotland. C 2000. *J.M.W. Bean*, The Decli-
ne of English Feudalism, 1215–1540. Man 1968. *J. G. Bellamy*, The Law of
Treason in England in the Later Middle Ages. C 1970. *J. Beeler*, Warfare in
Feudal Europe. Ith 1971. *D. Berg*, Deutschland und seine Nachbarn
1200–1500. M 1997. *P. Binski*, Westminster Abbey and the Plantagenets.
NH 1995. *T.N. Bisson*, The Medieval Crown of Aragon. O 1991. *M. Bloch*,
Die wundertätigen Könige. M 1998. *R.A. Brown* et al., The History of the
King's Works. I–II. L 1963. *R. Butt*, A History of Parliament. L 1989.
P. Chaplais, Essays in Medieval Diplomacy and Administration. L 1981. *S.B.
Chrimes*, An Introduction to the Administrative History of Medieval Eng-
land. NY ³1980. *M.T. Clanchy*, England and its Rulers 1066–1272. O
²1998. Concepts of National Identity in the Middle Ages. Ed. *S. Forde* et al.
Lee 1995. *P. Contamine*, War in the Middle Ages. O 1996. *D. Crouch*, The
Image of the Aristocracy in Britain, 1000–1300. L 1992. *G.P. Cuttino*, Eng-
lish Diplomatic Administration 1259–1339. O ²1971. *Ders.*, English Medie-

val Diplomacy. Blo 1985. *R.R. Davies*, Domination and Conquest. The Experience of Ireland, Scotland and Wales, 1100–1300. C 1990. Deutschland und der Westen Europas im Mittelalter. Ed. *J. Ehlers*. St 2002. *W.C. Dickinson*, Scotland From the Earliest Times to 1603. L ³1977. *J. Ehlers*, Geschichte Frankreichs im Mittelalter. St 1987. *Ders.*, Die Kapetinger. St 2000. *J. Elvert*, Geschichte Irlands. M ²1996. England and Her Neighbours 1066–1453. Ed. *M. Jones* et al. L 1989. England and Normandy in the Middle Ages. Ed. *D. Bates* et al. L 1994. England in Europe, 1066–1453. Ed. *N. Saul*. L 1994. The English Church and the Papacy in the Middle Ages. Ed. *C. H. Lawrence*. Str ²1999. The English in Medieval Ireland. Ed. *J.F. Lydon*. Du 1984. The English Parliament in the Middle Ages. Ed. *R.G. Davies* et al. Man 1981. L'état Angevin: pouvoir, culture et société entre XIIIe et XIVe siècle. R 1998. *J. Favier*, Frankreich im Zeitalter der Lehnsherrschaft, 1000–1515. St 1989. *W. Ferguson*, Scotland's Relations with England. E 1977. *R. Frame*, The Political Development of the British Isles, 1100–1400. O 1990. La „France anglaise" au moyen âge. P 1988. Die französischen Könige des Mittelalters [...]. Ed. *J. Ehlers* et al. M 1996. *B. Guenée*, States and Rulers in Later Medieval Europe. O 1985. *E.M. Hallam*, Capetian France, 987–1328. L 1980. *G.L. Harriss*, King, Parliament and Public Finance in Medieval England to 1369. O 1975. *B.F. Harvey*, Living and Dying in Medieval England, 1100–1540. O 1993. *P. Heath*, Church and Realm, 1272–1461. L 1988. *F. Hepburn*, Portraits of the Later Plantagenets. Wo 1986. *M.A. Hicks*, Who's Who in Late Medieval England. L 1991. *L. Hillingmeier*, Untersuchungen zur Genese des englischen Nationalbewußtseins im Mittelalter von 1066 bis 1453. B 1996. Historical Studies of the English Parliament. I. Ed. *E.B. Fryde* et al. C 1970. *C.W. Hollister* et al. The Making of England to 1399. Bo ⁸2001. *M. Howell*, Regalian Right in Medieval England. L 1962. *J. Hudson*, The Formation of the English Common Law. L 1996. *K.-U. Jäschke*, Europa und das römisch-deutsche Reich um 1300. St 1999. *E.H. Kantorowicz*, Die zwei Körper des Königs. M 1990. *M.H. Keen*, England in the Later Middle Ages. L 1973. *N. Kersken*, Geschichtsschreibung im Europa der ,nationes'. K 1995. *W. Kienast*, Deutschland und Frankreich in der Kaiserzeit. 3 Bde. St 1974. *E. King*, Medieval England, 1066–1485. O 1988. *K. Kluxen*, Englische Verfassungsgeschichte. Mittelalter. Da 1987. *K.-F. Krieger*, Geschichte Englands von den Anfängen bis zum 15. Jahrhundert. M 1990. *M.W. Labarge*, Gascony, England's First Colony. L 1980. *J.R. Lander*, The Limitations of English Monarchy in the Later Middle Ages. Tor 1989. *M.D. Legge*, Anglo-Norman Literature and its Background. O 1963. *J.E.A. Lloyd*, A History of Wales from the Earliest Times to the Edwardian Conquest. 2 Vols. L ³1967. *S.D. Lloyd*, English Society and the Crusades, 1216–1307. O 1988. *W.E. Lunt*, Financial Relations of the Papacy with England. [I]: to 1327. C/M 1939. [II]: 1327–1534. C/M 1962. *B. Lyon*, A Constitutional and Legal History of Medieval England. NY ²1980. *K.B. McFarlane*, The Nobility of Later Medieval England. O 1973. *H.L. McQueen*, Common Law and Feudal Society in Medieval Scotland. E 1993. *G.J. Marcus*, A Naval History of England. I. Bo 1961. Nationes. Iff. Ed. *H. Beumann* et al. Sig 1978ff. *D. Nicholas*, Medieval Flanders. L 1992. *J.F. O'Callaghan*, A History of Medieval Spain. Ith 1975. *M.A. Ochoa Brun*, Historia de la diplomacia española. I–III. Ma 1990–91. *W.M. Ormrod*, Political Life in Medieval England, 1300–1450. NY 1995. *H.G. Orpen*, Ireland under the Normans. 4 Vols. O 1911–20. *A.J. Otway-Ruthven*, A History of Medieval Ireland. L 1968. Queens and Queenship in Medieval Europe. Ed. *A. Duggan*. Wo 1997. *B.F. Reilly*, The Medieval Spains. C 1993. *S. Reynolds*, Kingdoms and Communities in Western Europe, 900–1300. [2]O 1997. *H.G. Richardson* et al., The Administration of Ireland, 1172–1377. Du 1963. *Dies.*, The Irish Parliament in the Middle Ages. Phil [2]1964. *Dies.*, The English Parliament in the Middle Ages. L 1981. *M. Richter*, Irland im Mittelalter. M 1996. *A.G. Rigg*, History of Anglo-Latin Literature, 1066–1422. C 1992. *I.J. Sanders*, English Baronies. O 1960. *J. Sarnowsky*, England im Mittelalter. Da 2002. *G. O. Sayles*, The Functions of the Medieval Parliament of England. L 1988. Scotland and England, 1286–1815. Ed. *R.A. Mason*. E 1987. Scotland and Europe, 1200–1850. Ed. *T.C. Smout*. E 1986. Scotland and the Low Countries, 1124–1994. Ed. *G.G. Simpson*. EL 1996. *J.L. Shneidman*, The Rise of the Aragonese-Catalan Empire, 1200–1350. 2 Vols. NY 1970. Thirteenth Century England. Iff. Ed. *P.R. Coss* et al. Wo 1986ff. *T.F. Tout*, Chapters in the Administrative History of Medieval England. 6 Vols. Man 1920–33. *F. Trautz*, Die Könige von England und das Reich 1272–1377. Hei 1961. *A. Tuck*, Crown and Nobility, 1272–1461. L 1985. *C. Tyerman*, England and the Crusades, 1095–1588. Chi 1988. *Ders.*, Who's Who in Early Medieval England. L 1996. *K. van Eickels*, Vom inszenierten Konsens zum systematisierten Konflikt. St 2002. *L. Vones*, Geschichte der Iberischen Halbinsel im Mittelalter 711–1480. Sig 1993. *D. Walker*, Medieval Wales. C 1994. *B. Webster*, Medieval Scotland. Bas 1997. *E.-A. Wendebourg*, Westminster Abbey als königliche Grablege zwischen 1250 und 1400. Wor 1986.

13.2.3 Literatur zu Kapitel 1

The Anarchy of King Stephen's Reign. Ed. *E. King*. O 1994. Anglo-Norman Studies. Iff. Ed. *R.A. Brown* et al. Ips 1979ff. Anglo-Norman Warfare. Ed. *M. Strickland*. Wo 1992. *B.S. Bachrach*, Fulk Nerra. Ber 1993. *F. Barlow*, The English Church, 1066–1154. L 1979. *Ders.*, William Rufus. Ber 1983. *G.W.S. Barrow*, The Anglo-Norman Era in Scottish History. O 1980. *D. Bates*, William the Conqueror. L 1989. *J. Beeler*, Warfare in England, 1066–1189. NY 1966. *D. Berg*, England und der Kontinent. Studien zur auswärtigen Politik der anglonormannischen Könige im 11. und 12. Jahrhundert. Boc 1987. *J. Bradbury*, Stephen and Matilda. Str 1996. *M. Brett*, The English Church under Henry I. O 1975. *Z.N. Brooke*, The English Church and the Papacy. C 1931. *R.A. Brown*, The Normans. Wo 1984. *J. Chartrou*, L'Anjou de 1109 à 1151. P 1928. *M. Chibnall*, Anglo-Norman England, 1066–1166. O 1986. *Dies.*, The Empress Matilda. O 1991. *H.A. Cronne*, The Reign of Stephen. L 1970. *D. Crouch*, The Reign of King Stephen. Har 2000. *R.H.C. Davis*, King Stephen. L [3]1990. *D.C. Douglas*, William the Conqueror. L 1964. O. *Engels,* Die Staufer. St [7]1998. England in the Twelfth Century. Ed. *D. Williams.* Wo 1990. *J.A. Green,* The Government of England under Henry I. C 1986. *O. Guillot,* Le comte d'Anjou et son entourage au XIe siècle. 2 Vols. P 1972. *C.H. Haskins,* Norman Institutions. C/M 1918. *C.W. Hollister,* Monarchy, Magnates and Institutions in the Anglo-Norman World. L 1986. *Ders.,* Henry I. NH 2001. *K.-U. Jäschke,* Die Anglonormannen. St 1981. *J. Le Patourel,* The Norman Empire. O 1976. *Ders.,* Feudal Empires: Norman and Plantagenet. L 1984. *L.H. Nelson,* The Normans in South Wales, 1070–1171. L 1966. *C. Newman,* The Anglo-Norman Nobility in the Reign of Henry I. Phil 1988. *N. Pain,* Empress Matilda. L 1978. *F.M. Stenton,* The First Century of English Feudalism. O [2]1961. *K.J. Stringer,* The Reign of Stephen. L 1993. *W.E. Wightman,* The Lacy Family in England and Normandy, 1066–1195. O 1966.

13.2.4 Literatur zu Kapitel 2

E. *Amt,* The Accession of Henry II in England. Wo 1993. *J.T. Appleby,* Henry II. L 1962. *P. Aubé,* Thomas Becket. P 1988. *R. Barber,* Henry Plantagenet. Wo [2]2001. *F. Barlow,* Thomas Becket. L 1986. *R. Bartlett,* England under the Norman and Angevin Kings, 1075–1225. O 2000. *E. Bournazel,* Le gouvernement capétien au XIIe siècle. P 1975. *J. Boussard,* Le comté d'Anjou sous Henri Plantagenêt et ses fils. P 1938. *Ders.,* Le gouvernement d'Henri II Plantagenêt. P 1956. *C.R. Cheney,* From Becket to Langton. Man 1956. *J. Dunbabin,* France in the Making, 843–1180. O [2]2000. Eleanor of Aquitaine. Ed. *W.W. Kibler.* Aus 1976. Eleanor of Aquitaine. Ed. *B. Wheeler* et al. L 2002. *J.A. Everard,* Brittany and the Angevins. C 2000. *R.W. Eyton,* Court, Household and Itinerary of Henry II. L 1878. *R. Foreville,* L'église et la royauté en Angleterre sous Henri II Plantagenêt. P 1943. *J.B. Gillingham,* The Angevin Empire. L [2]2001. *H. Hall,* Court Life under the Plantagenets. L 1890. *J. Harvey,* The Plantagenets. Gla [17]1981. *J.E.A. Jolliffe,* Angevin Kingship. L [2]1963. *T.K. Keefe,* Feudal Assessments and the Political Community under Henry II and his Sons. Ber 1983. *A. Kelly,* Eleanor of Aquitaine and the Four Kings. C/M [12]1966. *M. Meade,* Eleanor of Aquitaine. L 2001. *K. Norgate,* England under the Angevin Kings. 2 Vols. L 1887. *D.D.R. Owen,* Eleanor of Aquitaine. O 1993. *M. Pacaut,* Louis VII et son royaume. P 1964. *A. Richard,* Histoire des comtes de Poitou, 778–1204. 2 Vols. P 1903. *Y. Sassier,* Louis VII. P 1991. *K.J. Stringer,* Earl David of Huntingdon. E 1985. Thomas Becket. Ed. *R. Foreville.* P 1975. *R.V. Turner,* Men Raised from the Dust: Administrative Service and Upward Mobility in Angevin England. Phil 1988. *W. L. Warren,* Henry II. L 1973. *A. Weir,* Eleanor of Aquitaine. L 1999. *G.J. White,* Restoration and Reform, 1153–1165. C 2000.

13.2.5 Literatur zu Kapitel 3

J.T. *Appleby,* England without Richard, 1189–1199. L 1965. *A. Bridge,* Richard the Lionheart. L 1989. *M. Brossard-Dandré* et al., Richard Cœur de Lion. P 1989. *B. Broughton,* The Legends of King Richard I Cœur de Lion.

Hag 1966. *J.A. Brundage*, Richard Lion Heart. NY 1974. *G. Bullinger*, König Richard Löwenherz und Kaiser Heinrich VI., Diss. phil. (masch.). Tü 1947. *J. Choffel*, Richard Cœur de Lion. P 1985. *P. Csendes*, Heinrich VI. Da 1993. *P.W. Edbury*, The Kingdom of Cyprus and the Crusades, 1191–1374. C 1991. *J. Flori*, Richard Cœur de Lion. P 1999. *J.B. Gillingham*, The Life and Times of Richard I. L 1973. *Ders.*, Richard the Lionheart. L [2]1989. *Ders.*, Richard Cœur de Lion. L 1994. *Ders.*, The English in the Twelfth Century. Wo 2000. *Ders.*, Richard I. NH 2002. *P. Henderson*, Richard Cœur de Lion. L 1958. *C. Higounet*, Histoire de l'Aquitaine. T 1971. A History of the Crusades. II. Ed. *K.M. Setton*. Phil 1962. *B.Z. Kedar*, Crusade and Mission. Prin 1984. *U. Kessler*, Richard I. Löwenherz. Gra 1995. *L. Landon*, The Itinerary of King Richard I [...]. L 1935. *C. Marshall*, Warfare in the Latin East, 1192–1291. C 1991. *H.E. Mayer*, Geschichte der Kreuzzüge. St [9]2000. *M. Mitchell*, Berengaria. Burw 1986. *H. Möhring*, Saladin und der dritte Kreuzzug. Wie 1980. *G. Regan*, Lionhearts: Saladin and Richard I. L 1998. *C. Reisinger*, Tankred von Lecce. Köln 1992. Richard Cœur de Lion in History and Myth. Ed. *J.L. Nelson*. L 1992. *A. Trindade*, Berengaria. Du 1999. *R.V. Turner* et al., The Reign of Richard Lionheart. Har 2000.

13.2.6 Literatur zu Kapitel 4

J.T. Abbleby, John, King of England. NY 1959. *J. Ahlers*, Die Welfen und die englischen Könige. Hil 1987. *M. Ashley*, The Life and Times of King John. L 1972. *W. Baldwin*, The Government of Philip Augustus. Ber 1991. *J. Bradbury*, Philip Augustus. L 1998. *Z.N. Brooke*, The English Church and the Papacy from the Conquest to the Reign of John. C 1931. *A. Cartellieri*, Philipp II. August. 4 Bde. Lei 1899–1922. *C.R. Cheney*, Pope Innocent III and England. St 1976. *Ders.*, Hubert Walter. L 1967. *D. Crouch*, William Marshal. L 1990. *Ders.*, The Beaumont Twins. C 1985. *G. Duby*, Der Sonntag von Bouvines. B 1988. *R. Foreville*, Le pape Innocent III et la France. St 1992. La France de Philippe Auguste. Ed. *R.-H. Bautier*. P 1982. *N. Fryde*, Why Magna Carta? Mü 2001. *J.C. Holt,* The Northerners. O 1961. *Ders.*, Magna Carta and Medieval Government. L 1985. *Ders.*, Magna Carta. C [2]1992. *Ders.*, Colonial England, 1066–1215. L 1997. *A.E.D. Howard*, Magna Carta. L 1998. *B.-U. Hucker*, Kaiser Otto IV. H 1990. *J. Hudson*, The Formation of the English Common Law. L 1996. *J.A.P. Jones*, King John and Magna Carta. L 1971. King John. Ed. *S.D. Church*. Wo 1999. *S. Painter*, The Reign of King John. Bal 1949. *J.M. Powell*, Innocent III. Was [2]1994. *F.M. Powicke*, The Loss of Normandy, 1189–1204. Man [2]1961. *J. Sayers,* Innocent III. L 1994. *B. Schneidmüller*, Die Welfen. St 2000. *D.M. Stenton*, English Justice Between the Norman Conquest and the Great Charter. L 1965. *M. Strickland*, War and Chivalry: The Conduct and Perception of War in England and Normandy, 1066–1217. C 1996. *R.V. Turner*, The King and his Courts: The Role of John and Henry III in the Administration of Justice, 1199–1240. Ith 1968. *Ders.*, Judges, Administrators and the Common Law in Angevin England. L 1994. *Ders.*, King John. L 1994. *W.L. Warren*, King John. NH ³1997.

13.2.7 Literatur zu Kapitel 5

M. Altschul, A Baronial Family in Medieval England: The Clares, 1217–1314. Bal 1965. *D. Brissaud*, Les Anglais en Guyenne. P 1875. *D.A. Carpenter*, The Minority of Henry III. Ber 1990. *Ders.*, The Reign of Henry III. L 1996. *D.B. Carr*, Amici Regis: Administrative Personnel under King Henry III of England, 1216–1258. AA 1975. *H.M. Colvin*, Building Accounts of King Henry III. O 1971. *E. Cox*, The Eagles of Savoy. Prin 1974. *N. Denholm-Young*, Richard of Cornwall. O 1947. *C. Ellis*, Hubert de Burgh. L 1952. England and Europe in the Reign of Henry III. Ed. *B. Weiler.* Ald 2002. *F.A. Gasquet*, Henry the Third and the Church. L 1910. *M. Gavrilovitch*, Étude sur le traité de Paris de 1259. P 1899. *L.L. Gee*, Women, Art and Patronage from Henry III to Edward III, 1216–1377. Wo 2002. *A. Harding*, England in the Thirteenth Century. C 1993. *P. Herde*, Karl I. von Anjou. St 1979. *M. Howell*, Eleanor of Provence. O 1998. *E.F. Jacob*, Studies in the Period of Baronial Reform and Rebellion, 1258–1267. O 1925. *M. Kaufhold*, Deutsches Interregnum und europäische Politik. H 2000. *C.H. Knowles*, Simon de Montfort. L 1965. *M.W. Labarge*, Simon de Montfort. L 1962. *J. Le Goff*, Ludwig der Heilige. St 2000. *E.G. Léonard*, Les Angevins de Naples. P 1954. *J.R. Maddicott*, Simon de Montfort. C 1994. *F.B. Marsh*, English Rule in Gascony, 1199–1259. AA 1912. *J. Meisel*, Barons of the Welsh Frontier. Lin 1980. *K. Norgate*, The Minority of Henry the Third. L 1912. *F.M. Powicke*, King Henry III and the Lord Edward. 2 Vols. O 1947. *J. Richard*, Saint Louis. P 1983. *J.E. Sayers*, Papal Government and England during the Pontificate of Honorius III (1216–27). C 1984. Scotland in the Reign of Alexander III. Ed. *N.H. Reid.* E 1990. *G. Sivéry*, Saint Louis et son siècle. P 1983. *Ders.*, Louis VIII. P 1995. *H.S. Snellgrove*, The Lusignans in England, 1247–1258. Alb 1950. *R.C. Stacey*, Politics, Policy and Finance under Henry III. O 1987. *J.P. Trabut-Cussac*, L'administration anglaise en Gascogne sous Henry III et Édouard I de 1254 à 1307. G 1972. *R.F. Treharne*, The Baronial Plan of Reform, 1258–1263. Man 1932. *Ders.*, Simon de Montfort and Baronial Reform. Ed. *E.B. Fryde.* L 1986. *N. Vincent*, Peter des Roches. C 1996. *S.L. Waugh*, The Lordship of England. Prin 1988. *C.T. Wood*, The French Apanages and the Capetian Monarchy. C/M 1966.

13.2.8 Literatur zu Kapitel 6

G.W.S. Barrow, Robert Bruce and the Community of the Realm of Scotland. E ³1988. *Ders.*, Scotland and its Neighbours in the Middle Ages. L 1992. *R.R. Davies*, Lordship and Society in the March of Wales. O 1978. *J.H. Denton*, Robert Winchelsey and the Crown, 1294–1313. C 1980. England and the Low Countries in the Late Middle Ages. Ed. *C. Barron* et al. Str 1995. *J. Favier*, Philippe le Bel. P ²1998. *R. Frame*, Colonial Ireland. Du 1981. *H. Gough*, Itinerary of Edward I, 1272–1307. 2 Vols. Pai 1900. *R.A.*

Griffiths, The Principality of Wales in the Later Middle Ages. I. Ca 1972. *T. Herbert* et al., Edward I and Wales. Ca 1988. *H. Johnstone,* Edward of Carnarvon. Man 1946. *R.W. Kaeuper,* Bankers to the Crown: The Riccardi of Lucca and Edward I. Prin 1973. *R. Köhler,* Die Heiratsverhandlungen zwischen Eduard I. von England und Rudolf von Habsburg. Mei 1969. *C. Mc Namee,* The Wars of the Bruces. EL 1997. *J.R. Maddicott,* The English Peasantry and the Demands of the Crown. O 1975. *J.E. Morris,* The Welsh Wars of Edward I. O 1901. *J.C. Parsons,* Eleanor of Castile. Bas 1994. *E. Peters,* The Shadow King. NH 1970. *I.-M. Peters,* Hansekaufleute als Gläubiger der englischen Krone (1294–1350). K 1978. *J.R.S. Phillips,* Aymer de Valence, Earl of Pembroke. O 1972. *T.F.T. Plucknett,* Legislation of Edward I. O 1949. *M. Prestwich,* War, Politics and Finance under Edward I. L 1972. *Ders.,* The Three Edwards. L 1980. *Ders.,* Edward I. L 1988. *L.F. Salzman,* Edward I. L 1968. *T. Turville-Petre,* England the Nation. O 1996. *W.H. Waters,* The Edwardian Settlement of North Wales in its Administrative and Legal Aspects. Ca 1935. *F.J. Watson,* Under the Hammer: Edward I and Scotland. EL 1998. *A.R. Young,* Robert the Bruce's Rivals: The Comyns. EL 1997.

13.2.9 Literatur zu Kapitel 7

C. Bingham, The Life and Times of Edward II. L 1973. *M. Buck,* Politics, Finance and the Church in the Reign of Edward II. C 1983. *P. Chaplais,* Piers Gaveston. O 1994. *J.C. Davies,* The Baronial Opposition to Edward II. C 1918. England in the Fourteenth Century. Ed. *W.M. Ormrod.* Wo 1986. *N. Fryde,* The Tyranny and Fall of Edward II. C 1979. *J.S. Hamilton,* Piers Gaveston. Det 1988. *J.B. Henneman,* Royal Taxation in Fourteenth-Century France. Prin 1971. *H.F. Hutchinson,* Edward II. L 1971. *P. Johnson,* The Life and Times of Edward II. L 1973. *J.R. Maddicott,* Thomas of Lancaster. L 1970. *S. Menache,* Clement V. C 1998. *J. Petit,* Charles de Valois. P 1900. Politics and Crisis in Fourteenth Century England. Ed. *W.R. Childs* et al. Glo 1990. *S. Raban,* England under Edward I and Edward II. O 2000. *M. Saaler,* Edward II. L 1997. *W.E.L. Smith,* Episcopal Appointments and Patronage in the Reign of Edward II. Chi 1938. *T.F. Tout,* The Place of the Reign of Edward II in English History. Man ²1936. *J.R. Wright,* The Church and the English Crown, 1305–1334. Tor 1980.

13.2.10 Literatur zu Kapitel 8

The Age of Edward III. Ed. *J.S. Bothwell.* Wo 2001. *C.T. Allmand,* The Hundred Years War. C 1988. *E. Andre,* Ein Königshof auf Reisen. Der Kontinentaufenthalt Eduards III. von England, 1338–1340. K 1996. *F. Autrand,* Charles V. P 1994. *R. Barber,* Edward, Prince of Wales and Aquitaine. L 1978. *Ders.,* The Life and Campaigns of the Black Prince. L 1979. *J. Barnie,* War in Medieval English Society. Social Values in the Hundred Years War, 1337–99. L 1974. *J.G. Bellamy,* The Law of Treason in England in the Later Middle Ages. C 1970. *B. Bevan,* Edward III. L 1992. *A.H. Burne,* Hundred Years' War. L 2002. *A. Curry,* The Hundred Years War. NY 1993.

J. Favier, La Guerre de Cent Ans. P 1980. *C. Given-Wilson*, The Royal Household and the King's Affinity. NH 1986. *A. Goodman*, John of Gaunt. L 1992. *G. Grosjean*, Le sentiment national dans la guerre de cent ans. P 1928. *R.M. Haines*, Archbishop John Stratford. Tor 1986. *J. Harvey*, The Black Prince and His Age. L 1976. *H.J. Hewitt*, The Organization of War under Edward III, 1338–1362. Man 1966. *G. Holmes*, The Good Parliament. O 1975. The Hundred Years War. Ed. *K. Fowler*. L 1971. *M. Jones*, Ducal Brittany, 1364–1399. O 1970. *P. Johnson*, The Life and Times of Edward III. L 1973. *R.W. Kaeuper*, War, Justice and Public Order. England and France in the Later Middle Ages. O 1988. *H.S. Lucas*, The Low Coutries and the Hundred Years War. AA 1929. *R. Neillands*, The Hundred Years War. L 1990. *R. Nicholson*, Edward III and the Scots. NH 1991. *W.M. Ormrod*, The Reign of Edward III. NH 1990. *M. Packe*, King Edward III. L 1983. *E. Perroy*, The Hundred Years War. L 1965. *M. Prestwich*, The Three Edwards. L 1980. *C.J. Rogers*, Wars of Edward III. Wo 2000. *P.E. Russell*, The English Intervention in Spain and Portugal in the Time of Edward III and Richard II. O 1955. *A. de Silva-Vigier*, This Moste Highe Prince – John of Gaunt. E 1992. *J. Sumption*, The Hundred Years War. 2 Vols. Phil 1992–99. *J.A.F. Thompson*, The Transformation of Medieval England 1370–1529. Har 1983. *J. Vale*, Edward III and Chivalry. Wo 1982. *M. Vale*, The Origins of the Hundred Years War. O 1996. *S.K. Walker*, The Lancastrian Affinity, 1361–99. O 1990. *S.L. Waugh*, England in the Reign of Edward III. C 1991.

13.2.11 Literatur zu Kapitel 9
The Age of Richard II. Ed. *J.L. Gillespie*. Str 1997. *F. Autrand*, Charles VI. P 1986. *C.M. Barron*, Revolt in London. L 1981. *M. Bennett*, Richard II and the Revolution of 1399. Str 1999. *S.I. Boardman*, The Early Stewart Kings. EL 1996. *M.L. Bruce*, The Usurper King. L 1986. *J.A. Burrow*, Ricardian Poetry. L 1992. *E. Curtis*, Richard II in Ireland, 1394–5, and Submissions of the Irish Chiefs. O 1927. *J. Dahmus*, William Courtenay, Archbishop of Canterbury. Phil 1966. *L.D. Duls*, Richard II in the Early Chronicles. Hag 1975. *A. Echevarría*, Catalina de Lancaster. Hond 2002. The English Rising of 1381. Ed. *R.H. Hilton* et al. C 1984. Fifteenth Century England, 1399–1509. Ed. *S.B. Chrimes* et al. Man 1972. *E.B. Fryde*, The Great Revolt of 1381. L 1981. *A. Goodman*, The Loyal Conspiracy. The Lords Appellant under Richard II. L 1971. *R.H. Hilton*, Bond Men Made Free. Medieval Peasant Movements and the English Rising of 1381. L 1973. The History of Parliament: The House of Commons, 1386–1421. 4 Vols. Ed. *J.S. Roskell* et al. Str 1992. *R.H. Jones*, The Royal Policy of Richard II. O 1968. *S. Justice*, Writing and Rebellion. England in 1381. Ber 1994. *J.L. Kirby*, Henry IV of England. L 1970. *K.B. McFarlane*, Lancastrian Kings and Lollard Knights. O 1972. *Ders.*, The Nobility of Later Medieval England. O 1973. *G. Mathew*, The Court of Richard II. L 1968. *C. Oman*, The Great Revolt of 1381. O ²1969. *J.J.N. Palmer*, England, France and Christendom, 1377–99. L 1972. *A.J. Pollard*, Late Medieval England, 1399–1509. Har

2000. The Regal Image of Richard II and the Wilton Diptych. Ed. *D. Gordon* et al. L 1998. The Reign of Richard II. Ed. *F.R.H. Du Boulay* et al. L 1971. *A. Reitemeier*, Außenpolitik im Spätmittelalter. Pad 1999. Richard II. Ed. *A. Goodman* et al. O 1999. *J.S. Roskell*, Parliament and Politics in Late Medieval England. 3 Vols. L 1981–83. *Ders.*, The Impeachment of Michael de la Pole, Earl of Suffolk, in 1386. Man 1984. *N. Saul*, Richard II. NH 1997. *I.C. Sharman*, Henry IV. L 2002. *A. Steel*, Richard II. C 1941. *P. Strohm*, England's Empty Throne. NH 1998. *A. Tuck*, Richard II and the English Nobility. L 1973. *M. Vale*, English Gascony, 1399–1453. O 1970. *C. Valente*, The Theory and Practice of Revolt in Medieval England. Ald 2003.

13.2.12 Literatur zu Kapitel 10 und 11

The Age of Chivalry: Art in Plantagenet England. Ed. *J. Alexander* et al. L 1987. The Agrarian History of England and Wales. II. Ed. *H.E. Hallam*. C 1988. *R.-H. Bautier*, The Economic Development of Medieval Europe. L 1971. *A. Beardwood*, Alien Merchants in England. C/M 1931. Before the Black Death. Ed. *B.M.S. Campbell*. Man 1991. The Black Death in England. Ed. *W.M. Ormrod* et al. Stan 1996. *J.L. Bolton*, The Medieval English Economy, 1150–1500. L ²1985. *A.R. Bridbury*, Medieval English Clothmaking. L 1982. British Population History. Ed. *M. Anderson*. C 1996. *R.H. Britnell*, The Commercialisation of English Society. Man ²1996. The Cambridge Urban History of Britain. I. Ed. *D.M. Palliser*. C 2000. *E.M. Carus-Wilson* et al., England's Export Trade, 1275–1547. O 1963. *Dies.*, Medieval Merchant Venturers. L ²1967. *W. Childs*, Anglo-Castilian Trade in the Late Middle Ages. Man 1978. *A.B. Cobban*, The Medieval English Universities. Ber 1988. *C. Dyer*, Standards of Living in the Later Middle Ages. C 1989. *A.B. Emden*, A Biographical Register of the University of Oxford to 1500. 3 Vols. O 1957–59. *Ders.*, A Biographical Register of the University of Cambridge to 1500. C 1963. English Medieval Industries. Ed. *J. Blair* et al. L 1991. The English Medieval Town. Ed. *R. Holt* et al. L 1990. *E.B. Fryde*, Studies in Medieval Trade and Finance. L 1983. *Ders.*, Peasants and Landlords in Later Medieval England. Str 1996. *H.E. Hallam*, Rural England, 1066–1348. L 1981. Handbuch der europäischen Wirtschafts- und Sozialgeschichte. II. Ed. *J.A. van Houtte*. St 1980. *R.H. Hilton*, The English Peasantry in the Later Middle Ages. O 1975. A History of the University in Europe. I. Ed. *H. de Ridder-Symoens*. C 1992. The History of the University of Oxford. I–II. Ed. *J.I. Catto* et al. O 1984–92. *P.R. Hyams*, King, Lords and Peasants in Medieval England. O 1980. *W.C. Jordan*, The Great Famine. Prin 1996. *A. Kenny*, Wyclif. O 1985. *N.J.M. Kerling*, Commercial Relations of Holland and Zeeland With England From the Late 13th Century to the Close of the Middle Ages. Leid 1954. *D.R. Leader*, A History of the University of Cambridge. I. C 1988. *R. Lennard*, Rural England, 1086–1135. O 1959. *T.H. Lloyd*, The English Wool Trade in the Middle Ages. C 1977. *Ders.*, Alien Merchants in England in the High Middle Ages. Bri 1982. *Ders.*, England and the German Hanse, 1157–1611. C 1991.

J. *Masschaele*, Peasants, Merchants and Markets. Bas 1997. *E. Miller* et al., Medieval England: Rural Society and Economic Change, 1086–1348. L 1978. *Dies.*, Medieval England: Towns, Commerce and Crafts. L 1995. *S.K. Mitchell*, Taxation in Medieval England. NH 1951. *R.R. Mundill*, England's Jewish Solution. C 1998. *N. Orme*, English Schools in the Middle Ages. L 1973. *Ders.*, From Childhood to Chivalry. L 1984. *M.M. Postan*, The Medieval Economy and Society. L 1972. *S. Reynolds*, An Introduction to the History of English Medieval Towns. O 1977. *H.G. Richardson*, The English Jewry under Angevin Kings. L 1960. *C. Roth*, A History of the Jews in England. O [3]1964. *J.Z. Titow*, English Rural Society, 1200–1350. L 1969.

Stammtafeln

Das erste Haus Anjou

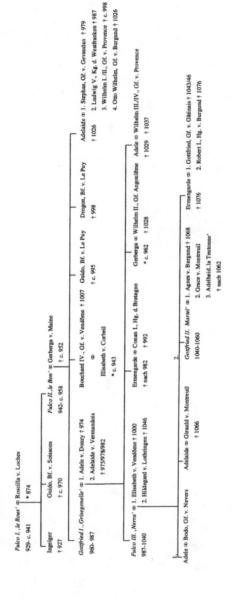

Fulco I. „le Roux‘ ⚭ Roscilla v. Loches
929- c. 941

Ingelger
† 927

Guido, Bf. v. Soissons
† c. 970

Fulco II. „le Bon‘ ⚭ Gerberga v. Maine
942- c. 958   † c. 952

Gottfried I. „Grisegonelle‘ ⚭ 1. Adele v. Donzy † 974
960- 987   2. Adelaide v. Vermandois
        † 975/978/982

Bouchard IV., Gf. v. Vendôme † 1007
⚭
Elisabeth v. Corbeil
* c. 943

Guido, Bf. Le Puy
† c. 995

Drogon, Bf. v. Le Puy
† 998

Adelaide ⚭ 1. Stephan, Gf. v. Gevaudan † 979
† 1026   2. Ludwig V., Kg. d. Westfranken † 987
        3. Wilhelm I./II., Gf. v. Provence † c. 998
        4. Otto Wilhelm, Gf. v. Burgund † 1026

Fulco III. „Nerra‘ ⚭ 1. Elisabeth v. Vendôme † 1000
987-1040   2. Hildegard v. Lothringen † 1046

Ermengarde ⚭ Conan I., Hg. d. Bretagne
† nach 982   † 992

Gerberga ⚭ Wilhelm II., Gf. v. Angoulême
* c. 962   † 1028

Adele ⚭ Wilhelm III./IV., Gf. v. Provence
† 1029 † 1057

Adele ⚭ Bodo, Gf. v. Nevers

Adelaide ⚭ Giraud v. Montreuil
† 1066

Gottfried II. „Martel‘ ⚭ 1. Agnes v. Burgund † 1068
1040-1060   2. Grace v. Montreuil
        3. Adelheid „la Teutonne‘
        † nach 1062

Ermengarde ⚭ 1. Gottfried, Gf. v. Gâtinais † 1043/46
† 1076   2. Robert I., Hg. v. Burgund † 1076

Das zweite Haus Anjou

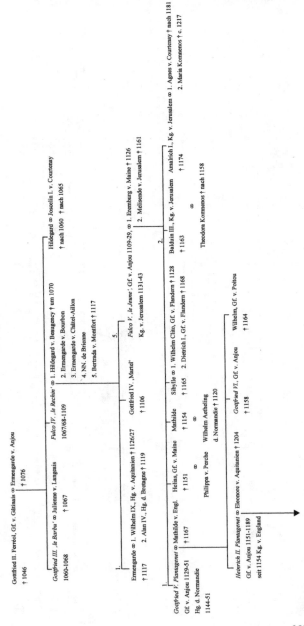

Gottfried II. Ferréol, Gf. v. Gâtinais ⚭ Ermengarde v. Anjou
† 1046

Fulco IV. „le Réchin' ⚭ 1. Hildegard v. Beaugency † um 1070
1067/68-1109   2. Ermengarde v. Bourbon
    3. Ermengarde v. Châtel-Aillon
    4. NN. de Brienne
    5. Bertrada v. Montfort † 1117

Hildegard ⚭ Joscelin I. v. Courtenay
† nach 1060   † nach 1065

Gottfried III. „le Barbu' ⚭ Julienne v. Langeais
1060-1068   † 1067

Fulco V. „le Jeune', Gf. v. Anjou 1109-29, ⚭ 1. Eremburg v. Maine † 1126
Kg. v. Jerusalem 1131-43   2. Melisende v. Jerusalem † 1161

Gottfried IV. „Martel'
† 1106

Balduin III., Kg. v. Jerusalem   Amalrich I., Kg. v. Jerusalem ⚭ 1. Agnes v. Courtenay † nach 1181
† 1163   † 1174   2. Maria Komnenos † c. 1217
⚭
Theodora Komnenos † nach 1158

Ermengarde ⚭ 1. Wilhelm IX., Hg. v. Aquitanien † 1126/27   Helias, Gf. v. Maine
† 1117   2. Alan IV., Hg. d. Bretagne † 1119   † 1151

Mathilde   Sibylle ⚭ 1. Wilhelm Clito, Gf. v. Flandern † 1128
† 1154   † 1165   2. Dietrich I., Gf. v. Flandern † 1168
⚭   ⚭
Philippa v. Perche   Wilhelm Aetheling
       d. Normandie † 1120

Gottfried V. Plantagenet ⚭ Mathilde v. Engl.
Gf. v. Anjou 1129-51   † 1167
Hg. d. Normandie
1144-51

Gottfried VI., Gf. v. Anjou   Wilhelm, Gf. v. Poitou
† 1158   † 1164

Heinrich II. Plantagenet ⚭ Eleonore v. Aquitanien † 1204
Gf. v. Anjou 1151-1189
seit 1154 Kg. v. England

Die Könige von England von Wilhelm I. bis Heinrich VII.

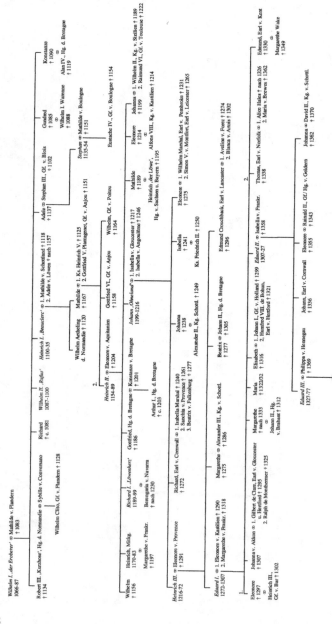

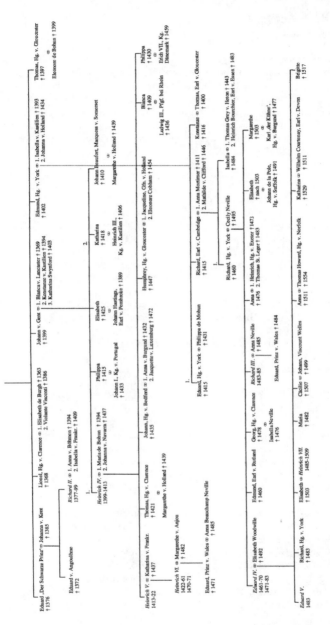

Personenregister

333

Raimund Berengar IV. (el Sant), Gf.
v. Barcelona 33
Raimund Berengar IV., Gf. v. Pro-
vence 36
Raimund Berengar V., Gf. v. Pro-
vence 135, 139, 146
Rainald I., Gf. v. Geldern 178, 184
Rainald II., Gf. v. Geldern 224, 231
Rainald, Gf. v. Boulogne 94, 101,
108, 111, 113–115
Rainald v. Dassel, Ebf. v. Köln 35
Ralph de Monthermer, E. v.
Gloucester 189
Ralph Diceto 62
Ralph Manton 187
Ranulf de Blundeville, E v. Chester
87, 93, 107, 124, 128, 132 f.
Ranulf de Gernon, E. v. Chester
25
Ranulf de Glanville, justiciar 32,
54
Raoul de Brienne, Gf. v. Eu u.
Guines 235
Rashid ed-Din Sinan, Scheich d.
Assassinen 78
Reginald, E. v. Cornwall 43
Reginald, Ebf. v. Canterbury 104
Reginald de Grey 166
Reginald Fitz Urse 38
René I., Hg. v. Anjou 8
Rhys ap Griffith 215
Rhys ap Gruffydd, Fst. v.
Deheubarth 39, 46 f., 67
Rhys ap Maredudd, L. v. Dryslwyn
175
Riccardi, Fam. 181
Richard, E. v. Cornwall 105, 129 f.,
133, 139, 141–144, 147 f., 150,
154, 284 (s. a. Richard v. Corn-
wall, Kg. d. Deutschen Reiches)
Richard Brito 38
Richard de Burgh, E. v. Ulster 200
Richard de Clare, E. v. Hertford 93,
144
Richard Fitz Alan, E. v. Arundel
206, 252, 264 f., 268, 270

Richard Fitz Gilbert de Clare
(Strongbow), E. v. Pembroke
39 f.
Richard Fitz Neal, Bf. v. London 66
Richard Marshal, E. v. Pembroke
133 f.
Richard Plantagenet, Hg. v. York 7
Richard Scrope, chancellor, L.
Scrope v. Bolton 254
Richard v. Camville 72
Richard v. Dover, Ebf. v.
Canterbury 42, 48
Richard v. Ely 30
Robert I., Gf. v. Dreux 43
Robert I., Gf. v. Flandern 14 f.
Robert II., Gf. v. Artois 184, 187
Robert II., Gf. v. Flandern 17
Robert II., Gf. v. Perche 26
Robert II. (Kurzhose), Hg. d.
Normandie 14 f., 17 f., 21
Robert III., Gf. v. Alençon u. Sées
98
Robert (d. Tapfere), V. d. westfränk.
Kg.s Odo 11
Robert Baldock, chancellor 213
Robert Braybrooke, chancellor, Bf.
v. London 258
Robert Bruce, E. v. Carrick 172
Robert Bruce, L. v. Annandale 172
Robert Burnell, chancellor, Bf. v.
Bath u. Wells 156, 170
Robert Clifford 205
Robert de Blanchemains, justiciar,
E. v. Leicester 43
Robert de Clermont 237
Robert de Courçon, Kardinallegat
114
Robert de Vere, E. v. Oxford 265,
276
Robert Fitz Stephen 39
Robert Fitz Walter, L. v. Dunmow
116
Robert Hales, treasurer 256
Robert Kilwardby, Ebf. v.
Canterbury 157
Robert Tibetot 175

Aktuelles Wissen

CLAUDIA SCHNURMANN

Vom Inselreich zur Weltmacht

Die Entwicklung des englischen Weltreichs vom Mittelalter bis ins 20. Jahrhundert
2002. 264 Seiten mit 16 s/w-Abb.
Fester Einband/Fadenheftung
€ 29,50

ISBN 3-17-016192-X

Die Autorin: *Frau Professor Dr. Claudia Schnurmann* lehrt deutsche, westeuropäische und amerikanische Geschichte an der Georg-August-Universität Göttingen.

Diese Darstellung des englischen Weltreichs will keinen bloßen Abriß der englischen Ereignisgeschichte bieten, sondern setzt thematische Schwerpunkte. Hierbei dienen zwei Perspektiven als Leitlinien: zum einen die interne Entwicklung des Königreichs England in den Bereichen Gesellschaft, Politik, Wirtschaft, Verfassung, Religion und Kultur; zum anderen dessen Außenbeziehungen zu Europa und der außereuropäischen Welt.

Gesucht wird nach Erklärungen für den phänomenalen Aufstieg von einem Entwicklungsland am Rande Europas hin zu der dominanten Weltmacht des 18. und 19. Jahrhunderts, als Britannia allgegenwärtig war, bis es diese Position im Verlauf des Ersten und Zweiten Weltkriegs einbüßte, in die zweite Reihe zurücktreten mußte und nun mühsam seine Stellung in der internationalen Mächtekonstellation neu bestimmen muß.

Da bei diesen Prozessen Identitäten, Mentalitäten und Emotionen eine große Rolle spielen, werden Elemente der Alltagsgeschichte, Kultur und Kunst lebendig einbezogen.

Kohlhammer

W. Kohlhammer GmbH
70549 Stuttgart · Tel. 0711 / 78 63 - 7280